走馬樓吴簡詞語研究叢稿

陳榮傑 著

SWUP
西南大學出版社
国家一级出版社 全国百佳图书出版单位

圖書在版編目(CIP)數據

走馬樓吴簡詞語研究叢稿 / 陳榮傑著. — 重慶：西南大學出版社，2021.12
(西南大學人文社會科學優秀成果文庫. 2020)
ISBN 978-7-5697-1223-0

Ⅰ. ①走… Ⅱ. ①陳… Ⅲ. ①古漢語－詞彙－研究 Ⅳ. ①H131

中國版本圖書館CIP數據核字(2021)第264953號

西南大學人文社會科學優秀成果文庫(2020)

走馬樓吴簡詞語研究叢稿

陳榮傑　著

責任編輯：李浩强
責任校對：李曉瑞
裝幀設計：殳十堂_未　氓
排　　版：張　祥
出版發行：西南大學出版社(原西南師範大學出版社)
地址：重慶市北碚區天生路2號
市場營銷部：023-68868624
郵編：400715
印　　刷：重慶美惠彩色印刷有限公司
幅面尺寸：170mm×240mm
印　　張：19.25
字　　數：370千字
版　　次：2021年12月 第1版
印　　次：2021年12月 第1次
書　　號：ISBN 978-7-5697-1223-0

定　　價：190.00元

本書爲國家社會科學基金青年項目研究成果(結項編號20181240);得到中央高校基本科研業務費專項資金資助(SWU1909024)

陳榮傑，女，河南人，西南大學漢語言文獻研究所、出土文獻綜合研究中心教授，博士生導師。主要從事簡帛文獻整理與簡帛語言文字研究。先後出版《走馬樓吴簡佃田、賦税詞語研究》（人民出版社，2016年）、《〈嘉禾吏民田家莂〉校注》（西南師範大學出版社，2018年）等著作，在《考古》《文獻》《中華文史論叢》《出土文獻》《簡帛》《簡帛研究》等刊物上發表學術論文30餘篇，主持國家社會科學基金冷門絶學項目、國家社會科學基金青年項目、教育部人文社會科學項目等各級各類項目10餘項。

凡 例

一、我們的研究對象是走馬樓吳簡已公布的10卷及零星公布的材料。[①]行文中相關簡稱如下：

“長沙走馬樓三國吳簡”簡稱爲“吳簡”；

《長沙走馬樓三國吳簡·嘉禾吏民田家莂》簡稱爲“《田家莂》”；

《長沙走馬樓三國吳簡·竹簡》簡稱爲“《竹簡》”；

《長沙走馬樓三國吳簡·竹簡[壹]》簡稱爲“《竹簡》[壹]”；

《長沙走馬樓三國吳簡·竹簡[貳]》簡稱爲“《竹簡》[貳]”；

《長沙走馬樓三國吳簡·竹簡[叁]》簡稱爲“《竹簡》[叁]”；

《長沙走馬樓三國吳簡·竹簡[肆]》簡稱爲“《竹簡》[肆]”；

《長沙走馬樓三國吳簡·竹簡[伍]》簡稱爲“《竹簡》[伍]”；

《長沙走馬樓三國吳簡·竹簡[陸]》簡稱爲“《竹簡》[陸]”；

《長沙走馬樓三國吳簡·竹簡[柒]》簡稱爲“《竹簡》[柒]”；

《長沙走馬樓三國吳簡·竹簡[捌]》簡稱爲“《竹簡》[捌]”；

《長沙走馬樓三國吳簡·竹簡[玖]》簡稱爲“《竹簡》[玖]”。

二、所引例句一律先引簡文，再注出處，出處括於“( )”中。出處中“· ”前面的“壹”“貳”“叁”“肆”“伍”“陸”“柒”“捌”“玖”分別表示《竹簡》[壹]、《竹簡》[貳]、《竹簡》[叁]、《竹簡》[肆]、《竹簡》[伍]、《竹簡》[陸]、《竹簡》[柒]、《竹簡》[捌]、《竹簡》[玖]，其後的阿拉伯數字表示竹簡出版編號；“· ”前面的阿拉伯數字“4”“5”分別表示《田家莂》之嘉禾四年吏民田家莂、嘉禾五年吏民田家莂，其後的阿拉伯數字表示大木簡的出版編號。行文中涉及具體簡文時稱“簡……”，如“簡叁·3808奇侄子卯

① 走馬樓吳簡預計共出版11卷，還有最後1卷《竹木牘》尚未出版。參長沙簡牘博物館編：《嘉禾一井傳天下：走馬樓吳簡的發現保護整理研究與利用》，岳麓書社，2016年，第93—94頁。

年十","奇侄子卯年十"即爲《竹簡》[叁]第3808號簡釋文。

三、所引例句均是結合時賢研究成果和對圖版進行校核後的釋文。爲使行文簡潔,所引簡文若與原整理者釋文不同者不再單獨説明。爲節約篇幅,所引例句僅引與討論相關的内容,一般不引整理者的注文,特殊需要時方引出整理者的注文。

四、爲便於排印,所引例句個别生僻字改作通行字,個别生僻的通假字也徑出本字,俗體字徑用通行體。如"坻"徑寫作"邸","㓝"徑寫作"刑","㛐"徑寫作"嫂","姉"徑寫作"姊"。重文號徑寫出相應的文字。

五、九卷《竹簡》釋文,原整理者均未標點,我們均試予以標點。因標點難度很大,可能有些標點不一定確切。有些簡殘斷,文意未完,此類簡文文末均不標點。

六、爲便於閲讀,所引簡帛例句統一使用以下符號:

(　),表示前一字是通假字、異體字、古字、俗字等,括號内寫出相應的本字、通行字、今字、正字等。

□,表示無法釋出、無法辨識的殘缺字,一"□"表示一字。

[…],表示殘缺字字數無法確定者。

【 】,表示補出原簡脱文,包括補出原簡殘斷部分的字,所補之字置於此號内。

[大](字外加框),表示簡文原有殘泐,框内的字是據殘筆或文例釋出的字。如[大],表示"大"是據殘筆或文例釋出之字。

< >,表示改正訛誤字,改正之字置於此號内。

☑,表示原簡殘斷處。

目録

第一章

吴簡親屬稱謂研究

吴簡有大量的户籍簡,在這些户籍簡中每户家庭成員的關係主要依靠親屬稱謂來判别,故吴簡户籍簡中有不少親屬稱謂,經過我們全面的清理,共得145個親屬稱謂。本章主要從吴簡親屬稱謂"姪"、"姪"與"侄"的歷時演替、親屬稱謂在辭書編纂上的價值以及與《三國志》及裴注親屬稱謂的比較4個方面展開研究。

一、吴簡親屬稱謂"姪"

吴簡出現了大量的親屬稱謂"姪"。據統計,吴簡用作親屬稱謂的"姪"高達1074見[①],其中不少用作表"男性指稱兄弟之子"[②]。吴簡"兄子"凡45見,且有10見用於"父兄子弟",確定表親屬稱謂的"兄子"僅35見;吴簡"弟子"僅7見,均不指稱親屬稱謂。[③]可見,吴簡親屬稱謂"姪"與"兄子""弟子"相比占絶對優勢。"姪"在吴簡中不但出現頻率高,而且組詞形式豐富多樣,有"姪子男""姪子女""男姪""女姪"

---

① 這個統計數字是保守數字,除去了"姪"用作人名及簡文殘缺不全無法判斷者。《竹簡》[叁]有4例釋文寫作"侄"者,分别是:簡叁·3808"奇侄子卯年十",簡叁·3819"饒侄子□年十二,嘉禾二年□月十日被病物故",簡叁·3841"仨侄子男炅年卅,給限佃客,以嘉禾三年十二月七日被病物故",簡叁·6230"子男□年八歲,狂病;卿侄子男政年十三"。核對圖版,4例"侄"字均應爲"姪",故亦納入統計範圍。

② 韓樹峰已撰文指明:吴簡"姪"的詞義已經擴大,不僅指姑姪,而且指伯姪、叔姪。當爲確論。參韓樹峰:《中古時期的"姪"與"兄子"、"弟子"》,《歷史研究》2010年第1期,第47頁。新資料可進一步支撑韓先生的觀點,如簡柒·2346"宜陽里户人區平年…妻汝年卌九,平男姪顏年七歲",簡柒·163"轉妻烝年□□,轉姪子信年五歲"等。另,關於吴簡親屬稱謂"姪",王子今:《三國孫吴鄉村家族中的"寡嫂"和"孤兄子"》(載《簡牘學研究》第四輯,甘肅人民出版社,2004年,第107—118頁)和賈利青:《走馬樓三國吴簡親屬稱謂語研究》(《學行堂文史集刊》2014年第1期,第25—33頁)曾有涉及,但以上成果均未對吴簡"姪"稱謂豐富的組詞形式展開專門研究。

③ 這7例簡分别是:簡叁·6506"私學弟子長沙□□□☑",簡柒·3123-1"弟子潘郡再拜,問起居,字元國",簡陸·4255"入平鄉二年所貸食嘉禾元年弟子限禾還米三斛。嘉禾二年九月十六日,男子李迊關邸閣李嵩付倉吏黄諱潘慮受",簡伍·745"私學弟子…☑",簡伍·2954"□女弟鳥年五歲,□男弟子年□歲",簡伍·3561"私學弟子九江□志,□羅縣□□□督軍民□",簡玖·3903(1)"私學弟子攸縣廣陽鄉區小年廿五,能書畫,有父兄,温厚"。

“姪男”“姪女”“從男姪”“從姪”“外姪子男”“孫姪”“外姪孫”等30餘種。我們注意到《史記》《三國志》《世説新語》及魏晉南北朝石刻,有關親屬稱謂“姪”的組詞形式均比較少。[①]吴簡作爲中古早期真實可靠的語料,有如此豐富的“姪”稱謂組詞形式,這在同期文獻及其前後期文獻中都是十分罕見的,這不能不引起研究者的注意,然當前學界尚無專文對之進行探討。我們在描寫吴簡親屬稱謂“姪”的組詞形式的基礎上,分析其在語言學研究、社會學研究上的價值。

(一)吴簡親屬稱謂“姪”的組詞形式

吴簡親屬稱謂“姪”的組詞形式多様,不少詞是呈對稱分布的。下面試加分析:

姪子男、姪子女

吴簡“姪子男”凡266見,“姪子女”凡58見。如:

昆姪子男梁年九歲。(肆·687)

黄姪子男相年十一。(肆·725)

祥姪子男舉年八歲,刑右足。(壹·9116)

霜姪子男加年十五,霜子男三(?)年四歲。(柒·3671)

脩男弟湖年十五,完姪子男賓年十六。(柒·3754)

民姪子女豆年九歲。(壹·8681)

末小妻侯年七十,侯姪子女居年七歲,☑(貳·2389)

萬 歲里户人大女□妾年七十一,子男智(?)年卅一,妾姪子女汝年十歲。(柒·198)

宜陽里户人黄碩年卅九,碩妻□年□□,姪子女□年十七。(柒·263)

啓子女惠年七歲,姪子女思年五歲。(柒·3797)

“姪子男”指男性姪子,即現代漢語的侄子、侄兒。“姪子女”指女性姪子,即現代漢語的侄女。“姪子男”“姪子女”疑是在“子男”“子女”的基礎上發展而來的。吴簡“子男”指兒子,“子女”指女兒。如簡柒·196“富貴里户人謝□年五十六(?),妻妾年五十七,子男宮年十二”,此簡分别記録了户人、户人妻子和户人兒子的相關信息。

① 如據邢慎寶研究魏晉南北朝石刻“姪”的組詞形式僅有“姪”“門姪”兩種,參邢慎寶:《魏晉南北朝石刻稱謂詞研究》,華東師範大學博士學位論文,2013年,第53—54頁。

又如簡柒·449"上鄉里户人谷萇年卅四,妻思年廿九,萇子女婢年八歲",簡柒·507"上鄉里户人五(?)候年五十,妻姑年卌四,子女思年十",此二簡分别記録了户人、户人妻子和户人女兒的相關信息。再如簡柒·510"富貴里户人大女□□年□九,子男黨年十三,風病;子女姑年七歲",此簡記録了户人及其兒子和女兒的相關信息。

上古"兄弟之子"用"猶子""兄子"等表示,當"姪"的意義泛化,不僅指姑姪,而且指伯姪、叔姪時,人們就在"子男"前加"姪"指稱侄子,在"子女"前加"姪"指稱侄女。

男姪、女姪

吴簡"男姪"凡389見,"女姪"凡53見。如:

馬男姪碩年卅,給驛卒,□妻□年廿四。(貳·2285)

狗男姪連年十歲。(肆·823)

丞男姪唐羽年十一。(柒·980)

專男姪春年六歲。(柒·4773)

春男姪鄧年八歲。(柒·4842)

錢男姪黄湞年十六,筭一,苦腹心病。(捌·747)

陽男姪唐腸年五十一,苦腹心信病。(捌·1108)

平女姪思年十一。(肆·255)

止女姪兒年三歲。(柒·5003)

棠女姪當年十五,筭一。(柒·1063)

亘女姪益年六歲,亘從男姪陳平年三。(柒·1734)

丹女姪婢年廿六,筭一。(柒·5538)

奴女姪客年十六,筭一。(捌·1599)

"男姪""女姪"對稱分布,二者以"姪"爲中心,在"姪"前加性别標記"男"指稱侄子,在"姪"前加性别標記"女"指稱侄女。

姪男、姪女

吴簡“姪男”凡11見，“姪女”凡3見。如：

姪子男弟□年五歲，□姪男政年七歲。(柒·2498)
箄(?)男弟碓年四歲，箄(?)姪男沐年六歲。(柒·3039)
□姪女幸年九歲，□弟仕伍漢年六歲。(貳·1965)
⧄筭一，桐(?)姪女橋年六歲。(貳·2508)
黄姪女逆年七歲。(肆·475)

“姪男”即現代漢語的侄子，“姪女”即現代漢語的侄女。“姪男”“姪女”極可能是“姪子男”“姪子女”的簡寫形式，省略了中間的共同語素“子”。

男姪子、女姪子

吴簡“男姪子”凡4見，“女姪子”凡3見。如：

高姪子男樢(檐?)年七歲，□男姪子沮年廿五，筭一。(貳·4788)
□妻姑年卅，□男姪子糾年九歲。(壹·8981)
諱男姪子郡年二歲，□□孫仕伍卓年六歲。(陸·1176)
□女弟姑年六歲，高女姪子甘年八歲。(貳·3056)
蔡女姪子盧年十一。(玖·1264)

“男姪子”即現代漢語的侄子，“女姪子”即現代漢語的侄女。

姪子、姪、姪男子、姪大男、姪子小男、姪小男

吴簡“姪子”凡109見，“姪”凡8見(單獨使用，指稱侄子)，“姪男子”1見，“姪大男”1見，“姪子小男”1見，“姪小男”1見。如：

姪子使年七歲，力姪子兒年十。(柒·181)
堂男弟使(?)年九歲，姪子成年十一。(柒·306)

陵男弟石年五歲，姪子德年五歲。(柒·2419)

將子男金年六歲，將姪子長年八歲。(柒·3980)

練姪子仕伍龍年四歲。(貳·2323)

廣妻汝年十八，姪子壬吴年卅三。(捌·3562)

明姪黑年七歲。(柒·1830)

□姪公乘奴年十一，奴女弟金年八歲。(貳·1942)

·堆(?)姪公乘材(?)年十八☐(貳·7955)

☐□姪男子仕伍五(?)年八歲，□弟公乘孩(?)年廿二，□吏。(肆·1922)

碩姪大男雀年卅二，筭一。(壹·9406)

寬姪子小男晟年六歲。(伍·2291)

馮姪小男績年五歲，聾右(?)耳。(伍·2296)

吴簡“姪子”和“姪”即現代漢語的侄子。因吴簡109例“姪子”簡中有69例爲公乘、士伍，8例“姪”簡中有3例爲公乘、士伍，而吴簡公乘、士伍均用於指男性，[①]故“姪子”極可能是“姪子男”的省寫，“姪”則是“姪子”的進一步省寫。吴簡“男子”是成年男性、無爵級者的身份標識，用於繳納米、布、錢的賦税簡中。“姪男子”僅1見，且爲年8歲未成年的孩子，與吴簡文例相悖。查圖版，“姪男子”3字模糊不清，或爲釋文釋讀有誤。吴簡“大男”也是成年男性、無爵級者的身份標識，主要用於户籍簡及繳納米、布、錢的賦税簡中。“姪大男”指稱已成年的侄子。吴簡“子小男”“小男”指年齡不超過15歲的未成年兒子或未成年男性，如簡伍·6738“大女梅端年卅，端子小男緦年十，緦弟小女婢年六歲”，簡玖·3541“☐客弟小男思年三歲，思弟小女兒年二歲”。“姪子小男”“姪小男”指未成年的侄子。

姪子小女、姪小女、姪子大女

吴簡“姪子小女”凡4見，“姪小女”2見，“姪子大女”1見。如：

☐母妾年七十九，妾姪子小女汇年六歲。(肆·1771)

① 参凌文超：《走馬樓吴簡所見“士伍”辨析》，載《吴簡研究》第三輯，中華書局，2011年，第164頁。

素姪子小女□年七歲。(壹·2982)

·鵲姪子小女仁年十一,腫兩足。(貳·3097)

▨倉姪小女曲年三歲▨(捌·5181)

仒姪小女溺年廿七。(伍·2278)

宗男弟徐年五歲,員姪子大女□年卅一。(柒·2511)

吴簡“子小女”“小女”指年齡不超過15歲的未成年女兒、排行最小的女兒或未成年女性,如簡柒·3554“妻大女婢年廿五,子小女欣年二歲”,簡柒·3624“妻大女禺年十九,子小女宲年六歲”,簡捌·440“滿小女汝年廿六,筭一”。“姪子小女”“姪小女”指未成年的侄女或排行最小的侄女。吴簡“大女”指成年女性,“姪子大女”指已成年的侄女。

寡姪、寡女姪

吴簡“寡姪”2見,“寡女姪”1見。

□寡姪豆年六十五,□子女篤(?)年□□(貳·3076)

蘭從兄苗年八十六,踵兩足;苗寡女姪命年卅七。(陸·1092)

吴簡“寡姪”“寡女姪”均指喪偶之侄女。

外姪子、外姪子男、外男姪、外姪

吴簡“外姪子”凡5見,“外姪子男”凡16見,“外男姪”凡3見,“外姪”1見。如:

乘外姪子李堂年卅五。(壹·5177)

汙妻弟仕伍民年五歲,汙外姪子仕伍庄年七歲。(貳·2108)

姪子男逞年十,外姪子男棟年七歲,苦雀(?)手。(柒·2452)

妻外(?)姪子男狗年四歲,妻外姪子男仲年五歲。(柒·3634)

彊外姪子男斗年八歲,腫兩足。(壹·4979)

𦨡外男姪陳毛年八。(肆·411)

元外男姪客年十三。(捌·1510)

▨逢外姪張録年廿二,隹兩足;録妻大女思年廿,隹兩足。(玖·4812)

“外”指母親、妻子及出嫁的姐妹、女兒方面的親屬。如簡貳·2108“汙外姪子”是指汙的妻侄。“外姪子”“外姪子男”“外男姪”均是外侄。

從姪子男、從姪男、從男姪、從姪

吴簡“從姪子男”凡2見,“從姪男”凡4見,“從男姪”凡47見,“從姪”凡10見。如:

> 見從姪子男錐年六歲,姪子男□年十二。(柒·2504)
>
> 客從姪男李運年卌五,筭一。(肆·168)
>
> □從姪男愚年十六,筭一。(肆·421)
>
> 沙從姪男弟杲年七歲。(柒·5753)
>
> 元從男姪戰年廿。(肆·354)
>
> 亘女姪益年六歲,亘從男姪陳平年三。(柒·1734)
>
> 元從男姪潭顔年七歲。(柒·5517)
>
> 益從男姪胡水年十八,筭一。(柒·1920)
>
> 巩縱男姪建年廿,筭一。(柒·5660)
>
> 鳴從姪魯年十一。(肆·777)
>
> □從姪范(?)敬年十三。(柒·5099)
>
> □從姪助年十三。(柒·5794)
>
> 壽從姪朱餘年九歲。(捌·1220)
>
> 勳男弟袁年一歲,□從姪蔡德年十歲。(捌·3658)

“從”本爲隨行、跟隨義。《説文·从部》:“從,隨行也。”引申指堂房親屬。《儀禮·喪服》:“從父姊妹。”鄭玄注:“父之昆弟之女。”[①]“從姪子男”“從姪男”“從男姪”“從姪”均指堂兄弟之子。

外姪孫、外孫女姪、孫姪

吴簡“外姪孫”1見,“外孫女姪”1見,“孫姪”1見。

> 范外姪孫杲年十。(肆·396)
>
> 客 外孫女姪制年十五,筭一。(捌·1995)
>
> 棠 孫 姪 常(?)監年卅六男。(柒·5155)

① [清]阮元校刻:《十三經注疏·儀禮注疏》,中華書局,1980年,第1118頁。

“外孫”即女兒的兒子。《儀禮·喪服》:“外孫。”鄭玄注:“女子子之子。”賈公彦疏:“外孫者,以女出外適而生,故云外孫。”[①]吴簡“外姪孫”即侄女之子,“外孫女姪”即侄女之女。吴簡“孫姪”,整理者認爲應爲“孫男姪”,即侄子之子。

姪聟

吴簡“姪聟”1見。

> 大 男□趙 年…趙姪聟陳公年□十□,公女姪贅年十一。(捌·3556)

“聟”爲“婿”的或體字。“姪聟”即“姪婿”,指侄女的丈夫。

爲更清楚直觀地呈現吴簡親屬稱謂“姪”的組詞形式,特統計9卷《竹簡》如下:

序號	詞目	[壹]	[貳]	[叁]	[肆]	[柒]	[捌]	[陸]	[伍]	[玖]	總計
1	姪子男	38	15	22	15	70	10	33	41	22	266
2	姪子女	9	9	2	5	9	3	10	5	6	58
3	男姪	2	10	1	17	164	148	15	24	8	389
4	女姪	1	0	0	2	15	25	1	4	5	53
5	姪男	0	0	1	2	3	0	1	3	1	11
6	姪女	0	2	0	1	0	0	0	0	0	3
7	男姪子	1	1	0	0	0	0	2	0	0	4
8	女姪子	0	1	0	0	1	0	0	0	1	3
9	姪子	10	37	8	6	19	2	16	6	5	109
10	姪	0	3	0	0	3	0	0	2	0	8
11	從男姪	0	0	0	2	21	19	0	4	1	47
12	從姪子男	0	0	0	0	2	0	0	0	0	2
13	從姪男	0	0	0	2	1	0	0	1	0	4
14	從姪	0	0	0	1	2	5	0	2	0	10
15	從女姪	0	0	0	0	1	0	0	0	0	1
16	外姪子男	1	0	0	1	7	0	1	4	2	16
17	外姪子	1	1	0	0	0	0	2	0	1	5
18	外姪	0	0	0	0	0	0	0	0	1	1
19	外男姪	0	0	0	1	0	1	0	1	0	3
20	姪男子	0	0	0	1	0	0	0	0	0	1
21	姪大男	1	0	0	0	0	0	0	0	0	1
22	姪子小男	0	0	0	0	0	0	0	1	0	1

① [清]阮元校刻:《十三經注疏·儀禮注疏》,中華書局,1980年,第1119頁。

续表

序號	詞目	[壹]	[貳]	[叁]	[肆]	[柒]	[捌]	[陸]	[伍]	[玖]	總計
23	姪小男	0	0	0	0	0	0	0	1	0	1
24	姪子小女	1	1	1	1	0	0	0	0	0	4
25	姪小女	0	0	0	0	0	1	0	1	0	2
26	姪子大女	0	0	0	0	1	0	0	0	0	1
27	外姪孫	0	0	0	1	0	0	0	0	0	1
28	外孫女姪	0	0	0	0	0	1	0	0	0	1
29	孫姪	0	0	0	0	1	0	0	0	0	1
30	寡姪	0	1	0	0	0	0	0	0	1	2
31	寡女姪	0	0	0	0	0	0	1	0	0	1
32	姪聟	0	0	0	0	0	1	0	0	0	1

説明:1.簡文殘缺,無法確定“姪”稱謂組詞形式者,不在統計範圍内,如簡肆·2763“□□姪□年七歲”。2.“姪”用作人名者,不在統計範圍内,如簡叁·2475“剛佐建寧誦姪年五十三,妻在本縣”。3.“姪”在簡首,無法確定“姪”是親屬稱謂還是人名者,不在統計範圍内,如簡叁·4330“姪子男通年六歲”。4.“從男姪”位於簡首者,如簡柒·4996“從男姪鄭玻年卅五,筭一,苦風病”,“從”可能是表親屬稱謂,亦可能是人名(吴簡有不少人名爲“從”者,如簡壹·10450“□妻大女從年卌四,筭一”,簡貳·6721“季妻大女從年廿四”,簡貳·1758“·宜子女從年五歲,·從弟仕伍足年四歲”等),爲保守起見,我們將“從”視爲人名,因爲吴簡户籍簡親屬稱謂前標注人名是常例。

(二)吴簡親屬稱謂“姪”的研究價值

1.語言學上的價值

吴簡被發現之前,文獻中直至晉代纔出現“姪”指稱伯姪、叔姪的用例,晉以前,“姪”是對“姑”稱。顔之推《顔氏家訓·風操》云:“《爾雅》、《喪服經》、《左傳》,姪雖名通男女,並是對姑之稱。晉世已來,始呼叔姪;今呼爲姪,於理爲勝也。”①吴簡“姪”的出現大大改變了這一傳統認識。吴簡不僅出現了男性指稱兄弟之子的“姪”,而且出現了男性指稱堂兄弟之子的“姪”及男性指稱表兄弟之子的“姪”等。如:

·客妻母大女妾年六十二,腫兩足;客姪子男謀(?)年七歲。(貳·4667)

宜陽里户人區平[年][…]妻汝年卌九,平男姪顔年七歲。(柒·2346)

[萬] [歲]里户人[終]妾年六十二,子男確年十九,[妾]姪子男誌年九歲。(捌·5512)

汙妻弟仕伍民年五歲,汙外姪子仕伍庄年七歲。(貳·2108)

① 王利器:《顔氏家訓集解》(增補本),中華書局,2013年,第98頁。

夫秋里户人公乘吴碭年九十七,從 男姪逢 鉡年十二。(捌·2335)

亘女姪益年六歲,亘從男姪陳平年三。(柒·1734)

元從男姪潭顔年七歲。(柒·5517)

大 男□趙 年…趙姪聟陳公年□十□,公女姪贊年十一。(捌·3556)

范外姪孫果年十。(肆·396)

上揭簡貳·4667之"客"顯然爲男性,此簡之"姪子男"當指稱伯姪或叔姪。簡捌·2335"户人公乘吴碭"當是男性,[①]其"從男姪"當是指稱吴碭堂兄弟之子。簡貳·2108之"汙"顯然也是男性,"汙外姪子"當是指稱汙表兄弟之子。簡捌·3556"趙姪聟"當是指稱趙的兄弟之女的丈夫。簡肆·396"范外姪孫"指范的侄女之子。可見,吴簡"姪"不僅詞義已經擴大,而且指稱範圍也擴大了。

吴簡表達同一親屬關係的"姪"稱謂有豐富的組詞形式。如指稱"姪男",即現代漢語的侄子,有10種組詞形式:"姪子""姪""姪子男""男姪""姪男""男姪子""姪男子""姪大男""姪子小男"姪小男"。[②]除"姪大男"指稱成年的侄子,"姪子小男"姪小男"指稱未成年的侄子外,其餘7種組詞形式的意義相同。又如指稱"姪女",即現代漢語的侄女,有9種組詞形式:"姪子女""女姪""姪女""女姪子""姪子小女""姪小女""姪子大女""寡姪""寡女姪"。除"姪子小女""姪小女"指稱未成年的侄女或排行最小的侄女、"姪子大女"指稱成年的侄女、"寡姪""寡女姪"指稱失去丈夫的侄女外,其餘4種組詞形式的意義相同。又如指稱"從男姪",即現代漢語的從侄,有4種組詞形式:"從男姪""從姪子男""從姪男""從姪",其意義相同。再如指稱"外姪",即現代漢語的外侄子,有4種組詞形式:"外姪""外姪子男""外姪子""外男姪",其意義相同。此外,吴簡還有"從女姪""孫姪""外姪孫""外孫女姪""姪聟"。吴簡32種"姪"稱謂組詞形式,實際上指稱了9種親屬關係。

吴簡"姪"稱謂豐富的組詞形式,在魏晉時期其他文獻中是十分罕見的,爲相關研究提供了真實、鮮活的語言資料。僅這些語料本身就具有重要的價值。

---

① 吴簡户籍簡,單稱"户人"者爲男性,若户人爲女性,一般寫爲"户人大女"。如簡柒·202"萬歲里户人大女菅妾年卌八,子男難年十一,難男弟符年九歲",簡柒·2661"高遷里户人大女烝肥年卌□,筭一。訾 五 十"。

② 簡例請參第一部分,此不贅舉,下同。

吴簡指稱同一親屬關係的"姪"稱謂有不同的組詞形式,如"姪子男""男姪""姪男""男姪子""姪男子"等,都指稱現代漢語的侄子,意義完全相同,應爲等義詞。等義詞是人們從各個不同的角度進行造詞活動的結果。①一個詞在産生之初,不同的人根據個人的理解,按照不同的組詞方式造出不同的詞,這些詞表達的意義相同,構成等義詞。等義詞反映了造詞之初,不同的詞之間相互競争的真實狀態。從事物的發展規律看,詞語創造之初,應有一個多方面嘗試造詞的過程。在這個嘗試造詞的過程中,會産生大量的等義詞。這些等義詞有一個競争、選擇、淘汰的過程,最終結果是一個詞語處於主流、較多地被使用,其他詞語處於末流,較少被使用;或是一個詞語勝出,其他詞語被淘汰。

關於古漢語裏的等義詞,張雙棣説:"絶對同義詞在語言中爲數不多,它們在一種語言中只能短時間共存,隨着社會和語言的發展及語言的内部機理的制約,或者淘汰其一,或者發生變化。因爲大量絶對同義詞的存在是違反語言的經濟性原則的。"②實際上,古漢語裏新詞産生之初應有一個多頭嘗試的過程。這種新詞産生之初的造詞活動過程怎樣,在吴簡發現之前,尚未見到理想的可供研究的材料。因爲流傳下來的傳世文獻,都是經過千錘百煉的文獻,不會有大量等義詞存在的空間。僅憑傳世文獻,我們已經無法知曉一個詞産生之初的真實狀況。

吴簡爲下層胥吏所書,出自衆人之手,記録了孫吴時期長沙地區普通民衆真實的語言狀況,即語言接近當時的口語。吴簡在同一批材料中出現如此衆多的表示同一意義的"姪"稱謂形式,反映了"姪"稱謂詞義擴大之初這些等義詞之間相互競争、選擇的動態過程。在其相互競争的過程中,有一個詞勝出,使用頻率最高,處於主流地位。如吴簡指稱"侄子"的"姪"稱謂有10個組詞形式,這10個組詞形式的使用頻率是不一樣的,"男姪"的使用頻率最高,共有389例;其次是"姪子男",共有266例;再次是"姪子",共109例;再次是"姪男""姪",分别爲11例、8例;使用較少的是"男姪子"4例,使用最少的是"姪男子"1例,"姪大男"1例,"姪子小男"1例,"姪小男"1例。故吴簡指稱"侄子"的主流形式是"男姪"。吴簡指稱"侄女"的主流形式是"姪子女",共有58例,其次是"女姪",共53例。可見,三國孫吴時期長沙地區稱謂"侄子""侄女"主要使用"男姪""女姪""姪子男""姪子女"。"子男""子女"在吴

① 葛本儀:《現代漢語詞彙學》,山東人民出版社,2001年,第156頁。

② 張雙棣:《〈吕氏春秋〉詞彙研究》(修訂本),商務印書館,2008年,第161頁。

簡中是“兒子”“女兒”的意思。現在長沙方言中稱“侄子”“侄女”爲“侄兒子”“侄女子”,[①]極可能就是由吴簡“姪子男”“姪子女”傳承下來的。

2. 社會學上的價值

隨着吴簡户籍簡的不斷刊布,從户籍角度對三國時期家庭狀況進行研究的相關成果日益增多。[②]研究者認爲吴簡中的家庭結構以主幹家庭及複合家庭爲主。[③]吴簡中的複合家庭呈現出紛繁複雜的結構形式,我們以吴簡親屬稱謂“姪”作爲一個窗口,試對三國時期的複合家庭狀況略加探討。

①户人姪子、從姪已成年,且有妻子,仍與户人合户

□姪子男兒廿六,筭一;兒妻大女妟年廿三,筭一。(肆·2014)

□從男姪山年十六,筭一;山妻大女津年十五,筭一。(柒·4762)

縣男姪業年卅五,筭一;業妻婢年廿六,筭一。(柒·6055)

從男姪令年廿八,筭一;令子女思年十四。(捌·1739)

郡 吏 …□男姪客年廿,養 官 牛,客妻思年十五。(捌·3593)

上揭幾例簡中姪子、從姪均是身體健康的成年男子,[④]且有妻子,完全可以單獨立户,卻仍與户人合户。造成這種合户的原因極可能是親屬之間的相互救助。[⑤]吴簡未成年的户人姪子、從姪與户人合户的情況更多,例不贅舉。

---

① 鮑厚星等:《長沙方言研究》,湖南教育出版社,1999年,第196頁。

② 如于振波:《吴簡所見户的結構小議》,載《走馬樓吴簡續探》,文津出版社,2007年,第25—38頁;孫聞博:《走馬樓簡“吏民簿”所見孫吴家庭結構研究》,載《簡帛研究二〇〇七》,廣西師範大學出版社,2010年,第246—261頁;賈麗英:《從〈長沙走馬樓三國吴簡〉看三國吴的家庭結構》,《中國史研究》2010年第3期,第171—174頁;蘇俊林:《吴簡所見孫吴家庭結構的建構原則》,載《簡帛研究二〇一五(春夏卷)》,廣西師範大學出版社,2015年,第218—228頁;等等。

③ 于振波:《吴簡所見户的結構小議》,載《走馬樓吴簡續探》,文津出版社,2007年,第34頁。

④ 吴簡户籍簡標明了所記録人員的身體狀況,如簡壹·9116“祥姪子男舉年八歲,刑右足”,簡肆·689“昆外姪子男□年廿一,筭一,苦風病”,等等。

⑤ 于振波:《吴簡所見户的結構小議》,載《走馬樓吴簡續探》,文津出版社,2007年,第36頁。

②户人外姪與户人合户

彊外姪子男斗年八歲，腫兩足。(壹·4979)
乘外姪子李堂年卅五。(壹·5177)
汙妻弟仕伍民年五歲，汙外姪子仕伍庄年七歲。(貳·2108)

"外姪"爲外兄弟之子，屬於外親。外親指其血緣由女性相聯繫的親屬，分兩種：一是嫁到本宗的女子娘家的親屬，二是本宗女子嫁出後其夫家的親屬。[①]因吴簡户籍簡書寫内容所限，"外姪"與户人的具體親屬關係多難斷定。

③户人母親之姪與户人合户

☐母妾年七十九，妾姪子小女☐年六歲。(肆·1771)

上揭簡肆·1771先書户人母親"妾"的年齡信息，再書户人母親姪女的相關信息。母親的姪女爲外親，當是户人的表妹。

④户人妻、小妻之姪與户人合户

□妻男姪□□年十六，龍耳，筭一。(柒·850)
妻姪子男脫年七歲，踵兩足；脫男弟□年三歲。(柒·3597)
銀妻男姪□年七歲。(柒·4807)
末小妻侯年七十，侯姪子女居年七歲，☐(貳·2389)
就妻男姪生年九歲，沮病。(捌·1401)

吴簡"妻"稱謂有"妻""大妻""中妻""小妻"，研究者認爲"妻""大妻"相當於嫡妻，"中妻"依排行長幼之序居於"大妻"與"小妻"的中間。[②]吴簡既有妻之姪與户人合户者，又有小妻之姪與户人合户者。此外，還有户人妻外姪與户人合户者。

① 胡士雲：《漢語親屬稱謂研究》，商務印書館，2007年，第4頁。
② 趙國華：《從"中妻"管窺三國婚俗》，載《歷史文獻研究》第二十八輯，華東師範大學出版社，2009年，第364—368頁。

妻 外(?)姪子男狗年四歲,妻外姪子男仲年五歲。(柒·3634)
妻(?)外(?)姪子男張碩年十二,腹心病。(柒·3650)

户人妻外姪估計是户人妻之姊妹之子。

⑤户人嫂之姪與户人合户

姪子男智年十八,筭一;□寡嫂大女曲年卌一,筭一;曲姪子男張年十五,筭一。(柒·2660)
兄子男□年七歲,嫂姪子女貞年六歲。(柒·3224)

上揭簡柒·2660户人兄長已亡,其寡嫂與户人合户,且寡嫂之姪子“張”也與户人合户,寡嫂之姪子與户人的親屬關係已經非常疏遠。簡柒·3224嫂之姪女與户人合户,此簡極可能是户人一家與兄嫂一家構成一個複合家庭,嫂之姪女因某種原因也加入到這個複合家庭中。

⑥其他合户情況

□寡姪豆年六十五,□子女篤(?)年□□(貳·3076)
棠 孫 姪 常(?)監年卅六男。(柒·5155)
大 男□趙 年…趙姪聟陳公年□十□,公女姪贊年十一。(捌·3556)

上揭簡貳·3076姪女出嫁後夫亡,因生活窘迫等原因回到娘家與叔伯合户。簡柒·5155户人姪孫與户人合户。簡捌·3556户人與姪聟及姪聟的姪女合户,户人與姪聟的姪女之親屬關係已經非常疏遠。

從以上對吴簡與“姪”稱謂相關的户籍簡的分析可知,吴簡中複合家庭的情況遠比我們想象的複雜得多。有户人姪子、從姪與户人合户的,有户人外姪與户人合户的,有户人母親之姪與户人合户的,有户人妻、小妻之姪與户人合户的,有户人嫂之姪與户人合户的,甚至有户人姪聟之姪與户人合户的情況。在這些合户的簡裏,有些親屬關係已經非常疏遠,這種合户的實例在傳世文獻中是很難尋覓的。于振波已指明造成這種複合家庭的原因主要是親屬間的自發救助。[①]吴簡中不僅嫡妻之姪可

① 于振波:《吴簡所見户的結構小議》,載《走馬樓吴簡續探》,文津出版社,2007年,第36頁。

以與户人合户,而且小妻之姪也可以與户人合户,可見當時的親戚救助不分嫡庶。吴簡有些親屬關係已經很遠,屬於遠親,仍然合户,説明當時的親戚救助不分親疏。

吴簡複合家庭若按正常家庭人口計,每户至少應在6人以上。如簡柒·2387"⍁昌從兄岑年八十,刑右手;昌姪子男客年六歲,盲目",昌與從兄岑合户,昌與岑均是成年男子,按二者已婚,各育1子計,共6人,昌又與姪子男客合户,很顯然客不是岑的兒子,則户人昌家至少有7人。又如簡捌·1739"從男姪令年廿八,筭一;令子女思年十四","從"可能是人名,也可能是旁系親屬的標識,這裏我們姑且作爲人名。從與男姪令合户,令已成年,且至少有1女,按從至少有1子計,則户人從家至少應有6人。我們這個計算比較保守,按一對夫婦育有1子計算,事實上,一對夫婦極可能不止生育1個孩子。然而,據孫聞博的研究,孫吴時長沙當地平民家口爲三四人的家庭數量最多。[①]這也印證了于振波的觀點:吴簡雖然存在大量的主幹家庭和複合家庭,因爲存在着大量殘缺家庭,故户的規模仍然以小家庭爲主。[②]吴簡含有"姪"稱謂的家庭估計多爲殘缺家庭。吴簡親屬稱謂"姪"的相關記簡可提供旁證:

民男子胡惪(?)年七十,龍(聾)兩耳;□姪子仕伍得年五歲。(貳·1627)

□□里户人公乘□□年□□□,妻大女□年□十五,□姪子女□年十二。(叁·4318)

萬歲里户人大女□妾年七十一,子男智(?)年卅一,妾姪子女汝年十歲。(柒·198)

宜陽里户人黄碩年卅九,碩妻□年□□,姪子女□年十七。(柒·263)

宜陽里户人□□年六十二…妻思年五十九,姪子男碑(?)年十四。(柒·379)

大男□□年六十,□姪子男有年十四,□妻□年⍁(柒·1181)

夫秋里户人公乘吴碭年九十七,從男姪逢鋕年十二。(捌·2335)

⍁□里户人公乘區步年五十四,步男姪别年十五,筭一。(捌·2534)

大男許難年七十一,踵足;妻桑年六十三,姪子男頭年十六。(捌·3668)

萬歲里户人終妾年六十二,子男確年十九,妾姪子男誌年九歲。(捌·5512)

我們統計到含有"姪"稱謂的户人信息與家庭成員信息連記在同一簡的簡例共

---

① 孫聞博:《走馬樓簡"吏民簿"所見孫吴家庭結構研究》,載《簡帛研究二〇〇七》,廣西師範大學出版社,2010年,第252頁。

② 于振波:《吴簡所見户的結構小議》,載《走馬樓吴簡續探》,文津出版社,2007年,第36—37頁。

15例，均爲殘缺家庭。或是夫妻均在、膝下無子女，[①]如簡柒·263、簡柒·379、簡捌·3668；或是僅有户人與姪子、從姪，如簡貳·1627、簡捌·2534、簡捌·2335；或是喪妻，如簡捌·5512；或是喪夫，如簡柒·198。由吴簡反映的殘缺家庭之多，足以説明孫吴時期的戰争、賦税、勞役給下層民衆帶來的沉重災難。

此外，蘇俊林在據吴簡談孫吴家庭結構的建構原則時，注意到簡壹·20"禮姪子男魯年五歲，魯兄勉年八歲，苦癰病"與他所提出的同身份成員間的長幼次序原則不合，蘇先生將其視作特例。[②]我們在研讀吴簡親屬稱謂"姪"的相關簡例時發現，有些簡例與蘇先生所總結的輩分次序原則、血緣親疏次序原則不符。如：

明姪子碓年八歲，明子男成年三歲。（壹·7675）

☑文姪子男□年三歲，文子女朿八歲。（壹·8529）

·文姪子仕伍祓年三歲，·文從兄賢年八十七。（貳·1765）

霜姪子男加年十五，霜子男三（?）年四歲。（柒·3671）

見從姪子男錐年六歲，姪子男□年十二。（柒·2504）

根據血緣親疏次序原則，簡壹·7675"明子男成"應記録在"明姪子碓"的前面，簡壹·8529"文子女朿"應記録在"文姪子男"的前面，簡柒·3671"霜子男三"應記録在"霜姪子男加"的前面，簡柒·2504"見從姪子男錐"應記録在"見姪子男"的後面。根據輩分次序原則，簡貳·1765"文從兄賢"應記録在"文姪子祓"的前面。這類不符合原則的簡例還有一些，恐不可都作爲特例視之，造成這種情况的原因值得進一步探討。

---

① 蘇俊林研究認爲，吴簡户籍簡的書寫遵從輩分次序原則、血緣親疏次序原則等，參蘇俊林：《吴簡所見孫吴家庭結構的建構原則》，載《簡帛研究二〇一五（春夏卷）》，廣西師範大學出版社，2015年，第218—228頁。吴簡一個家庭夫、妻、子均在，若連記在一簡上，其書寫格式一般爲：先書户人夫的信息、再書妻的信息、最後書子的信息。如簡柒·53"上鄉里户人□喩年五十六，刑右手；妻之年卅九，子男龍年六歲"，又如簡柒·142"宜陽里户人黄客年五十四，妻汝年卌五，子男□年十一"，簡柒·147"宜陽里户人鄧平年六十五，妻妾年五十四，子男棠年廿六"，等等。

② 蘇俊林：《吴簡所見孫吴家庭結構的建構原則》，載《簡帛研究二〇一五（春夏卷）》，廣西師範大學出版社，2015年，第224頁。

二、親屬稱謂“姪”“侄”的歷時演替

顏之推《顏氏家訓·風操》云:“《爾雅》、《喪服經》、《左傳》,姪雖名通男女,並是對姑之稱。晉世已來,始呼叔姪;今呼爲姪,於理爲勝也。”[①]吴簡存在大量的指稱男性之“姪”表明:孫吴時期“姪”已經開始指稱叔姪、伯姪了。關於這一點上文及韓樹峰已有闡述,兹不贅述。[②]令我們感興趣的是親屬稱謂“姪”現已不再是從女,而是從人的“侄”。查字典辭書,“姪”和“侄”在上古是兩個意義完全不同的字,及至唐宋時期,二者的意義依然涇渭分明。如《類篇·女部》:“姪,兄弟之子。”又《人部》:“侄,緊也。又癡皃,一曰侄仡不前也。又堅固也,依也。”[③]《集韻·質韻》:“姪,兄弟之子。”“侄,緊也。”又“侄,癡皃,一曰侄仡不前也”[④]。那麼“姪”爲什麼會寫作“侄”?“姪”什麼時候開始寫作“侄”的?現在常用的親屬稱謂“侄”是怎麼來的?這些問題引起了我們極大的興趣,而查閱相關研究成果發現,當前學界僅賈利青專文討論過“姪”和“侄”的關係問題。[⑤]該文主要討論了吴簡“姪”,並從文字學的角度探討了“姪”與“侄”的關係,認爲“‘姪’與‘侄’作親屬稱謂時是正字和俗字關係”。該文對“姪”替换爲“侄”的過程、時間及原因等討論較少,故本文試對這些問題進行探討。不足之處敬請批評指正。

(一)“姪”詞義、用法的發展變化

羅常培曾説:“語言是社會組織的産物,是跟着社會發展的進程而演變的,……一時代的客觀社會生活,決定了那時代的語言内容;也可以説,語言的内容在在足以反映出某一時代社會生活的各面影。社會的現象,由經濟生活到全部社會意識,都沉澱在語言裏面。”[⑥]陳原曾説:“幾千年來,有文字記録的人類社會無時無刻不在變動中。某些社會變化已經發生過了,某些現象或者早已消失了,甚至

① 王利器:《顏氏家訓集解》(增補本),中華書局,2013年,第98頁。

② 韓樹峰:《中古時期的“姪”與“兄子”“弟子”》,《歷史研究》2010年第1期,第47—48頁。

③ [北宋]司馬光編:《類篇》汲古閣影宋鈔本影印,上海古籍出版社,1987年,第460、282頁。

④ [北宋]丁度等:《集韻》宋刻本,中華書局,1988年,第90—91頁。

⑤ 賈利青:《親屬稱謂“姪”與“侄”的關係演變》,《瓊州學院學報》2016年第1期,第83—88頁。

⑥ 羅常培:《語言與文化》,北京出版社,2004年,第108頁。

也没有留下什麼實物可以探究了，但是這些事物必然或多或少，或直接或間接保存在語言中，對語言作語源學的，歷史學的或結構上的細緻研究，可以推斷或還原那已經消失了的某些社會變動。所謂‘語言的遺迹’，就是指此而言；正因爲有‘語言的遺迹’，纔使後人比較清楚地明了前人的某些東西。”[①]親屬稱謂“姪”的詞義和用法的發展變化，就是古代社會婚姻生活發展變化的一個縮影。美國著名的人類學家摩爾根曾説：“婚制盡可變遷，而反映婚制的親屬稱謂卻富有保守性，可以供給社會制度以古生物似的記録。”[②]

親屬稱謂“姪”是母系氏族社會族外群婚，即“普那路亞家庭”的産物。族外群婚是氏族群婚發展的高級階段。這種婚姻形式的典型特徵是丈夫和妻子來自不同的氏族，男子兄弟從另一氏族嫁到女子的氏族内，女子姊妹都是男子兄弟的妻子，男子兄弟都是女子姊妹的丈夫。男子兄弟都是子女們的父親，女子姊妹都是子女們的母親，即兄弟的子女都是我（指男性）的子女。因我出嫁到另一氏族，故我的子女和我姊妹的子女分别在不同的氏族，我的子女和我姊妹的子女區分很明確。[③]我國古代這種“普那路亞家庭”的遺迹在親屬稱謂中有所反映。如商周甲金文中的“父”稱包括父親與其兄弟，“母”稱包括父親及其兄弟之配偶，“子”稱包括兄弟之子。[④]又如傳世文獻中“姪”對“姑”稱。《爾雅·釋親》：“男子謂姊妹之子爲出，女子謂晜弟之子爲姪。”[⑤]《儀禮·喪服》：“姪者何也？謂吾姑者，吾謂之姪。”賈公彦疏：“云‘謂吾姑者吾謂之姪’者，名唯對姑生稱。若對世叔，唯得言昆弟之子，不得姪名也。”[⑥]“姪”從女從至，從女標明對姑稱。《漢語大字典·至部》“至”，甲骨文作“”（乙7795），羅振玉《雪堂金石文字跋尾》認爲，像矢遠來降至地之形。[⑦]故“姪”是一個形聲兼會意字，指女子稱兄弟之子。

隨着社會的發展，婚姻由族外群婚發展到媵婚。《春秋公羊傳·莊公十九年》：

① 陳原：《社會語言學》，學林出版社，1983年，第226頁。

② （美）羅伯特·羅維：《初民社會》，吕叔湘譯，商務印書館，1935年，第68頁。

③ “普那路亞家庭”由美國人類學家摩爾根在《古代社會》一書中提出，見（美）路易斯·亨利·摩爾根：《古代社會》，楊東蓴等譯，商務印書館，1981年，第433頁。

④ 黄國輝：《商周親屬稱謂的演變及其比較研究》，《中國史研究》2014年第2期，第33—62頁。

⑤ ［清］阮元校刻：《十三經注疏·爾雅注疏》，中華書局，1980年，第2593頁。

⑥ ［清］阮元校刻：《十三經注疏·儀禮注疏》，中華書局，1980年，第1114頁。

⑦ 漢語大字典編輯委員會編纂：《漢語大字典》第二版，崇文書局、四川辭書出版社，2010年，第3005—3006頁。

“媵者何？諸侯娶一國，則二國往媵之，以姪娣從。姪者何？兄之子也。娣者何？弟也。諸侯壹聘九女，諸侯不再娶。”[①]《儀禮·士婚禮》鄭玄注：“古者嫁女，必姪娣從，謂之媵。姪，兄之子。娣，女弟也。娣尊姪卑。”[②]所謂媵婚即貴族、諸侯嫁女，以妹妹和姪女作爲陪嫁，共侍一夫的婚姻形式。媵婚主要流行於春秋時期的貴族階層。文獻中有不少關於媵婚的記載，又如《左傳·襄公十九年》：“齊侯娶于魯，曰顔懿姬，無子。其姪鬷聲姬，生光，以爲大子。”[③]又如《襄公二十三年》：“初，臧宣叔娶于鑄，生賈及爲而死。繼室以其姪，穆姜之姨子也。”[④]

《説文·女部》：“姪，兄之女也。从女，至聲。”《釋名·釋親屬》：“姑謂兄弟之女爲姪。姪，迭也，共行事夫，更迭進御也。”許慎將“姪”釋爲“兄之女也”恐怕和媵婚有很大關係。古代姪女陪嫁應基本爲兄之女，因爲弟弟較自己年幼，在自己結婚之時，極可能弟弟尚未結婚，更談不上子女了。因媵婚的存在，故極有可能在那個特定的時期“姪”特指兄之女。隨着媵婚的逐漸消失，“姪”特指兄之女之義也漸趨消亡。

當社會由母系社會發展到父系社會，由公有制發展到私有制，男性在社會生活中的主導地位日益顯著，宗法制度的發展日益嚴密，這種社會的發展勢必要求男性稱呼兄弟之子的詞産生。[⑤]受女性稱呼兄弟之子爲姪的影響，男性稱呼兄弟之子也爲姪，於是“姪”的指稱範圍擴大，既可以用於女性稱呼兄弟之子，也可以用於男性稱呼兄弟之子。這實際上是人類心理認知和語言經濟性原則共同作用的結果。因爲兄弟姊妹都是父母的孩子，彼此之間是平輩關係，而兄弟之子無論是對兄弟還是對姊妹來説都是晚輩，且是宗親，於是受姊妹稱兄弟之子爲“姪”的類推心理影響，兄弟也稱兄弟之子爲“姪”。這符合語言的經濟性原則。顔之推云“今呼爲姪，於理爲勝也”亦説明“姪”詞義的擴大適應了社會語言的發展，故“於理爲勝也”。

親屬稱謂“姪”的詞義、用法的發展變化，展現了我國古代社會婚姻制度的發展變化。當社會由血族雜婚發展到族外群婚，出現了姊妹與兄弟之子的區别，於是便要求在語言中創造表達這種區别的詞語，就産生了“姑”與“姪”的對稱。隨着社會

① [清]阮元校刻：《十三經注疏·春秋公羊傳注疏》，中華書局，1980年，第2235頁。

② [清]阮元校刻：《十三經注疏·儀禮注疏》，中華書局，1980年，第968頁。

③ 楊伯峻：《春秋左傳注》，中華書局，1981年，第1048頁。

④ 楊伯峻：《春秋左傳注》，中華書局，1981年，第1082頁。

⑤ 在“姪”僅用於指稱姑姪時，男性稱呼兄弟之子用詞組“兄子”“弟子”等。“姪”詞義泛化，可指稱叔姪、伯姪後，“兄子”“弟子”仍没有立即退出歷史舞臺，而是和“姪”共用了很長時間。

的發展,宗法制度的發展,春秋時期流行一種新的婚姻形式——媵婚,即以妹妹和姪女作爲陪嫁,共侍一夫。由於陪嫁的姪女是兄之女,故“姪”又特指兄之女。隨着媵婚制度的消失,“姪”特指兄之女的意義也逐漸消亡。由於男權思想的日益嚴重,要求在語言中産生男性指稱兄弟之子的詞,受女性指稱兄弟之子爲“姪”的類推心理影響,男性指稱兄弟之子亦稱爲“姪”。於是,“姪”的詞義擴大,不僅指稱姑姪,亦指稱伯姪、叔姪。“姪”的詞義演變可圖示如下:

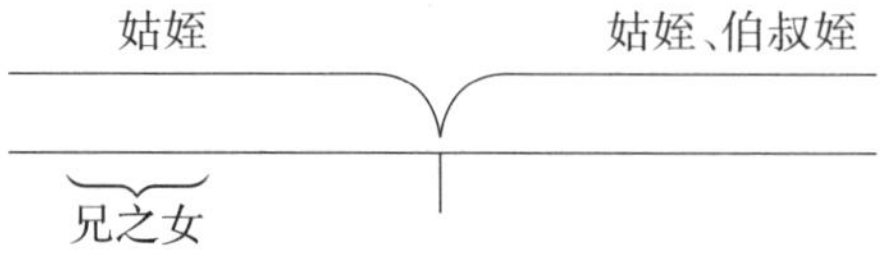

時間點:孫吴黄龍、嘉禾年間

吴簡的出土表明,早在晉世之前的三國孫吴黄龍、嘉禾年間,[①]“姪”已經不僅僅指稱姑姪,還用於指稱伯姪、叔姪了。就現有材料來看,“姪”詞義擴大的時間節點是三國孫吴黄龍、嘉禾年間。[②]

(二)“姪”替换爲“侄”的時間

“侄”不見於《説文》。金文“侄”從人、至聲。徐中舒曰:“侄與致同,至也。武侄,武之至也,武之至曰武致。”[③]黄德寬《古文字譜系疏證》:“侄乃致之初文,從人,從至,會人有所送詣之意,至亦聲。金文人旁或作,突出人形之止(趾),小篆省作。”[④]《廣雅·釋詁一下》:“侄,堅也。”[⑤]《玉篇·人部》:“侄,牢也,堅也。”[⑥]《集韻·質韻》:“侄,緊也。”又:“侄,癡皃,一曰侄仡不前也。”[⑦]《類篇·人部》:“侄,緊也。又癡

① 整理者王素認爲:吴簡“‘黄武’年號竹簡不多,主要爲‘黄龍’、‘嘉禾’年號竹簡”,見王素:《長沙走馬樓三國吴簡研究的回顧與展望》,載《吴簡研究》第一輯,崇文書局,2004年,第15頁。

② 據我們調查,漢代的傳世文獻和出土文獻尚没有發現“姪”指稱伯姪、叔姪的用例。

③ 戴家祥主編:《金文大字典》,學林出版社,1995年,第438頁。

④ 黄德寬主編:《古文字譜系疏證》,商務印書館,2007年,第3336頁。

⑤ [清]王念孫:《廣雅疏證》,中華書局,1983年,第40頁。

⑥ [梁]顧野王:《玉篇》據張氏澤存堂本影印,北京市中國書店,1983年,第56頁。

⑦ [北宋]丁度等:《集韻》宋刻本,中華書局,1988年,第90頁。

兒,一曰侄仡不前也。又堅固也,依也。”①《龍龕手鏡·人部》:“侄,堅也,牢也。”②《字彙·人部》:“侄,堅也,又癡也,侄仡不前也。”③通過以上所列字典辭書可知,歷代辭書對“侄”的釋義均是堅也、癡也等意義,和親屬稱謂“姪”完全無關。令人遺憾的是以上歷代辭書對“侄”的釋義輾轉因襲,均無書證。甚至《漢語大字典》對“侄”的釋義也是承襲《廣雅》《玉篇》《集韻》等辭書而無書證。④這説明“侄”是一個使用頻率非常低的詞。

查閲文獻,唐五代親屬稱謂“姪”没有寫作“侄”者。宋元文獻始見“姪”寫作“侄”的情況,但用例甚少。這裏僅舉幾批有代表性的語料,以示说明。見下表:⑤

資料來源	資料時代	“姪”的頻次	“侄”的頻次
能改齋漫録	約南宋紹熙年間	8	3
象山語録	約南宋嘉定年間	3	0
容齋隨筆	約南宋嘉定年間	22	0
五燈會元	約南宋淳祐年間	4	0
朱子語類	南宋咸淳年間	18	1
吴文正集	宋元之際	11	1

明朝在一些俗文學作品中大量出現了“姪”寫作“侄”的情況。見下表⑥:

資料來源	資料時代	“姪”的頻次	“侄”的頻次
三國志通俗演義	元明之際	60	2
金瓶梅詞話	約明嘉靖年間	48	22
西遊記	約明嘉靖、萬曆年間	0	14
李卓吾批評忠義水滸傳	明萬曆年間	21	19

① [北宋]司馬光編:《類篇》汲古閣據宋鈔本影印,上海古籍出版社,1987年,第282頁。

② [遼]行均:《龍龕手鏡》高麗本,中華書局,2006年,第39頁。

③ [明]梅膺祚:《字彙》清康熙二十七年靈隱寺刻本,上海辭書出版社,1991年,第35頁。

④ 漢語大字典編纂委員會編纂:《漢語大字典》第二版,崇文書局、四川辭書出版社,2010年,第181頁。

⑤ 語料利用《四庫全書》《中國基本古籍庫》進行檢索,對其相異處,核對紙質版本。下同。紙質書參考了以下版本:《能改齋漫録》叢書集成初編聚珍本,《象山語録》涵芬樓影印嘉靖本,《容齋隨筆》涵芬樓影印宋刊本,《五燈會元》中華書局縮印寶祐本,《朱子語類》中華書局賀瑞麟校刻本,《吴文正集》四庫全書本。

⑥ 紙質書參考了以下版本:《三國志通俗演義》古本小説集成影印嘉靖本,《金瓶梅詞話》萬曆年間刊本,《西遊記》古本小説集成影印金陵世德堂本,《李卓吾批評忠義水滸傳》古本小説集成影印北京圖書館藏本,《封神演義》古本小説集成影印日本内閣文庫本,《二刻拍案驚奇》古本小説集成影印尚友堂刊四十卷本,《三刻拍案驚奇》古本小説集成據北京大學圖書館藏本。

续表

資料來源	資料時代	“姪”的頻次	“侄”的頻次
封神演義	約明天啟、崇禎年間	13	10
二刻拍案驚奇	明崇禎年間	0	99
三刻拍案驚奇	明崇禎年間	0	15

由上表可知，明朝通俗文學作品中“姪”寫作“侄”的情況較之宋元時期有了迅猛的增加，甚至明崇禎時期的《二刻拍案驚奇》和《三刻拍案驚奇》已將“姪”全部寫作“侄”。值得一提的是，受所選題材的影響，像《三國志通俗演義》等歷史題材的小説中，寫作“姪”的情況仍處於優勢。

首次談到“姪”和“侄”的文獻是明代焦竑《俗書刊誤·二質》：“姪，俗作侄，非。侄音堅，堅，牢也。”[①]後方以智《通雅·稱謂》：“對姑方云姪，今則對叔伯皆云姪矣。又改爲侄字。古人則但稱兄子某，從子某。字書侄本音質，堅也，又癡也，侄仡不前也。俗誤改。”[②]張自烈《正字通·女部》：“姪，兄弟之子也。又謂吾姑者謂之姪。古之貴者嫁女，必以姪娣從。《春秋傳》曰：‘姪，其從姑。’《釋名》：‘姑謂兄弟之女爲姪，姪，迭也。共行事夫更迭進御也。又姪之子曰歸孫。婦人謂嫁曰歸。’……又姪别作妷，俗作侄。”[③]又《人部》：“侄，堅也，又癡也，侄仡不前也。俗誤以侄爲姪字。”[④]自明朝萬曆年間親屬稱謂“姪”寫作“侄”的情況始引起人們的注意並有所記述。

宋元時期已經出現“姪”寫作“侄”的情況，爲何直到明萬曆年間纔引起學者的關注並有所記述呢？我們認爲這應和一種新事物、新現象的萌芽、產生和發展需要一段漫長的時間有關。由上表可知，宋元時期雖出現了“姪”寫作“侄”的情況，但用例甚少，故尚未引起學者們的特别關注。到明代，出現了大量的“姪”寫作“侄”的情況，就不能不引起學者的關注並有所記述。

通過以上研究，我們認爲宋元時期始見“姪”寫作“侄”，[⑤]但用例很少。明朝在一些俗文學作品中開始大量出現“姪”寫作“侄”的用例。“姪”和“侄”的關係自明朝萬曆年間始得到文人的關注並有所記述，焦竑《俗書刊誤》、方以智《通雅》、張自烈

① ［明］焦竑：《俗書刊誤》卷四，清文淵閣四庫全書本，第73頁。《俗書刊誤》成書於萬曆庚戌年（1610年）。

② ［明］方以智：《通雅》據清康熙姚文燮浮山此藏軒刻本影印，第242頁。

③ ［明］張自烈、［清］廖文英編，董琨整理：《正字通》，中國工人出版社，1996年，第237頁。

④ ［明］張自烈、［清］廖文英編，董琨整理：《正字通》，中國工人出版社，1996年，第39頁。

⑤ 這個結論僅就我們所見的資料而言，極可能“姪”寫作“侄”的時間還可以提前。

《正字通》對"姪"和"侄"的關係均有記載。其後清朝《康熙字典》和《字詁》也有記述。《康熙字典·女部》:"姪,俗作侄,非。"又《人部》:"侄,俗誤以侄爲姪字。"①清黄生《字詁》"姪"條:"所謂姪者,乃兄女之名耳。……近人又書作侄字。"②然而,《漢語大字典》"侄"字條第四個義項"兄弟的兒子",所引書證是近人茅盾《子夜》和巴金《家》,③不僅釋義有問題,而且書證嚴重滯後。《漢語大詞典》"侄"第一個義項"兄弟的兒子"下無書證。

(三)"姪"替换爲"侄"的原因

關於親屬稱謂"姪"後來寫作"侄"的原因,我們認爲既不是俗誤寫,也不是文字通假,而是文字隨社會語言的發展而發展,適應社會語言發展的結果。王志方在分析影響漢字發展演變的語言文字因素時説:"文字是社會性的記録語言的符號系統,它既受社會的影響,也受語言的制約。"④毛遠明曾説:"尤其是形音體系的漢字,字形與它所記録的詞義之間存在某種默契和對應,人們改造文字又總是試圖讓字形盡可能顯現詞義,更明確有效地記録詞語。"⑤張金霞説:"文字是記録語言的,語言中不同的詞需要用不同的文字形體記録下來,一旦語言中詞的意義、讀音發生了變化,文字形體也要相應地做出分化、調整,從而達到形音義三者的和諧統一,這樣文字纔算很好地記録了語言。"⑥曾蘭燕説:"當意義發生變化或書寫符號發生變化以後,漢字常要改造自己的書寫符號,以創造形義統一的新局面。"⑦語言是人類社會最重要的交際工具,而文字是記録語言的工具。當社會生活發生變化時,語言隨之發生變化,記録語言的文字也隨之發生變化。在漢字發展過程中出現了很多古今字,如益溢、竟境、辟避僻、北背、受授等,這些古今字都是漢字隨着社會語

① [清]張玉書等編纂,漢語大詞典編纂處整理:《康熙字典》(標點整理本),漢語大詞典出版社,2002年,第196、26頁。

② [清]黄生撰,黄承吉合按:《字詁義府合按》,中華書局,1984年,第33頁。

③ 漢語大字典編纂委員會編纂:《漢語大字典》(第二版),崇文書局、四川辭書出版社,2010年,第181頁。

④ 王志方:《試論影響漢字發展演變的語言文字因素》,《上海師範大學學報》(社會科學版)1998年第4期,第121頁。

⑤ 毛遠明:《漢魏六朝碑刻文獻語言研究的思考》,《南京師範大學文學院學報》2005年第1期,第168頁。

⑥ 張金霞:《漢字發展過程中的調整與完善》,《山東師範大學學報》(人文社會科學版)2010年第6期,第43頁。

⑦ 曾蘭燕:《漢字的發展趨勢及其成因分析》,《才智》2011年第11期,第201頁。

言的發展而做出相應調整的結果。又如“砲”,“本來是指抛石機一類的冷兵器,後來發明了用火藥燃放的火炮,於是記録新式火炮的漢字字形變成了‘炮’,意符不再寫作‘石’,而寫作‘火’”[①]。“砲”的意符由“石”替换爲“火”,正是文字隨社會的發展而發展的結果。

“姪”本指姑姪。“姪”之所以從女,是因其對姑稱。當“姪”不僅僅指稱姑姪,還指稱伯姪、叔姪時,“姪”這個形體已經和它所記録的語言不相適應了。從“姪”詞義擴大,可以指稱伯姪、叔姪的那一刻起,已爲“侄”最終替代“姪”埋下了伏筆。因爲“姪”這個形體承載不了新的意義,必然要求與新義相適應的新形體出現,而“侄”從“人”恰好滿足了“姪”之新義指兄弟之子女(既包括叔侄,又包括姑侄)的要求,於是“侄”最終替代了“姪”。用形體“侄”代替“姪”是社會語言發展變化,親屬稱謂“姪”指稱對象擴大而要求文字與之相適應的必然結果。“侄”是爲滿足交際的需要、語言發展的需要而産生的新字,這個新字與表示“牢也,堅也”等義的“侄”字在形體上恰好重合。前面説過用作“牢也、堅也、癡也”的“侄”字是個使用頻率非常低的字,而親屬稱謂“侄”卻是一個使用頻率非常高的字。故“侄”這個符號越來越多地被用於記録“兄弟之子女”的意義,其記録“牢也,堅也”等義的用法逐漸喪失。現代漢語中“侄”只用於表示親屬稱謂了。[②]

三國孫吴黄龍、嘉禾年間“姪”的詞義已經擴大爲不僅指稱姑姪,而且指稱伯姪、叔姪了,爲什麽直到宋元時期纔出現“姪”寫作“侄”呢?這依然和語言文字與社會文化發展的關係有關。羅常培説:“語言的變遷比文化的變遷慢得多,文字的變遷比語言更慢。有些文化因素早已變了,可是它的蜕形卻仍舊在語言文字裏保存着。”[③]故雖然三國孫吴時期“姪”這個形體已經與它所指稱的意義不相適應了,但直到宋元時期纔出現與其意義相適應的新形體“侄”。

此外,親屬稱謂“姪”經過漫長的過程纔寫作與之意義相符的“侄”,還應和“姪”之新義(伯姪、叔姪)被社會廣泛接受、使用的時間有關。據韓樹峰的研究,雖然吴

① 何九盈等:《中國漢字文化大觀》,北京大學出版社,1995年,第103頁。

② 如《現代漢語詞典》《新華字典》對“侄”的釋義均没有提到其有“牢也,堅也”之義。參中國社會科學院語言研究所詞典編輯室編:《現代漢語詞典》(第7版),商務印書館,2016年,第1682頁;中國社會科學院語言研究所編:《新華字典》(第10版),商務印書館,2008年,第625頁。

③ 羅常培:《語言與文化》,北京出版社,2004年,第111—112頁。

簡中已經出現表伯姪、叔姪之"姪",但三國傳世文獻未見與伯、叔相對的姪稱,傳世文獻在晉代纔出現伯姪、叔姪之稱的"姪",且仍處於劣勢,直到唐宋時期,姪之新義作爲正式稱謂,纔被上層精英文化所接受,被社會廣爲使用。唐宋之前,"姪"之伯姪、叔姪義更多地見於考古資料中(吴簡、敦煌文書、吐魯番文書、石刻),唐宋之後,無論考古資料,還是文獻資料都開始廣泛使用。[①]"姪"之伯姪、叔姪義直到唐宋之後纔被社會各階層廣爲使用。也就是説,直到這個時候,人們纔開始普遍認識到"姪"的形體與它所指稱的意義不相符,纔開始有改造"姪"的形體使之與所表達的意義相符的需要。於是,在宋元時期開始出現以"侄"替代"姪"的情況,使所指與能指相符。

三、吴簡親屬稱謂的辭書編纂價值

已刊布吴簡中近一半的内容爲户籍簡,數量如此多的户籍簡在簡牘發掘史上實屬罕見。這些户籍簡中有大量的親屬稱謂,真實地記録了三國時期長沙地區下層吏民的社會結構狀況和家庭成員情況。因此,吴簡親屬稱謂在探討親屬稱謂發展變化、分析三國孫吴家庭結構、辭書編纂(尤其是稱謂類專門辭書的編纂)等方面具有重要價值。這裏主要討論吴簡親屬稱謂在辭書編纂方面的價值。

《漢語大詞典》作爲一部大型的、代表當前辭書編纂最高水平的漢語語文辭書,在收詞上主張"古今兼收,源流並重";編纂上"着重從語詞的歷史演變過程中加以全面闡述。所收條目力求義項完備,釋義確切,層次清楚"。[②]這無疑是編纂辭書所追求的理想境界。然而中國歷史文化源遠流長,古代流傳下來的典籍浩如煙海,靠有限的人力(編纂者)很難將全部文獻中的詞語搜羅殆盡,加之《漢語大詞典》容量巨大,出自衆手,疏忽遺漏,在所難免。蔡希芹編《中國稱謂辭典》,王火、王學元編《漢語稱謂詞典》,鮑海濤、王安節編《親屬稱呼辭典》主要依據傳世資料,也存在一些書證滯後、詞條漏收等情況。故我們以《漢語大詞典》(下簡稱《大詞典》)、《中國稱謂辭典》《漢語稱謂詞典》《親屬稱呼辭典》爲例,從4個方面探討吴簡親屬稱謂在語文辭書編纂上的價值。討論時以《大詞典》爲主,兼及其他3部詞典。

① 韓樹峰:《中古時期的"姪"與"兄子"、"弟子"》,《歷史研究》2010年第1期,第47頁。

② 漢語大詞典編輯委員會編,羅竹風主編:《漢語大詞典》第一卷《前言》,漢語大詞典出版社,1990年。

(一)增補辭書詞條

《大詞典》及相關稱謂類專書辭典因涉及的資料所限,有不少失收、漏收親屬稱謂的情況。親屬稱謂在宗族和婚姻兩大主綫的交織下構成一個龐大的網格系統,每一個親屬稱謂在這一網格下都有自己固定的位置,且由於性别、長幼、嫡庶的不同,親屬稱謂呈現出很强的對稱性,如有"祖父",必有"祖母"。據吴簡,《大詞典》等辭書失收、漏收了不少親屬稱謂。

男孫

文男孫斗年二歲。(柒·852)

湛男孫黑年四歲。(捌·342)

文男孫仙年二歲。(捌·1125)

盖男弟步年七歲,妾男孫劉年十三。(捌·5467)

《大詞典·女部》收有"女孫"一詞,而《大詞典·田部》"男"下卻未收"男孫"。有"女孫"則必有"男孫"。據吴簡,《大詞典》應增補詞條"男孫"。"男孫"又見於傳世文獻,如劉克莊《生日和居厚弟》:"女孫笄珥,男孫袍笏,少長今朝咸集。"[①]《中國稱謂辭典》《親屬稱呼辭典》《漢語稱謂詞典》亦無"男孫",可酌情補收。

男姪

☐踵兩足,□男姪客年七歲。(壹·1186)

·馬男姪碩年卅,給驛卒;□妻□年廿四。(貳·2285)

黄男姪剅□年卅一,苦踵病。(捌·390)

子 男 比年七歲,有男姪課年七歲。(捌·605)

蔆男姪了年十六,筭一,腹心病。(捌·694)

幼男姪萇年十三,妻大女阸年廿七。(捌·3597)

《大詞典·女部》收有"女姪"一詞,而《大詞典·田部》"男"下卻没有收"男姪",根

① 唐圭璋編:《全宋詞》,中華書局,1965年,第2641頁。

據吴簡及親屬稱謂對稱性原則,《大詞典》應增補詞條“男姪”。《中國稱謂辭典》《親屬稱呼辭典》《漢語稱謂詞典》亦無“男姪”,可酌情補收。

寡弟、寡女弟

如寡弟大女初年廿,筭一,腹心病。(叁·5757)
妻大女頊年廿二,縣寡女弟姑年廿九。(貳·1872)
沙蕯孫仕伍諸年四歲,文寡女弟碓年五十六,踵(腫)兩足。(貳·1955)

“寡弟”,吴簡又作“寡女弟”。《大詞典·宀部》“寡”下收有“寡姊”,而無“寡弟”“寡女弟”或“寡妹”。據吴簡,應增補詞條“寡弟”“寡女弟”。《中國稱謂辭典》《親屬稱呼辭典》《漢語稱謂詞典》亦無“寡弟”“寡女弟”,可酌情補收。

妻兄

高妻兄張年六十二。(壹·9430)

《大詞典·女部》“妻”下收有“妻弟”,而無“妻兄”。據吴簡,《大詞典》應增補詞條“妻兄”。《中國稱謂辭典》《漢語稱謂詞典》收有“妻兄”。“妻兄”多見於傳世文獻,如《史記·孔子世家》:“孔子遂適衛,主(住)於子路妻兄顔濁鄒家。”①《親屬稱呼辭典》收有“内兄”而無“妻兄”。

妻父

宣妻父車年七十,踵兩足。(捌·1480)
文妻父元年六十四,腹心病。(捌·1969)
蚤妻父般尼年八十一,盲右目。(捌·2003)

“妻父”指妻子的父親。《大詞典·女部》“妻”下無“妻父”詞條。據吴簡,當增補。“妻父”多見於傳世文獻,如《漢書·董賢傳》:“遷賢父爲少府,賜爵關内侯,食邑,復徙爲衛尉。又以賢妻父爲將作大匠,弟爲執金吾。”②《中國稱謂辭典》《親屬稱呼辭典》

① [西漢]司馬遷:《史記》,中華書局點校本,2014年,第2325頁。
② [東漢]班固:《漢書》,中華書局點校本,1962年,第3733頁。

典》收有“妻公”而無“妻父”。《漢語稱謂詞典》收有“妻父”，書證爲《水滸全傳》，晚於吴簡。

妻母

□妻母大女妾年六十二。(壹·10148)

·客妻母大女妾年六十二，腫兩足；客姪子男謀(?)年七歲。(貳·4667)

“妻母”指妻子的母親。《大詞典·女部》“妻”下無“妻母”詞條。據吴簡，當增補。“妻母”又見於傳世文獻，如《魏書·安定王休附子愿平傳》：“坐裸其妻王氏於其男女之前，又强姦妻妹於妻母之側。”[①]《中國稱謂辭典》《親屬稱呼辭典》《漢語稱謂詞典》亦無“妻母”，可酌情補收。

小母

胤小母大女汝年五十一。(壹·9344)

孝小母巡年卌三，筭一；巡子男□年十四。(柒·4919)

“小母”指小父的妻子。《大詞典·小部》收有“小父”，而無“小母”。根據吴簡及親屬稱謂對稱性原則，《大詞典》應增補詞條“小母”。《中國稱謂辭典》《親屬稱呼辭典》《漢語稱謂詞典》亦無“小母”，可酌情補收。

舅女

文舅女綿年廿一。(柒·1060)

《大詞典·臼部》“舅”下有“舅子”，“舅氏之子，即表兄弟”。根據吴簡及親屬稱謂對稱性原則，《大詞典》應增補詞條“舅女”，“舅氏之女，即表姊妹”。“舅女”又見於傳世文獻，如《北史·文成五王傳》：“琛妃，宣武舅女，高皇后妹。”[②]《中國稱謂辭典》《親屬稱呼辭典》《漢語稱謂詞典》亦無“舅女”，可酌情補收。

---

① [北齊]魏收：《魏書》，中華書局點校本，1974年，第519頁。

② [唐]李延壽：《北史》，中華書局點校本，1974年，第687頁。

外孫男

⧄[年]□歲,□外孫男奴年六歲,□⧄(壹·4113)

《大詞典·夕部》"外"下收有"外孫女",而無"外孫男"。"外孫男"指女兒的兒子。根據吴簡及親屬稱謂對稱性原則,《大詞典》應增補詞條"外孫男"。《親屬稱呼辭典》也收有"外孫女"而無"外孫男",《中國稱謂辭典》《漢語稱謂詞典》亦無"外孫男",可酌情補收。

妻男姪

□妻男[姪]□□年十六,龍耳,筭一。(柒·850)
銀妻男姪□年七歲。(柒·4807)

《大詞典·女部》"妻"下無"妻男姪"。"妻男姪"指妻兄弟之子。《大詞典·女部》收有"妻甥",指"妻姐妹之子"。據親屬稱謂對稱性原則,亦應收"妻男姪"。《親屬稱呼辭典》收有"妻侄",而無"妻男姪"。《中國稱謂辭典》《漢語稱謂詞典》亦失收"妻男姪",可酌情補收。

《大詞典》等辭書除以上呈明顯對稱分布的親屬稱謂當收而未收外,還有一些親屬稱謂没有收録。兹舉例如下:

從小父

囊從小父堅年六十三。(壹·8913)
子小女[深]年六歲,志從小父□年卅三,苦腹[心]⧄(叁·6214)

《大詞典·彳部》"從"下無"從小父"。"小父"指父之幼弟,"從"是旁系親屬的標志,"從小父"當指父親的堂幼弟。《大詞典》失收。《中國稱謂辭典》《親屬稱呼辭典》和《漢語稱謂詞典》亦失收,可酌情補收。

寡女

河寡女爲年卌七,筭一。(捌·1477)

文寡女綿年卌一,筭一。(捌·1940)

《大詞典·宀部》"寡"下無"寡女"條。據吴簡,"寡女"當指失去丈夫的女兒(相對父母親稱)。"寡女"又見於傳世文獻,如《三國志·蜀書·張裔傳》:"裔臨發,權乃引見,問裔曰:'蜀卓氏寡女,亡奔司馬相如,貴土風俗何以乃爾乎?'"①《中國稱謂辭典》《親屬稱呼辭典》《漢語稱謂詞典》亦無"寡女",可酌情補收。

從姑

□子□□年[七]歲,□從姑□□年十二。(柒·451)

□從姑妾年五十,筭一。(柒·5857)

《大詞典·彳部》"從"下無"從姑"。"從"是旁系親屬的標志,"從姑"指堂姑。《大詞典》失收。《親屬稱呼辭典》《漢語稱謂詞典》亦無"從姑"。《中國稱謂辭典》收有"從姑","稱父親的堂姊妹"。所引書證爲[唐]房玄齡等《晉書》,晚於吴簡。

母父

彊母父□年[八]十二。(壹·7426)

《大詞典·母部》"母"下無"母父"。《大詞典》收有"母兄""母弟"。吴簡"母父"指母親的父親。《大詞典》失收。《中國稱謂辭典》《親屬稱呼辭典》《漢語稱謂詞典》亦無"母父",可酌情補收。

寡姑

·惖母大女緦年六十六,惖寡姑大女芬年五十。(貳·1589)

·□寡姑大女紡年六十六,踵(腫)足;紡子女易年卅,筭一。(貳·2396)

① [西晉]陳壽:《三國志》,中華書局點校本,1959年,第1012頁。

《大詞典·宀部》"寡"下無"寡姑"。"寡姑"指守寡的姑姑。《大詞典》失收。《中國稱謂辭典》《親屬稱呼辭典》《漢語稱謂詞典》亦無"寡姑",可酌情補收。

大妻

令大妻思年卅五,在本縣,嘉禾三年二月五日物故。(壹·8216)
橋大妻曲年卅八,橋小妻仕年卅。(壹·8925)
樂大妻年卅七,給軍吏。(捌·1623)

《大詞典·大部》"大"下無"大妻"。吴簡"大妻"和"中妻""小妻"相對而言,"大妻"即嫡妻、正妻。《大詞典》失收。《中國稱謂辭典》《親屬稱呼辭典》《漢語稱謂詞典》亦無"大妻",可酌情補收。

中妻

專族孫仕伍佰(?)年五歲,專中妻大女純年五十,已死。(貳·1952)
狶中妻大女弼年卅五,筭一□狶小妻大女瑣(?)年卅,筭一[…](貳·2405)

《大詞典·丨部》"中"下無"中妻"。據吴簡,"中妻"指排行居中的妻子,其在家庭中的地位低於大妻,高於小妻。吴簡"中妻"不見於傳世文獻和其他出土文獻,對於研究古代的妻妾制度具有重要的意義。《大詞典》失收。《中國稱謂辭典》《親屬稱呼辭典》《漢語稱謂詞典》亦無"中妻",可酌情補收。

外男孫

□外男孫青年十歲。(壹·5155)
到外男孫[沙]年八歲。(捌·1017)

《大詞典·夕部》"外"下無"外男孫"。"外男孫"與"外孫男"意義相同,指女兒的兒子。《大詞典》失收。《中國稱謂辭典》《親屬稱呼辭典》《漢語稱謂詞典》亦無"外男孫",可酌情補收。

外女孫

平外女孫并(?)年七歲。(貳·1977)

外外女孫婢年二歲。(肆·1817)

《大詞典·夕部》"外"下無"外女孫"。"外女孫"即"外孫女",指女兒的女兒。《大詞典·夕部》收有"外孫女"一詞。《親屬稱呼辭典》《漢語稱謂詞典》亦收有"外孫女(儿)"而無"外女孫"。《中國稱謂辭典》亦無"外女孫"。

外男姪

𠛬外男姪陳毛年八。(肆·411)

元外男姪客年十三。(捌·1510)

《大詞典·夕部》"外"下無"外男姪"。"外男姪"指外兄弟之子,即"表姪"。《中國稱謂辭典》《親屬稱呼辭典》《漢語稱謂詞典》亦無"外男姪",可酌情補收。

外姪子、外姪子男

乘外姪子李堂年卅五。(壹·5177)

汙妻弟仕伍民年五歲,汙外姪子仕伍庄年七歲。(貳·2108)

彊外姪子男斗年八歲,腫兩足。(壹·4979)

《大詞典·夕部》"外"下無"外姪子""外姪子男"。"外姪子""外姪子男"和"外男姪"意義相同,指外兄弟之子。《中國稱謂辭典》《親屬稱呼辭典》《漢語稱謂詞典》亦無"外姪子""外姪子男",可酌情補收。

外姪孫

范外姪孫果年十。(肆·396)

《大詞典·夕部》"外"下無"外姪孫"。"外姪孫"指外姪之子。"外姪孫"又見《大正新修大藏經·廬山記》:"從外姪孫攝鎮南軍節度副使朝散大夫使持節江州諸軍事守江州刺史上柱國苗紳撰。"《中國稱謂辭典》《親屬稱呼辭典》《漢語稱謂詞典》亦無"外姪孫",可酌情補收。

妻外姪子男

妻 外(?)姪子男狗年四歲,妻外姪子男仲年五歲。(柒·3634)

妻(?)外(?)姪子男張碩年十二,腹心病。(柒·3650)

《漢語大詞典·女部》"妻"下無"妻外姪子男"。"妻外姪子男"指妻外兄弟之子。《中國稱謂辭典》《親屬稱呼辭典》《漢語稱謂詞典》亦無"妻外姪子男",可酌情補收。

妻從男弟

☐妻從男弟胡達年十五☐(壹·1329)

《大詞典·女部》"妻"下無"妻從男弟"。"妻從男弟"指妻子的堂弟。《中國稱謂辭典》《親屬稱呼辭典》《漢語稱謂詞典》亦無"妻從男弟",可酌情補收。

妻從兄

妻從兄公乘☐(壹·1256)

《大詞典·女部》"妻"下無"妻從兄"。"從兄"指堂兄,"妻從兄"指妻子的堂兄。"妻從兄"又見《資治通鑒》卷二百五十二:"殷裕妻父太府少卿崔元應、妻從兄中書舍人崔沆、季父君卿皆貶嶺南官。"[①]《中國稱謂辭典》《親屬稱呼辭典》《漢語稱謂詞典》亦無"妻從兄",可酌情補收。

姪子女

倚姪子女羅年十五,見(壹·6021)

兄子男□年七歲,嫂姪子女貞年六歲。(柒·3224)

① [北宋]司馬光等:《資治通鑒》,中華書局,1956年,第8163頁。

《大詞典·女部》"姪"下無"姪子女"。"姪子女"即"侄女"。《大詞典》失收。《中國稱謂辭典》《親屬稱呼辭典》《漢語稱謂詞典》亦無"姪子女",可酌情補收。

姪子男

香姪子男賜年[六]歲,賜男弟具年四歲。(捌·3544)

習姪子男客年六,盲右目;姪子男番純年五,雀左手。(捌·3664)

《大詞典·女部》"姪"下無"姪子男"。"姪子男"即"侄子"。《大詞典》失收。《中國稱謂辭典》《親屬稱呼辭典》《漢語稱謂詞典》亦無"姪子男",可酌情補收。

寡姪

□寡姪豆年六十五,□子女篤(?)年□□(貳·3076)

《大詞典·女部》"姪"下無"寡姪"。"寡姪"指失去丈夫的侄女。《大詞典》失收。《中國稱謂辭典》《親屬稱呼辭典》《漢語稱謂詞典》亦無"寡姪",可酌情補收。

(二)提前文獻用例

《大詞典》的文獻用例是以時代最早的用例爲標準,但由於《大詞典》的編纂工程浩大,出自衆手,其所列文獻用例卻未必就是真正的時代最早用例。《漢語稱謂詞典》在《凡例》第六條中指出"詞目的注釋中之'見於'表示:其書面語最早見於古代文獻作品。從這裏大體可以看到這個詞條的來源狀況"[①]。今據吴簡親屬稱謂發現《大詞典》《漢語稱謂詞典》等辭書的一些文獻用例還可以提前。

姑父

都市掾潘羜叩頭死罪白:被曹敕,推求私學南陽張游發遣詣屯,言:案文書,輒推問游外王母大女戴,取辭。游昔少小隨姑父陳密在武昌,[密]以(於)黄龍元年被病物

① 王火、王學元:《漢語稱謂詞典·凡例》,遼寧大學出版社,1988年,第1—2頁。

> 故。游轉隨姊聟州吏李恕,到今年六月三日,游來(?)□取家。其月十三日,游隨故郭將子男欽,□到始安縣讀書,未還。如取辭,□曹列言,□南部追□發 遣□詣大屯。又游無有家屬應詔課者,謹列言。狩誠惶誠恐叩頭死罪死罪。
>
> 詣 户 曹
>
> 十一月十五日辛丑白(肆·4550(1))

《大詞典·女部》"姑父"釋義爲"姑母的丈夫"。所引書證爲近人沙汀《獸道》:"我的姑父是一個廪生,在女學校教國文。"晚於吴簡1700餘年。《漢語稱謂詞典》所引書證爲《白話聊齋》,書證亦晚。《親屬稱呼辭典》"姑父"條無書證。《中國稱謂辭典》收有"姑夫"而無"姑父"。

舅嫂

> 盡舅嫂怨(?)年廿二。(柒·1154)

《大詞典·臼部》"舅嫂","妻之兄弟之妻"。所引書證爲[清]吴趼人《二十年目睹之怪現狀》。晚於吴簡1600餘年。《中國稱謂辭典》收有"舅嫂",無書證。《親屬稱呼辭典》收有"大舅嫂"無"舅嫂","大舅嫂"無書證。《漢語稱謂詞典》失收"舅嫂"。

姪子

> 轉妻烝年□□,轉姪子信年五歲。(柒·163)
>
> 船(?)妻□年卅四,船(?)姪子急(?)年五歲。(柒·327)
>
> 廣妻汝年十八,姪子壬吴年卅三。(捌·3562)

《大詞典·女部》"姪子","稱弟兄或其他同輩男性親友的兒子"。所引書證爲[清]吴敬梓《儒林外史》第二三回:"牛奶奶帶着姪子復身走出來。""姪"在吴簡中意義已經泛化,既指姑姪,又指叔姪、伯姪。上揭簡柒·163"轉"、簡柒·327"船"爲男性無疑,"姪子"指轉、船兄弟的兒子。《大詞典》書證晚於吴簡1500餘年。《漢語稱謂詞典》所引書證爲《白話聊齋》,比《大詞典》更晚。《親屬稱呼辭典》"侄子"條無書證。《中國稱謂辭典》收有"侄兒"而無"侄子"。

外孫女

□□大女仕年八十三,□外孫女□年四歲。(肆·2020)

《大詞典·夕部》"外孫女","女兒的女兒"。所引書證爲[清]曹雪芹《紅樓夢》第三回:"况且這通身的氣派竟不象老祖宗的外孫女兒,竟是嫡親的孫女兒似的,怨不得老祖宗天天嘴裏心裏放不下。"《漢語稱謂詞典》所引書證亦爲《紅樓夢》,晚於吴簡1500餘年。《親屬稱呼辭典》"外孫女"條無書證。《中國稱謂辭典》失收"外孫女"。

孫子

妻大女梨年八十四,平孫子仕伍軍年七歲,聾耳。(貳·1640)
岑孫子仕伍奴年十,痍死。(貳·2104)
力孫子和年七歲。(柒·180)

《大詞典·子部》"孫子","兒子的兒子"。所引書證爲[宋]王讜《唐語林》。晚於吴簡800餘年。《漢語稱謂詞典》所引書證爲近人林漢達《前後漢故事新編》,書證更晚。《中國稱謂辭典》僅引《爾雅》。《親屬稱呼辭典》無書證。

小父

妾小父鄧得年五十七,雀左足。(壹·5170)
漻小父文年五十八,筭一。(捌·1129)
樵小父夏年七十九。(捌·1853)

《大詞典·小部》"小父","稱父之幼弟"。所引書證爲[宋]王安石《寄吴氏女子》:"自吾捨汝東,中父繼在廷。小父數往來,吉音汝每聆。"晚於吴簡800餘年。《中國稱謂辭典》《親屬稱呼辭典》《漢語稱謂詞典》失收"小父"。

外父

種外父張建年八十六,盲左目,十二月三日被病物故。(捌·1705)
赤外 父胡南年六十,苦風病。(捌·2040)

《大詞典·夕部》“外父”，“岳父”。所引書證爲［宋］無名氏《潛居録》。晚於吴簡。《漢語稱謂詞典》所引書證亦爲《潛居録》。《中國稱謂辭典》《親屬稱呼辭典》“外父”條所引書證爲［清］梁章鉅《稱謂録》。《大詞典》等辭書書證均晚於吴簡。

族孫

專族孫仕伍佰(?)年五歲，專中妻大女純年五十，已死。(貳·1952)

《大詞典·方部》“族孫”，“同族兄弟的孫子”。所引書證爲［唐］趙璘《因話録》。《漢語稱謂詞典》《親屬稱呼辭典》“族孫”條所引書證亦爲［唐］趙璘《因話録》。晚於吴簡600餘年。《中國稱謂辭典》失收“族孫”。

寡姊

·衣(?)弟仕伍心年九歲，前寡姊大女□年七十□。(貳·2530)

秩寡姊連年卌五，筭一。(捌·1777)

勉寡姊雪年卅三，筭一。(捌·1894)

《大詞典·宀部》“寡姊”，“守寡的姐姐”。所引書證爲［唐］趙璘《因話録》。晚於吴簡600餘年。《中國稱謂辭典》《漢語稱謂詞典》《親屬稱呼辭典》失收“寡姊”。

姪男

箄(?)男弟碓年四歲，箄(?)姪男沐 年六歲。(柒·3039)

□子男適年三歲，□姪男常年六歲。(伍·6392)

《大詞典·女部》“姪男”，“猶侄兒”。所引書證爲［唐］顔真卿《祭伯父豪州刺史文》。晚於吴簡500年左右。《親屬稱呼辭典》“侄男”條所引書證爲［清］翟灝《通俗編·倫常·侄男》，書證更晚。《中國稱謂辭典》《漢語稱謂詞典》失收“姪男”。

從姪

鳴從姪魯年十一。(肆·777)

□從姪范(?)敬年十三。(柒·5099)

□從姪助年十三。(柒·5794)

《大詞典·彳部》"從姪","堂房侄子"。所引書證爲[唐]杜甫《醉歌行》。晚於吴簡500年左右。《中國稱謂辭典》《親屬稱呼辭典》《漢語稱謂詞典》失收"從姪"。

女姪

丹女姪婢年廿六,筭一。(柒·5538)

志女姪思年八歲。(柒·5902)

樂女姪吕舟年廿,盲佐目。(捌·1657)

《大詞典·女部》"女姪","侄女"。所引書證爲[唐]李朝威《柳毅傳》。《漢語稱謂詞典》《親屬稱呼辭典》"女姪"條所引書證亦是[唐]李朝威《柳毅傳》。晚於吴簡500餘年。

從姊

取郡吏費暉從姊思⧄(叁·2048)

了從姊年六十二。(柒·5431)

"姊",吴簡多寫作"姉",爲"姊"的俗體。《大詞典·彳部》"從姊","堂姊"。所引書證爲[唐]李延壽《北史·司馬膺之傳》。晚於吴簡。《中國稱謂辭典》《親屬稱呼辭典》收有"從兄""從弟",而無"從姊"。《漢語稱謂詞典》亦失收"從姊"。

姪女

⧄筭一,桐(?)姪女橋年六歲。(貳·2508)

黄姪女逆年七歲。(肆·475)

《大詞典·女部》"姪女","弟兄的女兒"。所引書證爲[北齊]魏收《魏書》。晚於吴簡。《漢語稱謂詞典》所引書證爲[清]李汝珍《鏡花緣》,書證更晚。《親屬稱呼辭典》"姪女"條無書證。《中國稱謂辭典》失收"姪女"。

子女₁[①]

其師佐十八人母妻子女五人,見今送。(壹·6671)

《大詞典·子部》"子女","兒女"。所引書證爲[北齊]顔之推《顔氏家訓》。晚於吴簡。《中國稱謂辭典》《漢語稱謂詞典》《親屬稱呼辭典》所引書證爲《穀梁傳》。

(三)補充文獻用例

辭書中有些詞條僅有釋義而無書證。王力在《理想的字典》中曾説:"這樣没有例證,就不知道它們始見於何書(字典舉例,向來以始見之書爲限……),也就不知道它們是什麽時代的産品。這是極艱難的工作,但是,字典如果做不到這一點,決不能達到最高的理想。"[②]吴簡親屬稱謂可補充辭書文獻用例之缺。

外王母

都市掾潘羜叩頭死罪白:被曹敕,推求私學南陽張游發遣詣屯,言:案文書,輒推問游外王母大女戴,取辭。游昔少小隨姑父陳密在武昌,密以(於)黄龍元年被病物故。(肆·4550(1))

《大詞典·夕部》"外王母"釋義爲"外祖母",僅引《爾雅》,而無文獻用例。《親屬稱呼辭典》亦僅引《爾雅》。吴簡"外王母"可補充文獻用例。《漢語稱謂詞典》失收"外王母"。

(四)訂補辭書義項

吴簡親屬稱謂可訂正補遺辭書中相關詞條的義項。這裏先討論修訂辭書釋義的親屬稱謂,再探討補充辭書義項的親屬稱謂。

① "子女"在吴簡中有兩個意義,一是指兒和女,二是指女兒。這裏所討論的是第一個意義,第二個意義留待下文討論。

② 王力:《王力文集》第十九卷《理想的字典》,山東教育出版社,1990年,第69頁。

姪

汙妻弟仕伍民年五歲,汙外姪子仕伍庄年七歲。(貳·2108)

·客妻母大女妾年六十二,腫兩足;客姪子男謀(?)年七歲。(貳·4667)

轉妻烝年□□,轉姪子信年五歲。(柒·163)

鍾妻惕年卅二,筭一;鍾男 姪□年□歲,盲 左 目。(柒·5906)

⧄□里户人公乘區步年五十四,步男姪 別年十五,筭一。(捌·2534)

萬 歲里户人終妾年六十二,子男確年十九,妾姪子男誌年九歲。(捌·5512)

《大詞典·女部》“姪”,“②晉以後男子始稱兄弟之子爲姪”。據吴簡,三國孫吴時期“姪”已經開始指稱男子之兄弟之子。[①]如上揭簡貳·2108汙妻弟名民,汙外姪子名庄,則汙爲男性無疑。簡貳·4667客妻子的母親名妾,客姪子男名謀,則客也爲男性無疑。簡捌·2534和捌·5512之“户人”即户主,也應是男性。因爲吴簡户主爲女性者必標以“户人大女”。如:

萬歲里户人大女菅妾年卌八,子男難年十一,難男弟符年九歲。(柒·202)

萬歲里户人大女□買年七十七,子男高年卌 六,踵 足。(柒·310)

富貴里户人大女□□年□九,子男黨年十三,風病;子女姑年七歲。(柒·510)

高遷里户人大女烝肥年卌□,筭一。訾 五 十(柒·2661)

吴簡中的“姪”稱謂非常發達,有姪子男、姪子女、男姪、女姪、從男姪、從姪、外姪子男、外男姪、孫姪、寡姪等。這些“姪”稱謂既可以指稱男子之兄弟之子,也可以指稱男子之從兄弟之子,還可以指稱男子之妻兄弟之子。故《大詞典》“姪”的第二個義項可修訂爲“三國孫吴時期男子始稱兄弟之子爲姪”。

① 關於吴簡“姪”的具體研究參本章“吴簡親屬稱謂‘姪’”,又韓樹峰:《中古時期的“姪”與“兄子”、“弟子”》,《歷史研究》2010年第1期,第44—65、190頁。

從父

平從父[蓋]年六十五,苦風病。▨(壹·9778)

高從父石明年五十六,筭一。(柒·1829)

□[女] [弟]□年十二,[從]父公乘待七十一,腫足。(柒·2423)

暘男弟岑年九歲,[暘]從父□年卅一,腫足。(柒·2425)

▨客從父回年六十二,回妻大女萬年六十一▨(捌·5338)

▨從父區[道]年五十二。(捌·2696)

《大詞典·彳部》"從父","父親的兄弟。即伯父或叔父"。《三國志·蜀書·諸葛亮傳》:"亮早孤,從父玄爲袁術所署豫章太守。"①"從"是旁系親屬的標識,如"從兄"指"同祖伯叔之子年長於己者,即堂兄";"從伯"指"父親的堂兄";"從弟"指"堂弟";"從姊"指"堂姊"等。吴簡父親的兄弟稱爲"世父""伯父""叔父""季父""小父"。户籍要求標明本人和户主(吴簡稱"户人")的關係,吴簡"從父"出現在户籍簡中,此"從父"當不應指父親的兄弟,而是指父親的堂兄弟。《大詞典》"從父"的釋義可訂正爲"父親的堂兄弟"。

子女$_2$②

半子女麦年四歲。(壹·4910)

待子女汝年十七。(壹·5194)

客子女張年二歲。見(壹·5818)

新子女鼠年二歲,在本縣。留(壹·5888)

新子女姑年六歲,在本縣。留(壹·5890)

▨社子女思年十歲,見　社子男書年一歲。見(壹·6010)

[阿]母汝年卌,見　阿子女婢年四歲。見(壹·6606)

龍妻能年廿六,龍子女婢年三歲。(壹·6741)

堅妻兼年五十三,堅子女姑年十五。(壹·8951)

① [西晉]陳壽:《三國志》,中華書局點校本,1959年,第911頁。

② "子女"在吴簡中有兩個意義,這裏討論的是"女兒"義。

《大詞典·子部》“子女”有3個義項:“男和女。美女;年青女子。兒女。”由上揭諸例知,《大詞典》關於“子女”的3個義項均與上舉“子女”意義不符。這裏的“子女”應是指“女兒”。簡壹·6010記録了“社”子女、子男的名稱及年齡信息,子女和子男在同一枚簡上對舉出現,子男指兒子,子女則指女兒。吴簡“子女”表“女兒”義達700多例。據吴簡,《大詞典》“子女”應增加“女兒”這一義項。

此外,《大詞典·子部》“子男”收有“兒子”義。根據親屬稱謂對稱分布的原則,“子男”和“子女”在表“兒子”和“女兒”義上是相對稱的。吴簡“子男”指稱“兒子”義達1300多例。

《中國稱謂辭典》“子女”有2個義項:“兒子和女兒的統稱;專指女子。”據吴簡,《中國稱謂辭典》“子女”亦應增加新義項“女兒”。

《漢語稱謂詞典》“子女”亦有3個義項:“兒子與女兒;指女子;封建統治者稱人民大衆。”據吴簡,《漢語稱謂詞典》“子女”亦應增加新義項“女兒”。

《親屬稱呼辭典》失收“子女”。

兄嫂

惕兄嫂大女□☑(叁·6846)

從兄嫂(?)裛年六十二,苦塡(?)宫病。(肆·1869)

《大詞典·儿部》“兄嫂”,“哥哥和嫂子”。《大詞典》無文獻用例。上揭兩例“兄嫂”簡是户籍,據其文意,顯然“兄嫂”不是指哥哥和嫂子兩個人,而應是指一個人,據簡叁·6846“兄嫂大女”,則“兄嫂”當指“兄之妻”,即嫂嫂。據吴簡,《大詞典》“兄嫂”應增加“兄之妻”這一義項。《中國稱謂辭典》《親屬稱呼辭典》《漢語稱謂詞典》失收“兄嫂”。

《大詞典》作爲目前國内最具權威的大型語文辭書,由於出自衆手,白玉難免無瑕,故自其出版以來,不斷有學者對其釋義、書證、收詞等各方面進行補正,以期其修訂時能够更完善、更完備。應學界要求,2012年《大詞典》啓動了修訂工作。吴簡作爲三國時期真實可靠、典型鮮活的“同時”語料,對於補充、豐富、修訂《大詞典》具有重要作用。我們僅討論了吴簡親屬稱謂,對《大詞典》的訂補已達48條,若將吴簡全部詞語納入研究範圍,其訂補《大詞典》的條目無疑會更多。這也是我們下一步要展開的工作。

當前學界有關稱謂研究的成果已經非常多,僅檢索CNKI2000—2020年的碩博士論文,就搜索到294篇有關稱謂研究的論文,其中以研究親屬稱謂者居多。有關稱謂的專門辭書也非常多,如:王火、王學元《漢語稱謂詞典》(遼寧大學出版社,1988年),鮑海濤、王安節《親屬稱呼辭典》(吉林教育出版社,1988年),楊應芹、諸偉奇《古今稱謂詞典》(黃山書社,1989年),陸瑛《簡明稱謂辭典》(廣西民族出版社,1989年),蔡希芹《中國稱謂辭典》(北京語言學院出版社,1994年),吴海林《中國古今稱謂全書》(黑龍江教育出版社,1991年),吉常宏《漢語稱謂大詞典》(河北教育出版社,2001年)等。以上有關稱謂的專門辭書主要出版於上世紀末、本世紀初,所用語料主要是傳世文獻和方言資料,基本没有涉及出土資料。出土簡帛資料中有大量的日常文書,這些文書中含有豐富的稱謂詞語,對於訂補有關稱謂的辭書具有重要價值。如傳世文獻"子男"有"兒子"義,根據親屬稱謂對稱分布的原則,"子女"應有"女兒"義,但傳世文獻找不到"子女"用作"女兒"義的用例,吴簡則有大量"子女"用作"女兒"義的用例,可彌補傳世文獻之缺。又如"小父","稱父之幼弟",既然"父之幼弟"稱爲"小父",則"小父"之配偶應有稱"小母"者,然傳世文獻卻無用例,吴簡"小母"的簡例彌補了長期以來"小父"稱謂不對稱的缺憾。倘若有關稱謂的專門辭書開展修訂工作的話,應高度重視吸收出土簡帛語料,尤其是吴簡語料。

四、吴簡與《三國志》及裴注親屬稱謂比較研究

吴簡内容主要以户籍和賬簿爲主,有近一半的内容爲户籍,主要記録了三國孫吴時期長沙郡臨湘侯國下層吏民的户籍情況。這些户籍簡有大量的親屬稱謂,通過我們全面的清理,共得145個涉及祖輩至孫輩的親屬稱謂,爲研究三國時期親屬稱謂的使用情況提供了原汁原味、鮮活可靠的第一手資料。

《三國志》與《史記》《漢書》《後漢書》並稱"前四史",是重要的歷史典籍,也是研究漢語詞彙史的重要語料。吴金華曾云:"如果從語言史的角度來看,它(指《三國志》)又是一部帶着鮮明時代特色的魏晉文獻。"[①]方一新曾説:"《三國志》等史書以其正史的特殊地位得以基本完整地保存下來,無論是從材料的真實性上看,還是從篇幅

① 吴金華:《三國志校詁·前言》,江蘇古籍出版社,1990年,第1頁。

數量上看,在同時期的中土文獻中都罕有其儔,值得充分重視。"[①]《三國志》作爲漢語史研究的重要語料,引起了學界的廣泛關注,先後有不少學者從不同的角度對之進行研究。[②]

漢語史上每一歷史時期詞彙系統的面貌如何,我們目前尚不完全清楚。若能對每一歷史時期的所有文獻進行全面的清理描寫,則那個時期的詞彙系統面貌也就基本清楚了。很顯然,這絶非一時一人之力所能够完成的。故蔣紹愚説:"要把一個時代平面的詞彙系統描寫出來不是那麽容易的,這個工作可以、也只能一步一步地做。比如,以一部有代表性的著作爲對象,對其中反映口語的詞彙作全面的系統的描寫;也可以再把範圍縮小一點,對某部著作中的某一類詞作全面的系統描寫。這些工作做好了,就爲全面地描寫一個時代的詞彙系統打下基礎。"[③]在這種專書詞彙研究的基礎上,"爲了達到由點及面,由横向到縱向的研究目的,單一語料内部詞語的研究有必要逐漸轉入到不同語料之間詞語的研究"。然而,"在實際研究中,要找到字數和内容一致的兩種語料又幾乎不可能,而語料字數及内容的不一,往往會使研究的結論受到影響"。[④]針對這種情况,胡敕瑞提出了一個切實可行的方法——從概念出發進行詞語的比較研究。"任何概念都要通過詞語來體現,不同的語料在表達一個相同概念時總要使用相應的詞語,……從概念出發對不同語料的詞語進行比較,就給研究者提供了一個可供觀察的窗口,……基本上可以避免語料本身不理想所帶來的缺憾,……得到相對公允的結論。"[⑤]學界當前從概念場的視

① 方一新:《東漢魏晉南北朝史書詞語箋釋·前言》,黄山書社,1997年,第1—2頁。

② 僅我們所見從漢語史的角度對之進行研究的專著就有:何亞南:《〈三國志〉和裴注句法專題研究》,南京師範大學出版社,2001年;王文暉:《〈三國志〉成語研究》,湖北人民出版社,2004年;馬麗:《〈三國志〉稱謂詞研究》,中國社會科學出版社,2010年;王彤偉:《〈三國志〉同義詞及其歷時演變研究》,巴蜀書社,2010年;肖瑜:《〈三國志〉古寫本用字研究》,上海教育出版社,2011年;鄧軍:《三國志代詞研究》,同濟大學出版社,2014年;等等。

③ 蔣紹愚:《古漢語詞彙綱要》,北京大學出版社,1989年,第264頁。

④ 胡敕瑞:《從概念出發的詞語比較研究——以〈論衡〉與東漢佛典詞語比較爲例》,載《漢語史研究集刊》第五輯,巴蜀書社,2002年,第183頁。

⑤ 胡敕瑞:《從概念出發的詞語比較研究——以〈論衡〉與東漢佛典詞語比較爲例》,載《漢語史研究集刊》第五輯,巴蜀書社,2002年,第183—184頁。

角對古漢語詞彙進行比較研究已取得了不少成果。[①]我們對同一時期不同材料的同一概念場的詞彙系統進行封閉式的全面的比較研究，就能大致了解某一概念場詞彙系統在某個時期的實際狀況。

吴簡主要爲"黄龍""嘉禾"年號的竹簡，[②]其時間應在孫權"黄龍""嘉禾"年間。關於《三國志》的時代，何亞南認爲作者陳壽（233—297）生活在三國到西晉的過渡時期，其生命的大部分時光都在三國時期度過，他編纂《三國志》基本上可視爲當時人撰當朝史。[③]對裴松之注，何亞南進行了勾稽爬梳，剔除了一部分與《三國志》時代差距很大的語料，將裴松之注所用與《三國志》時代大體相同的語料視爲同時期語料。[④]馬麗在進行《三國志》稱謂詞研究時，采用了何亞南的觀點，將《三國志》及部分裴注鑒定爲魏晉時期的語料。[⑤]我們贊同這一觀點，認爲《三國志》及部分裴注是與吴簡時代大體相同的語料。

目前，學界對稱謂詞語的比較研究，主要集中在漢語與少數民族語、外國語的比較研究，對時代大致相同的兩種或以上的漢語語料進行比較研究的成果則非常少。我們以概念場理論爲指導，嘗試對吴簡與《三國志》及裴注親屬稱謂進行封閉式的比較研究。[⑥]不足之處敬請方家批評指正。

(一)吴簡與《三國志》及裴注親屬稱謂比較

在進行吴簡與《三國志》及裴注親屬稱謂比較研究時，采用學界普遍使用的宗親、外親、妻親的分類方法進行討論。爲更好、更清晰地呈現吴簡與《三國志》及裴注親屬稱謂的共性，特列出上古漢語時期親屬稱謂的使用情況，[⑦]以便比對。吴簡

---

① 這方面的研究成果請參郭曉妮：《古漢語物體位移概念場詞彙系統及其發展演變研究》，浙江大學博士學位論文，2010年，第4—6頁。

② 王素：《長沙走馬樓三國吴簡研究的回顧與展望》，載《吴簡研究》第一輯，崇文書局，2004年，第15頁。

③ 何亞南：《〈三國志〉和裴注句法專題研究》，南京師範大學出版社，2001年，第14—15頁。

④ 何亞南：《〈三國志〉和裴注句法專題研究》，南京師範大學出版社，2001年，第14—22頁。

⑤ 馬麗：《〈三國志〉稱謂詞研究》，中國社會科學出版社，2010年，第37—38頁。

⑥ 《三國志》及裴注親屬稱謂參考了馬麗的《〈三國志〉稱謂詞研究》，並核查了原書，依據［晉］陳壽：《三國志》，陳乃乾校點，中華書局點校本，1959年。

⑦ 上古漢語時期的親屬稱謂主要參考了馮漢驥：《中國親屬稱謂指南》，徐志誠譯，上海文藝出版社，1989年；胡士雲：《漢語親屬稱謂研究》，商務印書館，2007年；王琪：《上古漢語稱謂研究》，中華書局，2008年；馬麗：《〈三國志〉稱謂詞研究》，中國社會科學出版社，2010年。

現刊布10卷,其中大木簡《田家莂》爲吏民租佃國有土地繳納租税的莂券,不含親屬稱謂,故我們的研究僅就9卷《竹簡》而言。

1.宗親親屬稱謂比較

親屬輩分	親屬關係	上古漢語	吴簡	《三國志》及裴注
高祖輩	父之祖父之父	高祖王父、高祖、高		高祖、高祖父
	父之祖父之母	高祖王母		
曾祖輩	父之祖父	曾祖王父、曾祖、曾、曾祖父		曾祖、曾祖父、祖
	父之祖母	曾祖王母		
祖輩	父之父	王父、祖、祖父、大父、公、祖君	大父、祖父	祖、祖父、祖公
	父之母	王母、祖母、大母	王母、祖母、大母	祖母、母
父輩	父母	親、嚴親、嚴君、所生		親、所生、尊上
	父	考、父、公(太公)、君、翁、天(所天)	父、老父	考、父(老父)、君(大君)、公(太公)、翁(阿翁)、侯、所天、所怙
	母	妣、母、母氏、親、媪、姐	母	妣、母(老母)、母氏、所生母、慈親、聖善
	父之兄	世父、伯父	世父、伯父	伯父、伯
	父之兄之妻	世母、伯母		伯母
	父之弟	叔父、季父、仲父	叔父、季父、小父	叔父、季父
	父之弟之妻	叔母、季母	叔母、季母、小母	叔母、季母
	父之姊妹	姑、諸姑、姑姊妹、姑姊、姑妹	姑、寡姑	姑
	父之從兄弟		從父、從小父	從父
	父之從姊妹		從姑	從姑

吴簡親屬稱謂主要出現在户籍簡中,户籍簡所記録的是健在之人的信息,極少數簡記録了剛剛離世之人的信息,[①]故吴簡僅記録了與户主相關的上至祖輩、下至孫輩的家庭親屬成員的信息,即吴簡僅有上至祖輩、下至孫輩的親屬稱謂,而没有高祖輩和曾祖輩的親屬稱謂。《三國志》是史書,要梳理一些重要歷史人物的家世淵源,記載有高祖輩和曾祖輩的親屬稱謂。封建社會是以男權爲中心的國家,史家們在梳理歷史人物的家世時,一般只介紹男性祖先的情况,而對女性祖先多略而不談,這也是《三國志》高祖輩和曾祖輩只有男性稱謂的原因。吴簡户籍簡客觀描述了一個個具體家庭成員與户主之間的親屬關係,故其親屬稱謂無合稱的稱謂。[②]

① 記録剛剛離世之人的户籍信息的簡極少。如簡柒·2465"新成里户人公乘文 栗年七十二,五年十一月十九日物故,妻大女思年六十□",簡柒·5435"斗男弟舉年廿一,筭一,以過年正月三日被病物故",簡柒·5574"夫秋里户人公乘潘沙年廿二,踵足,二月死",等等。

② 下文不再出示上古漢語和《三國志》及裴注的合稱稱謂。

與上古漢語相比，吴簡與《三國志》及裴注祖輩和父輩親屬核心稱謂“父”“母”“姑”穩固，二者承襲上古漢語又有不同的發展。祖輩稱謂中吴簡保留了上古漢語的“大父”“大母”“王母”，《三國志》僅有“祖父”“祖母”，並出現了一個指稱祖父的新詞語“祖公”。吴簡指稱母親主要用“母”，指稱父親主要用“父”，用“老父”者僅一見，簡貳·1551“□老父公乘閤年八十一，盲兩目；閤妻大女熹年六十一”。另有一例“考父”，見簡柒·5896“幼男弟隻年四歲，□考父金年五十，筭一”，圖版“考”字很不清楚，難以辨識，爲謹慎起見，暫且不論。《三國志》作爲史書，語言典雅端莊，在稱謂父母時有不少文雅的敬稱、美稱，如侯、所天、所怙、慈親、聖善。指稱父之兄弟、父之兄弟之妻、父之從兄弟姊妹，吴簡和《三國志》及裴注大體相同。吴簡出現了指稱父之幼弟及其妻的新稱謂“小父”“小母”，還出現了指稱父之從幼弟的“從小父”。

親屬輩分	親屬關係	上古漢語	吴簡	《三國志》及裴注
己輩	兄	兄、長、伯、伯氏、伯子、昆、母兄、伯兄	兄、母兄	兄、昆、伯、同母兄、同産兄、異母兄、中兄、次兄
	兄之妻	嫂	嫂、寡嫂、兄嫂	嫂、寡嫂
	弟	弟、叔、母弟、同母弟	弟、男弟、母弟、弟小男、小弟	弟、男弟、母弟、同母弟、別生弟、庶弟、次弟、中弟、小弟、季弟
	弟之妻	婦、弟婦、弟妻	弟寡婦、寡婦	
	姊	姊、伯姊、姒、女兄、嬃	姊、女姊、寡姊	姊、女兄
	妹	妹、弟、娣、娟、女妹	女弟、弟小女、寡女弟、寡弟	妹、同母妹、適妹
	父之兄弟之子	從父昆弟、公昆弟、從父兄、從兄、從父弟、從弟	從兄 從弟、從男弟	從父兄弟、從父兄、從兄 從父弟、從弟
	父之兄弟之女	從父姊妹、從妹	從姊、從女弟	從姊、同堂姊、從妹

吴簡、《三國志》及裴注與上古漢語相比，己輩稱謂更趨穩固，主要集中在核心稱謂“兄”“弟”“嫂”“姊”上，没有上古漢語的伯子、昆、叔、姒、娣、娟等。吴簡雖保留有上古漢語的“母兄”“母弟”稱謂，但用例非常少，“母兄”僅見兩例，簡貳·3339“☐母兄□☐”，簡捌·672“湛(?)母兄鄧[猔]年七十一，踵兩足☐”。“母弟”亦僅見兩例，簡叁·5695“黄母弟思年五歲”，簡玖·6847“□母弟☐”。

吴簡與《三國志》及裴注相比，己輩稱謂中没有典雅的文學性稱謂，也没有嫡庶之分。吴簡“姊”稱爲“姊”或“女姊”，没有稱“女兄”者，《三國志》及裴注則保留有上古漢語的“女兄”。吴簡“兄”均指哥哥，“弟”兼指弟弟和妹妹，指稱弟弟時，表述爲“男弟”“弟小男”或加民爵表述爲“弟公乘”“弟仕伍”；指稱妹妹時，表述爲“女弟”“弟小女”“寡弟”“寡女弟”。據初步統計吴簡指稱妹妹的用例共1210例，無一例是用“妹”表述的。《三國志》及裴注“兄”仍兼指哥哥和姐姐，“弟”僅指弟弟，指稱妹妹均用“妹”“同母妹”“適妹”表述，没有用“弟”表述者。《三國志》及裴注指稱“父之兄弟之女”出現了一個新興的稱謂“同堂姊”，這在同時期文獻中鮮見。“同堂姊”應是一個新興的口語詞，是後世旁系親屬稱謂“堂+核心稱謂”的起源。

親屬輩分	親屬關係	上古漢語	吴簡	《三國志》及裴注
子輩	子	子、男、息、子男、子男子、丈夫、末胄、遺體、遺腹子、丈夫子、子姓	子、男、子男、小男、子小男、小子	子、男、兒、息、兒息、兒子、子息、子男、男兒、子弟、遺腹子、養子、假子、胄、嫡、庶、庶子、嗣子、適子、嫡子、長子、中子、次子、元子、大兒、小兒、長男、小子、小男、少子
	子之妻	婦	子寡婦	婦、子婦、新婦
	女	女、息女、子女、女子、女子子、婦人子	子、女、子女、小女、子小女、寡女、寡子	女、息女、子女、女子、長女、中女、次女
	兄弟之子	猶子、從子、兄子、昆弟子、同産子	兄子、兄子男、兄男姪、姪、姪男、姪男子、姪子、姪子男、男姪、男姪子、姪子男弟、姪男弟、姪弟、從兒、從子	兄子、弟子、從子
	兄弟之女		兄子女、兄子小女、女姪、女姪子、姪子女、姪子小女、姪女、寡姪	兄女、弟女、從女
	從兄弟之子		從姪、從姪男、從男姪、從姪男弟、從姪子男、從兄子男	從兄子
孫輩	子之子女	孫、子姓、女孫	孫、孫子、孫子男、男孫、孫男、孫小女、女孫、孫子女	孫、孫女、適孫、嫡孫、長孫、次孫
	同族兄弟之孫		族孫	族孫
	子之孫	曾孫		曾孫
	孫之孫	玄孫		玄孫

吴簡、《三國志》及裴注與上古漢語相比，子孫輩親屬稱謂承襲了上古漢語的核心稱謂語“子”“女”“孫”，子輩親屬稱謂均無上古漢語指稱“女兒”爲“女子子”，“兄弟之子”爲“猶子”的用例。

吴簡與《三國志》及裴注子輩親屬稱謂的顯著區别在於指稱“兄弟之子女”及“從兄弟之子女”的表述形式。《三國志》及裴注承襲了上古漢語，一律用“兄子”“兄女”“弟女”“從子”“從女”“從兄子”表述，吴簡不僅保留了上古漢語的“兄子”“從子”等稱謂，而且出現了一種新的指稱形式“姪”。“姪”在吴簡中不僅用來表述“兄弟之子女”及“從兄弟之子女”，且還用來表述“外兄弟之子女”“妻之兄弟之子女”等。上古漢語“姪”僅用來指稱姑姪，《三國志》及裴注“姪”共有3例，兩例是指稱姑姪（見

《蜀書·先主傳》和《蜀書·來敏傳》),一例指稱叔姪(見《吴書·周魴傳》裴注引虞預《晉書》,這例指稱叔姪的史料的時代爲晉)。[1]吴簡雖保留了上古漢語"兄子""從子"等稱謂,但用例非常少,據我們統計"兄子""從子""兄子女"等總計不足40例,而"姪"稱謂則達1074例,這足以説明吴簡表述"兄弟之子女"等姪輩親屬已以用"姪"稱謂爲主。

此外,吴簡與《三國志》及裴注相比,子孫輩親屬稱謂無嫡庶之分。《三國志》及裴注子輩親屬稱謂承襲了上古漢語"子息""息女",吴簡則無。吴簡孫輩親屬稱謂形式多樣且多呈對稱性,如"男孫"對應"女孫","孫子男"對應"孫子女"。吴簡無子之孫、孫之孫的相關稱謂。

2. 外親親屬稱謂比較

親屬輩分	親屬關係	上古漢語	吴簡	《三國志》及裴注
祖輩	母之父	外王父、外祖父、外祖	母父	外祖父
	母之母	外王母、外祖母	外王母	
父輩	母之兄弟	舅、舅氏、舅父、母弟	舅、舅父	舅、舅氏、母弟
	母之姊妹	從母、姨	從母	姨
	父之姊妹之夫		姑父	姑夫、姑婿
己輩	姊之夫	甥、私、姊夫	姊聟	姊婿、姊夫
	妹之夫	甥、私、妹夫	弟聟	妹夫
	父之姊妹之子	甥、外兄弟	外兄	姑子、外兄、外弟
	母之姊妹之子	從母昆弟、姨子、姨兄弟		姨兄、姨弟
	父之從姊妹之子		外從兄、外從男弟	
子輩	姊妹之子	甥、出	外甥、姊子男	外甥、甥、外生、姊子
	女之夫	婿、甥、倩、子婿、女婿	聟、女聟	婿、女婿
	兄弟之女之夫		姪聟	
	外兄弟之子		外男姪、外姪子、外姪子男、外兄子男	
孫輩	女之子女	外孫、甥	外孫、外孫男、外男孫、外孫子男、外孫女、外女孫	外孫、甥
	外姪之子女		外姪孫、外孫女姪	

吴簡、《三國志》及裴注外親親屬稱謂與上古漢語相比,承襲了上古漢語的主要外親親屬稱謂"舅""外兄""外甥""聟""女婿""外孫"等。上古漢語"姊妹之子"表述

① 參韓樹峰:《中古時期的"姪"與"兄子""弟子"》,《歷史研究》2010年第1期,第46頁。

爲“甥”“出”，吴簡、《三國志》及裴注均捨棄了“出”，保留了“甥”。上古漢語“女之夫”表述爲“婿”“甥”“倩”“子婿”“女婿”等，吴簡、《三國志》及裴注均只保留了“聟”“女婿”。

吴簡與《三國志》及裴注相比，吴簡保留了上古漢語的“外王母”“從母”，而無上古漢語的“姨”稱謂，《三國志》及裴注無上古漢語的“外王母”“從母”，但保留了上古漢語的“姨”稱謂。吴簡表述“母之父”有描述性稱謂“母父”，《三國志》及裴注無“母父”稱謂。吴簡出現了一個表述“父之姊妹之夫”的新稱謂“姑父”，《三國志》及裴注“姑夫”“姑婿”均是描述性稱謂，指姑姑的丈夫。吴簡有記録“父之從姊妹之子”“兄弟之女之夫”“外兄弟之子”“外姪之子女”的外親旁系親屬稱謂“外從兄”“姪聟”“外男姪”“外姪孫”，《三國志》及裴注無相應的親屬稱謂。在古代宗法社會裏，這些外親旁系親屬稱謂應是確確實實存在的，只是《三國志》及裴注没有記録罷了。與《三國志》及裴注相比，吴簡指稱“女之子女”的表述多樣，且性别標記明確。

3. 妻親親屬稱謂比較

親屬輩分	親屬關係	上古漢語	吴簡	《三國志》及裴注
父輩	妻之父	外舅、舅、婚、妻父	妻父、外父	舅、丈人、婦翁、妻父
	妻之母	外姑、姑	妻母、小妻母	
己輩	妻	妻、婦、嫡、家、室、儷、君、妃、內、夫人、婦人	妻、大妻、中妻、小妻	妻、婦、夫人、嫡、正嫡、正室、主婦、嫡室、適室前妻、後妻、繼室
	妾	妾、媵、娣、姬、庶、妃、妾婦、側室、屬婦、小妻、傍妻、輔妻、下妻、外妻、外婦、小婦、孺子	妾	妾、小妻、小婦、庶妻、妾媵
	妻之兄弟	甥、舅、外甥	妻兄、妻弟、妻男弟、婦男弟	妻兄、妻弟、婦弟
	妻之姊妹	姨、娣	妻女弟	妻妹、内妹
	妾之弟		妾男弟	
	妻之從兄弟		妻從兄、妻從男弟	
子輩	妻之兄弟之子	姪	妻男姪	
	妻之姊妹之子		妻外姪子男	

吴簡、《三國志》及裴注與上古漢語相比，妻親親屬稱謂基本一致，多使用描述性稱謂，且指稱更明確，如“妻之兄弟”，上古漢語用“甥”“舅”“外甥”，吴簡和《三國志》及裴注則用描述性稱謂“妻兄”“妻弟”表述。又如“妻之姊妹”，上古漢語用“姨”

“娣”,吴簡和《三國志》及裴注用描述性稱謂“妻女弟”“妻妹”表述。

吴簡與《三國志》及裴注相比,吴簡“妻”稱謂有“大妻”“中妻”,《三國志》及裴注無。《三國志》及裴注“妻”稱謂中有不少表示嫡妻的稱謂,吴簡無。吴簡有一些妻親旁系親屬稱謂,如“妻從兄”“妻男姪”等,《三國志》及裴注無。吴簡出現了一個表述“妻之父”的新詞“外父”,其不見於上古漢語和《三國志》及裴注,應是一個具有地方特色的親屬稱謂(下文將詳細討論)。《三國志》及裴注出現了一個表述“妻之姊妹”的新詞“内妹”。

(二)吴簡與《三國志》及裴注親屬稱謂的異同

前面對吴簡與《三國志》及裴注親屬稱謂進行了比較,這裏討論二者的異同。

1.相同點

①吴簡與《三國志》及裴注核心親屬稱謂與上古漢語一脈相承

上古漢語的核心親屬稱謂爲祖、父、母、姑、子、女、兄、弟、姊、妹、妻、嫂、孫、甥、舅、婿等,吴簡與《三國志》及裴注核心親屬稱謂承襲自上古漢語,這體現了親屬稱謂的穩固性。親屬稱謂是人類最重要的一種社會關係,這種社會關係具有穩固性和傳承性,上古至三國時期核心親屬稱謂大體相同,正是這種穩固性和傳承性的體現。

②上古漢語特有的親屬稱謂在吴簡與《三國志》及裴注中均不復存在

親屬稱謂和社會發展狀況密切相關,一些反映上古特有社會現象的親屬稱謂在吴簡與《三國志》及裴注中都不復存在。如反映古代族外群婚制(普那路亞婚姻)的親屬稱謂“私”“出”在吴簡與《三國志》及裴注中都不復存在。《爾雅·釋親》:“女子謂姊妹之夫爲私。”[①]《釋名·釋親屬》:“姊妹互相謂夫曰私,言於其夫兄弟之中,此人與己姊妹有恩私也。”劉伯鑒云:“‘私’這個稱謂,就是實行普那路亞婚的當事人——一群妻子對一夥丈夫的稱呼。它是普那路亞婚制的親屬稱謂的化石。”[②]《爾雅·釋親》:

① [清]阮元校刻:《十三經注疏·爾雅注疏》,中華書局,1980年,第2593頁。

② 劉伯鑒:《關於古漢語中早期親屬稱謂“私”的研究》,《西北大學學報》(哲學社會科學版)1983年第3期,第47頁。

“男子謂姊妹之子爲出。”[①]在母系氏族社會族外群婚制中，姊妹之子要從本氏族出嫁到别的氏族中去，故男子稱姊妹之子爲出。又如反映古代媵婚制的親屬稱謂“娣”在吴簡與《三國志》及裴注中都不復存在。《春秋公羊傳·莊公十九年》：“媵者何？諸侯娶一國，則二國往媵之，以姪娣從。姪者何？兄之子也。娣者何？弟也。諸侯壹聘九女，諸侯不再娶。”[②]《儀禮·士婚禮》鄭玄注：“古者嫁女必姪娣從謂之媵。姪，兄之子。娣，女弟也。娣尊姪卑。”[③]隨着族外群婚和媵婚制度的消失，反映這些婚姻制度的一些親屬稱謂也隨之消失了。

此外，上古漢語稱呼“女兒”的稱謂“女子子”、稱呼“兄弟之子”的稱謂“猶子”“同産子”在吴簡與《三國志》及裴注中也不再使用。

③吴簡與《三國志》及裴注新産生的部分親屬稱謂相同

吴簡與《三國志》及裴注都新産生了一些親屬稱謂（兼指新産生的親屬稱謂詞和新産生的親屬稱謂意義），其中部分新産生的親屬稱謂相同，如“外兄”“族孫”“老父”“外甥”“姊婿”“小男”等。這些二者共有的新産生的親屬稱謂，對於描述三國時期親屬稱謂的狀況及相關研究具有重要作用。

④與上古漢語相比，吴簡與《三國志》及裴注親屬稱謂指稱更嚴密

上古漢語同一親屬稱謂指稱多種親屬關係的情況在吴簡與《三國志》及裴注中大大降低。如上古漢語“甥”可以指稱“姊妹之夫”，可以指稱“父之姊妹之子”，可以指稱“姊妹之子”，可以指稱“女之夫”，也可以指稱“女之子女”，還可以指稱“妻之兄弟”。上古漢語“甥”這個稱謂指稱了6種親屬關係。吴簡親屬稱謂主要出現在户籍簡中，户籍要求明確寫明被登記人與户主之間的具體親屬關係，吴簡“甥”僅指稱“姊妹之子”。《三國志》及裴注“甥”可以指稱“姊妹之子”與“女之子女”，相較於上古漢語，“甥”的指稱範圍大大縮小。又如上古漢語“姨”可以指稱“母之姊妹”，也可以指稱“妻之姊妹”。吴簡無“姨”這個稱謂。《三國志》及裴注“姨”僅指“母之姊妹”。“妻之姊妹”在《三國志》及裴注中用“妻妹”“内妹”，而不用“姨”稱。

⑤吴簡與《三國志》及裴注妻親親屬稱謂多使用描述性稱謂

與上古漢語相比，吴簡與《三國志》及裴注妻親親屬稱謂基本相同，多使用描述

---

① ［清］阮元校刻：《十三經注疏·爾雅注疏》，中華書局，1980年，第2593頁。

② ［清］阮元校刻：《十三經注疏·春秋公羊傳注疏》，中華書局，1980年，第2235頁。

③ ［清］阮元校刻：《十三經注疏·儀禮注疏》，中華書局，1980年，第968頁。

性稱謂,並且指稱更明確。如"妻之兄弟",上古漢語爲"甥""舅""外甥",吴簡和《三國志》及裴注則用描述性稱謂語"妻兄""妻弟""婦弟"表述。又如"妻之姊妹",上古漢語爲"姨""娣",吴簡和《三國志》及裴注則用描述性稱謂語"妻女弟""妻妹"等表述。

2. 不同點

①吴簡與《三國志》及裴注新産生的部分親屬稱謂不同[①]

吴簡與《三國志》及裴注都新産生了一些親屬稱謂,其中二者相同的新産生的親屬稱謂前面已有論及,這裹重點討論二者新産生的親屬稱謂中不同的部分。先來看吴簡新産生的親屬稱謂:

姪

汙妻弟仕伍民年五歲,汙外姪子仕伍庄年七歲。(貳·2108)

·客妻母大女妾年六十二,腫兩足;客姪子男謀(?)年七歲。(貳·4667)

宜陽里户人區平年…妻汝年卌九,平男姪顔年七歲。(柒·2346)

萬 歲里户人終妾年六十二,子男確年十九,妾姪子男誌年九歲。(捌·5512)

傳統認爲"姪"的詞義擴大始於晉代,如顔之推《顔氏家訓·風操》:"《爾雅》、《喪服經》、《左傳》,姪雖名通男女,並是對姑之稱。晉世已來,始呼叔姪;今呼爲姪,於理爲勝也。"[②]事實上,三國孫吴時期"姪"的詞義已經擴大。吴簡"姪"不僅指姑姪,且指叔姪、伯姪。[③]

吴簡表述旁系子輩親屬稱謂幾乎都用"姪",用"兄子""從子"等表述的不足4%。吴簡"姪"指稱對象廣泛,不僅指稱"兄弟之子女"及"從兄弟之子女",而且指稱"外兄弟之子女""妻之兄弟之子女",其指稱對象幾乎和今天的親屬稱謂"侄"相同。吴簡"姪"表述形式多樣,如指稱"兄弟之子"表述爲"姪""姪男""姪男子""姪子""姪子男""男姪""男姪子""姪子男弟""姪男弟""姪弟",有10種方式;又如指稱"兄弟之女"表述爲"女姪""女姪子""姪子女""姪子小女""姪小女""姪子大女""姪

---

① 新産生的親屬稱謂同上,兼指新産生的親屬稱謂詞和新産生的親屬稱謂意義。

② 王利器:《顔氏家訓集解》(增補本),中華書局,2013年,第98頁。

③ 參本章"吴簡親屬稱謂'姪'""親屬稱謂'姪''侄'的歷時演替";又韓樹峰:《中古時期的"姪"與"兄子""弟子"》,《歷史研究》2010年第1期,第44—48頁。

女”“寡姪”“寡女姪”，有9種方式；再如指稱“從兄弟之子”表述爲“從姪”“從姪男”“從男姪”“從姪子男”，有4種方式。吴簡“姪”稱謂指稱對象廣泛，且表述形式多樣，説明“姪”在三國孫吴時期長沙地區下層民衆中已經使用得非常普遍，然而“姪”稱謂得到全社會的認可並被廣泛使用則是在唐宋以後了。

姑父

> 都市掾潘羜叩頭死罪白：被曹敕，推求私學南陽張游發遣詣屯，言：案文書，輒推問游外王母大女戴，取辭。游昔少小隨姑父陳密在武昌，密以（於）黄龍元年被病物故。（肆·4550(1)）

《三國志》及裴注表述“父之姊妹之夫”用描述性稱謂“姑夫”“姑婿”，即姑姑的丈夫。吴簡用“姑父”，這和“姑夫”“姑婿”相比，有一個質的變化。“姑夫”“姑婿”僅客觀地描述姑姑的丈夫，而“姑父”雖也是指姑姑的丈夫，但卻含有尊敬的意思，將之等同到與父親一樣的地位，像稱父親的兄弟爲“伯父”“叔父”那樣，稱之爲“姑父”。

吴簡“姑父”雖僅1例，但2字圖版非常清晰，作“”，此牘南陽張游的外祖母戴供訴張游少小時隨姑父陳密在武昌，足可説明“姑父”在三國孫吴時期已經使用。這大大提前了“姑父”一詞最早的文獻用例。《大詞典》“姑父”所引書證爲近人沙汀《獸道》，《漢語稱謂詞典》所引書證爲《白話聊齋》，均晚於吴簡。

外父

> 種外父張建年八十六，盲左目，十二月三日被病物故。（捌·1705）
> 赤外 父胡南年六十，苦風病。（捌·2040）

“外父”即岳父。傳世文獻最早見於[宋]無名氏《潛居録》：“馮布少時，絶有才幹，贅于孫氏，其外父有煩瑣事，輒曰：‘畀布代之’，至今吴中謂‘倩’爲‘布代’。”[①]由此可見，“外父”應是吴地的方言，三國時期長沙屬孫吴管轄，吴簡“外父”極可能是來自吴地的方言詞。吴簡大大提前了“外父”的文獻初始用例，《大詞典》《漢語稱謂

① ［明］陶宗儀等編：《説郛三種》卷三二《潛居録》，上海古籍出版社，1988年，第1514頁。

詞典》"外父"所引書證均爲[宋]無名氏《潛居録》,晚於吴簡很多年。

中妻

岑子仕伍元年一歲,岑中妻大女□年[廿]。(貳·1848)

專族孫仕伍佰(?)年五歲,專中妻大女純年五十,已死。(貳·1952)

狶中妻大女弼年卅五,筭一□;狶小妻大女瑣(?)年卅,筭一[…](貳·2405)

☐□孫仕伍起年六歲,狢中妻大女熕年卌二,盲左目。(肆·2649)

吴簡"中妻"不見於傳世文獻和其他出土文獻。趙國華曾對之進行過研究,她依據吴簡相關簡文及傳世文獻"中婦""中子""中男"等認爲,吴簡"中妻"有依排行長幼之序命名的意味,居於"大妻"與"小妻"的中間而稱"中妻"。①其説可從。吴簡"中妻"反映了三國孫吴時期長沙地區下層民衆多有一夫多妻的現象。

小父、小母

妾小父鄧得年五十七,雀左足。(壹·5170)

漻小父文年五十八,筭一。(捌·1129)

樵小父[夏]年七十九。(捌·1853)

德小母卿年六十三。(捌·1208)

元小母挹年卌九,筭一。(捌·1450)

"小父"即父之幼弟。傳世文獻最早見於王安石《寄吴氏女子》詩:"自吾捨汝東,中父繼在廷。小父數往來,吉音汝每聆。"②由吴簡可知,"小父"稱謂早在三國孫吴時期已有。《大詞典》"小父"所引書證亦爲王安石《寄吴氏女子》,晚於吴簡很多年。吴簡還有與"小父"對應的指稱"小父之妻"的稱謂語"小母"。"小母"辭書未載。

此外,吴簡還有一些新産生的親屬稱謂,如"外從兄""姪聟""外男姪""外姪孫""外孫女"等。

---

① 趙國華:《從"中妻"管窺三國婚俗》,《歷史文獻研究》第二十八輯,華東師範大學出版社,2009年,第366頁。

② [北宋]王安石:《臨川先生文集》,中華書局,1959年,第85頁。

《三國志》及裴注也新産生了不少親屬稱謂,[①]這裏僅介紹幾個典型的、有特色的親屬稱謂。

同堂姊

> 卿宣詔語卿父,勿令卿母知之,女人既不曉大事,且綝同堂姊,邂逅泄漏,誤孤非小也。(《三國志·吴書·孫綝傳》注引《江表傳》)[②]

"同堂姊"即堂姐。馬麗云:"因爲同祖父的男系親屬在同一個祠堂裏祭祀祖先,所以新生稱謂'同堂'以稱呼同一祖父的親屬。到了唐代,'同'脱落,只保留了'堂'。"[③]《三國志》及裴注"同堂姊"開啓了漢語旁系親屬稱謂"堂+核心稱謂"的先河。

内妹

> 淵妻,太祖内妹。長子衡,尚太祖弟海陽哀侯女,恩寵特隆。(《三國志·魏書·夏侯淵傳》)[④]

"内妹",妻子的妹妹。上古漢語稱"妻之姊妹"爲"姨""娣",至《三國志》始見稱爲"内妹"者,這應是受稱妻爲"内""内人"的影響所致。《左傳·襄公二十八年》:"齊慶封好田而耆酒,與慶舍政,則以其内實遷于盧蒲嫳氏,易内而飲酒。"杜預注:"内實,寶物妻妾也,移而居嫳家。"楊伯峻注:"内,妻妾也。"[⑤]《禮記·檀弓下》:"今及其死也,朋友諸臣未有出涕者,而内人皆行哭失聲。"鄭玄注:"内人,妻妾。"[⑥]就現有資料,後世妻親親屬稱謂"内+核心稱謂"應最早源自《三國志·魏書》。

---

① 馬麗:《〈三國志〉稱謂詞研究》第四章第一節第一部分詳細總結了《三國志》及裴注新産生的親屬稱謂。参馬麗:《〈三國志〉稱謂詞研究》,中國社會科學出版社,2010年,第286頁。

② [西晉]陳壽:《三國志》,中華書局點校本,1959年,第1448頁。

③ 馬麗:《〈三國志〉稱謂詞研究》,中國社會科學出版社,2010年,第288頁。

④ [西晉]陳壽:《三國志》,中華書局點校本,1959年,第272頁。

⑤ 楊伯峻:《春秋左傳注》,中華書局,1981年,第1145頁。

⑥ [清]阮元校刻:《十三經注疏·禮記正義》,中華書局,1980年,第1304頁。

姑夫、姑婿

李恢字德昂，建寧俞元人也。仕郡督郵，姑夫爨習爲建伶令，有違犯之事，恢坐習免官。(《三國志·蜀書·李恢傳》)[①]

漢嘉郡界旄牛夷種類四千餘户，其率狼路，欲爲姑壻冬逢報怨，遣叔父離將逢衆相度形勢。(《三國志·蜀書·張嶷傳》)[②]

"姑夫""姑婿"，姑姑的丈夫。上古漢語未見指稱姑姑的丈夫的稱謂語，《三國志》始見"姑夫""姑婿"稱謂。

②與《三國志》及裴注相比，吴簡小輩親屬稱謂性别區分嚴格

馬麗認爲："《爾雅》、《三國志》已輩以下的旁系親屬性别在表示法上並無反映，無'侄'與'侄女'之對應，可見小輩在性别上未作區分。"[③]與《三國志》及裴注相比，吴簡小輩親屬稱謂性别區分非常嚴格。如子輩"兄弟之子"，吴簡表述爲"兄子""兄子男""兄男姪""姪""姪男""姪男子""姪子""姪子男""男姪""男姪子""姪子男弟""姪男弟""姪弟""從兒""從子"，多用性别詞"男"做標記，單稱"姪""姪子"者，則多用民爵"公乘""仕伍"標記；"兄弟之女"，吴簡表述爲"兄子女""兄子小女""女姪""女姪子""姪子女""姪子小女""姪女""寡姪"，多用性别詞"女"做標記，也有用"寡"標記喪夫，吴簡表述"兄弟之女"的稱謂均有性别標記。又如孫輩"孫子"，吴簡表述爲"孫""孫子""孫子男""男孫""孫男"，多用性别詞"男"做標記；"孫女"，吴簡表述爲"孫小女""女孫""孫子女"，均用性别詞"女"做標記。吴簡小輩親屬稱謂性别區分嚴格應和吴簡親屬稱謂主要出現在户籍簡中有關。

③吴簡表姪輩、孫輩的稱謂形式多樣

與《三國志》及裴注相比，吴簡表姪輩、孫輩的稱謂形式複雜多樣，如前面提到的表"兄弟之子"的稱謂語，吴簡有15種表述形式，《三國志》及裴注僅有"兄子""弟子""從子"三種表述形式；表"兄弟之女"，吴簡有8種表述形式，《三國志》及裴注僅有"兄女""弟女""從女"3種表述形式。又如表"從兄弟之子"的稱謂，吴簡有"從

① [西晉]陳壽：《三國志》，中華書局點校本，1959年，第1045頁。

② [西晉]陳壽：《三國志》，中華書局點校本，1959年，第1053頁。

③ 馬麗：《〈三國志〉稱謂詞研究》，中國社會科學出版社，2010年，第290頁。

姪""從姪男""從男姪""從姪男弟""從姪子男""從兄子男"6種表述方式,《三國志》及裴注只有"從兄子"1種表述方式。

④吴簡無敬稱、美稱、合稱等稱謂

《三國志》及裴注作爲正史,由上層文人撰著而成,語言端莊典雅,親屬稱謂多使用敬稱、美稱等。如指稱"父母",《三國志》及裴注敬稱爲"尊上"(《三國志·吴書·全琮傳》),又如指稱"母親",《三國志》及裴注美稱爲"慈親"(《三國志·魏書·文昭甄皇后傳》),等等。吴簡的主體是孫吴時期長沙郡臨湘縣的賬簿和户籍,主要由下層胥吏書寫而成,客觀真實地再現了當時的賦税繳納情況和户籍登録情況,吴簡親屬稱謂主要出現在户籍簡中,故其親屬稱謂只有通稱、背稱,而無敬稱、美稱、合稱等稱謂。

⑤吴簡無親屬稱謂"妹",《三國志》及裴注無"女弟"

吴簡與《三國志》及裴注相比還有一個顯著的不同,指稱"年齡小於己的同輩女性",吴簡均用"弟"並配以性別標記詞"女"表述爲"女弟""弟小女""寡女弟""從女弟""妻女弟",吴簡無一例用"妹"表述者;《三國志》及裴注則均用"妹"表述爲"妹""同母妹""適妹""妻妹""内妹"。不僅如此,指稱"年齡小於己的同輩女性的配偶",吴簡用"弟聟",《三國志》及裴注用"妹夫"。吴簡没有親屬稱謂"妹",而《三國志》及裴注無親屬稱謂"女弟"。這是值得關注的現象。

(三)原因分析

吴簡與《三國志》及裴注的核心親屬稱謂"祖""父""母""姑""子""女""兄""弟""姊""妹""妻""嫂""孫""婿"與上古漢語一脈相承,這些核心親屬稱謂是漢語裏的基本詞彙,它們具有漢語基本詞彙的重要特徵——穩固性、全民性和能産性,它們表達了人類社會最基本最重要的親屬關係,所以這些核心親屬稱謂自上古漢語至中古漢語,乃至現代漢語都在使用,且用法基本相同。

語言隨社會的發展變化而發展變化,當社會中的某種社會現象或事物消失了,記録這種社會現象或事物的詞也會慢慢的消失。隨着古代族外群婚和媵婚制度的消失,記録這些婚姻制度的親屬稱謂"私""出""娣"等也逐漸消失。吴簡、《三國志》及裴注已經完全找不到這些親屬稱謂的影子了。

吴簡與《三國志》及裴注一爲下里巴人、一爲陽春白雪，一個出自下層胥吏，一個出自上層文人，然一個時代展現出一個時代的共性，呈現出一個時代的共同特徵，吴簡與《三國志》及裴注新産生的部分親屬稱謂相同，正是這種時代共性的生動體現。吴簡親屬稱謂主要出現在户籍簡中，户籍記録要求真實、準確地反映出家庭成員與户主之間的親屬關係，故吴簡親屬稱謂多采用描述性稱謂。《三國志》作爲正史，長於敘事，敘述歷史事件和歷史人物之間的關係，其親屬稱謂也有不少是采用描述性稱謂的。描述性稱謂或許是三國時期親屬稱謂表述的一個時代共性。

吴簡與《三國志》及裴注親屬稱謂有不少相同點，也有不少相異之處。其相異的原因可能主要有以下幾點：

1. 文體不同、内容不同

吴簡是文書，親屬稱謂主要出現在户籍檔案中，要求客觀、準確地記録家庭成員與户主的親屬關係。女子成年出嫁後，其名籍就應該在娘家的户籍中消除，而歸到夫家户籍裏。若女子喪偶、失去丈夫，其名籍可以再歸入娘家的户籍中，但需標明寡居，如寡姑、寡姪、寡女弟、寡姊。女子丈夫故去後，也可以不回到娘家，繼續在夫家居住，但要標明其喪偶及與户主的關係，如寡嫂、弟寡婦。《三國志》作爲正史，主要記録了與所述歷史事件密切相關的上層歷史人物之間的親屬關係。

2. 身份不同

吴簡主要是由長沙郡臨湘縣的下層胥吏書寫而成，其使用的語言淺顯，接近口語。《三國志》及裴注的作者陳壽、裴松之都是士大夫文人，其使用的語言典雅，主要是書面語。

3. 地域不同

吴簡親屬稱謂再現了三國孫吴時期長沙郡這個地區的真實情況，具有一定的方言特色。吴簡稱岳父爲“外父”就是一個方言詞語，吴簡“小父”“小母”也極可能是長沙地區的方言稱謂。《三國志》的作者陳壽雖是蜀漢遺臣，但他所撰《三國志》吸收了王沈《魏書》、魚豢《魏略》、韋昭《吴書》等資料，裴松之注更是旁徵博引，故《三國志》及裴注已很難看出地域方言色彩了。

第二章

吴簡疾病詞語研究

吴簡户籍簡記録了孫吴長沙郡臨湘侯國下層人民的姓名、年齡、身體狀況等信息，其中，身體狀況的記録反映了當時當地居民的健康疾病情況。經過對吴簡的全面清理，共得149個疾病詞語，記録了57種疾病，以腫手足、刑手足、腹心病、盲目等居多。本章對吴簡"刑""風病""癲狂病""鼠病"等疾病詞語進行研究，描述了吴簡疾病詞語的概貌並歸納了其特點，探討了吴簡疾病詞語的研究價值。

一、吴簡疾病詞語"刑"

吴簡疾病詞語"刑"以"刑手""刑足"爲主，學界時賢多有論述，然而尚無定讞。我們在時賢研究成果的基礎上，對吴簡"刑"的含義進行探討，以期有助於問題的解決。

吴簡中有關"刑"的簡文凡493見，如：

東陽里户人公乘烝東年卌四，筭一，刑歐背。(壹·10467)

平陽里户人公乘劉戰年五十八，刑兩足。(壹·10475)

署妻大女客年五十三；署子公乘解年十三，刑目。(貳·1719)

進 渚里户人公乘李客年卌，筭一，刑腹。(柒·4782)

陽貴里户人公乘洪羅年六十六，刑右手；妻萬年六十四。(捌·149)

吉陽里户人公乘費漢年□六，刑左手左足。(捌·438)

妻非年廿三，刑兩足。(捌·533)

宜陽里户人公乘黄能年六十三，刑足。(捌·560)

高遷里户人公乘毛布年七十四，刑左手。(捌·1141)

大男烝醬年□□三，刑要。(陸·3418)

東陽里户人公乘吴百年卅，刑病，訾⧄(玖·6147)

通過對吴簡“刑”簡文的全面統計分析發現：“刑”後多接發病部位，以“刑手”“刑足”居多，凡437見；刑右手指，凡2見；刑歐背，凡2見；刑要，凡2見；另有刑右眉、刑目、刑兩膝、刑擴（顱）頭、刑耳、刑面、刑腹，各1見。

學界時賢對“刑”的含義多有討論，主要有以下5種觀點：

一是“肉刑”説。如徐世虹認爲：“‘刑’，讀作動詞，受刑。”“今證以吴簡，所見‘刑右足’‘刑兩足’，不排斥就是刖刑意義上的肉刑；‘刑右手’‘刑左手’則是前所未見的新肉刑，而且以目前公布的户籍内容推測，受刑者的比例應當不低，故評論之言當爲不謬。”[①]郭聰敏贊同徐先生的觀點，並進一步解釋“涉及的兒童、婦女受刑現象本文大致推測爲：因集體叛逃或家庭連坐而受肉刑處罰的結果”。[②]

二是“殘疾病症”説。如謝桂華認爲吴簡“刑手”“刑足”是殘疾病症。[③]曹旅寧贊同謝先生的觀點，他認爲：“‘刑手’‘刑足’之刑，與木牘所見‘踵’‘聾’‘歐’等，均應爲‘殘疾病症’，並部分認同胡平生的作戰致殘説。”[④]

三是“創傷”説。如胡平生把“刑”隸定爲“創”，認爲“竹簡所舉‘創’手足者可能是在對敵作戰中受傷致殘並獲得爵位的退伍兵士，而不是舊説所認爲的是受刑的罪徒”。[⑤]楊小亮贊同胡先生的觀點，並認爲“吴簡中的‘刑手足’當是‘創手足’，當然，這並不是一般意義上的小傷，而是表示手足上具有‘明顯特徵’的外傷性疾病甚至是殘疾病症”。[⑥]此外，邢義田也認爲，“刑”讀爲“創”，“刑手足比較可能是指某種程度手或足的傷殘”。[⑦]周祖亮認爲：“刑手、刑足、刑目可能是手、足、眼睛遭受鋒利

① 徐世虹：《走馬樓三國吴簡户籍所見刑事制裁記録》，載《簡帛研究二〇〇一》，廣西師範大學出版社，2001年，第524、529頁。

② 郭聰敏：《對長沙走馬樓三國吴簡所見刑手、刑足、斷足、踵（腫）足、雀（截）手、雀（截）足的思考》，2014年3月22日，武漢大學簡帛網，http://www.bsm.org.cn/show_article.php? id=2001。

③ 謝桂華：《中國出土魏晉以後漢文簡紙文書概述》，載《簡帛研究二〇〇一》，廣西師範大學出版社，2001年，第557頁。

④ 曹旅寧：《長沙走馬樓三國吴簡“刑手”“刑足”考釋》，《廣東社會科學》2006年第1期，第124頁。

⑤ 胡平生：《從走馬樓簡“刅（創）”字的釋讀談到户籍的認定》，《中國歷史文物》2002年第2期，第36頁。

⑥ 楊小亮：《走馬樓户籍簡“刑（創）”字性質與成因簡析》，載《出土文獻研究》第七輯，上海古籍出版社，2005年，第148—151頁。

⑦ 邢義田：《“雀”手足與“刑”手足——長沙走馬樓三國吴簡讀記》，2011年6月9日，武漢大學簡帛網，http://www. bsm.org.cn/show_article.php? id=2001。

的金屬器具傷害,從而使身體嚴重致殘的外科疾病。"①

四是"自殘"説。如于振波認爲:"就吴國而言,由於賦税徭役沉重,百姓流亡、棄嬰乃至叛逃事件時有發生,考慮到三國之前和三國之後各個時代都有由於苛政導致百姓自殘的史實,我們有理由相信,吴簡中的刑手、刑足是苛政所造成的惡果,是貧苦百姓爲逃避苛政的自殘行爲。"②黎石生贊同于先生的觀點,認爲吴簡中的"刑手""刑足"是由苛政引起的自殘。③

五是"截斷肢體"説。如張榮强認爲,刑是刑的本字,"刑"原意是斷頭,泛指截斷肢體、損毀肌膚。吴簡中的"刑手""刑足"應該理解爲斷手、斷足。④王素贊同"刑"是肢體斷傷的解讀,並認爲,吴簡"刑"應是一種特指的"殘疾病症",有着可以查驗和界定的專門的含義。⑤

以上論者分别對吴簡"刑"的含義進行了闡發,有助於問題的進一步解決。分析以上諸家觀點發現,王素和楊小亮雖分别贊同"截斷肢體"説和"創傷"説,但實際上,他們均認同"刑"爲"殘疾病症"。我們亦贊同"刑"爲"殘疾病症"説,下面試予以論述。

關於"肉刑"説,張榮强和曹旅寧曾從漢文帝廢除肉刑及秦漢法律的角度予以反駁。驗之吴簡,"肉刑"説也不適合吴簡。今從吴簡及當時的社會狀况等進一步補充闡述。

據對493例"刑"的簡文分析發現:可確定性别者中男性爲366例,女性爲39例,男性占可確定性别簡總數的90.37%,女性占9.63%,故户籍簡標注"刑"的簡文中九成多是男性,而僅不足一成爲女性。爲更清楚地呈現這種男女比例,列表如下:

性别	簡例/人	百分比/%
男性	366	90.37
女性	39	9.63
可確定性别總計	405	100

① 周祖亮:《長沙走馬樓三國吴簡疾病詞語略考》,《廣西社會科學》2011年第3期,第139—142頁。

② 于振波:《淺析走馬樓吴簡中"刑"的含義》,《船山學刊》2004年第1期,第41頁。

③ 黎石生:《孫吴時期長沙郡吏民婚育狀况考察》,載《吴簡研究》第二輯,崇文書局,2006年,第225頁。

④ 張榮强:《説"罰估"——吴簡所見免役資料試釋》,《文物》2004年第12期,第60頁。

⑤ 王素:《關於長沙吴簡"刑"字解讀的意見——〈長沙走馬樓三國吴簡〉釋文探討之一》,載《簡帛研究二〇〇六》,廣西師範大學出版社,2008年,第274頁。

故有關“刑”的户籍簡絶大多數爲男性,極少數爲女性。

從年齡上看,“刑”的簡文可確定年齡者分别爲:1~9歲者40人,10~19歲者57人,20~29歲者63人,30~39歲者89人,40~49歲者49人,50~59歲者50人,60~69歲者50人,70~79歲者26人,80~89歲者10人,90~99歲者3人。列表如下:

年齡段	1~9	10~19	20~29	30~39	40~49	50~59	60~69	70~79	80~89	90~99
簡例	40	57	63	89	49	50	50	26	10	3

“刑”的簡文年齡最大者爲97歲,最小者爲1歲。由上表知,可確定年齡者共437人,其中20~59歲者共251人,占總數的57.44%。據吴簡户籍簡年15歲及以上爲成年,[①]年60歲及以上爲老。[②]我們以這兩個年齡點爲界對之統計後發現:年15歲以下的人數爲71人,占總數的16.25%;15~59歲的人數爲277人,占總數的63.39%;60歲及以上的人數爲89人,占總數的20.36%。可見在“刑”的簡文中應役的青壯年勞動力人數居多。然吴簡有因“刑”而免除調役的簡例。如:

其卌户各窮老及刑踵女户下品之下,不任調役。(叁·6375)

其十三户刑踵貧窮老孤寡,不任役。(捌·490)

“任”有勝任義。《漢書·宣帝紀》:“朕之不德,懼不能任。”[③]《後漢書·王霸傳》:“吾老矣,不任軍旅,汝往,勉之!”[④]所謂“不任調役”即不能勝任調役,政府對這樣的民户只好免除調役。若“刑手”“刑足”是一種“肉刑”,統治者通過人爲處罰方式使衆多百姓尤其是成年男性成爲免受徭役的對象,這在人力匱乏且戰争頻繁的孫吴時期,是相當不可思議的。據《三國志·吴書》,孫吴多次攻打蠻夷以擴充軍力,相信孫吴統治者不會實行自掘墳墓的措施以削弱自己的軍力。

據吴簡,“刑”的部位以手、足最多,還有眉、目、膝、顱頭、要、耳、面、腹、歐背。作爲“肉刑”的“刑要”“刑腹”“刑歐背”“刑顱頭”當是致命的刑罰,然而吴簡户籍簡中這些人仍在繳納筭賦。如:

① 凌文超:《走馬樓吴簡“小”“大”“老”研究中的若干問題》,《中國國家博物館館刊》2013年第2期,第61頁。

② 于振波:《略説走馬樓吴簡中的“老”》,《史學月刊》2007年第5期,第122頁。

③ [東漢]班固:《漢書》,中華書局點校本,1962年,第259頁。

④ [南朝宋]范曄:《後漢書》,中華書局點校本,1965年,第734頁。

東陽里户人公乘烝東年卅四,筭一,刑歐背。(壹·10467)
進 渚里户人公乘李客年卅,筭一,刑腹。(柒·4782)
常遷里户人公乘烝鬠年六十□,刑要。(叁·3058)

簡壹·10467户人公乘烝東刑歐背仍然繳納筭賦,簡柒·4782户人公乘李客刑腹也仍然繳納筭賦,則烝東和李客必是活人且具有一定的勞動能力。據吴簡户籍簡,若某人因病或其他原因死去,會在户籍上標注"被病物故""死"等字様。如:

張妻客年卅六,以五年十二月廿一日被病物故。(捌·887)
高遷里户人公乘雷與年七十九,以六年正月五日被病物故。(捌·1278)
☐至女弟占年五歲,死。(捌·2608)

因此,簡叁·3058户人公乘烝鬠也應是活着的。這也説明"肉刑"説不符合吴簡。

此外,郭聰敏認爲,兒童、婦女受刑是集體叛逃或家庭連坐而受肉刑處罰的結果。這種觀點證之吴簡是講不通的。吴簡叛逃的人在户籍上會標明"叛走"二字,如:

倉女聟楊□年十八,以嘉禾四年三月十八日叛走。(叁·1788)
□男姪南年卅三,給限佃客,以嘉禾四年八月十一日叛走。(叁·3080)
吉陽里户人公乘陳迪年卅三,盲左目,以十一月卅日叛走。(柒·5741)
宜陽里户人公乘楊升年五十一,苦腹病,叛走。(捌·2350)

查吴簡"刑"的簡文,無一例標明"叛走"者。據吴簡,孫吴對叛走者的處罰主要是没收家産和繳納"叛士限米"。如:

入嘉禾二年叛士限米九十八斛。(壹·1693)
☐□隱核叛吏區蘇家財□傳送□☐(叁·6869)
其五十一斛五斗叛士黄龍二年限米。(肆·4109)
其卅六斛五斗四升叛士黄龍三年限米。(捌·2826)

沈剛認爲："對於被捕獲者，要變成國家的依附民，吴簡中大量存在的繳納'叛士限米'記録就是明證。"他又據簡叁·6869認爲"叛走者家産是要被籍没充公的"。[①]故兒童、婦女之"刑"當和叛逃無關。

吴簡户籍連記簡中有不少簡僅一人帶有"刑"字，如：

郡吏黄士年十三，士兄公乘追年廿三，刑□。（貳·1623）

署妻大女客年五十三，署子公乘解年十三，刑目。（貳·1719）

上鄉里户人□喰年五十六，刑右手；妻之年卅九，子男龍年六歲。（柒·53）

富貴里户人唐慈年八十九，刑足；妻思年五十四，子男主年五十，腹心𡙇病。（柒·519）

大男高見年卅八，刑右足；妻姑年卅二，女弟思年卅五。（捌·3518）

大男李 噲年五十五，刑右手；妻文年卅六，子男□年六歲。（捌·3532）

大男李期年六十一，刑右足；妻劉年五十六，子男雙年十九，腹心病。（捌·3607）

民謝香年五十五，奇病□；妻瞻年卌一，子男貸年十，刑手足。（捌·3651）

簡貳·1623郡吏黄士没有"刑"，而其兄公乘追則有"刑"；簡貳·1719署妻子客没有"刑"，而其子公乘解則"刑目"。最典型的連記簡是丈夫、妻子、子女俱全的簡，這些簡竟然只有一人帶有"刑"字，其他人則没有。如簡柒·53丈夫"刑右手"，妻子和兒子均没有"刑"；簡柒·519丈夫"刑足"，妻子和兒子均没有"刑"；簡捌·3651兒子"刑手足"，丈夫和妻子均没有"刑"。若是家庭連坐，同一個家庭不可能一個人受刑而另外的人卻倖免，這説明兒童、婦女之"刑"和家庭連坐無關。

關於"自殘"説，邢義田、曹旅寧、楊小亮曾據吴簡含有"刑"的人之身份、年齡及並未免除徭役等方面予以反駁。幾位先生已經討論得比較全面，兹不贅述。

關於"截斷肢體"説，證之文獻與吴簡也是行不通的，下面試略加闡述。

張書嚴在《文史》第二十五輯談論"刑"的來源時從古文字、音韻方面指明："'刑'的來源其實只有一個，即'井'字。所謂'邢'，是因誤解而産生出來的一個訛字。"[②]既然"邢"是一個訛字，並非"刑"的本字，則建立在"邢是刑的本字"基礎之上的"截斷肢體"説自然也是不能成立的。

① 沈剛：《走馬樓吴簡所見"叛走"簡牘義》，《江漢考古》2009年第1期，第136頁。

② 張書嚴：《試談"刑"字的發展》，《文史》第二十五輯，中華書局，1985年，第350頁。

將“刑”解釋爲截斷肢體，放之吴簡也講不通。因爲吴簡有如下簡例：

東陽里户人公乘烝東年卌四，筭一，刑歐背。(壹·10467)

署妻大女客年五十三；署子公乘解年十三，刑目。(貳·1719)

☑杲□盡年五十七，刑盧(顱)頭☑(貳·7638)

常遷里户人公乘烝舊年六十□，刑要。(叁·3058)

☑年卅二，刑面，刑左手。(肆·2626)

進 渚里户人公乘李客年卌，筭一，刑腹。(柒·4782)

若“刑”爲截斷肢體，則“刑歐背”即是“斷歐背”，“刑目”即“斷目”，“刑顱頭”即“斷顱頭”，“刑要”即“斷要(腰)”，“刑面”即“斷面”，“刑腹”即“斷腹”。我們知道人體的關鍵部位如頭、背、腰、腹等截斷了是無法存活的，然而如前所述，吴簡“刑歐背”“刑要”“刑腹”之人不但活着，有些人還要繳納筭賦。可見，將“刑”解釋爲截斷肢體放之吴簡是行不通的。

認爲刑手足者是在對敵作戰中受傷致殘並獲得爵位的退伍兵士的觀點也是不妥的。于振波、王素曾予以反駁。據吴簡，“刑”的簡文有不少是婦女兒童。據統計，成年女性有35例，未成年人有71例。如：

豫母大女妾年六十五，刑右手。(壹·5299)

子女婢年十歲，刑右足。(壹·9355)

禾妻大女示年卅，筭一，刑右足。(柒·1088)

妻思年五十五，刑兩足。(捌·564)

知男弟堂年五歲，刑左手；堂男弟春年五歲，刑左手。(壹·8638)

祥姪子男舉年八歲，刑右足。(壹·9116)

樂男姪□年一歲，□□刑□手。(柒·939)

男弟文年六歲，盲右目，刑佐足。(捌·1023)

這些婦女和不滿十歲的兒童無論如何都不會到戰場上去打仗，故認爲刑手足是作戰致殘的觀點在吴簡中也是講不通的。

綜上，我們認爲“刑”是“殘疾病症”説可能更接近事實。張書嚴已指出“刑”由刑罰義引申出刑傷義。[①]《睡虎地秦墓竹簡·法律答問》簡72“擅殺、刑、髡其後子,讞之”,整理者釋“刑”爲刑傷。[②]《戰國策·趙策一》:“豫讓又漆身爲厲,滅鬚去眉,自刑以變其容。”[③]《後漢書·列女傳》:“妻慮不免,乃豫刑其耳以自誓。”[④]可見文獻早有刑眉、刑耳的記載。“刑”的刑傷之義用例較少,鮮能引起學者的注意,故有學者將吴簡“刑”迂迴隸定爲“創”[⑤],釋作“創傷”。實際上,“刑”本身即可解釋爲刑傷。此外,吴簡有簡文明確寫爲“刑病”,如簡玖·6147“東陽里户人公乘吴百年卅,刑病,訾☐”。

張榮强曾説:“國家編制户籍的目的,是爲了有效控制課役人口,掌握編户承擔的賦役狀况。而傷殘的輕重程度,與所服官府課役多寡及是否享有給侍密切相關。”[⑥]王素曾云:“國家編制户籍,是爲了能够有效控制課役人口,因而户籍所記‘殘疾病症’,都必須與能否免役有關。譬如唐代户籍規定須記‘三疾’。據《白氏六帖事類集》卷九、疾三一引唐《三疾令》云:‘户令:諸一目盲、兩耳聾、手無二指、足無大拇指、秃瘡無髮、久漏、下重、大瘻腫之類,皆爲殘疾。癡啞、侏儒、腰折、一肢廢,如此之類,皆爲廢疾。癲狂、兩肢廢、兩目盲,如此之類,皆爲篤疾。’”[⑦]吴簡户籍簡所記録的疾病名稱不少和唐代户籍規定的“三疾”相吻合,如一目盲、兩耳聾、闇啞、兩目盲、癲狂等。唐代户籍“三疾”的規定當是有一定傳承的。視殘疾程度豁免課役的制度,可以追溯到春秋時期,漢代更是有明文的法律規定,如張家山漢簡《二年律令·徭律》。[⑧]

唐代户籍“三疾”只是規定了殘疾病症,而没有規定造成這些殘疾的原因。現實生活中造成殘疾病症的原因可能是多方面的,有先天的、有後天的。而政府只是關心編户齊民的身體狀况是否影響賦役,對於造成這種身體狀况的原因,政府並不

---

① 張書嚴:《試談“刑”字的發展》,《文史》第二十五輯,中華書局,1985年,第351頁。

② 睡虎地秦墓竹簡整理小組:《睡虎地秦墓竹簡·釋文》,文物出版社,1990年,第110頁。

③ [西漢]劉向輯録:《戰國策》,上海古籍出版社,1983年,第597頁。

④ [南朝宋]范曄:《後漢書》,中華書局點校本,1965年,第2797頁。

⑤ 吴簡“刑”多寫作“荆”,時代相近的西魏《劉阿倪提墓誌》“刑”也寫作“荆”,且爲韻腳,與“創”及其或體形體差别很大。參王素:《大唐西市博物館新藏北朝墓誌疏證》,載《故宫學刊》第十一輯,故宫出版社,2014年,第73頁。

⑥ 張榮强:《説“罰估”——吴簡所見免役資料試釋》,《文物》2004年第12期,第60頁。

⑦ 王素:《關於長沙吴簡“刑”字解讀的意見——〈長沙走馬樓三國吴簡〉釋文探討之一》,載《簡帛研究二〇〇六》,廣西師範大學出版社,2008年,第280頁。

⑧ 張榮强:《説“罰估”——吴簡所見免役資料試釋》,《文物》2004年第12期,第58頁。

關心。吴簡刑手、刑足等簡文出現在户籍簡中,只有將之理解爲殘疾病症,刑手、刑足、刑要、刑腹等爲身體不同部位的傷殘,纔能與吴簡本身相契合,纔能解決以上諸説不能解釋的有關身份、年齡等方面的問題。至於造成這種殘疾病症的原因是先天殘疾的,還是後天致殘的,還是參加作戰致殘的,還是自傷致殘的,孫吴政府並不關心。

吴簡"刑"除出現在户籍簡外,還出現在鄉勸農掾隱核州吏的簡中。如:①

吳東鄉勸農掾殷連(言):被書,條列州吏父兄人名、年紀爲簿。輒料核鄉界,州吏二人,父兄二人,刑踵、叛走,以下户民自代。謹列年紀以審實,無有遺脱。 若有他官所覺,連自坐。嘉〔禾〕四年八月廿六日破莂保據。(J22-2543)

吳廣成鄉勸農掾區光言:被書,條列州吏父兄子弟狀、處、人名、年紀爲簿。輒隱核鄉界,州吏七人,父兄子弟合廿三人。其四人刑踵聾歐病,一人被病物故,四人真身已送及,隨本主在宫,十二人細小,一人限佃,一人先出給縣吏。隱核人名、年紀相應,無有遺脱。若後爲他官所覺,光自坐。嘉禾四年八月廿六日破莂保據。(編號不詳)

上揭兩簡爲鄉勸農掾隱核州吏父兄子弟人名年紀簿,隱核的内容包括身體狀況、是否叛走、是否死亡等情況。其中,"刑踵""刑踵聾歐病"並置,説明"刑"與"踵""聾""歐"相同,是一種殘疾病症。

我們注意到493例"刑"的簡文中僅有16例標明了"復",更多的是没有標記"復"。標記"復"者則意味着免除賦役。吴簡中有些身份、年齡、刑的部位基本相同,卻一注明"復",另外則不注明"復"。如:

常遷里户人公乘何著年五十四,筭一,刑兩足,復。(壹·2950)

平陽里户人公乘劉戰年五十八,刑兩足。(壹·10475)

[大]成里户人公乘何軼年五十五,筭一,刑兩足。(叁·6267)

上揭三簡同是男性,身份相同,年齡均是五十多歲,均爲刑兩足,卻一人標記爲"復",另外兩人没有標記"復"。又如:

① 以下兩例釋文引自凌文超:《長沙走馬樓孫吴"保質"簡考釋》,《文物》2015年第6期,第53頁。

富貴里户人公乘廖湛年卅六,筭一,刑左手,復。(壹·3372)
曼溲里户人公乘逢揖年卅九,筭一,刑左手。(壹·9508)
變中里户人公乘盧尾年卅六,刑左手。(捌·2259)

上揭三簡亦同是男性,身份相同,年齡相同、相近,均爲刑左手,卻一人標記爲“復”,另外兩人没有標記“復”。

吴簡“刑”的簡文中還見有給吏的簡:

兄公乘桐年卅五,給習射,刑右手;妻大女難年卅二,筭一。(貳·2492)
陽男弟成年卅三,刑右手,給□任帥。(叁·2010)
嘉禾五年緒中里户人公乘蔡□年卅□,筭一,刑兩□,給□□。(肆·859)
嘉禾四年廣成里户人公乘朱萇年六十六,刑左足,給亭雜人。(肆·2042)
嘉禾五年常遷里户人公乘何直年五十一,刑佐手,給縣卒。(柒·1012)

張榮强認爲:“除户籍對象爲‘老’、‘小’、奴客及吏外,未注明‘復’的簡例實際上只是漏書,並無特别涵義。”[①]由吴簡“刑”的簡文看,未注記“復”的簡被簡單地解釋爲漏書恐有不妥。

據吴簡免除調役的簡看,孫吴政權對“復”的對象的規定可能不僅僅有身體狀況方面的原因,還應有其他方面的原因。如:

☑其卅四户各窮老及刑踵女户下品之下,不任調役。(叁·6327)
其卌户各窮老及刑踵女户下品之下,不任調役。(叁·6375)

上揭兩簡“窮老”“刑踵”女户,且爲下品之下,方可享受“不任調役”。

二、吴簡疾病詞語“風病”“癲狂病”

吴簡户籍簡有疾病詞語“風病”“癲狂病”,爲便於辨析,放在一起討論,先討論“風病”,再討論“癲狂病”。

① 張榮强:《説“罰估”——吴簡所見免役資料試釋》,《文物》2004年第12期,第63頁。

(一)風　病

吴簡“風病”凡61見,[①]簡文如:

義成里户人公乘李城年七十,盲兩目,風病。(壹·9506)

龍男弟邽年十五,筭一,風病。(柒·1756)

怚男弟知年十五,筭一,風病。(柒·1895)

孝男姪常帥年廿,苦風病。(柒·4978)

富貴里户人公乘烝樵年五十七,風病。(捌·1874)

常遷里户人公乘陳到年六十三,風病。(捌·1996)

高從兄趙轉年七十三,苦風病;妻大女耳年五十一。(捌·3549)

此外,吴簡還有兩例“風矢病”簡:

子男驚年卅三,苦風矢病。(壹·9365)【注】“矢”似爲“濕”之通假。

子男□年十一,風矢病。(柒·1867)

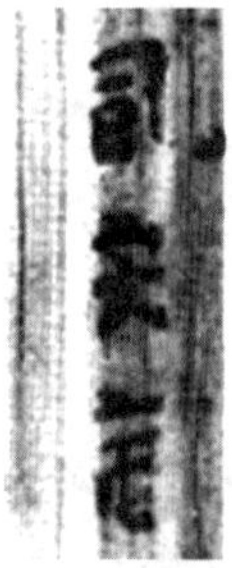

《竹簡》[壹]整理者認爲,“矢”似爲“濕”之通假,“風矢病”即“風濕病”。今核圖版,這兩簡釋文“矢”當有誤,分别闡述如下。

簡壹·9365“風矢病”三字圖版見上揭左圖,由左圖可清楚看出圖版左側殘損,“風”的左側殘一撇,圖版“矢”的左側也應有殘損。簡壹·5336“疾”圖版作“”,其

① 據整理報告吴簡“風病”共61見,其中簡捌·234“客男弟□年九歲苦風病,客死主子得年四歲”,圖版“苦”下有竹節墨痕,“風病”二字很不清楚,簡玖·5128“□□□□年卌腹心風疾”,圖版亦很模糊,謹慎起見,暫不將此二簡列入統計範圍,實際考察的“風病”簡例共59例。

左側亦有殘損，與簡壹·9365“矢”字字形相同，故“矢”當爲“疾”，簡壹·9365“風矢病”當爲“風疾病”。吴簡“腹心病”又稱“腹心疾病”，如簡壹·5336“東陽里户人公乘樂龍年十八，素苦腹心疾病”，可證。

簡柒·1867“風矢病”圖版見上揭右圖，據圖版顯爲四字，由圖版知上端一字似爲“三”字，中間一字不是很清楚，下端二字似爲“一死”，此簡“風矢病”似應釋爲“三□一死”。

綜上，吴簡所見“風矢病”當爲誤釋。

關於吴簡“風病”，學界有以下幾種觀點：

陳順成認爲，“風病”爲“中醫泛指由外感風邪而引起的各種疾病”，並同意整理者的意見，“矢”通“濕”，認爲“‘風濕’本就是中醫痺症一類病名，指風和濕兩種病邪結合所致的病症”，“‘風病’與‘風濕病’均爲慢性而反復發作的全身性疾病，多見於較冷而潮濕的地區，符合孫吴地理環境”。①

周祖亮根據“風病”病名與傳世文獻病名的對應關係認爲：“‘吴竹簡’中的風病就是指麻風病。在歷史文獻中，麻風病被稱作‘癘’‘癘風’‘大風’等。”②

鞏鐳認爲“風病”有下面幾種可能：（一）“瘋病”，和今天的癲癇相似；（二）“風濕病”，長期生活在卑濕地區的百姓容易得骨關節病；（三）“麻風病”，“從同時期的考古發掘還能推測‘風病’有可能是麻風病，主要從秦漢時期已經存在大量的麻風病實例可以推理”。③

我們認爲吴簡“風病”既不是風濕病，也不是麻風病、癲癇，而極可能是由風寒、風邪引起的中風、半身不遂類疾病。試加闡述如下。

吴簡未見“風矢病”，將“風病”解釋爲風濕病就失去了其論證的基礎，這裏不再討論。

關於“麻風病”的觀點證之吴簡是不能成立的。衆所周知，麻風病是一種非常厲害的傳染病，又稱“癘”，患這種傳染病是需要隔離的，秦簡中就有隔離麻風病人的記載。如《睡虎地秦簡·法律答問》簡122：“甲有完城旦辠（罪），未斷，今甲癘，問甲可（何）以論？當罨（遷）癘所處之；或曰當罨（遷）罨（遷）所定殺。”又簡123：“城

① 陳順成：《走馬樓吴簡詞語研究》，北京語言大學博士學位論文，2010年，第109頁。

② 周祖亮：《長沙走馬樓三國吴簡疾病詞語略考》，《廣西社會科學》2011年第3期，第140頁。

③ 鞏鐳：《漢末三國時期疾病研究》，鄭州大學碩士學位論文，2011年，第14頁。

旦、鬼薪癘,可(何)論? 當署(遷)癘署(遷)所。"簡文明確寫明要把"癘"人送到"癘所""癘署(遷)所",這説明我國至少在秦代時就已經認識到"癘"即"麻風病"爲傳染性疾病,患這種傳染病的病人要進行隔離以免傳染給他人。然在吴簡中卻看不到患"風病"的人進行隔離的迹象,患者是和其他家庭成員一起居住的,且有些患"風病"者還寫明要繳納筭賦。如:

上 鄉里户人謝盤(?)年五十三,風病;妻紫年卅二,子男慈年十二。(柒·481)

從兄衮(?)年六十七,踵足,風病;衮(?)妻思年五十一。(柒·484)

富貴里户人大女□□年□九,子男黨年十三,風病;子女姑年七歲。(柒·510)

高從兄趙轉年七十三,苦風病;妻大女耳年五十一。(捌·3549)

嘉禾五年緒中里户人公乘逢□年卅二,筭一,風病。(肆·799)

龍男弟邽年十五,筭一,風病。(柒·1756)

怚男弟知年十五,筭一,風病。(柒·1895)

這些和家庭成員一起居住,繳納筭賦的"風病"患者顯然不能將其理解爲麻風病患者。

我們對59例"風病"簡的全面考察發現:除4例無法確定性别外,其餘55例均爲男性,尚未發現女性患者。從年齡上看,10~19歲7例,20~29歲7例,30~39歲10例,40~49歲6例,50~59歲8例,60~69歲14例,70~79歲6例,80~89歲1例。"風病"患者的年齡主要集中在老年段,以60~69歲患者最多。其中,40歲以上的患者占一半以上,這與"麻風病感染者以青少年發病較多"相矛盾[①]。爲便於説明問題,特將吴簡"風病"患者的年齡等情況統計如下:

簡號	姓名	性别	年齡	病症	住址	筭賦
壹·4477	□□	男	卅二	苦風病	□都里	筭一
壹·9054		男	廿五	苦風病	大成里	
壹·9365	驚	男	卅三	苦風疾病		
壹·9387	胡	男	六十八	風病		
壹·9462	高□	男	六十二	苦風病	義成里	
壹·9465	彭光	男	五十	風病	平樂里	

① 高凱:《從吴簡蠡測孫吴初期臨湘侯國的疾病人口問題》,《史學月刊》2005年第12期,第27頁。

续表

簡號	姓名	性别	年龄	病症	住址	筭賦
壹·9506	李城	男	七十	盲兩目,風病	義成里	
壹·9778	蓋	男	六十五	苦風病		
叁·1989	□	男	七十七	苦風病		
叁·5791	李志	男	卌五	苦風病	東陽里	
肆·689	□刂	男	廿一	苦風病		筭一
肆·799	逢□刂	男	卅二	風病	緒中里	筭一
肆·2982			十八	苦風病		
柒·481	謝盤(?)	男	五十三	風病	上鄉里	
柒·484	[illegible](?)	男	六十七	踵足,風病		
柒·510	黨	男	十三	風病		
柒·875	常張	男	六十一	苦風病	常遷里	
柒·1732	□	男	十三	風病		
柒·1756	邽	男	十五	風病		筭一
柒·1765	□亘	男	六十四	風病	□□里	
柒·1792	李政(?)	男	六十七	風病	進渚里	
柒·1895	知	男	十五	風病		筭一
柒·4870	高	男	五十	風病		筭一
柒·4978	常帥	男	廿	苦風病		
柒·4996	鄭破	男	卅五	苦風病		筭一
柒·5004	張喬	男	五十	風病	變中里	
柒·5158	李朋	男	五十七	苦風病	變中里	
柒·5252	唐光	男	卌八	風病,刑(?)左手	富貴里	
柒·5479	劉伻	男	六十六	風病	富貴里	
柒·5784	耷(?)	男	廿二	風病		筭一
捌·429	稠	男	十六	苦風病		筭一
捌·633	區松	男	卌九	風病		
捌·987	壬	男	卅二	苦風病		筭一
捌·1034	威	男	五十六	風病		
捌·1164	陳殷	男	卅六	苦風病	□中里	
捌·1303	追	男	十三	雀佐足風(病)		
捌·1462	吴碩	男	七十一	苦風病	高遷里	
捌·1545	黄智	男	六十一	風病	浦里	
捌·1732	黄謝	男	廿六	風病		筭一
捌·1762	陳櫓	男	六十一	苦風病	常遷里	

续表

簡號	姓名	性别	年齡	病症	住址	筭賦
捌·1874	烝樵	男	五十七	風病	富貴里	
捌·1996	陳到	男	六十三	風病	常遷里	
捌·2007	黄客	男	卅	風病		
捌·2036	劉常	男	卅二	苦風病	變中里	
捌·2040	胡南	男	六十	苦風病		
捌·2202	孫	男	廿五	苦風病		筭一
捌·2295	李朋	男	卌六	苦風病		筭一
捌·2328			六十	苦風病		
捌·2355	萇	男	廿五	苦風病		
捌·2506	區勝	男	卅六	苦風病	吉陽里	
捌·2592	逢紒(?)	男	卅六	苦風病	宜陽里	
捌·3525	誦孟	男	七十二	風病		
捌·3549	趙轉	男	七十三	苦風病		
陸·1443	區布	男	五十四	風病	春平里	
陸·1518	五京	男	六十四	風病	春平里	
陸·1633		男	七十二	苦風病		
陸·1709	李□	男	卌六	苦風病		
玖·6164	元		卌	風病		
玖·7505			八十五	風病		

綜上,我們認爲把“風病”解釋爲“麻風病”放在吴簡中是講不通的。

關於“瘋病”和癲癇相似的觀點也有不妥。首先,吴簡已有“狂病”“悳病”“悳狂病”等來表示“瘋病”。①如:

望女弟進年十四,苦悳狂病。(壹·5537)

平陽里户人公乘黄□年卅八,筭一,苦狂病。(壹·10327)

冥男弟拾年十三,悳病;□姪子男賂年十歲□□(捌·3558)

其次,據《常見病中醫臨床手册·癲狂》之“診查要點”:“(癲狂)發病年齡多在青壯年。”②而“風病”的高發年齡段在60~69歲,與瘋病的高發年齡段不同,故吴簡“風病”不應爲“瘋病”。

① 參本節第二部分。

② 江蘇新醫學院第一附屬醫院:《常見病中醫臨床手册》,人民衛生出版社,1972年,第214頁。

吴簡“風病”應是由風寒、風邪引起的中風、半身不遂類疾病。文獻中常見“風疾”,如《後漢書·袁安傳附袁閎傳》:“封觀者,有志節,當舉孝廉,以兄名位未顯,恥先受之,遂稱風疾,喑不能言。”①《舊唐書·張建封傳》:“時河東節度使李説、華州刺史盧徵皆中風疾,口不能言,足不能行,但信任左右胥吏決遣之。”《舊唐書·王徽傳》:“徽託以風疾,不能步履。”②根據史書記載可知,“風疾”即是“風病”,其顯著症狀是“口不能言,足不能行”。

文獻中又稱“風病”“風疾”爲“痱”。《説文·疒部》:“痱,風病也。”《史記·魏其武安侯列傳》:“魏其良久乃聞,聞即恚,病痱,不食欲死。”司馬貞索隱:“痱,風病也。”③《漢書·賈誼傳》:“非亶倒縣而已,又類辟,且病痱。夫辟者一面病,痱者一方痛。”顔師古注:“痱,風。”④“風病”多是由風寒、風邪引起的疾病,而長沙地區自古就是卑濕之地,有産生風病的地理環境。

中風的發病病因常與年老體衰、勞倦内傷等因素有關,每因惱怒、勞累、酗酒、感寒等誘發。⑤據魏江磊對中風患者驗證組的分析,他發現患者平均年齡爲62.98±9.71歲。⑥賈文魁統計其院收治的786例中風病例中,男476例,女310例,發病年齡在40歲以下43例,41~50歲140例,51~60歲253例,61~70歲271例,70歲以上79例,其發病年齡以51~60歲及61~70歲兩組居多。⑦吴簡“風病”的高發年齡段與賈先生統計的中風的高發年齡段基本吻合,吴簡“風病”患者以男性占絶大多數也與賈先生統計的中風患者中男性占多數相合。故吴簡“風病”不太可能是風濕病、麻風病、癲癇,而極可能是中風類疾病。

(二)癲狂病

吴簡户籍簡中有一組與精神疾病相關的詞語,爲便於討論,將其簡文分别臚列如下:

① [南朝宋]范曄:《後漢書》,中華書局點校本,1965年,第1527頁。

② [後晉]劉昫:《舊唐書》,中華書局點校本,1975年,第3831、4643頁。

③ [西漢]司馬遷:《史記》,中華書局點校本,2014年,第3451頁。

④ [東漢]班固:《漢書》,中華書局點校本,1962年,第2240—2241頁。

⑤ 韓冰主編:《中醫病症診療全書》,天津科學技術出版社,1999年,第80頁。

⑥ 魏江磊:《中風先兆症候的性别年齡及證型特徵考辨》,《中醫藥學刊》2004年第9期,第1603頁。

⑦ 賈文魁:《中風的發病年齡與病因病機》,《山西中醫》2002年第3期,第62頁。

狂病,凡15見:

☒□年廿八,筭一,苦狂病。(壹·7692)

東陽里户人公乘張□年廿,苦狂病☒(壹·9740)

子男春年廿七,苦狂病。(壹·9744)

毛(?)子男□年十,苦狂病。(壹·10154)

平陽里户人公乘黄□年卅八,筭一,苦狂病。(壹·10327)

☒悳(?)弟鹿年廿七,狂病;鹿妻姑年廿七。(貳·2304)

☒□男弟主年十二,苦狂病☒(叁·1022)

子男□年八歲,狂病;卿姪子男政年十三。(叁·6230)

宜都里户人公乘烝柒(?)年……,苦狂病,訾五十(柒·3937)

□男弟長年十七,腹心病;長男弟客年十二,苦狂病。(柒·4024)

專男弟湘廿一,狂苔。(捌·365)

毛男弟衆年四歲,狂病。(捌·451)

州男弟福年七歲,福男弟武年五歲,狂病。(伍·5096)

烝男弟强年三歲,烝男姪赴年五歲,狂病。(伍·5331)

東陽里户人公乘烝□年七十四,苦狂病。(伍·6461)

悳病,凡9見:

☒苦悳病。(壹·5517)

□子女象年廿三,苦悳病。(壹·9488)

男弟頭年八歲,悳病;□子男主年七歲。(柒·337)

富貴里户人陳□年卅九,悳病;妻思年卅一,從兄收年五十五,踵足。(柒·547)

☒□男弟……□子男□年六十五,悳病。(柒·784)

耳妻男弟生年十七,筭一,苦悳病。(柒·1055)

□男弟伯年六歲,悳病;伯男弟臈年四歲,彊病。(捌·3550)

冥男弟拾年十三,悳病;□姪子男路年十歲□□(捌·3558)

大男番象年卌九,悳病;妻歸年卅二,象從兄林年五十一。(捌·3605)

𢡟病，凡2見：

妻大女曾年廿三，筭一；子男滌年十五，苦𢡟病。（柒·3918）

從男姪趙張年卅，苦𢡟病。（捌·835）

瘨病，凡4見：

常姪子男見年廿，苦瘨病。（叁·1789）

□□□□□年廿七，苦瘨□。（叁·1803）

民謝張年廿七，瘨病▨（伍·5325）

萠兄子烝年廿五，苦瘨病；烝妻龍□▨（伍·5333）

寘病，凡1見：

▨杖（?）子男溺年廿，寘（癲）病▨（伍·7320）

𢜷狂病，凡1見：

望女弟進年十四，苦𢜷狂病。（壹·5537）

真狂病，凡2見：

移（?）寡嫂捎年七十八，捎子男穆年廿六，苦真（顛）狂病。（伍·5086）

知子男董年十，苦真（癲）狂病；董妻堂年廿。（伍·6704）

㡧狂病，凡1見：

進（?）男弟生年十一，苦㡧（癲）狂病。（貳·4427）

瘨狂病，凡1見：

☐…足，苦瘨狂病。(叁·165)

上揭“狂病”“𢝊病”“𢡟病”“瘨病”“寘病”“𢝊狂病”“真狂病”“𢊁狂病”“瘨狂病”的最大問題在於辨識“𢝊”“寘”“𢡟”“瘨”。胡平生認爲：“‘𢝊’字，應當視爲從心、真聲，乃是俗寫，通‘瘨’，字或作‘顛’，亦作‘癲’。”①“𢝊”“寘”“瘨”和“顛”四字皆從真得聲，可相通假。胡先生利用《説文》《説文解字注》《廣雅》《急就篇》《説文通訓定聲》《説文解字義證》等文獻材料證明“顛”和“癲”相通。我們認爲胡先生所論當確。“𢝊”“瘨”同“癲”，“𢡟”乃换疒旁爲心旁，突出與精神思想有關，亦同“癲”。“𢊁”，《竹簡》[貳]整理者釋同“癲”，當確。“𢊁”應是“瘨”的簡省。把“疒”旁省寫爲“广”旁在文獻中比較常見，如《張家山漢簡·引書》簡66把“瘚”寫作“厥”，《張家山漢簡·脈書》簡15把“癘”寫作“厲”。吴簡也有把“疒”旁省寫爲“广”旁的情況，如簡壹·8649將“病”寫作“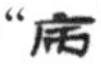”。“古代經常爲了醫學方面的用途，專門造出區别字來，而音義没有改變，這樣做的目的，可以直接從字形上看出表達的意義，收到望文知義的效果，比如疾病一類的字，就可能會加以病旁，以示其歸屬，象痵字，即是驚悸之悸字，《廣韻》有此字。”②吴簡“𢝊”與“瘨”亦如此。吴簡“𢝊”“𢊁”“瘨”“癲”和“𢡟”應是一詞多形即異寫關係。如此，則吴簡“狂病”“𢝊病”“寘病”“𢡟病”“瘨病”“𢝊狂病”“真狂病”“𢊁狂病”“瘨狂病”實即“狂病”“𢝊病”“𢝊狂病”。③

關於吴簡“狂病”“𢝊病”“𢝊狂病”，學界主要有兩種觀點：

一是認爲吴簡“𢝊病”和“狂病”是兩種不同的疾病。如高凱認爲，“𢝊病”或爲因怒而生的心臟病之類。“狂病”從字面上便可大致認定其爲精神系統的疾病，或爲精神失常，也可以是癲癇。如是癲癇，又有部分可歸結爲腦型血吸蟲病影響所致。④又如鞏鐳認爲，“𢝊病”可能會是心臟病之類的疾病，顛病有可能是癲癇，“狂

① 胡平生：《〈長沙走馬樓三國吴簡〉第二卷釋文校證》，載《出土文獻研究》第七輯，上海古籍出版社，2005年，第115—116頁。

② 陳增岳：《隋唐醫用古籍語言研究》，廣東科技出版社，2006年，第196頁。

③ “狂病”“𢝊病”“𢝊狂病”即“狂病”“癲病”“癲狂病”，因吴簡以寫作“𢝊”者居多，故下文統一用“𢝊”。

④ 高凱：《從吴簡蠡測孫吴初期臨湘侯國的疾病人口問題》，《史學月刊》2005年第12期，第28頁。

病"依照字面意思可以推測爲神經系統疾病,可能是精神病或者是癲癇,患病者一般年紀較輕。[①]

二是認爲吴簡"𤸫病"與"狂病"可能是一名而異稱。如胡平生認爲,"癲病"與"狂病"可能是一名而異稱,也可能是既有"癲病",又有"狂病"。[②]陳順成認爲,"𤸫病""狂病""𤸫狂病"均爲精神、言語行爲失常類疾病。[③]

高凱據《篇海》"𤸫,恚也"認爲"𤸫病"或爲因怒而生的心臟病之類,然而,實際上吴簡"𤸫"同"瘨",與"恚"義無涉,且查字典、辭書及相關文獻,未見稱心臟病爲"𤸫病"者,故"𤸫病"應和心臟病無關。

張綱認爲,先秦至西漢之所謂狂包括今人所稱之癲和狂。先秦兩漢以至於隋,癲均指間而發作之暴僕筋攣之病(即今之癇疾),張揖《廣雅》"瘨,狂也"爲特例,乃唐後之人所增。癲於唐時,轉指心神顛倒錯亂之病(即今之癲疾)。[④]查文獻,三國魏人張揖《廣雅》"瘨,狂也"並非如張綱所云"前無古人,後無來者",時代相近的[梁]顧野王《玉篇·疒部》"瘨,狂也",亦將瘨解釋爲"狂也"。《玉篇·犬部》:"狂,癲癡也。"可見《玉篇》也將狂、癲互訓。《素問·腹中論》:"石藥發瘨,芳草發狂。"王冰注:"多喜曰瘨,多怒曰狂。"[⑤]《中醫内科學講義·癲狂》云:"癲與狂,都是屬於神志失常的疾病。癲病表現爲沉默癡呆,語無倫次,静而多喜;狂病表現爲喧擾不寧,躁妄打罵,動而多怒。故《難經》有'重陰者癲'、'重陽者狂',王太僕有'多喜爲癲,多怒爲狂'的説法。"[⑥]癲病和狂病渾言義同,都指精神失常類疾病。析言有别,根據臨床實踐發現"癲病"多静,"狂病"多動;"癲病"多喜,"狂病"多怒;"癲病"其脈多沉伏細弦,"狂病"其脈多洪盛滑數。"癲症"以痰氣爲主,表現爲抑鬱多静,情感淡漠,沉默癡呆,喃喃自語,語無倫次,不知穢潔,性質屬陰。"狂症"以痰火爲主,表現爲動而多躁,歌笑不休,妄言聲高,毁物打罵,逾垣上屋,力大倍常,性質屬陽。[⑦]

---

① 鞏鐳:《漢末三國時期疾病研究》,鄭州大學碩士學位論文,2011年,第22—24頁。

② 胡平生:《〈長沙走馬樓三國吴簡〉第二卷釋文校證》,載《出土文獻研究》第七輯,上海古籍出版社,2005年,第115頁。

③ 陳順成:《走馬樓吴簡詞語研究》,北京語言大學博士學位論文,2010年,第111—112頁。

④ 張綱:《中醫百病名源考》,人民衛生出版社,1997年,第155、163頁。

⑤ 郭靄春主編:《黄帝内經素問校注》,人民衛生出版社,2013年,第521頁。

⑥ 上海中醫學院編:《中醫内科學講義》,上海科學技術出版社,1964年,第151頁。

⑦ 江蘇新醫學院第一附屬醫院編:《常見病中醫臨床手册》,人民衛生出版社,1972年,第214頁。

吴簡“狂病”“憙病”“憙狂病”共36例,可確定年齡者33例,分别爲:1~9歲者6例,10~19歲者9例,20~29歲者12例,30~39歲者3例,40~49歲者1例,60~69歲者1例,70~79歲者1例。從發病年齡來看,以10~29歲者最多,達21例,占可確定年齡總數的63.64%,可見其發病年齡以青壯年爲主。這與《常見病中醫臨床手册·癲狂》之“(癲狂)發病年齡多在青壯年”相合[①]。吴簡既有狂病,又有憙病,又有憙狂病,憙狂合言指稱一種疾病,可見當時長沙地區已開始出現将憙病、狂病混稱爲憙狂病。

三、吴簡疾病詞語考辨六則

本節對六組疾病詞語進行考辨,分别爲:“鼠病”“漯病”,“闇病”“音病”“喑口病”,“僵病”“彊病”“强司”,“傴病”“歐病”“歐背”“區背”“軀病”,“癰病”“雍病”“沮病”,“賴病”“癩病”。

(一)鼠病、漯病

吴簡户籍簡“鼠病”凡9見:

平男弟謝年廿九,苦鼠病。(貳·6647)

妻(?)男弟劉鄷(?)年十,鼠病。(柒·1152)

了男弟啓年十六,鼠(?)病;啓妻大女南年廿二。(柒·3792)

宜陽里户人公乘□鼠年卅六,鼠父□年五十四,鼠(?)病。(柒·3993)

彊從男弟鄭儥(?)年廿,鼠(?)病。(柒·5283)

涅男弟劉 跑年十,鼠病。(捌·2041)

□妻俗年□□□男 弟□年□□□鼠 病。(伍·4499)

當妻應年廿九,當男兄秃年十七,鼠病。(伍·4508)

堂妻宗年卅九,堂兄□年五十,鼠病。(伍·5351)

① 江蘇新醫學院第一附屬醫院編:《常見病中醫臨床手册》,人民衛生出版社,1972年,第213—214頁。

《説文·鼠部》:“鼠,穴蟲之總名也,象形。”徐灝注箋:“鼠,假借爲鼠病,别作癙。”《正字通·疒部》:“癙,屚創也。”《淮南子·説山》:“貍頭愈鼠,雞頭已瘻。”高誘注:“鼠齧人瘡,貍愈之。瘻,頸腫疾。”[①]《論衡·福虚》:“狸之性食鼠,人有鼠病,吞狸自愈。物類相勝,方藥相使也。”[②]張綱云:“鼠,亦作癙,瘰癧之既已潰破者之名。瘰癧既潰爲瘻瘡而古人稱之爲鼠者,蓋以鼠之爲物,尖喙善穿,而瘻瘡爲病之此伏彼起之潰破狀,本一猶此鼠所穿之窠穴,塞其此而復穿其彼耳。”[③]張綱很好地説明了鼠病得名之由。“鼠病”又稱鼠瘻。《靈樞·寒熱》:“黄帝問於岐伯曰:寒熱瘰癧在於頸腋者,皆何氣使生?岐伯曰:此皆鼠瘻寒熱之毒氣也,留於脈而不去者也。”[④]鼠病、鼠瘻即瘰癧,相當於現代醫學上的淋巴腺結核,多發生在頸部,有時也發生在腋窩部。《醫宗金鑒·外科心法要訣·瘰癧》:“小瘰大癧三陽經,項前頸後側旁生,痰濕氣筋名雖異,總由恚忿鬱熱成,更審纏綿諸證治,成勞日久不收功。”注:“此証小者爲瘰,大者爲癧……若連綿如貫珠者,即爲瘰癧。”[⑤]

吴簡户籍簡“漯病”僅1見:

祥户下奴囊年十二,害漯病。(壹·9175)【注】“漯”應爲“瘰”之通假。

陳順成認爲,若按整理者的注釋,則“‘瘰病’爲‘瘰癧’,即淋巴腺結核,多發生在頸部和腋窩部”。“也可認爲‘漯’通‘濕’,二者字形也相近”,“若‘漯’爲‘濕’義,則‘漯病’爲濕熱所引起的疾病”。此外,“‘漯’有形近字‘湇’,義爲水積聚”,“也可指内心的愁氣鬱結”,“水或氣積聚鬱結則脹,所以‘漯’也可以表示腫脹。若此,則‘漯病’爲腫脹之病”。並云“以上三者均和濕熱有關,符合吴地的氣候條件”。其在下文又云“‘漯病’是皮膚炭疽病和肺炭疽病共有的症狀”。[⑥]

① 何寧:《淮南子集釋》,中華書局,1998年,第1154頁。

② 黄暉:《論衡校釋》,中華書局,1990年,第264頁。

③ 張綱:《中醫百病名源考》,人民衛生出版社,1997年,第414頁。

④ 劉更生校注:《靈樞經》,中國中醫藥出版社,2006年,第239頁。

⑤ [清]吴謙等編:《醫宗金鑒》,人民衛生出版社,1973年,第135頁。

⑥ 陳順成:《走馬樓吴簡詞語研究》,北京語言大學博士學位論文,2010年,第107、115頁。

鞏鐳認爲，吴簡中的"漯"字不與其他字通假或相混，表示其本字和本義，"漯病"表示一種出汗的病症。[①]

我們認爲《竹簡》[壹]整理者注"'漯'應爲'瘰'之通假"的觀點是可信的。"漯"和"瘰"均從"累"得聲，二者存在通假的條件。《廣韻·果韻》："瘰，瘰癧，病筋結也。"吴簡"漯病"與"鼠病"意義相同，均指瘰癧。文獻中"瘰癧"有不少别名，除上面提到的"鼠病""鼠瘻"，又稱"鼠瘡""鼠癧""痰瘰""濕瘰"等。

（二）闇病、音病、喑口病

吴簡户籍簡"闇病"凡2見：

☐□□卌九，刑右手；大姊子男範年七歲，禿從兄子男婁年十一，闇。（壹·8939）

黝(?)女弟梟年七歲，梟弟仕伍奴年二歲，闇病。（貳·1690）

吴簡户籍簡"音病"凡6見：

▣年卌三，音(闇)龍(?)(聾)；□妻姑年卌四。（貳·2153）

頭兄明年六十五，苦音腫病；明妻汝年卌二。（柒·3559）

男姪香年卌，音病。（捌·710）

奴男弟裳年十二，音苦。（捌·1045）

子男孔年廿四，音病。（陸·1539）

高遷里户人公乘□□年五十三，苦音□病。訾　五　十(陸·309)

根據《竹簡》[貳]之《凡例》，整理者認爲"音"通"闇"，"音病"即"闇病"。

陳順成認爲，"闇"通"瘖"，義爲失聲不能言語。[②]

"闇""音"和"瘖"上古皆爲影紐侵部，聲韻皆同，可相通假。《説文·門部》："闇，閉門也。从門，音聲。"《穀梁傳·文公六年》："上泄則下闇，下闇則上聾，且闇且聾，

① 鞏鐳：《漢末三國時期疾病的情況》，鄭州大學碩士學位論文，2011年，第22頁。

② 陳順成：《走馬樓吴簡詞語研究》，北京語言大學博士學位論文，2010年，第186頁。

無以相通。”[1]王引之《經義述聞》:“闇,與瘖同。上泄則下闇,謂君泄臣言,則臣莫敢言也。”《説文·音部》:“音,聲也。生於心有節於外,謂之音;宫商角徵羽,聲;絲竹金石匏土革木,音也。”出土醫書有“音”和“瘖”通假的用例,如《張家山漢簡·脈書》簡41—42:“其所産病:口熱,舌柝(坼),嗌乾,上氣,饐(噎),嗌中痛,癉,者<嗜>卧,欬(咳),音(瘖),爲十病。”《馬王堆漢墓帛書·陰陽十一脈灸經》(甲本)行64—65:“其【所産病】□□□□【口熱】舌柝(坼),嗌乾,上氣,饐(噎),嗌中痛,癉,耆(嗜)卧,欬,音(瘖),爲十病。”

《説文·疒部》:“瘖,不能言也。从疒,音聲。”《史記·吕太后本紀》:“太后遂斷戚夫人手足,去眼,煇耳,飲瘖藥,使居廁中,命曰‘人彘’。”[2]《漢書·韓延壽傳》:“及門下掾自刭,人救不殊,因瘖不能言。”[3]《素問·宣明五氣》:“搏陽則爲巔疾,搏陰則爲瘖。”王冰注:“邪内搏於陰,則脈不流,故令瘖不能言。”[4]

吴簡“闇病”“音病”即“瘖病”,指口不能言語的疾病,俗稱啞巴。文獻中有“瘖疾”,如《北史·齊安樂王仁雅傳》:“安樂王仁雅,從小有瘖疾。”[5]《資治通鑒·後漢隱帝乾祐三年》:“唯緯弟仁英以清狂,仁雅以瘖疾得免,徙於蜀。”[6]

吴簡户籍簡“喑口病”僅1見:

> 子男多年二歲,苦喑口病。(叁·3078)

陳順成認爲,“瘖”同“喑”,義爲失聲不能言語。[7]

鞏鐳認爲,喑有兩解,第一解是小兒啼哭不止,第二解喑通“瘖”,啞,有可能是因悲痛過度而哽咽,哭不出聲來。[8]

《説文·口部》:“喑,宋齊謂兒泣不止曰喑。从口,音聲。”小兒哭泣應是一種正

① [清]阮元校刻:《十三經注疏·春秋穀梁傳注疏》,中華書局,1980年,第2406頁。

② [西漢]司馬遷:《史記》,中華書局點校本,2014年,第505頁。

③ [東漢]班固:《漢書》,中華書局點校本,1962年,第3211頁。

④ 郭靄春主編:《黄帝内經素問校注》,人民衛生出版社,2013年,第241頁。

⑤ [唐]李延壽:《北史》,中華書局點校本,1974年,第1893頁。

⑥ [北宋]司马光:《資治通鑒》,中華書局,1956年,第5381頁。

⑦ 陳順成:《走馬樓吴簡詞語研究》,北京語言大學博士學位論文,2010年,第186頁。

⑧ 鞏鐳:《漢末三國時期疾病研究》,鄭州大學碩士學位論文,2011年,第23頁。

常的生理反應，而户籍記録的是編户齊民的身體健康狀況，從常理上講，小兒哭泣的情况不應納入户籍記録中。吴簡“喑”應通“瘖”，指啞巴。《説文·疒部》：“瘖，不能言也。”朱駿聲通訓定聲：“喑，假借爲瘖。”《管子·入國》：“所謂養疾者，凡國都皆有掌養疾，聾盲喑啞，跛躄偏枯握遞，不耐自生者，上收而養之。”[①]《韓非子·六反》：“人皆寐則盲者不知，皆嘿則喑者不知。”[②]常理上講，年齡二歲的兒童尚不能講話應爲正常情況。簡叁·3078“多”年二歲患喑口病，“多”患喑口病當可驗視，即可通過觀察“多”的口部特徵判定其爲啞巴，否則不會在二歲孩子的户籍上寫明“苦喑口病”。

綜上，吴簡“闇病”“音病”“喑口病”當均指口不能言語的疾病，即啞巴。

（三）僵病、彊病、强司

吴簡户籍簡“僵病”凡1見：

□子男輸年九歲，苦僵病。（柒·1097）

《説文·人部》：“僵，僨也。从人，畺聲。”段玉裁注：“僵謂仰倒，如《莊子》‘推而僵之’。……今人語言乃謂不動不朽爲僵。”“僵”又有“僵硬、不灵活”義，《靈樞·癲狂》：“癲疾始作，先反僵。”《金匱要略·雜療方》：“若已僵，但漸漸强屈之，並按其腹。”[③]《晉書·卞壼傳》：“其後盜發壼墓，尸僵。”[④]《南史·殷不害傳》：“遇見死人溝中，即投身捧視，舉體凍僵，水漿不入口者七日，始得母屍。”[⑤]《中醫大辭典》《中國醫學大辭典》均收有“僵”字。[⑥]吴簡“僵病”可能應爲身體僵硬症狀的疾病。

---

① 黎翔鳳：《管子校注》，梁運華整理，中華書局，2004年，第1034頁。

② ［清］王先慎：《韓非子集解》，鍾哲點校，中華書局，1998年，第422頁。

③ ［漢］張仲景述、［晉］王叔和集：《金匱要略方論》，李玉清等點校，中國中醫藥出版社，2006年，第109頁。

④ ［唐］房玄齡等：《晉書》，中華書局點校本，1977年，第1873頁。

⑤ ［唐］李延壽：《南史》，中華書局點校本，1975年 ，第1848頁。

⑥ 《中醫大辭典》“僵”條：“直挺，不靈活。”見李經緯、鄧鐵濤等主編：《中醫大辭典》，人民衛生出版社，1995年，第1695頁。《中國醫學大辭典》“僵”條：“身體不活動也。”見謝觀等編《中國醫學大辭典》，中國中醫藥出版社，1994年，第1530頁。

吴簡户籍簡"彊病"凡6見：

> 氣男姪㘩年十四，苦彊病。（柒·1032）
>
> 氣男姪敉年十四，苦彊病。（柒·5244）
>
> □男弟柯年八歲，彊(?)病。（柒·5914）
>
> 碩子男輸年九歲，苦彊病。（捌·1305）
>
> 鄧男弟緹年十九，筭一，苦彊病。（捌·1825）
>
> □男弟伯年六歲，惪病；伯男弟臈年四歲，彊病。（捌·3550）

《説文·弓部》："彊，弓有力也。从弓，畺聲。""彊"和"僵"均從"畺"得聲，可相通假。吴簡"彊病"即"僵病"，是身體僵硬一類的疾病。

吴簡户籍簡"强司"凡2見：

> 閑弟仕伍知年九歲，耳聾，病足；知弟仕伍堂年六歲，强司。（貳·1619）
>
> □子公乘□年廿三，强司；□妻大女□年廿一，筭一。（貳·2377）

傳世醫學文獻不見"强司"一詞。"强"在古醫書中多指"僵硬、不靈活"。《靈樞·經脈》："是動則病舌本强，食則嘔，胃脘痛，腹脹善噫，得後與氣則快然如衰，身體皆重。"①《素問·刺熱論》："熱争則項痛而强，胻寒且痠，足下熱，不欲言。"②《素問·脈解》："所謂强上引背者，陽氣大上而争，故强上也。"王冰注："强上，謂頸項噤强也。甚則引背矣。所以爾者，以其脈從腦出，别下項背故也。"③《素問·六元正紀大論》："民病血溢，筋絡拘强，關節不利，身重筋痿。"④古醫書中有"强直"，指頸項、肢體僵硬，不能活動自如者。《素問·至真要大論》："岐伯曰：'諸暴强直，皆屬於風。'"⑤《内經知要·病能》："强者，筋强；直者，體直而不能屈伸也。"⑥"直"古音爲定紐職部，"司"古音爲心紐之部。定紐、心紐上古音相近，職部、之部對轉，"直"和"司"可相通

---

① 劉更生校注：《靈樞經》，中國中醫藥出版社，2006年，第61頁。

② 郭靄春主編：《黄帝内經素問校注》，人民衛生出版社，2013年，第303頁。

③ 郭靄春主編：《黄帝内經素問校注》，人民衛生出版社，2013年，第439頁。

④ 郭靄春主編：《黄帝内經素問校注》，人民衛生出版社，2013年，第680頁。

⑤ 郭靄春主編：《黄帝内經素問校注》，人民衛生出版社，2013年，第439頁。

⑥ 李經緯、鄧鐵濤等主編：《中醫大辭典》，人民衛生出版社，1995年，第1584頁。

假。吴簡“强司”極可能即古醫書中的“强直”,指身體僵硬一類的疾病。

要之,我們認爲吴簡“彊病”“僵病”“强司”意義相同,都是指身體僵硬一類的疾病。

(四)傴病、歐病、歐背、區背、軀病

吴簡户籍簡“傴病”2見:

高遷里户人公乘萬□年卌九,筭一,苦傴病。(柒·4876)

宜陽里户人公乘絢貴年卌二,苦傴病。(柒·5768)

《説文·人部》:“傴,僂也。从人,區聲。”“傴”的本義爲駝背。《禮記·問喪》:“傴者不袒。”鄭玄注:“傴,背曲也。”[①]《左傳·昭公七年》:“一命而僂,再命而傴,三命而俯。”[②]《吕氏春秋·盡數》:“苦水所多尫與傴人。”高誘注:“傴,傴脊疾也。”[③]《荀子·儒效》:“身不肖而誣賢,是猶傴伸而好升高也,指其頂者愈衆。”[④]《淮南子·精神》:“子求行年五十有四,而病傴僂,脊管高於頂。”[⑤]古醫書亦多見“傴”,如《靈樞·厥病》:“厥心痛,與背相控,善瘈,如從後觸其心,傴僂者,腎心痛也,先取京骨、昆侖,發狂不已,取然穀。”[⑥]《素問·刺禁論》:“刺脊間,中髓爲傴。”王冰注:“傴,謂傴僂,身踡屈也。”[⑦]《馬王堆漢墓帛書·五十二病方》行223:“一,治積(癩)初發,傴攣而未大者【方:取】全虫蜕一,□□□,皆燔□□□□□□□□酒飲財足以醉。”故吴簡“傴病”當指駝背。

① [清]阮元校刻:《十三經注疏·禮記正義》,中華書局,1980年,第1656—1657頁。

② [清]阮元校刻:《十三經注疏·春秋左傳正義》,中華書局,1980年,第2051頁。

③ 許維遹:《吕氏春秋集釋》,中華書局,2009年,第67頁。

④ [清]王先謙:《荀子集解》,沈嘯寰、王星賢點校,中華書局,1988年,第129頁。

⑤ 何寧:《淮南子集釋》,中華書局,1998年,第534頁。

⑥ 劉更生校注:《靈樞經》,中國中醫藥出版社,2006年,第120頁。

⑦ 郭靄春主編:《黄帝内經素問校注》,人民衛生出版社,2013年,第642頁。

吴簡"歐病"凡2見：

𠄟廣成鄉勸農掾區光言：被書，條列州吏父兄子弟狀、處、人名、年紀爲簿。輒隱核鄉界，州吏七人，父兄子弟合廿三人。其四人刑踵聾歐病，一人被病物故，四人真身已送及，隨本主在宫，十二人細小，一人限佃，一人先出給縣吏。隱核人名、年紀相應，無有遺脱。若後爲他官所覺，光自坐。嘉禾四年八月廿六日破莂保據。(編號不詳)①

☐蘭男弟鹿年卌六，苦歐病。(叁·1455)

吴簡"歐背"凡2見：

東陽里户人公乘烝東年卌四，筭一，刑歐背。(壹·10467)

宜都里户人公乘謝□年卌一，[歐]背。訾　五　十(柒·4037)

吴簡"區背"凡1見：

姪子男帛年十二，區背，名䰍；帛男弟兒年七歲。(叁·4286)

關於"歐"的含義，學界有三種觀點：

一是"嘔血説"。侯旭東認爲："'歐'病的'歐'通'嘔'，《後漢書·蘇章傳附蘇不韋傳》有'發病歐血死'，用法相同。"②黎石生認爲："'其四人刑腫聾頤病'一句中的'頤'字，應釋作'歐'。'歐'通'嘔'，意指吐血一類的肺癆之病。"③謝桂華贊同黎石生的觀點："'歐'與'嘔'通，係指患喀血的肺癆病，可以信從。"④

二是"啞巴説"。胡平生曾將"其四人刑、踵(腫)、聾、歐病"解釋爲"一人有傷殘，一人有腫病，一人耳聾，一人是啞巴"⑤。但没具體説明"歐病"爲啞巴的原因。

① 釋文引自凌文超：《長沙走馬樓孫吴"保質"簡考釋》，《文物》2015年第6期，第53頁。

② 侯旭東：《三國吴簡兩文書初探》，《歷史研究》2001年第4期，第173頁。

③ 黎石生：《長沙走馬樓簡牘所見户籍檢核制度及其相關問題》，《東南文化》2002年第9期，第58頁。

④ 謝桂華：《中國出土魏晉以後漢文簡紙文書概述》，載《簡帛研究二〇〇一》，廣西師範大學出版社，2001年，第557頁。

⑤ 胡平生：《從走馬樓簡"刑(創)"字的釋讀談到户籍的認定》，《中國歷史文物》2002年第2期，第36頁。

三是“駝背説”。楊小亮認爲,“歐”讀爲“傴”,“歐背”爲“駝背”。[①]陳順成認爲“吴簡中‘歐’有作動詞的,寫作‘區’。通‘勾’,彎曲之義”,“‘歐’當爲其後出字”,“‘歐病’係指肢體彎曲之病”。[②]

“嘔血説”提出較早,當時刊布的吴簡資料尚少。隨着吴簡新資料的刊布,出現了“歐背”“區背”等,“嘔血説”無法適用於新資料,故將“歐”解釋爲“嘔血”恐有不妥。

楊小亮已指明“歐”不應解釋爲啞巴。[③]兹不贅述。

我們認爲“駝背説”更契合吴簡。“歐”和“傴”古音均爲影紐侯部。楊小亮認爲“歐”通“傴”當是可信的。“歐病”即“傴病”,“歐病”“歐背”均指駝背。

“歐”“傴”均從“區”得聲。《説文·匸部》:“區,踦區,藏匿也。从品在匸中。品,衆也。”朱芳圃指出:“區,當爲甌之初文。……品象其形,匸所以藏之。”[④]《左傳·昭公七年》:“吾先君文王,作《僕區》之法。”陸德明釋文引服虔注:“僕,隱也;區,匿也。爲隱匿亡人之法也。”[⑤]“區”古音爲溪紐侯部,“句”古音爲見紐侯部,韻同聲近,可相通假,“區”通“句”表示彎曲。《説文·句部》:“句,曲也。”《集韻·侯韻》:“句,或作區。”《管子·五行》:“然則水解而凍釋,草木區萌。”王念孫雜志:“區萌即句芒。”[⑥]《史記·樂書》:“然後草木茂,區萌達。”裴駰集解引鄭玄曰:“屈生曰區。”張守節正義:“區音勾。……曲出曰區,菽豆之屬;直出曰萌,稻稷之屬也。”[⑦]吴簡“區背”亦即駝背。

吴簡“軀病”凡1見:

□[男]弟[鹿]年廿八,苦軀[病]。(叁·2979)

陳順成認爲“‘軀’爲‘區’,通‘勾’,義爲彎曲”,“軀病當指軀體彎曲亦即羅鍋類疾病”。[⑧]

---

① 楊小亮:《走馬樓吴簡中的“歐”與“歐背”》,載《出土文獻研究》第八輯,上海古籍出版社,2005年,第197頁。
② 陳順成:《走馬樓吴簡詞語研究》,北京語言大學博士學位論文,2010年,第108頁。
③ 楊小亮:《走馬樓吴簡中的“歐”與“歐背”》,載《出土文獻研究》第八輯,上海古籍出版社,2005年,第196頁。
④ 朱芳圃:《殷周文字釋叢》,中華書局,1962年,第100—101頁。
⑤ [清]阮元校刻:《十三經注疏·春秋左傳正義》,中華書局,1980年,第2048頁。
⑥ 黎翔鳳:《管子校注》,梁運華整理,中華書局,2004年,第869—870頁。
⑦ [西漢]司馬遷:《史記》,中華書局點校本,2014年,第1430頁。
⑧ 陳順成:《走馬樓吴簡詞語研究》,北京語言大學博士學位論文,2010年,第108頁。

《説文·身部》:“軀,體也。从身,區聲。”“軀”與“歐”“傴”均從“區”得聲,“軀”古音爲溪紐侯部,“傴”古音爲影紐侯部,溪紐、影紐均屬喉音,“軀”與“傴”韻同聲近,可相通假。“軀病”即“傴病”,指駝背。

綜上,吴簡“傴病”“歐病”“歐背”“區背”“軀病”意義相同,均指駝背。“傴”“歐”“軀”均從“區”得聲,可相通假,且“區”有彎曲之義。

(五)癰病、雍病、沮病

吴簡户籍簡“癰病”凡1見:

> 禮 姪 子 男 魯年五歲,魯兄勉年八歲,苦癰病。(壹·20)

吴簡户籍簡“雍病”凡3見:

> 潘父九 年七十二,雍(癰)病;九妻大女陵年五十四。(貳·1940)
> 材男□年九歲,苦雍(癰)病;泉叔父金年卌,筭一,腫兩□。(貳·3066)
> ☑□弟公乘盖年十二,苦雍病,踵兩足。(肆·2881)

《竹簡》[貳]整理者將“雍”釋作通“癰”。

陳順成認爲,“雍”通“癰”,爲腫瘍、瘡毒。癰病應當也指腫脹類疾病,只是程度較“腫”更嚴重,開始潰瘍。①

“雍”和“癰”古音均爲影紐東部,可相通假。《孟子·萬章上》:“或謂孔子於衛主癰疽。”②《説苑·至公》:“癰疽作雍雎。”③《素問·大奇論》:“肺之雍,喘而兩胠滿。”林億等新校正:“詳肺雍、肝雍、腎雍,《甲乙經》俱作癰。”④吴簡“雍病”作“癰病”,當確。《説文·疒部》:“癰,腫也。”《釋名·釋疾病》:“癰,壅也,氣壅否結裹而潰也。”《靈樞·癰疽》:“岐伯曰:夫血脈營衛,周流不休,上應星宿,下應經數。寒邪客於經絡之中

① 陳順成:《走馬樓吴簡詞語研究》,北京語言大學博士學位論文,2010年,第107頁。

② [清]焦循:《孟子正義》,沈文倬點校,中華書局,1987年,第656頁。

③ 高亨:《古字通假會典》,董治安整理,齊魯書社,1989年,第291頁。

④ 郭靄春主編:《黄帝内經素問校注》,人民衛生出版社,1992年,第609—610頁。

則血泣，血泣則不通，不通則衛氣歸之，不得復反，故癰腫。"[①]故"癰病"指因氣血壅滯導致的惡瘡類疾病。出土文獻有治療"癰病"的藥方。《馬王堆漢墓帛書·五十二病方》行366—367："一，癰種(腫)者，取烏家(喙)、黎(藜)盧(蘆)，冶之，□□□□□□□□□□□之，以熨潼(腫)所。有可，□□手，令癰種(腫)者皆已。"

吴簡"疽病"凡1見：

☑妻大女文年廿四，疽病；任小妻大女純☑(貳·2202)【注】簡文病名一字不識，或疑爲"疽"字之訛。疽，癰瘡。

吴簡又見1例"沮病"：

就妻男姪生年九歲，沮病。(捌·1401)

吴簡"疽"極可能爲"沮"字之俗寫。"沮""疽"均從"且"得聲，"沮"古音爲精紐魚部，"疽"古音爲清紐魚部，韻同聲近，"沮"通"疽"，"沮病"即"疽病"。

陳順成認爲"疽"指局部皮膚腫脹堅硬的毒瘡，"疽病"也指腫脹並且潰瘍的疾病。[②]

《説文·疒部》："疽，癰也。"徐鍇繫傳："久癰也。"王筠句讀："顔師古注《急就篇》：'癰之久者曰疽。'崔浩曰：'疽，附骨癰也。'《論衡》：'聚爲癰，潰爲疽。'"《正字通·疒部》："癰之深者曰疽，疽深而惡，癰淺而大。""疽"爲"癰"且比"癰"嚴重，醫書多見討論二者差别的記載。《靈樞·癰疽》："黄帝曰：夫子言癰疽，何以别之？岐伯曰：營氣稽留於經脈之中，則血泣而不行，不行則衛氣從之而不通，壅遏而不得行，故熱。大熱不止，熱勝則肉腐，肉腐則爲膿，然不能陷於骨髓，骨髓不爲焦枯，五臟不爲傷，故命曰癰。黄帝曰：何謂疽？岐伯曰：熱氣淳盛，下陷肌膚，筋髓枯，内連五臟，血氣竭，當其癰下筋骨良肉皆無餘，故命曰疽。疽者，上之皮夭以堅，上如牛領之皮。癰者，其皮上薄以澤。此其候也。"[③]《本草綱目·主治·癰疽》："癰、疽，深爲

① 劉更生校注：《靈樞經》，中國中醫藥出版社，2006年，第295頁。

② 陳順成：《走馬樓吴簡詞語研究》，北京語言大學博士學位論文，2010年，第107—108頁。

③ 劉更生校注：《靈樞經》，中國中醫藥出版社，2006年，第299頁。

疽,淺爲癰。”“癰”和“疽”都是指一種結成塊狀的惡瘡,浮淺者爲“癰”,深陷者爲“疽”。出土文獻有治療“疽病”的藥方。《馬王堆漢墓帛書·五十二病方》行271—272:“雎(疽)病:冶白蘞(蘞)、黄蓍(耆)、芍樂(藥)、桂、畺(薑)、椒、朱(茱)臾(萸),凡七物。骨雎(疽)倍白蘞(蘞),【肉】雎(疽)【倍】黄蓍(耆),腎雎(疽)倍芍藥,其餘各一。並以三指大最(撮)一入桮(杯)酒中,日五六飲之。須已☐。”

“癰病”“疽病”均爲惡瘡,析言“疽病”較“癰病”嚴重,渾言癰疽連言泛指惡瘡。

(六)賴病、瀨病

吴簡“賴病”“瀨病”各1見:

> □妻大女長年廿七,𥡴父公乘倢年八十一,賴(癩)病。(貳·1647)
>
> 智從兄碩年六十六,瀨病,雀兩足。(捌·877)

《竹簡》[貳]整理者認爲,“賴”通“癩”,“賴病”即“癩病”。

陳順成認爲,“賴”通“癩”,爲瘡癬一類病。“癩病”爲惡瘡類疾病。[①]

鞏鐳認爲,賴,通癩字,麻風病。[②]

“賴病”一詞文獻見於《史記索隱》。《史記·刺客列傳》:“居頃之,豫讓又漆身爲厲,吞炭爲啞。”司馬貞索隱:“賴,惡瘡病也。凡漆有毒,近之多患瘡腫,若賴病然,故豫讓以漆塗身,令其若癩耳。然厲賴聲相近,古多假‘厲’爲‘賴’,今之‘癩’字從‘疒’。”[③]“癩”當爲“賴”增“疒”旁所致,“賴病”即“癩病”。“癩病”見於《史記索隱》。《史記·范雎蔡澤列傳》:“大王信行臣之言,死不足以爲臣患,亡不足以爲臣憂,漆身爲厲被髪爲狂不足以爲臣恥。”司馬貞索隱曰:“厲,音賴,癩病也。言漆塗身,生瘡如病癩。”[④]

文獻中“瀨”的意義與水相關而與疾病無涉。“癩”古音爲來紐月部,“瀨”古音亦爲來紐月部,“瀨”通“癩”,“瀨病”亦即“癩病”。

---

① 陳順成:《走馬樓吴簡詞語研究》,北京語言大學博士學位論文,2010年,第106頁。

② 鞏鐳:《漢末三國時期疾病研究》,鄭州大學碩士學位論文,2011年,第23頁。

③ [西漢]司馬遷:《史記》,中華書局點校本,2014年,第3059頁。

④ [西漢]司馬遷:《史記》,中華書局點校本,2014年,第2921—2922頁。

“癩”用於疾病主要有兩個意思。一是麻風病。《説文·疒部》:“癘,惡疾也。或从賴。”《淮南子·精神》:“夫癩者趨不變,狂者形不虧。”[①]一是惡瘡、頑癬。《廣韻·曷韻》:“癩,疥癩。”《集韻·曷韻》:“瘌,疥也。或作癩。”上引《史記索隱》之“癩病”即指惡瘡。

將“癩病”理解爲麻風病恐與吴簡不符。衆所周知,麻風病是一種傳染性極强的惡疾,一旦患上這種病,病人必須隔離,且早在秦代古人已知麻風病患者需隔離。[②]而簡貳·1647薫父公乘偅與薫同户,簡捌·877智從兄碩與智同户,偅和碩兩人雖患有癩病,但並未被隔離,故將吴簡“癩病”釋爲麻風病恐是不妥的。吴簡“癩病”應爲惡瘡、頑癬之義。今長沙方言中仍稱頭上長黄癬的人爲癩子。[③]醫書稱頭上長癬爲“癩頭”“癩頭瘡”,又稱“秃頭瘡”“秃瘡”。[④]“秃瘡”在唐代屬於殘疾,見唐《三疾令》:“户令:諸一目盲、兩耳聾、手無二指、足無大拇指、秃瘡無髮、久漏、下重、大癭瘇之類,皆爲殘疾。”[⑤]吴簡“癩病”可能就是癩頭瘡、秃瘡。

四、吴簡疾病詞語概貌及特點

吴簡有近一半的簡爲户籍簡,這些户籍簡“原汁原味”地記録了三國孫吴時期長沙郡臨湘侯國各鄉里吏民的姓名、性别、年齡、親屬關係和疾病情况等信息。這些信息對於了解當時居民的家庭結構、健康狀况等諸方面均具有重要意義。我們對吴簡疾病詞語進行全面的清理並探討疾病詞語的特點,以期對相關研究有所裨益。

(一)走馬樓吴簡疾病詞語概貌

我們對吴簡疾病詞語進行了全面的清理,共得149個疾病詞語,57種疾病。下面從五官科、外科、内科等幾個方面對這些疾病詞語試加分析。

① 何寧:《淮南子集釋》,中華書局,1998年,第529頁。

② 參本章“二、吴簡疾病詞語‘風病’‘癲狂病’”。

③ 李榮主編:《長沙方言詞典》,江蘇教育出版社,1998年,第116頁。

④ 參謝觀:《中國醫學大辭典》,中國中醫藥出版社,1994年,第1564頁;韓成仁等主編:《中醫證病名大辭典》,中醫古籍出版社,2000年,第519、216—217頁。

⑤ [唐]白居易:《白氏六帖事類集·帖册三》卷九、疾三一,文物出版社,1987年。

1.五官科疾病詞語

五官科疾病指眼、耳、口、鼻、喉科疾病。吴簡主要有眼科、耳科、口腔科、喉科疾病詞語。

眼科有：盲、盲病、盲目、盲兩目、盲一目、盲右目、盲左/佐目、旬左、旬病。《説文·目部》："盲，目無牟子。从目，亡聲。"《釋名·釋疾病》："盲，茫也，茫茫無所見也。"《漢書·杜周傳附杜欽傳》："欽字子夏，少好經書，家富而目偏盲，故不好爲吏。"顔師古注："盲，目無見也。偏盲者，患一目也。今俗乃以兩目無見者始爲盲，語移轉也。"[1]吴簡有一目或雙目失明。"旬"，吴簡整理者認爲即"眴"，當確。《説文·目部》："旬，目搖也。从目，勻省聲。眴，旬或从旬。"《集韻·諄韻》："眴，目眩也。"《漢書·揚雄傳》："仰撟首以高視兮，目冥眴而亡見。"顔師古注："冥眴，視不諦也。"《素問·刺瘧》："腎瘧者，令人灑灑然，腰脊痛，婉轉，大便難，目眴眴然，手足寒，刺足少陽少陰。"[2]《内經詞典·目部》："眴，視物昏花。"[3]"旬左"指左目視物昏花不清。"旬病"指眼睛昏花看不清。

耳科有：聾/龍、聾/龍病、聾/龍耳、耳聾、聾/龍兩耳、聾右耳、聾左耳、聾耳病、兩耳聾病。吴簡"聾"又寫作"龍"。"聾病""耳聾"即聽覺失靈。

口腔科有：闇、音、闇病、喑口病、音病、决口病、苔病。"闇""音""喑"均與"瘖"通，闇病、音病、喑口病均指口不能言語的疾病，即啞巴。[4]《玉篇·冫部》："决，俗決字。"《説文·缶部》："缺，器破也。从缶，決省聲。"《玉篇·缶部》："缺，破也。"《集韻·屑韻》："缺，破也。亦作決。""决"爲"決"的俗字，"決"同"缺"。"决口病"可能即缺口病，缺唇。"苔病"的含義尚不明，從字面上看似與舌苔病變有關。

喉科有：喉病、侯病、護病。《説文·口部》："喉，咽也。从口，侯聲。""喉"從"侯"得聲，"侯"可與"喉"通，"侯病"即"喉病"，指喉嚨部位的疾病。文獻未見"護病"，但有從"隻"與疾病有關的"瘦"。《玉篇·疒部》："瘦，瘌瘦也。"又《玉篇·疒部》："瘌，瘌瘦，瘷也，物蛆(阻)咽中也。"《集韻·鐸韻》："瘦，瘌瘦，物在喉。""護病"可能即"瘦病"，指喉嚨疼腫導致吞咽甚至發音困難一類的疾病。

---

① [東漢]班固：《漢書》，中華書局點校本，1962年，第2667頁。

② 郭靄春主編：《黄帝内經素問校注》，人民衛生出版社，2013年，第340頁。

③ 張登本、武長春：《内經詞典》，人民衛生出版社，1990年，第377頁。

④ 參本章"三、吴簡疾病詞語考辨六則"。

2.外科疾病詞語

外科是治外證之專門學,即治療人體外部之病症。[①]吴簡外科疾病主要有刑病、腫病、雀病、僵病、傴病、癰疽、瘰癧、癩病等。下面分别加以闡述。

吴簡刑病詞語有:刑手、刑足、刑目、刑要、刑耳、刑面、刑腹、刑病、刑兩手、刑左手、刑右手、刑兩足、刑左足、刑右足、刑右手指、刑左足及(?)左手、刑背、刑兩膝、刑顱頭、刑右眉。按其發病部位不同,可分爲11種病名。吴簡"刑"的意思是刑傷,屬於殘疾病症,[②]刑手指手部受傷,刑足指足部受傷,刑目指眼睛受傷,等等。

吴簡腫病詞語有:腫/踵病、腫/踵足、踵兩手、腫左手、踵右手、腫/踵/重兩足、腫/踵左足、腫/踵右足。吴簡"腫"又寫作"踵",偶寫作"重"。"踵""重"均通"腫"。腫病是吴簡户籍簡中最高發的一種疾病,達726見,其發病部位主要發生在足部,僅有5例發病部位在手部。吴簡"腫病"爲何種疾病,學界争論較大,有"血絲蟲病説"[③],有"殘疾病症説"[④],有"絲蟲病和腳氣病説"[⑤],有"肉刑説"[⑥]等,目前尚無統一的看法。

吴簡雀病詞語有:雀病、雀手、雀/隹足、隹卻(脚)、雀/隹左手、雀右手、雀右手指、雀/隹兩足、雀左足、雀右足、雀左足指。吴簡"雀"又寫作"隹"。雀病學界亦尚無定論,關於"雀"的含義主要有三種觀點:"雀"通"截",表示截斷義[⑦],"雀"表示短小義[⑧],"雀"表示彎曲義[⑨]。支持"雀"表截斷義的學者較多。

吴簡僵病詞語有:僵病、彊病、强司。"彊"和"僵"均從"畺"得聲,可相通假。"彊

---

① 謝觀等:《中國醫學大辭典》,中國中醫藥出版社,1994年,第398頁。

② 關於吴簡"刑"的含義,學界争論很大,目前至少有5種觀點。我們贊同"刑"是殘疾病症的説法。參本章"一、吴簡疾病詞語'刑'"。

③ 汪小烜:《吴簡所見"腫足"解》,《歷史研究》2001年第4期,第175頁。

④ 如于振波:《走馬樓吴簡初探》,文津出版社,2004年,第140頁。

⑤ 曲柄睿:《腫足新解——長沙走馬樓吴簡所見的一種病症考述》,載《吴簡研究》第三輯,中華書局,2011年,第366—367頁。

⑥ 郭聰敏:《對長沙走馬樓三國吴簡所見刑手、刑足、斷足、踵(腫)足、雀(截)手、雀(截)足的思考》,武漢大學簡帛網,http://www.bsm.org.cn/show_article.php? id=2001,2014年3月22日。

⑦ 如胡平生:《〈長沙走馬樓三國吴簡〉第二卷釋文校證》,載《出土文獻研究》第七輯,上海古籍出版社,2005年,第117—118頁。

⑧ 高凱:《從吴簡蠡測孫吴初期臨湘侯國的疾病人口問題》,《史學月刊》2005年第12期,第26頁。

⑨ 邢義田《"雀"手足與"刑"手足——長沙走馬樓三國吴簡讀記》,武漢大學簡帛網,網址:http://www.bsm.org.cn/show_article.php? id=2001,2011年6月9日。

病”即“僵病”，指身體僵硬一類的疾病。“强司”極可能即古醫書中的“强直”，與“僵病”“彊病”意義相同，都是指身體僵硬一類的疾病。①

吴簡傴病詞語有：傴病、歐背、區背、歐病、軀病。“傴”“歐”“軀”均從“區”得聲，可相通假，且“區”有彎曲義，“傴病”“歐病”“歐背”“區背”“軀病”意義相同，均指駝背。②

吴簡癰疽病詞語有：癰病、雍病、疽病、沮病。“雍”通“癰”，“雍病”即“癰病”，指因氣血壅滯導致的惡瘡類疾病。“疽”極可能爲“沮”字之俗寫，“沮”“疽”均從“且”得聲，“沮”通“疽”。《説文·疒部》：“疽，癰也。”王筠句讀：“顔師古注《急就篇》：‘癰之久者曰疽。’崔浩曰：‘疽，附骨癰也。’《論衡》：‘聚爲癰，潰爲疽。’”“疽病”亦是惡瘡，且比癰病嚴重。③

吴簡瘰癧病詞語有：鼠病、漯病。鼠病即瘰癧。“漯”通“瘰”，“漯病”即“瘰病”，也是瘰癧。④

吴簡癩病詞語有：賴病、瀨病。“賴”“瀨”均通“癩”，“賴病”“瀨病”即“癩病”，指惡瘡、頑癬一類的疾病。⑤

此外，吴簡外科疾病詞語還有病足、斷足、辟兩足、屈兩足、支右手、碓病、殨病、鏌疾、隆病、孓(癃)病、禿頭。

3. 内科疾病詞語

内科是治療内臟一類疾病的醫學分科。吴簡内科疾病主要有：腹心病、風病、癲狂病、脹病等。

吴簡腹心病詞語有：腹心病、腹心疾、腹心疾病。以表述爲“腹心病”爲主，腹心病凡436見，“腹心疾”僅6見，“腹心疾病”僅1見。“腹心病”學界一般認爲是心腹痛。⑥

吴簡風病詞語有：風病、風疾病、病(?)痱。以表述爲“風病”爲主，風病凡61見，“風疾病”“病(?)痱”各1見。據統計，吴簡“風病”患者的年齡主要集中在老年

① 參本章“三、吴簡疾病詞語考辨六則”。

② 參本章“三、吴簡疾病詞語考辨六則”。

③ 參本章“三、吴簡疾病詞語考辨六則”。

④ 參本章“三、吴簡疾病詞語考辨六則”。

⑤ 參本章“三、吴簡疾病詞語考辨六則”。

⑥ 王素：《中日長沙吴簡研究述評》，載《故宫學刊》第三輯，紫禁城出版社，2007年，第547頁。

段,以60~69歲患者最多,且男性患者占絕大多數,這與中風的特徵相吻合,"風病"應是中風類疾病。[①]

吴簡癲狂病詞語有:慎病、瘨病、寘病、顛病、狂病、慎狂病、真狂病、瘨狂病、㢊狂病。"慎""瘨""寘"均從"真"得聲,通"癲","顛"乃换疒旁爲心旁,亦同"癲"。"㢊",《竹簡》[貳]整理者釋同"癲",當確。"㢊"應是"瘨"的簡省。吴簡癲狂病共36例,從發病年齡來看,以10~29歲者最多,達21例。癲病和狂病渾言義同,均指精神失常類疾病,析言有别,癲病多静,狂病多動,癲病多喜,狂病多怒。吴簡已出現癲病、狂病混稱爲癲狂病的用例。[②]

吴簡脹病詞語有:張病、萇病、萇(?)疾病。"張"同"脹","張病"即"脹病",可能是以腹部脹滿爲主要特徵的疾病。"萇"古音爲定紐陽部,"張"古音爲端紐陽部,二字韻同聲近,可相通假。"萇病"亦即脹病。

此外,吴簡内科疾病詞語還有腸心病、絮病、疢病、虐(?)病、信病、解横病。

4. 其他疾病詞語

吴簡中有些疾病詞語的含義尚不清楚,且無法歸屬到上揭五官科、外科、内科疾病詞語中,暫將這樣的疾病詞語臚列於此。

□脅病,僅1見:

□父張年七十六,老鈍,苦□脅病。(貳·6710)

填(?)宫病,僅1見:

從兄嫂(?)萇年六十二,苦填(?)宫病。(肆·1869)

臨病,僅1見:[③]

彊男弟户年十三,臨病。(捌·2325)

① 參本章"二、吴簡疾病詞語'風病''癲狂病'"。

② 參本章"二、吴簡疾病詞語'風病''癲狂病'"。

③ 《竹簡》[捌]另有一例"臨病",簡捌·2328"宜陽里户人彊男弟户年十三臨病年六十□苦風病",經核對圖版,此簡釋文應爲"宜陽里户人公乘樊如年六十□苦風病"。

奇病,僅1見:

> 民謝香年五十五,奇病□;妻瞻年卌一,子男貸年十,刑手足。(捌·3651)

瘒病,僅1見:

> ☐□,苦瘒病☐(伍·63)

倍病,僅1見:

> 子男强年卅五,筭一,倍病(?)。(伍·2731)

生病,僅1見:

> ☐歲,妻男弟懸年十二,生病。(玖·5990)

夤病,僅2見:

> 虞男弟格年十六,夤病;虞姪子男駱年十二。(陸·6156)
> 駱男弟賢年六歲,夤病;賢女弟紀年四歲。(陸·6157)

吴簡所記疾病中最高發的疾病是腫病,達726見,其次是刑病和腹心病,分别爲493見、436見,再次是盲目、聾耳、雀病和風病,分别爲275見、161見、68見和61見。

(二)走馬樓吴簡疾病詞語特點

傳世文獻中鮮有户籍資料,歷代户籍如何登載只能依靠文獻的片言隻語進行解讀,吴簡户籍簡的大量出土爲人們研究秦漢魏晉時期的户籍管理等情况提供了豐富資料。[①]吴簡户籍簡首次出現大量的疾病詞語,這些疾病詞語呈現出獨特的特性,下面試予分析。

1. 結構上以偏正式和動賓式爲主

從結構上看,吴簡疾病詞語以偏正式和動賓式爲主。偏正式構詞的一個主要特徵是中心語素都有一個"病"。如:腫/踵病、癰/雍病、盲病、腹心病、聾/龍病、聾耳病、兩耳聾病、刑病、風病、風疾病、惪/瘨病、狂病、惪/瘨狂病、鼠病、碓病、闇病、喑口病、漯病、絮病、賴病、張病、虐(?)病、㾜病、决口病、□膋病、歐病、軀病、隆病、填(?)宫病、萇病、腸心病、僵病、信病、苔病、護病、喉病、傴病、彊病、疢病、音病、沮病、臨病、奇病、瀨病、雀病。吴簡疾病詞語偏正式以"病"爲中心語素的構詞形式表明了當時人們對同類事物的歸納和概括能力,反映了邏輯思維對詞語構成方式的選擇和促進作用。

動賓式構詞的主要特徵是被支配語素都與身體部位有關。如:踵兩手、腫左手、踵右手、腫/踵兩足、腫/踵左足、腫/踵右足、腫/踵手、腫/踵足、盲目、盲兩目、盲一目、盲右目、盲左目、聾/龍耳、聾/龍兩耳、聾右耳、刑兩手、刑左手、刑右手、刑兩足、刑左足、刑右足、刑手、刑足、刑右手指、刑左足及(?)左手、刑歐背、刑兩膝、刑盧頭、刑右眉、刑目、刑要、刑耳、刑面、刑腹、雀手、雀足、雀左手、雀右手、雀右手指、雀兩足、雀左足、雀右足、雀左足指、佳卻(脚)、病足、斷足、歐背、區背、屈兩足、辟兩足。以刑病爲例,與"刑"相涉的身體部位有手、手指、足、背、膝、頭、眉、目、腰、耳、面、腹,從頭到腳,幾乎涉及了身體的每一個部位。吴簡疾病詞語動賓式以"身體部位"爲被支配語素來説明疾病所發生的具體部位,這符合醫學知識有限的下層官吏對疾病的認知和記録方式,體現出全民用語和醫學用語的巧妙結合。

吴簡疾病詞語主謂式構詞方式僅有1個,即"耳聾",並列式構詞方式也僅有1個,即"强司"。

構詞方式以偏正式、動賓式爲主的原因應與户籍簡的性質有關。户籍簡的目的是登記户人及其家屬的基本信息以方便統治者了解人口情況,其使用的疾病詞語不要求具有較高的專業性,以能够準確地傳遞信息爲目的。帶"病"字的偏正式詞語可以直接反映身體的非正常狀況,帶"身體部位"的動賓式詞語可以有效地描述病狀的

---

① 如楊際平利用吴簡户籍資料研究秦漢户籍管理制度,參楊際平:《秦漢户籍管理制度研究》,《中華文史論叢》2007年第1期,第1—35頁。

具體部位，所以户籍登記人員利用這兩種結構方式基本上就可以把當地居民的身體狀況比較完整地記録下來，既節省時間又能够收到表述簡潔、一目瞭然的效果。

2. 音節上複音化顯著

與上古漢語疾病詞語以單音節爲主相比，吴簡疾病詞語複音化顯著，單音節疾病詞語目前僅見“盲”（4例）、“聾/龍”（4例）、“闇/音”（2例）三個且用例有限。這三個單音節詞多和其他詞語組合在一起構成雙音節詞語或多音節詞語，如“盲”多和“目”搭配組成“盲目”“盲左目”“盲右目”“盲兩目”“盲一目”等，“聾/龍”多和“耳”搭配組成“聾/龍耳”“耳聾”“聾耳病”“聾/龍兩耳”“聾右耳”，“闇/音”和“病”搭配組成“闇/音病”等。

吴簡疾病詞語複音化顯著與漢語詞彙以單音節爲主向以雙音節爲主的發展趨勢相吻合。吴簡疾病詞語複音化的重要途徑是添加提示疾病的語素“病”或添加標識患病部位的語素。吴簡中的疾病詞語多是由文化水平和醫學知識有限的下層官吏記録的，它們對疾病詞語的記録多是借用全民用語的材料並結合有限的醫學術語進行重組和改造，以達到非醫學人士傳遞和交流信息的目的，這就造成了雙音節、多音節詞語數量多的局面。

3. 一病多名現象突出

吴簡疾病詞語的一個突出特徵是同一種疾病有多種不同的表達形式。如表示“耳聾”疾病的詞語有“聾”“聾病”“聾耳”“耳聾”“聾兩耳”“聾耳病”“兩耳聾病”等多種形式，表示駝背的詞語有“歐背”“區背”“歐病”“傴病”和“軀病”五種形式，表示口不能言、啞巴的詞語有“闇”“音”“闇病”“喑口病”和“音病”五種形式，表示身體僵硬疾病的詞語有“僵病”“彊病”“强司”三種形式，等等。

造成這種一病多名現象的原因是多方面的。吴簡是孫吴時期長沙郡臨湘侯國的地方文書檔案，這些檔案主要由下層低級官吏完成，這些低級官吏並非醫生，他們對疾病的認識水平有限，他們登記吏民的疾病情況主要是爲是否繳納筭賦、是否免役服務的。故只要表達清楚某人患何種疾病即可，而對疾病表達形式則没有精準的要求。吴簡户籍簡數量龐大，出自衆手，不同的書手對同一種疾病有不同的理解，往往會選擇不同的詞語形式來表達。這和當時人們的認識水平有關，這種情況在賦税簡中也存在。①

① 吴簡同一種賦税名目存在不同的表達形式，如“鋘錢”又作“官鋘錢”“鋘賈錢”。參陳榮傑：《走馬樓吴簡佃田、賦税詞語研究》，人民出版社，2016年，第221—225頁。

4.疾病詞語合稱現象明顯

吴簡户籍簡所記有一個人同時患兩種或以上疾病的情況,這種情况多采用合稱。如音病腫病合稱爲“音腫病”(如簡柒·3559“頭兄明年六十五,苦音腫病;明妻汝年卅二”),音病苔病合稱爲“音苔”(如簡捌·1045“奴男弟裳年十二,音苔”),腹心病信病合稱爲“腹心信病”(如簡捌·1108“陽男姪唐腸年五十一,苦腹心信病”),腹心病腫病合稱爲“腹心腫病”(如簡捌·3649“奇男弟告年卅一,腹心腫病,告妻姑年十九”),苔病聾耳病合稱爲“苔聾”“聾苔”或“聾苔病”(如簡捌·2540“順男弟岱年十一,苦苔聾”,簡捌·2005“富貴里户人公乘周厚年六十一,聾苔”,簡捌·851“虎男姪記年廿一,筭一,聾苔病”),殨病苔病合稱爲“殨苔病”(如簡柒·4855“饅(?)男姪簣(?)年廿六,筭一,殨苔病”),腹心病萇病合稱爲“腹心萇病”(如簡柒·519“富貴里户人唐慈年八十九,刑足;妻思年五十四,子男主年五十,腹心萇病”),踵足聾耳苔病合稱爲“踵足聾苔”(如簡捌·1974“富貴里户人公乘張孫年八十三 踵足聾苔”),等等。這種合稱情况應是語言精簡的一種表現。

五、吴簡疾病詞語研究價值

吴簡疾病詞語未經後人竄改,真實地保存了三國孫吴時期長沙地區的語言原貌,真實地再現了臨湘侯國下層吏民的身體健康狀況。因此,對吴簡疾病詞語進行研究具有重要的價值與意義,本節試從有助於户籍等簿籍演變及殘疾情况的研究、有助於孫吴社會現象的研究兩個方面展開討論。

(一)有助於户籍等簿籍演變及殘疾情况的研究

户籍制度是我國古代的一項重要的户口登記與管理的制度,它是統治者徵調賦役、落實行政管理的主要依據,是統治者控制社會人口的重要手段。[①]户籍的目的主要是爲統治者徵調賦役、控制社會人口服務的。據文獻記載,最早的户籍是異其男女、生著死去。《周禮·秋官·司民》:“司民掌登萬民之數。自生齒以上皆書於版,辨其國中與其都鄙及其郊野。異其男女,歲登下其死生。及三年大比,以萬民

---

① 楊際平:《秦漢户籍管理制度研究》,《中華文史論叢》2007年第1期,第2頁。

之數詔司寇。司寇及孟冬祀司民之日獻其數于王。王拜受之,登于天府。"鄭玄注:"登,上也。男八月女七月而生齒。版,今户籍也。下,猶去也。每歲更著生去死。"[①]《商君書·境内》:"四境之内,丈夫女子皆有名於上,【生】者著,死者削。"[②]

湖南龍山里耶秦簡户籍簡真實展現了早期户籍的原貌,兹舉一例,簡K27:[③]

第一欄:南陽户人荆不更蠻强

第二欄:妻曰嗛

第三欄:子小上造□

第四欄:子小女子駝

第五欄:臣曰聚

伍長

里耶秦簡户籍簡的著録格式爲:第一欄爲壯男,第二欄爲壯女,第三欄爲小男,第四欄爲小女,第五欄爲老男、老女及伍長等備注項目。據《商君書·去强》:"彊國知十三數:竟内倉口之數,壯男壯女之數,老弱之數,官士之數,以言説取食者之數,利民之數,馬牛芻藁之數。"[④]張榮强認爲里耶秦簡户籍簡的著録方式與商鞅變法後秦國户口統計的口徑基本一致。[⑤]

户籍以法令形式規定登録年齡始於秦王政十六年,《史記·秦始皇本紀》秦王政十六年(前231)"初令男子書年"[⑥]。張榮强認爲:"戰國時期的文獻中,已經有按年齡徵役、免役的記載。不過,以法令的形式規定年齡成爲户籍登記的必備項目,還是秦王政十六年(前231)的事。《史記·秦始皇本紀》載此年'初令男子書年',詔令首先從男子試點,表明政府首要目的是爲了徵發賦役。"[⑦]王彦輝認爲:"秦王政十六

① 孫詒讓:《周禮正義》,王文錦、陳玉霞點校,中華書局,1987年,第2833—2834頁。

② 蔣禮鴻:《商君書錐指》,中華書局,1986年,第114頁。

③ 釋文來自沈剛:《里耶秦簡所見民户簿籍管理問題》,《中國經濟史研究》2015年第4期,第94—95頁。

④ 蔣禮鴻:《商君書錐指》,中華書局,1986年,第34頁。

⑤ 張榮强:《湖南里耶所出"秦代遷陵縣南陽里户版"研究》,《北京師範大學學報》(社會科學版)2008年第4期,第71頁。

⑥ [西漢]司馬遷:《史記》,中華書局點校本,2014年,第300頁。

⑦ 張榮强:《湖南里耶所出"秦代遷陵縣南陽里户版"研究》,《北京師範大學學報》(社會科學版)2008年第4期,第77頁。

年以前,秦的户籍原本就是不著録年齡的,不過‘生者著,死者削’而已,其著録格式或許就是《商君書·去强》篇的‘壯男壯女之數、老弱之數’。”“里耶户籍簡的著録沿襲的是秦獻公創制户籍制度以來的舊制,登記内容並不包括年齡、財産之類的内容。秦王政十六年隨着對關東六國疆土的蠶食和分割包圍,大規模的統一戰争即將拉開序幕,需要翔實掌握秦民尤其是新兼併而來的六國臣民的應役年齡,因此始令男子‘書年’。”[①]沈剛則注意到:秦代户籍統計方式具有强烈的時代特點,没有注役、年齡等記録。在户籍文書中,年齡這一項目没有被書寫,是因爲還有單獨的年籍。年齡、賦役等這些名目雖然和户口相關,卻又不記録在户版之中,而是單獨分類造册,這種方式至少漢初也未有改觀。[②]

沈剛的觀點值得重視。據最新研究,漢初廣義的户籍包括宅園户籍、年細籍、田比地籍、田命籍、田租籍。[③]漢之前,除記録壯男壯女之數的户版外,還應有專門記録年齡、賦役、身體狀況等情況的簿籍。這裏以身體狀況的簿籍爲例進行討論。

統治者編制户籍主要是爲了徵調賦役、加强統治。爲了穩固統治、緩和社會矛盾,對一些老弱病殘之人又不得不予以優免賦役。文獻多有“廢疾”“錮病”等記載。《周禮·地官·小司徒》:“以辨其貴賤、老幼、廢疾,凡征役之施舍,與其祭祀、飲食、喪紀之禁令。”鄭司農云:“廢疾謂癃病也。”[④]又《地官·大司徒》:“以保息六養萬民:一曰慈幼,二曰養老,三曰振窮,四曰恤貧,五曰寬疾,六曰安富。”鄭玄注:“寬疾,若今癃不可事,不筭卒,可事者半之也。”[⑤]《管子·度地》:“令曰:常以秋歲末之時,閱其民,案家人比地,定什伍口數,别男女大小。其不爲用者輒免之。有錮病不可作者疾之,可省作者半事之。并行,以定甲士當被兵之數,上其都。”尹知章注:“著其名於疾者之數,有以賙恤之也。謂疾者雖不任役,可以省視作者,取其半功。因力役之際,并行視之。强壯者,預定之以爲甲士,而被兵之數。既而上其名籍於國都也。”[⑥]《管子·入國》:“凡國都皆有掌養疾。聾盲喑啞,跛躄偏枯握遞,不耐自生者,

① 王彦輝:《出土秦漢户籍簡的類别及登記内容的演變》,《史學集刊》2013年第3期,第21—22頁。

② 沈剛:《里耶秦簡所見民户簿籍管理問題》,《中國經濟史研究》2015年第4期,第98頁。

③ 楊振紅:《龍崗秦簡諸“田”、“租”簡釋義補正》,載《簡帛研究二〇〇四》,廣西師範大學出版社,2006年,第85頁;王彦輝:《出土秦漢户籍簡的類别及登記内容的演變》,《史學集刊》2013年第3期,第23頁。

④ [清]孫詒讓:《周禮正義》,王文錦、陳玉霞點校,中華書局,1987年,第772頁。

⑤ [清]孫詒讓:《周禮正義》,王文錦、陳玉霞點校,中華書局,1987年,第746頁。

⑥ 黎翔鳳:《管子校注》,梁運華整理,中華書局,2004年,第1059頁。

上收而養之。疾,官而衣食之,殊身而後止。此之謂養疾。”[①]《荀子·王制》:“五疾,上收而養之,材而事之,官施而衣食之,兼覆無遺。”楊倞注:“五疾,瘖、聾、跛躄、斷者、侏儒。”[②]爲了有效掌握病殘人員情況,統治者應造有專門的疾者名數。《管子》尹知章注“著其名於疾者之數”的“數”即專門記録疾者的簿籍。出土簿籍中湖北荆州紀南松柏漢墓“南郡罷癃(癃)簿”統計了南郡下轄各地罷癃人數及可事人數,[③]這當是在南郡具體的疾者名數的基礎上統計而成的。

統治者根據專門記録病殘情況的簿籍對一些人予以優免賦役,甚至是提供日常生活所需。但爲防止吏民謊報,還會對其進行審核。睡虎地秦簡即有相關記載,如《秦律雜抄·傅律》簡32-33:“匿敖童,及占瘩(癃)不審,典、老贖耐,·百姓不當老,至老時不用請,敢爲酢(詐)僞者,貲二甲;典、老弗告,貲各一甲;伍人,户一盾,皆䙴(遷)之。·傅律。”隱匿成童,及申報廢疾不確實,里典、伍老應贖耐。百姓不應免老,或已應免老而不加申報、敢弄虚作假的,罰二甲;里典,伍老不加告發,各罰一甲;同伍的人,每家罰一盾,都加以流放。[④]

王彦輝注意到“從秦漢以至於隋唐,簿籍的類别經歷了一個由繁到簡的過程”[⑤]。由吴簡户籍簡觀之,此論當確。湖北荆州紀南松柏漢墓爲漢武帝早期墓葬,出土簿籍有免老簿、新傅簿、罷癃簿等簿籍,[⑥]吴簡的公布已近尾聲,卻没有發現類似的簿籍。吴簡已將年齡、賦役、身體狀况等分屬於不同簿籍的内容簡化爲一種簿籍:

> 平陽里户人公乘謝□年卅二,筭一,聾兩耳。(壹·4976)
>
> 吉陽里户人公乘勇客年卌一,筭一,踵兩足。(壹·10385)
>
> 子公乘末年廿一,筭一,雀兩足,復。(壹·10544)
>
> 民男子蔡指(?)年六十四歲,刑左手,養官牛;妻大女枚年五十五,刑左手。(貳·2011)
>
> 安陽里户人公乘米倉年卅九,筭一,盲左目。(貳·4508)

① 黎翔鳳:《管子校注》,梁運華整理,中華書局,2004年,第1034頁。

② [清]王先謙:《荀子集解》,沈嘯寰、王星賢點校,中華書局,1988年,第149頁。

③ 荊州博物館:《湖北荊州紀南松柏漢墓發掘簡報》,《文物》2008年第4期,第31—32頁。

④ 睡虎地秦墓竹簡整理小組:《睡虎地秦墓竹簡·釋文注釋》,文物出版社,1990年,第87—88頁。

⑤ 王彦輝:《出土秦漢户籍簡的類别及登記内容的演變》,《史學集刊》2013年第3期,第29頁。

⑥ 荊州博物館:《湖北荊州紀南松柏漢墓發掘簡報》,《文物》2008年第4期,第29—32頁。

☐年廣成里户人公乘周車年五十二,腹心病,給關父。(肆·1924)
常遷里户人公乘烝枯年廿一,雀右手指,給郡吏。(捌·725)
常遷里户人公乘石宜年五十一,刑佐手,給縣卒。(捌·1700)

較吴簡早的長沙東牌樓東漢户籍簡在書寫格式上已接近吴簡,見簡79、簡80:①

建寧四年[益]成里户人公乘某卅九,筭卒,篤夅;子[公][乘][石]…
[區][益][子][公][乘][朱]年卌☐,[筭]卒,九十,復。

上揭兩簡將年齡、筭卒、身體狀況等優復簡化到一種簿籍上,與吴簡相合,吴簡户籍簡應是在東牌樓東漢户籍簡的基礎上進一步簡化而成的。東牌樓東漢户籍簡是現公布簡牘中首次將身體健康狀況記入户籍中的簡。"篤夅",整理者認爲:"'夅'應爲'癃'之俗别。《後漢書》光武至孝桓諸帝本紀,屢見賜'鰥、寡、孤、獨、篤癃、貧不能自存者'粟、帛等記載。"②張榮强認爲:"'篤夅(癃)'意爲重疾。"③東牌樓東漢户籍簡僅標明户人公乘某篤癃,至於"某"所患爲何種嚴重疾病不得而知。吴簡户籍簡則均標明了具體的疾病名稱,如上文所舉之"聾兩耳""踵兩足""雀兩足""刑左手""腹心病"等。

據前引《周禮》《荀子》《管子》,古代統治者很早就施行"寬疾""養疾"之策,所"寬""養"之疾是聾、盲、喑啞、跛躄、偏枯、握遞或瘖、聾、跛躄、斷者、侏儒。吴簡户籍簡所記疾病有聾、盲、啞、腫足、刑足等,這些疾病的患者受到一定程度的賦役的優免:

① 釋文來自長沙市文物考古研究所、中國文物研究所:《長沙東牌樓東漢簡牘·釋文》,文物出版社,2006年,第107頁。
② 長沙市文物考古研究所、中國文物研究所:《長沙東牌樓東漢簡牘·釋文》,文物出版社,2006年,第107頁。
③ 張榮强:《長沙東牌樓東漢"户籍簡"補説》,《中國史研究》2008年第4期,第76頁。

富貴里户人公乘李平年卅□,筭一,盲右目,復▨(壹·3048)

▨妻大女汝年廿三,筭一,盲右目,復。(叁·5693)

子公乘末年廿一,筭一,雀兩足,復。(壹·10544)

雷寡嫂大女杷年卅三,筭一,刑右足,復。(壹·2880)

富貴里户人公乘廖湛年卅六,筭一,刑左手,復。(壹·3372)

富貴里户人公乘胡禮年五十四,筭一,腫兩足,復▨(壹·2957)

妻大女思年卅三,筭一,腫兩足,復。(壹·3286)

客小妻大女妾年卅,筭一,腫兩足,復。(壹·10242)

吴簡患盲目、雀足、刑足、腫足等疾病而享受賦役的優免應是承續上古的“寬疾”“養疾”而來。

唐代則對身體殘疾情況有明確的等級劃分。《白氏六帖事類集》卷九、疾三一引唐《三疾令》:①

户令:諸一目盲、兩耳聾、手無二指、足無大拇指、秃瘡無髮、久漏、下重、大瘿腫之類,皆爲殘疾。癡瘂、侏儒、腰折、一枝(肢)廢,如此之類,皆爲廢疾。瘨狂、兩枝(肢)廢、兩目盲,如此之類,皆爲篤疾。

根據身體殘疾情況不同,唐代法律規定享受不同的優免、給侍。由先秦之“寬疾”“養疾”到唐代《三疾令》對身體殘疾情況的明文規定,其間應有一個繼承、發展的過程。吴簡户籍簡所記疾病正處在繼承、發展的中間環節。唐《三疾令》規定的殘疾情況在吴簡中多能見到,如“一目盲”,吴簡多見“盲左目”“盲右目”“盲一目”;“兩耳聾”,吴簡多見“聾兩耳”“聾耳”;“手無二指”,吴簡有“雀右手指”“刑右手指”;“秃瘡無髮”,吴簡有“賴病”“瀨病”;“大瘿腫”,吴簡有“鼠病”“漯病”;“啞”,吴簡有“闇病”“喑口病”“音病”;“癲狂”,吴簡有“惪病”“狂病”“惪狂病”;“兩目盲”,吴簡多見“盲兩目”。吴簡所記疾病展現了由先秦到唐代統治者對殘疾規定的發展過程。

吴簡户籍簡上接秦漢、下啓隋唐,處在由秦漢向隋唐發展的中間環節,對吴簡

① [唐]白居易:《白氏六帖事類集·帖册三》卷九、疾三一,文物出版社,1987年。

户籍簡的研究不僅有助於釐清古代户籍等簿籍制度演變的過程,而且還有助於研究先秦至唐代對殘疾情況的規定。

(二)有助於孫吴社會現象的研究

吴簡疾病詞語是由文化水平有限的下層官吏登記在户籍簡上的,故其與成熟的醫籍相比,存在書寫形式不統一、結構方式不固定、命名方式不成熟等問題,但吴簡疾病詞語真實地反映了孫吴時期長沙郡臨湘侯國下層吏民的身體健康狀況,讓我們了解到孫吴社會下層人民的生存和身體狀況。

吴簡中的疾病以腫病、刑病、腹心病、盲目、聾耳、雀病、風病等最爲高發。下面以這些高發的疾病爲例從性别角度探討這些疾病在當地的分布情況、産生的原因及造成的影響。

爲便於展開討論,將吴簡高發疾病列表如下:[①]

疾病	總人數/個	男性/個	女性/個	不知性别/個
腫病	722	467	160	95
刑病	487	371	39	77
腹心病	436	365	23	48
盲目	275	200	43	32
聾耳	161	130	10	21
雀病	68	54	10	4
風病	61	56	0	5
癲狂病	36	30	2	4
總數	2246	1673	287	286

上表患者總數爲2246個,其中男性1673個,女性287個,不知性别者286個。除去不知性别的簡例,男性患者約占可確定性别患者總數的85.36%,女性患者約占可確定性别患者總數的14.64%,男性患者遠遠多於女性患者,是女性患者的近六倍,吴簡疾病情況印證了《漢書·地理志下》記載的“江南卑濕,丈夫多夭”。

産生這一現象的原因是多方面的,但總體而言主要與孫吴時期頻繁的戰争、繁

① 統計數據排除統稱性簡例,如簡叁·6375“其卌户各窮老及刑踵女户下品之下,不任調役”。此外,簡肆·2626“☑年卅二,刑面,刑左手”,情況較特殊,在統計時按1人次計算。

重的徭役和卑濕的氣候有關。在動亂的三國時期，每一次戰争都會奪去大部分人的生命和健康。"據王素《漢末吴初長沙郡紀年》，從黄武元年到嘉禾三年前後，孫吴一直陷於與長沙蠻、長沙賊、長沙山賊的戰争中，動用了大量的兵力，導致成年男性死亡。"[①]在野外長期奔波作戰中，生存條件和衛生條件都無法得到保障，戰争中的傷病人員和尸體得不到及時有效的治療和處理就會導致疾疫横生，危害着其他士兵和普通民衆的生命安全。

孫吴時期男性要服兵役還要服徭役，生存壓力極大。吴簡有男子服徭役的相關記録，擇舉數例如下：

□男弟期年五十，腹心病，給□吏；期妻事年卌七。（壹·8934）

·張 父公乘齎年六十五，給子弟；齎妻大女舉(?)年五十四，踵右足。（貳·1904）

民男子蔡棠年廿五，盲左目，養官牛；□母萇年六十三。（貳·1956）

民男子蔡指(?)年六十四，刑左手，養官牛；妻大女枚年五十五，刑左手。（貳·2011）

盲右目，養官牛；狶妻大女思年卅五。（貳·2437）

民男子張客年五十二，刑右足，養官牛；客妻大女愁(?)年卌五。（貳·2448）

□□烝勤年六十八，苦腹心病，給養官牛。（貳·2498）

兄子男公乘蒴廿，雀(截)左手，給子弟。（貳·2034）

〼□咨年卅三，苦腹心病，給郡吏。（肆·846）

〼年廣成里户人公乘周車年五十二，腹心病，給關父。（肆·1924）

由上揭簡文可知，即使患有"盲目""刑手""刑足"也要服"養官牛"之役；即使患有"雀手""腹心病"也要服"給子弟""給郡吏""給關父"之役。吴簡"給某某"表示"服某某役"已是學界的共識。[②]由簡貳·1904知"年六十五"的"齎"已到免老年齡卻還要服"給子弟"之役，故其他正常成年男性服徭役的情況可想而知。

湖南地區屬於大陸性亞熱帶季風濕潤氣候，熱量充足，雨量充沛，域内有大面積的湖泊河流且多植被覆蓋，當地居民利用有利的氣候和地勢條件種植水稻等作物。這樣濕熱的水土環境容易滋生各種病菌，導致傳染病的發生。有論者認爲吴

① 徐暢：《走馬樓簡中的成年待嫁女和未成年已嫁女》，載《簡帛研究二〇〇七》，廣西師範大學出版社，2010年，第276頁。

② 參陳榮傑：《走馬樓吴簡佃田、賦税詞語研究》，人民出版社，2016年，第242頁。

簡"腫足"反映了絲蟲病和腳氣病兩種疾病在古代長沙地區的流行和存在。[①]吴簡"雀兩足"與晚期血吸蟲造成青壯年侏儒症的體徵相類。[②]絲蟲病和血吸蟲病都是湖南地區比較常見的地方病。當地居民(大多是成年男性)在水域充足的地方種植或收割水稻、捕魚撈蝦、打草放牧等很容易感染這些疾病,加之當時醫療水平低下等原因,這些疾病往往會給人們的生命和健康帶來巨大威脅。

戰争、賦役和疾病使孫吴時期長沙地區的男性比例下滑,[③]"丈夫多夭"這一現象的直接影響便是男女比例嚴重失調的社會問題,在男少女多的情况下容易出現多寡、多妻和成年待嫁等一系列現象,這些現象在吴簡中有所反映。

1.多寡

"多寡"現象在吴簡中主要有兩種表現:一是家中無男丁由婦女擔任户主,在户籍簡上標注爲"户人大女",二是在户籍簡上標明爲"寡"。

①"户人大女"現象

宜陽里户人大女梁妾年六十八。(壹·5508)

高遷里户人大女侯葵年六十。(壹·7804)

領山里户人大女唐堆年六十▨(貳·6771)

常遷里户人大女五兒年卌二,筭一,腫兩足。(叁·2953)

平陽里户人大女劉妾年卅七。訾　五　十(叁·4292)

嘉禾五年緒中里户人公乘大女楊姑年六十一。(肆·494)

陽貴里户人大女吴妾年七十六,不任役。(肆·1792)

萬歲里户人大女管妾年卌八,子男䧺年十一,䧺男弟符年九歲。(柒·202)

富貴里户人大女□□年□九,子男黨年十三,風病;子女姑年七歲。(柒·510)

由簡肆·494知,在孫吴社會女人不僅可以成爲户主,還可以承襲"公乘"爵位,

① 曲柄睿:《腫足新解——長沙走馬樓吴簡所見的一種病症考述》,載《吴簡研究》第三輯,中華書局,2011年,第356頁。

② 高凱:《從吴簡蠡測孫吴初期臨湘侯國的疾病人口問題》,《史學月刊》2005年第12期,第26頁。

③ 吴簡户籍簡各年齡段的男女比例也可證明這個觀點。于振波統計了《竹簡》[壹]不同年齡段的男女比例,14歲以下是男性人數多於女性,15歲至59歲男性人數少於女性,60歲以上也是男性人數少於女性。参于振波:《走馬樓吴簡師佐籍蠡測》,載《走馬樓吴簡續探》,文津出版社,2007年,第92頁。

這一方面表明"公乘"爵位的泛濫，另一方面也體現出當時社會男少女多的情况。

②"寡"現象

⧄□弟寡婦秭年廿二□⧄(壹·4176)

大寡婦大女思年六十二。(壹·7784)

宜弟仕伍密年三歲,桐寡嫂大女是年七十八。(貳·1643)

妻大女頃年廿二,縣寡女弟姑年廿九。(貳·1872)

⧄米□子男緐年六歲,□外寡女責年卌。(貳·2058)

·□寡姑大女紆年六十六,踵(腫)足;紆子女易年卅,筭一。(貳·2396)

·將子女旱年四歲,□寡女[illegible]年卅。(貳·2439)

·衣(?)弟仕伍心年九歲,前寡姊大女□年七十□。(貳·2530)

□子寡婦金年廿□,□子女宿年□□。(貳·2537)

□寡姪豆年六十五,□子女篤(?)年□□。(貳·3076)

如寡弟大女初年廿,筭一,腹心病。(叁·5757)

河寡女爲年卌七,筭一。(捌·1477)

橎寡嫂姑年五十一,筭一。(捌·1488)

秩寡姊連年卌五,筭一。(捌·1777)

文寡女綿年卌一,筭一。(捌·1940)

吴簡中有"弟寡婦""寡婦""寡嫂""寡女弟""外寡女""寡姑""寡女""寡姊""子寡婦""寡姪""寡弟大女"等多種稱法，表示户主的妹妹、嫂子、女兒、姑姑、姐姐、姪女等失去丈夫與户主合户。

2.多妻

吴簡出現了"妻""大妻""中妻""小妻"稱謂，這些稱謂表明孫吴時期長沙地區下層民衆中普遍存在男子多妻現象。

妻大女貞年卌九,筭一,腫兩足;□小妻銀 年□□,腫⧄(壹·932)

橋大妻曲年卅八,橋小妻仕年卅。(壹·8925)

·庫妻大女思年卅八,庫小妻大女移年卅七。(貳·1881)

> 狶中妻大女弱年卅五,筭一;□狶小妻大女瑣(?)年卅,筭一⋯(貳·2405)
> 脱小妻大女姑年廿八 ☑(叁·898)
> 高大妻思年廿六。(叁·2185)
> 永小妻元年卅,筭一。(肆·710)
> 吉小妻稟年卌四。(肆·736)
> 妻大女禾年卌六,小妻大女妾年卅。(柒·2430)
> □大妻婢年廿五,筭一。(柒·5579)
> 章小妻妾年卅一,筭一。(捌·1961)
> 錢小妻生年廿五,盲兩目。(捌·898)
> 頊小妻偶年十九,筭一。(捌·1138)

吴簡"妻""大妻"意義相同,均表示正室。"大妻""中妻"和"小妻"按照結婚的先後順序排列。彭衛指出:"(兩漢時期)男子多妻妾主要風行於統治階級中,平民中的富裕人家雖也偶見納妾現象,但其數量往往很少,一般只有一人。總起來看,在人口衆多的小農、小手工業者和平民當中,納妾人家是寥寥無幾的。"[①]從吴簡來看,在男少女多的孫吴時期,多女共侍一夫的情况不只出現在上層社會,在普通平民社會也較普遍。

3.成年待嫁[②]

吴簡有不少成年女性因尚未出嫁或其他原因,其户口仍與她們的父母登記在一起,在户籍簡上這些成年女性的身份多標記爲"子小女"或"子女":

> 子小女國年廿八,筭一,腫兩足,復。(壹·2941)
> 妻大女妾年七十九,□子小女積年十八,筭一。(貳·2909)
> ☑丘子小女是年十九,筭一⋯☑(貳·2925)
> ☑□弟小女□年卅二☑(叁·3335)

---

① 彭衛:《漢代婚姻形態》,三秦出版社,1988年,第161—162頁。

② 徐暢提出成年待嫁女,指成年未嫁而待嫁和失婚歸宗而待嫁。這裏借鑒這一説法。參徐暢:《走馬樓簡中的成年待嫁女和未成年已嫁女》,載《簡帛研究二〇〇七》,廣西師範大學出版社,2010年,第272頁。

子小女兒年十八，筭一。(叁·5702)

祚子女婢年廿一。(壹·9060)

⧄□子女善(?)年卅二⧄(貳·2565)

□子女肅年卅六⧄(貳·7393)

·□寡姑大女紡年六十六，踵(腫)足；紡子女易年卅，筭一。(貳·2396)

·憲(?)子女勝(?)年廿六，筭；憲(?)姪子仕伍□年四歲。(貳·2373)

得子女□年廿三，筭⧄(叁·4005)

妻大戾(?)年卌四，椶子女金年廿八。(柒·3216)

子女思年卅，蜀聟吴田年五十。(柒·3975)

樂 安里户人□□年…妻汝年六十八，子女□年廿七，刑足。(柒·346)

滿小女汝年廿六，筭一。(捌·440)

這些大量存在的雖已成年而仍待字閨中的女性，也説明孫吴時期長沙地區社會性别比例失衡，男少女多，使一些成年女性不得不成爲"剩女"。

| 第三章 |

吴簡詞語考辨研究

吴簡中有不少詞語僅見於吴簡，亦有不少詞語學界争論較大，尚無定讞，對這些詞語進行考辨與研究具有重要的意義。本章試對這樣的詞語進行考辨與研究。

一、吴簡“傍人”考論

吴簡中有不少詞語不見於傳世文獻，亦不見於其他出土文獻，考釋這些詞語對吴簡的進一步深入研究具有重要意義。王素在《文物》2015年第12期發表《長沙走馬樓三國吴簡時代特徵新論》(下簡稱“《新論》”)一文又披露了一些這樣的詞語。其中，“傍人”一詞引起我們的關注。我們在王素研究的基礎上對吴簡“傍人”略加考論，不足之處敬請方家指正。

《新論》中披露了5例“傍人”簡文，爲便於討論，現將簡文謄録如下：

禾二年七月，人月三斛，除小月月人六日，其年二月十二日付典軍曹史□(章)松傍人吴□(衍)□(任)奴。(柒·2018)

□□傍爲道上粻米五十斛，兩傍人各廿五斛及告□□詣府君(柒·4108)

嘉禾元年十一月，除小月，嘉禾二年四月廿一日付陳桑傍人朱德。(捌·3088)

其年二月十二日付典軍曹史章松傍人吴衍任奴。(捌·3292)

史章松傍吴衍任奴。(捌·3404)【注】“‘傍’下應脱‘人’字。”

我們發現除上揭王先生所列5例“傍人”簡外，還有一枚簡應屬於“傍人”簡，先抄録整理者釋文如下：

二年七月，人月二斛，除小月六日，嘉禾二年二月十五日付船□曹史□松□人，其二斗一升(柒·1535)

此簡文意和上揭簡柒·2018基本相同，且有"曹史""松"等文字。核對圖版發現："船"當爲"典"字，圖版"典"的字形清晰可辨。"典"和"曹"之間一字，圖版不是很清楚，據其字形輪廓當爲"軍"字。圖版"史"和"松"之間一字當爲"章"字。圖版"松"下"人"上之字左邊殘，但其右上部很清楚，其寫法和簡柒·2018"傍"字右上部寫法相同，故我們認爲此字當爲"傍"字。圖版"人"下之字不清楚，據其字距推斷，當爲四字。經核對圖版，新釋文爲：

> 二年七月，人月二斛，除小月六日，嘉禾二年二月十五日付典軍曹史章松 傍人□□□□(柒·1535)

此簡"傍人"後之字極可能也是"吴衍任奴"。

上揭6例"傍人"簡中有3例有"除小月""付"字樣，吴簡中還有含此4字的簡文。如：

> 人月二斛，除小月，嘉禾二年三月廿日付監運掾□□(柒·2034)
>
> 六人人月二斛五斗，七人人月□斛，三人人月一斛□斗，除小月，死叛□，其年三月廿八日付録事程弈。(捌·3188)

上揭二簡當均是孫吴支付報酬的簡，[①]"人月"是每人每月的意思，"人月二斛"即每人每月二斛，"人月二斛五斗"即每人每月二斛五斗。"除小月"即是小月除外。據吴簡，小月的報酬不同於大月，另外單獨計算、發放。[②]類似支付報酬的簡，吴簡中還有不少。又如：

> ⊘嘉禾元年稟其一人七月，二人□月，用□訖十月卅日，一人月三斛，二人月二斛，嘉禾(貳·7357)
>
> 起三年十二月訖四年二月卅日，其二人人月二斛□斗，十四人人…三年五月廿三日付倉吏(肆·4814)

① 參蔣福亞：《走馬樓吴簡所見雇傭勞動》，《首都師範大學學報》(社會科學版)2011年第1期，第1—8頁。

② 如簡壹·3085"□□入都尉陳勑□士還黄龍元年小月稟米二百廿六斛四升料校不見前已列言"。

尉蔣肅所領吏士卒師士一百卌八人，嘉禾二年直起五月訖閏月，其卌二人人月三斛八斗。（捌·3194）

張、陳壽、程信等三人，嘉禾二年閏月六月直人月一斛，其年七月十五日付書史⧄（捌·3474）

上揭“傍人”簡簡柒·2018、簡柒·1535和簡捌·3088也應當是支付報酬的簡。簡捌·3292和簡捌·3404均文意未完，其文意當是接續其他簡文而來。不過，這兩簡之“章松傍人吴衍任奴”和簡柒·2018完全相同，故我們判斷這兩簡和簡柒·2018一樣，也是支付報酬的簡。據簡柒·4108的文意，此簡當也和糧食支付有關。因此，6例“傍人”簡均和報酬、糧食支付有關。

通查吴簡，除上揭“傍人”簡外，没有見到姓名爲“吴衍”“任奴”的簡例。不過“傍人”簡中“任奴”之“奴”字給人以依附身份的聯想。《新論》即認爲吴簡“傍人”是一種依附身份。①我們通查吴簡發現：名爲“奴”者很多，能確定身份者，没有是私人依附身份的。如：

焦子男奴年十。（壹·8455）

小赤里户人公乘潘奴年廿，妻阿年⧄（貳·58）

萇龍里户人公乘石萇年卌五，妻奴年卅二。（貳·1436）

利男侄由奴年廿八，筭一⧄（肆·1894）

進渚里户人公乘程奴年卅六，筭一。（捌·536）

浦里户人公乘藥奴年廿。（捌·880）

□□里户人公乘新吏李奴年廿二，筭一。（捌·961）

浦里户人公乘州卒潭奴年五十。（捌·1037）

吴簡中確定爲依附身份的“户下奴”“户下婢”，經查無一例是名爲“奴”的。所以，單從“任奴”之名字無法判斷其是否是依附人。

① 王素：《長沙走馬樓三國吴簡時代特徵新論》，《文物》2015年第12期，第60—70頁。以下引《新論》觀點不再專門出注。

關於“朱德”除“傍人”簡外,我們又找到2例名爲“朱德”的簡:

> 草上言:遣吏謝達傳送吏逢眷卒朱德所[得](?)□□□一枚事。十一月十八日[…]白。(柒·2917)
>
> 月一日戊辰書,給作柏船匠師[鄭]有、朱德二人直階(?)嘉禾元年十月訖二年二月俱[叛](柒·79)

簡柒·2917“朱德”爲“卒”,簡柒·79“朱德”爲“柏船匠師”。故“傍人朱德”的身份尚不好確定。我們傾向於其身份爲卒。

關於“章松”除“傍人”簡外,竹簡[陸]另有1例:

> 典軍户曹史章松、吴雄,集曹史賞立三人,各一年奉,俱起嘉禾元年八月□□(簡陸·6042)

此簡“典軍户曹史章松”當即“傍人”簡之“典軍曹史章松”。

《新論》注意到吴簡中除“傍人”簡外,另有一例姓名爲“陳桑”的簡:

> 月十二日壬申書,給彭純史陳桑一年[錢] [米]稟,起黄龍三年十二月訖(捌·3075)

《新論》認爲,陳桑與章松一樣,也任“史”職,有可能也是典軍曹史。“典軍曹史”是“當時討伐武陵蠻軍隊中的中下級軍官”。

吴簡除上揭簡提到典軍曹史章松外,又見典軍曹史許尚、詳禄。如:

> 軍糧都尉移右[節]度府黄龍三年五月十七日丙寅書,給典軍曹史許尚典[事](?)邵(壹·2069)
>
> 軍糧都尉□□書兵府黄龍三年五月十一日,所賨典軍曹史詳禄力(6—2069)[①]

以上是6例“傍人”簡所能提供給我們的信息。

---

① 此簡釋文引自羅新:《吴簡中的“督軍糧都尉”簡》,《歷史研究》2001年第4期,第168頁。

傳世文獻中“傍人”多見。《新論》認爲,傳世文獻“傍人”是指旁人,也就是他人、别人、旁邊的人。這和吴簡“傍人”的意思明顯不同。“傍”和“旁”常通用。我們贊同這一觀點,並受啓發而想到“旁人”。西北漢簡中多見“旁人”簡。如:

建昭二年閏月丙戌,甲渠令史董子方買鄣卒□威裘一領,直七百五十,約至春錢畢已,旁人杜君雋。(《居延漢簡釋文合校》26.1)[①]

七月十日,鄣卒張中功貰買皂布章單衣一領,直三百五十,三堠史張君長所錢約至十二月盡畢已,旁人臨桐史解子房知券□▨(《居延漢簡釋文合校》262.29)

▨置長樂里樂奴田卅五彶賈錢九百,錢畢已,丈田即不足計彶數環錢,旁人淳于次孺、王充、鄭少卿,古酒旁二斗,皆飲之。(《居延漢簡釋文合校》557.4)

▨□□□□蓋衣丈二尺,尺十七,直二百四錢,三堠吏張君長所錢約至十二月盡畢已,旁人臨桐吏解子□□□□(《居延新簡》EPT52.323)[②]

漢簡“旁人”,研究者已指明應爲證人、中人。[③]簡262.29張中功貰買皂布單衣一領,約定十二月將錢交付完畢,證人解子房。簡557.4是田地買賣的契約,證人淳于次孺、王充、鄭少卿見證了這一田地買賣活動。

東漢買地券中也多見“旁人”。[④]如:

建寧四年九月戊午朔廿八日乙酉,左駿廄官大奴孫成,從雒陽男子張伯始賣所名有廣德亭部羅佰田一町,賈錢萬五千,錢即日畢。田東比張長卿,南比許仲異,西盡大道,北比張伯始,根生土著毛物,皆歸孫成。田中若有尸死,男即當爲奴,女即當爲婢,

① 謝桂華等:《居延漢簡釋文合校》,文物出版社,1987年。下同。

② 甘肅省文物考古研究所等:《居延新簡:甲渠候官與第四燧》,文物出版社,1990年。

③ 如徐樂堯認爲:“‘旁人’,即後世契約中的中人。”見徐樂堯:《居延漢簡所見的市》,載《秦漢簡牘研究論文集》,甘肅人民出版社,1989年,第55頁。《中國簡牘集成》認爲:旁人是見證人、中間人。見中國簡牘集成編委會編:《中國簡牘集成》,敦煌文藝出版社,2001年第五册、第65頁,第七册、第133頁。張伯元認爲:“旁人,證人。”見張伯元:《有關契券的幾個問題》,載《出土法律文獻研究》,商務印書館,2005年,第287頁。陳直認爲:“旁人爲後代中人之稱。”見陳直:《居延漢簡解要》,載《居延漢簡研究》,中華書局,2009年,第286頁。

④ 以下買地券釋文來自黄景春:《早期買地券、鎮墓文整理與研究》,華東師範大學博士學位論文,2004年,第68、78、79頁。

皆當爲孫成趍走給使。田東、西、南、北以大石爲界，時旁人樊永、張義、孫龍，異姓樊元祖，皆知張約。(《孫成買地券》)

光和七年九月癸酉朔六日戊寅，平陰男子樊利家，從雒陽男子杜謌子、子弟[陽]買石梁亭部桓千東比是佰北田五畝，畝三千，並直萬五千，錢即日畢。田中根土著，上至天，下至黄，皆□□行，田南盡佰，北、東自比謌子，西比羽林孟。若一旦田爲吏民秦胡所名有，謌子自當解之。時旁人杜子陵、李季盛，沽酒各半。錢千無五十。(《樊利家買地券》)

中平五年三月壬午朔七日戊午，雒陽大女房桃枝，從同縣大女趙敬買廣德亭部羅西造步兵道東塚下餘地一畝，直錢三千，錢即畢。田中有伏尸，男爲奴，女爲婢。田東、西、南比舊秋，北比樊漢昌。時旁人樊漢昌、王阿順皆知券約，沽各半。錢千無五十。(《房桃枝買地券》)

這些買地券中的“旁人”也是證人、中人的意思。在買地券中證人除稱“旁人”外，又稱“知者”(如《劉元台買地磚券》)，“任知卷者”(如《浩宗買地磚券》)等，都是見證人的意思。

我們知道語言的諸要素中，詞彙的發展變化速度最快，詞義引申是詞彙發展變化的一個重要途徑。“旁人”由兩漢契約活動的見證人引申爲其他經濟活動的見證人應是不難理解的。我們認爲吴簡“傍人”即“旁人”，即見證人。①

吴簡有字簡近8萬枚，其中大約一半是官府賦税錢糧等賬簿。在這些賬簿中記録支付報酬的簡並不多，且多文意未完，據我們粗略統計約有67枚。前述已有涉及，下面再舉幾例：

除小月，嘉禾元年六月十五日付司馬黄升。(壹·2382)

領[市]士十四人，嘉禾元年[直] [起]九月訖十一月，其[二]人人月[三]斛五斗，十二人人月二斛。(壹·1810)

□琦左别治兵曹典事袁潘二□事，奉起黄龍三年□月□訖嘉禾元年七月，人月(壹·2021)

① 拙文草成之後，曾呈王素審閲，王先生指出“旁人”出現在民間契約中，而吴簡是官府賬簿，二者性質不同。考慮到民間小社會是官府大社會的縮影，時間距孫吴很近的中平五年買地券之“旁人”及當時動盪的時代大背景，我們認爲官府在報酬支付中安排“傍人”以示見證、監督也不是不可能的。

正月訖二月卅日，其廿一人人月二斛，一人月一斛……月廿日付書史 丁□(肆·4817)

十二人，食起三年十二月訖四年二月，□人月二斛，三年十一月廿四日付書史王□(肆·5002)

吴簡6例“傍人”簡均和糧食、報酬的支付有關，“傍人”在這些糧食、報酬的支付中起到見證人監督的作用。現以簡柒·2018爲例進行説明，嘉禾二年除小月外，每人每月三斛，這筆糧食在嘉禾二年二月十二日交付給典軍曹史章松，在場證人吴衍、任奴。之所以專門標注見證人，可能是爲了方便日後核對、查驗，也可能是爲了杜絶徇私舞弊。

由於吴簡多已散亂，且“傍人”簡數量很少，故我們對“傍人”的推論是否爲其確詁，還有待於新材料的進一步檢驗。

二、吴簡“賊黄勳”考索

我們注意到“賊黄勳”的簡文在吴簡中多次出現，凡36見(下文將詳列相關簡文)。“黄勳”爲何人，“賊”爲何意，“賊黄勳”爲何出現在吴簡中等問題引起我們的興趣。查相關研究成果，尚無專文探討吴簡“賊黄勳”的文章，現有成果比較零散，主要有：方高峰認爲“賊黄勳”爲小偷黄勳。[①]魏斌認爲“賊黄勳”是地方叛亂的發起者，[②]或即“夷民”領袖。[③]吴雲霞認爲“賊”是一種身份。[④]此外，王素曾討論過漢末吴初的長沙蠻、長沙賊和長沙山賊。[⑤]本節在時賢研究成果的基礎上對吴簡“賊黄勳”略加考索，不足之處敬請指正。

① 方高峰：《從走馬樓吴簡看長沙地區的牛耕推廣》，《中國社會經濟史研究》2009年第3期，第13頁。

② 魏斌：《走馬樓孫吴“加臧米”簡試論》，載《魏晉南北朝隋唐史資料》第二十五輯，上海古籍出版社，2009年，第21頁。

③ 魏斌：《吴簡釋姓——早期長沙編户與族群問題》，載《魏晉南北朝隋唐史資料》第二十四輯，上海古籍出版社，2008年，第28頁。

④ 吴雲霞：《試説長沙走馬樓吴簡中的“賊”字》，《北方文學》2016年第16期，第186頁。

⑤ 王素：《漢末吴初長沙郡紀年》，載《吴簡研究》第一輯，崇文書局，2004年，第81—83頁。

吴簡“賊黄勳”凡36見,相關簡文如下:

入會郭客所買賊黄勳黄龍三年衣物賈米十五斛五斗。(捌·2807)

入賊黄勳黄龍三年財物賈米廿六斛六斗七升。(捌·3097)

入郡掾張祇所買賊黄勳黄龍三年早賈米四斛一斗五升。(捌·3763)【注】“早”應爲“旱”之誤。

入郡掾張祇所買賊黄勳黄龍三年絹賈米四斛五斗。(捌·3764)

入大男張吉張狗所買賊黄勳黄龍三年牛賈米卅一斛三斗。(捌·3768)

以上是涉及“賊黄勳”的入米簡,均爲黄龍三年。據以上諸簡“黄勳”當爲人名,姓黄名勳。“賈”爲“價”,[①]“衣物賈米”即出售衣物所得的米,“財物賈米”即出售財物所得的米,“絹賈米”即出售絹所得的米,“牛賈米”即出售牛所得的米。整理者認爲“早賈米”之“早”應爲“旱”,“旱賈米”不知爲出售何物所得的米。以上“衣物賈米”“財物賈米”“旱賈米”“絹賈米”“牛賈米”均爲出售賊黄勳之衣物、財物、旱、絹和牛所得之米。買這些米的人有會郭客、郡掾張祇、大男張吉張狗。“會”即“儈”,是市場交易中爲買賣雙方估定價格促成交易的中介人。[②]吴簡“會郭客”又見於有關生口的簡中:

都市史唐玉叩頭死罪白:被曹勅,條列起嘉禾六年正月一日訖三月卅日吏民所私賣買生口者收責估錢。言:案文書,輒部會郭客料實。今客辭:男子唐調、雷逆、郡吏張橋各私買生口合三人,直錢十九萬,收中外估具錢一萬九千,謹列言,盡力部客收責送調等錢,傳送詣庫。復言。玉誠惶誠恐叩頭死罪死罪。

詣 金 曹

四月七日白(肆·1763(1))[③]

① 侯旭東認爲“賈”就是“價”字,“鹽賈米”就是“鹽價米”,即出售鹽所得的米。參侯旭東:《三國吴簡所見鹽米初探》,載《吴簡研究》第一輯,崇文書局,2004年,第255頁。

② 參陳榮傑:《走馬樓吴簡佃田、賦税詞語研究》,人民出版社,2016年,第185頁。

③ 第二行“生口”之“口”原釋文作“□”,今據圖版改爲“口”,第三行“雷逆”原釋文作“雷逆(逆)”,今據圖版徑釋爲“雷逆”。

可見"會郭客"是臨湘地區比較活躍的一個市場中介人。"郡掾"爲郡中屬吏。吴簡又見郡吏張祇:

入東鄉税米七斛,冑畢。㚒嘉禾元年十一月七日,舞(?)丘郡吏張祇付三州倉吏谷漢受。(肆·1113)

☐粀丘郡吏張祇付三州倉吏谷漢受。(肆·1577)

入東鄉嘉禾二年還所貸食嘉禾元年税禾准米三斛,冑畢。㚒嘉禾二年十二月六日,倉丘郡吏張祇關邸閣董基付三州倉吏鄭黑受。(肆·4298)

"郡掾張祇"和"郡吏張祇"極可能是一個人。

其卅六斛大男張吉張狗所買賊黄勳黄龍三年牛價米。(貳·3866)

其卅六斛大男張吉張狗所買賊黄勳黄龍三年牛賈米。(捌·2903)

其六十七斛三斗大男張狗張吉所買賊黄勳黄龍三年牛賈米。(捌·3101)

其卌二斛一斗七升賊黄勳黄龍三年叛物買米。(貳·3859)

☐其卅二斛一斗七升賊黄勳黄龍…年財物賈米。(伍·6088)

☐其卌二斛一斗七升賊黄勳黄龍三年財物賈米。(伍·6116)

☐其卌二斛一斗七升賊黄勳黄龍三年財物賈米☐(伍·6330)

☐其廿六斛六斗七升賊黄勳黄龍三年財物賈米。(貳·4316)

其廿六斛六斗七升賊黄勳黄龍三年財物賈米。(柒·2173)

其卅六斛六斗七升賊黄勳黄龍三年財物賈米。(捌·2993)

其廿六斛六斗七升賊黄勳黄龍三年財物賈米。(捌·3058)

·其八斛七斗一升會支明所買賊…黄龍三年…(貳·3918)

其八斛六斗一升會支朋所買賊黄勳黄龍三年青賈米。(捌·2891)

其八斛七斗一升會支朋所買賊黄勳黄龍三年青賈米。(捌·2902)

其八斛九斗一升會文明所買賊黄勳黄龍三年青賈米。(伍·5970)

其四斛五斗郡 掾□□…賊黄勳黄龍三年絹(柒·2195)

其四斛五斗郡掾張祇所賈賊黄勳黄龍三年絹賈米。(伍·5987)

☐其卅斛四斗郡掾□□所貸賊黄勳黄龍三年絹賈米。(柒·2388)

其五斛三斗賊黄勳黄龍三年早賈米。(捌·2953)

其十六斛賊黄勳黄龍三年牛賈米。(捌·2954)

其九斛男子郭元所買賊黄勳□黄龍三年牛賈米。(柒·1965)

其九斛男子郭元所買賊黄勳黄龍三年牛賈米。(捌·3180)

其九斛男子郭元所買賊黄勳黄龍三年牛賈米。(捌·3256)

其九斛男子郭元所買賊黄勳黄龍三年牛賈米。(捌·3414)

其十六斛大男張壽買賊[黄]⧄(貳·3971)

其四斛二斗賊黄勳黄龍⧄(玖·1946)

以上是涉及“賊黄勳”之米的分類統計簡,除簡貳·3971、簡玖·1946殘斷外,均爲黄龍三年。所涉及米的名目有:叛物買米、牛價/賈米、財物賈米、絹賈米、青賈米、早賈米。“叛物買米”之“買”極可能是“賈”的誤書,“叛物買米”即“叛物賈米”。買這些米的人有大男張吉張狗、郡掾、會支明、會支朋、男子郭元、大男張壽。這些分類統計簡中有一些簡所記内容相同,如簡貳·3866和簡捌·2903均是記大男張吉張狗所買賊黄勳黄龍三年牛賈米卅六斛,簡柒·1965、簡捌·3180、簡捌·3256和簡捌·3414均是記男子郭元所買賊黄勳黄龍三年牛賈米九斛。這些内容相同的簡可能分别在不同的簿籍中。

簡貳·3918、簡捌·2891、簡捌·2902和簡伍·5970極可能所記也是同一件事,會支明和會支朋極可能是同一個人。查圖版,“明”和“朋”均爲從目從月,即“明”,“明”爲“明”的俗字,故當釋爲“明”更好。簡伍·5970“會文明”之“文”字圖版與“支”字寫法相同,而與“文”字寫法有别,故當釋爲“支”字。簡貳·3918和簡捌·2902所記米數相同,簡捌·2891與之相比,區别僅在於“六斗”之“六”字,查圖版此字作“”,較清晰,應爲“七”字;簡伍·5970與之相比,區别在於“九斗”之“九”字,查圖版此字作“”,較清晰,亦應爲“七”字。

言:賊黄勳財物錢五萬三千三百卅事[…](柒·1627)

此簡是有關“賊黄勳”財物錢的文書簡,簡文後半部分漫漶不清。

米九斛男子郭元[元] [年] [賈] [賊]黄勳黄龍三年牛賈米，邸閣左郎中郭據被督[軍](柒·4478)

此簡當有前接、後續的部分，極可能是有關賊黄勳牛賈米的支出簡。吴簡出米簡中多見“左郎中郭據被督軍糧都尉”的字樣。①

二年叛士限米，九斛四斗五升賊黄勳黄龍三年早賈米，一百一十一斛四斗八升民還二年所貸[食](伍·6007)

此簡亦當有前接和後續部分。

縣三年領賊黄勳[…]☐(玖·428)
縣三年領賊黄勳軍☐(玖·3000)

以上兩簡殘損，簡文文意不甚明了。

“賊”在文獻中有破壞、傷害、作亂叛國危害人民的人、搶劫或偷竊財物的人等意義。②據上揭諸簡，吴簡“賊黄勳”的牛、絹、衣物、財物等變賣爲米後，買這些米之人的身份有郡掾、會、大男，且根據孫吴法令“凡鹽滿一石，米二石，雜物直錢五千，皆斬没入妻子科一條，吏民坐臧入直應當死[者] [恐] [猲]受取一萬，諸盗官物直臧五萬，皆應(捌·4021)”③，故將“賊黄勳”之“賊”理解爲小偷恐不太合適。

吴簡所記年號主要爲黄龍、嘉禾年號。④這期間與長沙地區有關的重大歷史事件是武陵蠻叛亂。據史書記載，黄龍三年(231)武陵蠻夷發生叛亂。《三國志·吴書·吴主傳》：“(黄龍)三年春二月，遣太常潘濬率衆五萬討武陵蠻夷。”⑤《三國志·吴書·

① 参鄔文玲：《〈長沙走馬樓三國吴簡·竹簡(捌)〉所見州中倉出米簿的集成與復原嘗試》，“紀念走馬樓三國吴簡發現二十週年長沙簡帛研究國際學術研討會”，湖南長沙，2016年8月26日—29日，該文正式刊發於《出土文獻研究》第十六輯，中西書局，2017年，第341—363頁。

② 漢語大字典編輯委員會編纂：《漢語大字典》第二版，崇文書局；四川辭書出版社，2010年，第3877頁。

③ 此簡出現在“許迪割米案”中，是針對盗竊官物的量刑記録，孫吴法令對盗竊官物設如此重刑，對盗竊他人財物的量刑應也不會太輕。

④ 王素：《長沙走馬樓三國吴簡研究的回顧與展望》，載《吴簡研究》第一輯，崇文書局，2004年，第15頁。

⑤ [西晉]陳壽：《三國志》，中華書局點校本，1959年，第1136頁。

吕岱傳》:“黄龍三年,以南土清定,召岱還屯長沙漚口。會武陵蠻夷蠢動,岱與太常潘濬共討定之。”①《三國志·吴書·潘濬傳》:“五谿蠻夷叛亂盤結,權假濬節,督諸軍討之。信賞必行,法不可干,斬首獲生,蓋以萬數,自是羣蠻衰弱,一方寧静。”②黄龍三年(231)二月武陵蠻夷發生叛亂,孫權遣太常潘濬與吕岱共討定之。太常潘濬、吕岱在吴簡中均有相關記載。③吴簡“賊黄勳”相關簡文,除殘斷的簡無從知曉外,其所記年號均爲黄龍三年(231)。這個時間點與武陵蠻夷發生叛亂的時間相同應不是偶然的巧合,極可能“賊黄勳”的簡文與武陵蠻夷叛亂有關。

文獻“賊”由“作亂叛國危害人民的人”義引申指稱不服從領導的蠻夷或敵對勢力,④《吴書》多稱武陵蠻夷等叛亂者爲“賊”。如《三國志·吴書·黄蓋傳》:“武陵蠻夷反亂,攻守城邑,乃以蓋領太守。時郡兵才五百人,自以不敵,因開城門,賊半入,乃擊之,斬首數百,餘皆奔走,盡歸邑落。誅討魁帥,附從者赦之。自春訖夏,寇亂盡平,諸幽邃巴、醴、由、誕邑侯君長,皆改操易節,奉禮請見,郡境遂清。後長沙益陽縣爲山賊所攻,蓋又平討。”⑤《三國志·吴書·孫堅傳》:“時長沙賊區星自稱將軍,衆萬餘人,攻圍城邑,乃以堅爲長沙太守。到郡親率將士,施設方略,旬月之閒,克破星等。”⑥

“黄勳”之黄姓爲蠻族姓氏。陳連慶認爲,五溪蠻即武陵蠻,蠻族有黄氏。⑦(日)滿田剛認爲“黄”在《田家莂》中是蠻姓。⑧“嘉禾吏民田家莂”爲吴簡大木簡,其“黄”是蠻姓,則竹簡“賊黄勳”之“黄”也應是蠻姓。我們認爲“賊黄勳”極可能是降服的武陵蠻,他大概比較富有,降服後他的家資全部被没收充公並被變賣爲米、錢,吴簡與“賊黄勳”相關的衣物賈米、財物賈米、叛物買米、牛賈米、絹賈米、財物錢等都與家資財産相關。“賊黄勳”的財産被變賣爲米後在市場上交易,購買者有普通民衆、有市場交易的中介人會、有郡級官吏。

---

① [西晉]陳壽:《三國志》,中華書局點校本,1959年,第1385頁。

② [西晉]陳壽:《三國志》,中華書局點校本,1959年,第1397頁。

③ 王素、宋少華、羅新:《長沙走馬樓簡牘整理的新收穫》,《文物》1999年第5期,第27—31頁。

④ “賊”的意義詳參《漢語大字典》(第二版),崇文書局、四川辭書出版社,2010年,第3877頁。

⑤ [西晉]陳壽:《三國志》,中華書局點校本,1959年,第1285頁。

⑥ [西晉]陳壽:《三國志》,中華書局點校本,1959年,第1095頁。

⑦ 陳連慶:《中國古代少數民族姓氏研究——魏晉南北朝民族姓氏研究》,吉林文史出版社,1993年,第220頁。

⑧ (日)滿田剛:《長沙走馬樓吏民田家莂に見える姓について》,《長沙吴簡研究報告·第1集》,東京,2001年,第80—93頁。又見王素:《日本〈長沙吴簡研究報告〉第1、2集簡介》,載《吴簡研究》第二輯,崇文書局,2006年,第275—276頁。

"賊黄勳"可能是武陵蠻的一個小首領。《三國志》中有"賊帥"一詞,如《吴書·孫堅傳》:"中平元年,黄巾賊帥張角起于魏郡,託有神靈,遣八使以善道教化天下,而潛相連結,自稱黄天泰平。"①又如《吴書·陸遜傳》:"鄱陽賊帥尤突作亂,復往討之,拜定威校尉,軍屯利浦。"又"會丹楊賊帥費棧受曹公印綬,扇動山越,爲作内應,權遣遜討棧。"②"賊帥"指叛軍首領,東漢末年黄巾軍起義是一次大規模的農民起義,其起義軍領袖張角《吴書》稱爲"賊帥張角"。鄱陽、丹楊叛軍領袖《吴書》亦稱爲"賊帥"。

吴簡亦有"賊帥"一詞:

> 其卅五斛嘉禾元年賊帥☒(壹·1917)
>
> 其卅五斛嘉禾元年賊帥佃米☒(貳·7362)
>
> 入運三州倉嘉禾三年賊 帥限米卌斛。(叁·1773)
>
> 嘉禾元年賊帥限米七斛四斗,東部烝口倉吏孫陵備黄龍元年耗咸税(捌·3092)
>
> 其卅五斛嘉禾元年賊帥限米。(捌·3149)
>
> 其卅五斛嘉禾元年賊帥限米。(捌·3270)

吴簡"賊帥"極可能是指武陵蠻的大大小小的頭目、首領。這些武陵蠻的大大小小的頭目被降服後,家資財産全部被没收,且被迫耕種限田,向政府繳納限米。"賊黄勳"極可能是"賊帥黄勳"的省稱。

黄龍三年(231)二月武陵蠻夷發動的這場叛亂一直持續到嘉禾三年(234)纔平息。《三國志·吴書·吴主傳》:"(嘉禾三年)冬十一月,太常潘濬平武陵蠻夷,事畢,還武昌。"③這場戰争從黄龍三年(231)二月始,直到嘉禾三年(234)十一月纔結束,前後持續了4年多,平定這場武陵蠻夷叛亂的主帥是太常潘濬。關於這場戰争,除前面提到吕岱和潘濬共同參與外,《吴書》中還有一些零星記載。《三國志·吴書·吕範附子吕據傳》:"(吕)據字世議,以父任爲郎,後範寢疾,拜副軍校尉,佐領軍事。範卒,遷安軍中郎將。數討山賊,諸深惡劇地,所擊皆破。隨太常潘濬討五谿,復有

① [西晉]陳壽:《三國志》,中華書局點校本,1959年,第1094頁。

② [西晉]陳壽:《三國志》,中華書局點校本,1959年,第1343、1344頁。

③ [西晉]陳壽:《三國志》,中華書局點校本,1959年,第1140頁。

功。”[①]《三國志·吴書·朱然附子朱績傳》:“(朱)績字公緒,以父任爲郎,後拜建忠都尉。叔父才卒,績領其兵,隨太常潘濬討五溪,以膽力稱。”[②]吕據、朱績也隨同太常潘濬參與了這場戰爭並取得了戰功。除此之外,《吴書》再無更多關於這場戰爭的記載。對於這場戰爭更多的細節,依靠正史,不得而知。吴簡恰可彌補正史之不足,提供更多關於孫吴與武陵蠻之間戰爭的實況。

吴簡記載了討伐武陵蠻夷過程中軍糧調運的實際情況。吴簡中有不少簡和軍糧調運有關,王素等認爲這些調運軍糧的簡與討伐武陵蠻有關。[③]戴衛紅認爲,在這場平定武陵蠻夷的戰爭中,長沙郡臨湘侯國雖然不處在戰事前沿,卻是重要的糧草供給基地。[④]吴簡有關軍糧調運的簡真實再現了平定武陵蠻戰爭中軍糧調運的實況。[⑤]吴簡還記載了潘濬在平定武陵蠻夷過程中從長沙郡調徙所需作部工師及部分家屬的名册。[⑥]

《三國志·吴書·潘濬傳》記載了潘濬在平定武陵蠻夷時“斬首獲生,蓋以萬數”,但潘濬所俘獲的武陵蠻夷,尤其是一些大大小小的首領的處置情況怎樣不得而知。吴簡則可提供這方面的資料。吴簡“賊黄勳”的家資財産全部被没收並被變賣爲米、錢,“賊帥”耕種限田,繳納限米等,正可補充正史之不足。

① [西晉]陳壽:《三國志》,中華書局點校本,1959年,第1312頁。

② [西晉]陳壽:《三國志》,中華書局點校本,1959年,第1308頁。

③ 王素、宋少華、羅新:《長沙走馬樓簡牘整理的新收穫》,《文物》1999年第5期,第30—31頁。

④ 戴衛紅:《長沙走馬樓吴簡中軍糧調配問題初探》,載《簡帛研究二〇〇七》,廣西師範大學出版社,2010年,第204頁。

⑤ 如簡捌·3296:“日丙子書,付校尉吕端所督校尉向倉、梅豪等運詣武陵,嘉禾二年正月廿日。”

⑥ 凌文超:《走馬樓吴簡采集簿書整理與研究》,廣西師範大學出版社,2015年,第271—273頁。

三、吴簡“粢田”及相關問題[1]

“粢田”一詞不見於其他文獻，僅見於吴簡，對其含義的解讀，爲研究孫吴時期長沙地區農作物種植情況、土地使用情況等諸多方面具有重要意義。故我們試對吴簡“粢田”及相關問題予以探討。

（一）吴簡“粢田”簡分析

吴簡“粢田”首見於《竹簡》[柒]，凡19見，其簡文如下：

> 廣成鄉謹列嘉禾四年吏民粢田頃畝要簿。（柒·3123）

此簡爲廣成鄉呈列嘉禾四年（235）吏民粢田頃畝數的標題簡。由簡文“謹列”二字知其爲上行文書。“要簿”，王素認爲是“會合、匯總之簿”。[2]此簡是廣成鄉匯總嘉禾四年（235）吏民粢田頃畝數而上報的標題簡。《竹簡》[柒]涉及粢田的鄉除廣成鄉外，還有中鄉、都鄉、西鄉。既然廣成鄉有粢田頃畝要簿，中鄉、都鄉和西鄉也當有粢田頃畝要簿，惜現刊布吴簡尚未發現。

> 嘉禾四年領吏民粢田八十九畝。（柒·3237）
>
> 鄉（？）過（？）年領吏民粢田廿四畝廿二步。（柒·2294）
>
> 都鄉過年領粢田六…（柒·3009）
>
> …領吏民粢田合十頃…（柒·3114）
>
> □鄉領粢田八十畝十步。（柒·3189）
>
> 中鄉領郡士粢田十頃□畝卌步。（柒·3239）
>
> □鄉領郡士粢田…（柒·3240）

---

① 新公布《竹簡》[陸]、[伍]和[玖]有關“粢田”簡40餘枚，涉及太常、步侯、吕侯和都尉等人，情況很複雜，且有些簡相對集中出現，爲構成一個完整的簿書提供了可能，需另撰文專門進行探討。故此處“粢田”的討論一仍其舊。另，鄧瑋光結合新公布資料對吴簡“粢田”簡進行了復原與研究，可參，詳見鄧瑋光：《走馬樓吴簡粢田簡的復原與研究》，《出土文獻》2020年第1期，第115—134、158頁。

② 王素：《長沙吴簡中的“要簿”》，載《吴簡研究》第三輯，中華書局，2011年，第183頁。

> 西鄉領粢田十二畝二百步,畝收八斗,爲米十斛一斗六升八合。(柒·3251)
>
> 定領吏民粢田七十三畝。(柒·3190)

以上爲領粢田畝數的簡。"過年"指去年,[①]簡柒·3009爲都鄉去年領粢田畝數的記録。由上揭簡文知,耕種粢田者有吏民、郡士。粢田畝收米八斗。

> 右二鄉領大常……民粢田合……(柒·3241)
>
> 右十一户領粢田□頃六畝卅六步。(柒·2659)
>
> 其六畝六十步郡士粢田。(柒·3116)
>
> 其八畝一百一十七步屯田民粢田。(柒·3195)

以上爲"粢田"的總計簡和分類統計簡。簡柒·3241和簡柒·2659是總計鄉或户領粢田畝數的簡。簡柒·3116和簡柒·3195是分類統計簡,分别統計了郡士和屯田民粢田的畝數。由簡柒·3195知,屯田民亦耕種粢田。

> 實度今年粢田謹列頃畝爲簿□□悉訖當(?)會……月……日(柒·3134)
>
> 實度今年吏民粢田悉訖條列頃畝收已……(柒·3253)

以上是實度粢田的簡。

> ……卅……粢田不收錢。(柒·3234)
>
> ……粢田不收錢。(柒·3235)

以上是有關粢田不收錢的簡。

> 粢田合……卅二畝二百□□步。(柒·3245)

簡柒·3245殘缺,暫置於後。

---

① 参胡平生:《長沙走馬樓三國孫吴簡牘三文書考證》,《文物》1999年第5期,第45頁。

(二)粢、粢與粢田

“粢”本爲稻餅也。《説文·食部》:“餈,稻餅也。粢,餈或从米。”“粢”是稷也。《説文·禾部》:“齋,稷也。粢,齋或从次作。”段玉裁注:“《周禮·甸師》‘齍盛’注云:‘粢者,稷也。穀者稷爲長。’按經作齍,注作粢,此經用古字,注用今字之例。……今經典粢皆訛粢,而齋字且不見於經典矣。……而今日經典粢盛皆从米作,則又粉餈之或字而誤叚之。”又《説文·亯部》:“亯,穀所振入也。宗廟粢盛,蒼黄亯而取之,故謂之亯。”段玉裁注:“粢,各本作粢,今正。粢,稻餅之或字也。粢者,稷之或字也。”段玉裁對“粢”“粢”二字關係的分析甚爲精當。“粢”本爲表稻餅義的餈之或體,“粢”爲稷之或體,從米從禾義近可通,則“粢”又用爲表“稷”。

《爾雅·釋草》:“粢,稷。”西晉郭璞注:“今江東人呼粟爲粢。”《左傳·桓公二年》:“大羹不致,粢食不鑿。”孔穎達疏引《釋草》舍人曰:“粢,一名稷,稷,粟也。”賈思勰《齊民要術·種穀》:“穀,稷也,名粟。穀者,五穀之總名,非止謂粟也。然今人專以稷爲穀,望俗名之耳。《爾雅》曰:‘粢,稷也。’《説文》曰:‘粟,嘉穀實也。’”“粢”即稷,也就是粟。①

學界一般認爲中國古代農作物種植格局是南稻北粟。如梁家勉據考古發掘資料認爲:“把中國出土的新石器時代粟黍和水稻的遺址繪成一張地理分布圖,就可以看出,中國古代很長時期内農作物分布南稻北粟的格局,早在原始農業時代即已形成,在新石器時代的中晚期,黄河中下游和長江中下游分别成爲粟作文化和稻作文化的中心。”②游修齡亦認爲:“考古發掘所見黄河流域的原始主要穀物是粟,長江

---

① 魏晉以前歷代辭書及注疏均釋粢爲稷,稷爲粟。魏晉以後至近現代,關於“稷”的含義,有三種不同的説法。一種説法繼續堅持“稷”爲粟。魏晉以後,歷代有不少學者持此觀點。如[宋]邢昺《爾雅疏》,[元]暢師文《農桑輯要》,[明]徐光啓《農政全書》,[清]崔述《稷穄辨》、邵晉涵《爾雅正義》、桂馥《説文解字義證》,[民國]高潤生《爾雅穀名考》,近人齊思和《毛詩穀名考》、游修齡《論黍和稷》、李根蟠和吴舒致《古籍中的稷是粟非穄的確證》,等等。一説“稷”爲黍。此説始於[唐]蘇恭《唐本草注》,隨後歷代皆有贊同此説者,如[宋]鄭樵《通志》,[明]李時珍《本草綱目》,[清]方以智《通雅》、張自烈《正字通》,[民國]丁惟汾《釋黍稷》,近人胡錫文《粟黍稷古名物的探討》、王星玉等《黍稷的名實考證及規範》,等等。又一説“稷”爲高粱。如[清]程瑤田《九穀考》,程氏之説得到不少清儒的附和,如段玉裁《説文解字注》,王念孫《廣雅疏證》,馬瑞辰《毛詩傳箋通釋》,孫詒讓《周禮正義》等皆采其説。目前學界已基本認定“稷爲高粱”之説是錯誤的。鑒於本文討論的是吴簡中的“粢”及相關問題,故不對當前學界關於稷是粟,擬或是黍的問題花費過多筆墨。

② 梁家勉:《中國農業科學技術史稿》,農業出版社,1989年,第17、18、20頁。

及其以南是稻。”[①]這種農作物分布南稻北粟的格局在出土簡帛文獻中也可以得到印證。如出土於黄河流域的居延漢簡、敦煌漢簡、肩水金關漢簡中“粟”是最主要的糧食作物,其出現的次數遠遠高於其他糧食作物,[②]而“稻”在這些漢簡中則很少出現。出土於長江流域的馬王堆漢簡中“稻”出現的次數則明顯高於其他糧食作物。[③]湖北江陵鳳凰山漢簡中亦是“稻”出現的次數最多。[④]

值得注意的是,出土簡帛文獻中有一特殊情况——里耶秦簡粟多而稻少。[⑤]據《里耶發掘報告》稱:里耶古城處在酉水中游的河谷盆地中,地形屬酉水中上游河谷平壩,比較平坦開闊;氣候屬河壩温熱區,雨水較多,雲霧多,濕度大,氣候温和,適宜稻穀生長。[⑥]就里耶古城所處的自然環境來看,其地勢平坦,雨水較多,適合稻穀生長,然而里耶秦簡所記卻是粟多而稻少。個中原因令人費解。

誠如《中國考古學·秦漢卷》中所説:“北方地區主要種植粟、黍、麥、菽、粱的同時,不少地區還種植水稻,並且多爲粳稻;長江流域及其以南地區以種植水稻爲主的同時,也存在粟、黍、麥、菽、粱等旱地作物的種植。”[⑦]農作物分布南稻北粟的格局是指南方以種植稻爲主,兼種其他糧食作物,北方以種植粟爲主,亦兼種其他糧食作物。吴簡以糧食作爲賦税繳納的主要是米(這裏的米當指稻米),另有少部分繳納桼米(桼租米、桼税米、桼限米)、麥、豆等糧食的。這説明孫吴時期長沙地區是以

---

① 游修齡:《“禾”、“穀”、“稻”、“粟”探源》,《中國農史》1990年第2期,第31頁。

② 《居延新簡》中“粟”共出現254次,《居延漢簡》“粟”出現197次,《敦煌漢簡》“粟”出現38次(其中37次是作爲糧食作物),《肩水金關漢簡(壹)》“粟”共出現50次。“粟”出現的次數遠遠高於大麥、小麥、黍等其他糧食作物。詳見甘肅省文物考古研究所等編:《居延新簡——甲渠候官》,中華書局,1994年;謝桂華等:《居延漢簡釋文合校》,文物出版社,1987年;甘肅省文物考古研究所:《敦煌漢簡》,中華書局,1991年;甘肅簡牘保護研究中心:《肩水金關漢簡(壹)》,中西書局,2011年。

③ 馬王堆漢簡中糧食作物主要出現在一號、三號漢墓的遣策中,“稻”出現的次數明顯高於桼、麥、麻等其他糧食作物。詳見湖南省博物館、復旦大學出土文獻與古文字研究中心編纂;裘錫圭主編:《長沙馬王堆漢墓簡帛集成(陸)》,中華書局,2014年。

④ 湖北江陵鳳凰山漢簡中“稻”出現的次數明顯高於桼、黍等糧食作物。詳見湖北省文物考古研究所編:《江陵鳳凰山西漢簡牘》,中華書局,2012年。

⑤ 據我們統計《里耶秦簡[壹]》粟凡76見,而稻僅11見。詳見湖南省文物考古研究所:《里耶秦簡[壹]》,文物出版社,2012年。

⑥ 參湖南省文物考古研究所:《里耶發掘報告》,岳麓書社,2006年,第1頁。

⑦ 劉慶柱、白雲翔主編;中國社會科學院考古研究所:《中國考古學·秦漢卷》,中國社會科學出版社,2010年,第564頁。

種植稻爲主,兼種粟、麥、豆等其他糧食作物。

傳世文獻和出土文獻中均有以種植作物來命名田地的情況。傳世文獻如《詩經·小雅·白華》:“滮池北流,浸彼稻田。”[①]《漢書·溝洫志》:“今内史稻田租挈重,不與郡同,其議減。”[②]《後漢書·西南夷傳·邛都》:“其土地平原,有稻田。”[③]“稻田”爲種稻的田地。又如《魏書·食貨志》:“諸麻布之土,男夫及課,别給麻田十畝,婦人五畝,奴婢依良。皆從還受之法。”[④]“麻田”爲種麻的田地。出土文獻如揚州儀徵胥浦101號漢墓《先令券書》簡11-12:“五年四月十日,嫗以稻田一處、桑田二處分予弱君,波田一處分予僊君。”“桑田”當爲種桑的田地。故吴簡“粢田”當爲種植粟的田地。因長沙地區以種植稻爲主,稻的種植面積遠遠超過其他作物的種植面積。爲與稻田相區别,種植粟的田地稱爲“粢田”。

吴簡中“粢租米”“粢税米”和“粢限米”當是區别於租米、税米、限米以稻米爲繳納物的粢米(即粟米),這種粢米是耕種粢田而繳納的賦税。現刊布吴簡“粢田”簡僅有19例,而有關“粢租米”“粢税米”和“粢限米”的簡例卻不少。據統計,有關“粢租米”的簡共261例,有關“粢税米”(又寫作“税粢米”)的簡共10例,有關“粢限米”(又寫作“限粢米”)的簡共3例。可見有關粢租米的簡最多。

由前揭“粢田”簡知,吴簡“粢田”涉及4個鄉,分别是廣成鄉、中鄉、都鄉和西鄉,而吴簡繳納“粢租米”的鄉有11個,分别是小武陵鄉、都鄉、平鄉、廣成鄉、模鄉、西鄉、樂鄉、中鄉、南鄉、東鄉、桑鄉。據楊振紅的研究:“三國吴的臨湘侯國下約統屬了12個鄉,分别是:都鄉、東鄉、西鄉、南鄉、北鄉、中鄉、廣成鄉、樂鄉、模鄉、平鄉、桑鄉,小武陵鄉。”[⑤]兩相對照可知:楊先生所説的12個鄉中,除北鄉没有見到繳納粢租米的簡外,其他十一個鄉均有繳納粢租米的簡。而北鄉,楊先生認爲尚待進

① [清]阮元校刻:《十三經注疏·毛詩正義》,中華書局,1980年,第496頁。

② [東漢]班固:《漢書》,中華書局點校本,1962年,第1685頁。

③ [南朝宋]范曄:《後漢書》,中華書局點校本,1965年,第2852頁。

④ [北齊]魏收:《魏書》,中華書局點校本,1974年,第2854頁。

⑤ 楊振紅:《長沙吴簡所見臨湘侯國屬鄉的數量與名稱》,載《簡帛研究二〇一〇》,廣西師範大學出版社,2012年,第144頁。

一步證實,因爲被釋作北鄉的6枚簡中有5個字迹模糊。[①]因此,可以説粢租米的繳納幾乎涉及臨湘侯國的每一個鄉。粢租米是耕種粢田而繳納的賦税,故我們推測吴簡中耕種粢田的鄉極可能不止廣成鄉、中鄉、都鄉和西鄉這4個鄉,東鄉、南鄉、樂鄉、模鄉、平鄉、桑鄉、小武陵鄉當也耕種粢田。也就是説,孫吴時期長沙"粢(粟)"的種植雖在面積上遠不如稻,但還是種植得比較普遍的。我們認爲孫吴時期長沙地區粟的種植可能僅次於稻的種植。

(三)"粢田"畝租額及相應的田地

如前所述《竹簡》[柒]有關於"粢田"畝租額的簡:

> 西鄉領粢田十 二畝二百步,畝收八斗,爲米十斛一斗六升八合。(柒·3251)

上揭西鄉領粢田十二畝二百步,按畝收米八斗計,應爲米十斛二斗七升,與簡文所記米數稍有出入。除此簡明確寫明粢田畝收米八斗外,《竹簡》[柒]另有一枚簡亦爲畝收米八斗:

> 定領七十三畝,畝收八斗,爲米五十八斛四斗。(柒·3233)

此簡没有標明田地名稱,我們認爲也當爲粢田簡。《竹簡》[柒]有關"粢田"的簡在揭剥示意圖二十七、二十八、二十九、三十一中均有出現,但多已散亂。簡柒·3233位於揭剥圖三十一,其圖爲:

① 楊振紅:《長沙吴簡所見臨湘侯國屬鄉的數量與名稱》,載《簡帛研究二〇一〇》,廣西師範大學出版社,2012年,第144頁。徐暢認爲臨湘侯國下轄11個鄉,即上揭繳納粢租米的11個鄉(參徐暢:《三國孫吴臨湘侯國轄鄉的數量與名稱再探》,《人文雜志》2019年第10期),這也説明粢租米的繳納涉及臨湘侯國的每一個鄉。

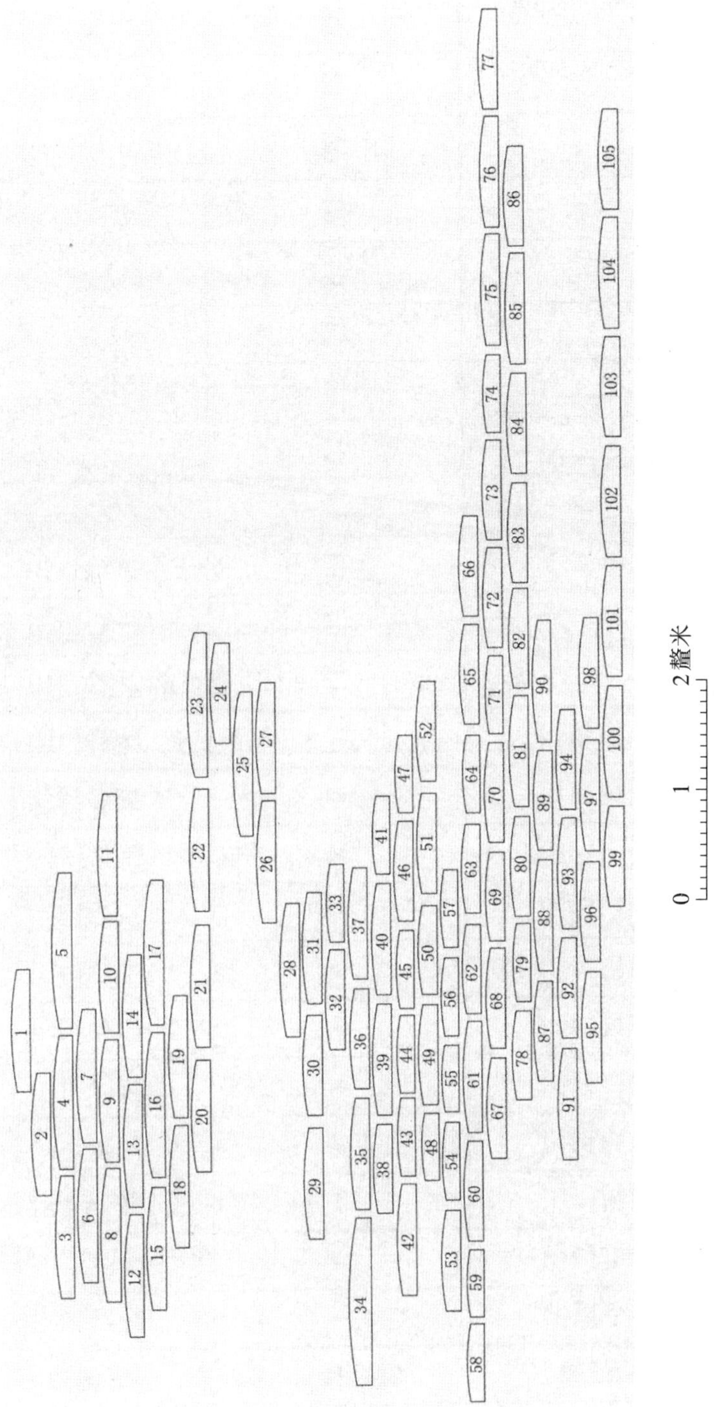

圖三十一　Ⅱc⑭簡牘揭剥位置示意圖

簡柒·3233的示意圖號爲“5”,與該簡相鄰的以下數簡均與“粢田”有關。爲説明問題,現將各簡簡文及其示意圖號列舉如下:

…卅…粢田不收錢。(柒·3234/6)[①]

…粢田不收錢。(柒·3235/7)

⧄…謹 列…爲簿言…(柒·3236/8)

嘉禾四年領吏民粢田八十九畝。(柒·3237/9)

定領…(柒·3238/10)

中鄉領郡士粢田十頃□畝卌步。(柒·3239/11)

□鄉 領 郡 士 粢 田…(柒·3240/12)

右二鄉領大常…民粢田合…(柒·3241/13)

以上各簡除兩枚殘簡外,都是有關“粢田”的簡。《竹簡》[柒]附録的揭剥圖是根據采集簡册的成坨原狀進行繪製的,保存了很多采集簡的原始信息。且簡柒·3233“畝收米八斗”,和簡柒·3251粢田收米標準相同,故我們認爲簡柒·3233也當爲粢田簡。

關於吴簡畝租額,除《田家莂》佃田按繳米定額分爲税田和租田,税田畝收米一斛二斗,租田畝收米低於一斛二斗外,[②]《竹簡》中還有一些零星的記載:

⧄五十九畝,畝收租米七斗□⧄(壹·1399)

領二年郵卒田六頃五十畝,畝收限米二斛,合爲吴平斛米一千三百斛。(壹·1635)

領二年佃卒田三頃六十畝,畝收限米二斛,合□⧄(壹·1534)

入二年佃(?)卒(?)衛士田七十五畝,畝收限米二斛,合爲吴平斛米一百五十斛。(壹·1669)

領二年民田三百七十六頃六十五畝二百卌八步,畝收米一斛二斗,合四萬五千一百九十九斛一斗。(壹·1637)

⧄□卅三畝五□步 屯 田民田,畝收米一斛六斗,爲米六百九十。(叁·6323)

---

① “/”前爲整理號,“/”後爲示意圖號。

② 參陳榮傑:《走馬樓吴簡“租田”及相關問題》,《中國農史》2013年第2期,第38—44頁。

上揭簡壹·1399明確寫明畝收租米七斗,郵卒田、佃卒田及衛士田寫明畝收限米二斛,民田寫明畝收米一斛二斗,屯田民田則明確寫明畝收米一斛六斗。此外,還有一些通過計算可知畝租額的簡:①

九升,其三百七十二頃卅九畝九十四步,收米四萬四千六百八十七斛二斗七升,民稅田先所□

其四百十七畝百卅四步,收米三百一十一斛九斗二升九□火種田後吏□□□□□(壹·1671)②

其卌畝郡吏董誦租田,收米卅斛二斗四升。(叁·2027)

平鄉領州吏田一頃卌四畝,收 米十四斛二斗四升。(叁·6254)

東鄉領餘力田一頃一百廿步,收租米十一斛二斗。(叁·6256)

中鄉領餘力田五頃七十六畝,收租米二百廿六斛八斗。(叁·6272)

簡壹·1671民稅田"三百七十二頃卅九畝九十四步",收米"四萬四千六百八十七斛二斗七升",則畝收米一斛二斗;簡叁·2027租田"卌畝",收米"卅斛二斗四升",則畝收米七斗五升六合;簡叁·6254州吏田"一頃卌四畝",收米"十四斛二斗四升",則畝收米一斗;簡叁·6256餘力田"一頃一百廿步",收租米"十一斛二斗",則畝收米一斗一升;簡叁·6272餘力田"五頃七十六畝",收租米"二百廿六斛八斗",則畝收米三斗九升,接近《田家莂》嘉禾五年餘力田畝收米四斗。

通過以上分析可知,吴簡佃田繳米定額非常複雜,差别很大。但仔細分析上揭諸簡,可以發現:租田繳納租米,其繳米定額均低於一斛二斗;民田、民稅田繳納稅米,其繳米定額均爲一斛二斗;郵卒田、佃卒田及衛士田繳納限米,其繳米定額均高於一斛二斗。《竹簡》稅米的繳米定額和《田家莂》一樣,均爲一斛二斗;《竹簡》租米的繳米定額也大體上和《田家莂》一樣,均低於一斛二斗。

侯旭東認爲:"吴簡中田家所納的不同名目的'米'可能源於他們所耕種的不同類型或性質的'田'。""租米和稅米的區别在於田家所耕作的'田'的屬性,出自'稅

① 吴簡中還有一些簡本來可以計算出畝租額的,如簡叁·7632"▱□十四畝九十四步民稅田收米三百卅一斛二斗七",但因簡文殘斷,無法準確計算,故不取。

② "三百"原釋文爲"五百"。據圖版,"五"當爲"三"字,今改。

田'的米爲税米,出自'租田'的米爲租米。"[①]據侯先生的論述,出自"限田"的米應爲限米。吴簡"税田"繳納税米,畝收米一斛二斗;"租田"繳納租米,畝收米低於一斛二斗;"限田"繳納限米,畝收米高於一斛二斗。由前揭"粢田"簡知,耕種粢田者有吏民、屯田民和郡士,而吴簡粢米的繳納有粢租米、粢税米和粢限米,故我們認爲吴簡"粢田"可能按不同的收米標準,相應的分爲粢租田、粢税田和粢限田。吴簡"屯田民"只繳納限米,故"粢限米"當是由屯田民耕種粢限田而繳納的米,其畝租額應高於一斛二斗。據簡叁·6323,屯田民納米的畝租額爲一斛六斗。簡柒·3251粢田畝收米八斗,按這個畝租額繳納的米當爲"粢租米",其繳納者極可能爲郡士、男子等。吏民耕種粢田,按畝租額一斛二斗繳納的米當爲"粢税米"。吴簡"粢田"按不同的收米標準,分爲粢租田、粢税田和粢限田,這和《田家莂》中二年常限田按不同的收米標準分爲租田和税田是一樣的。[②]

此外,《竹簡》[柒]有兩例粢田不收錢的簡值得關注:

☐州☐[粢]田不[收]錢。(柒·3234)

☐[粢]田不收錢。(柒·3235)

上揭兩簡寫明"粢田"不收錢,這在竹簡中尚屬首見。吴簡《田家莂》根據所謂土質、地力將二年常限田、餘力田等分爲旱田和熟田,嘉禾四年田家莂旱田不繳米,但需繳納錢、布,熟田則需繳納米、錢、布;嘉禾五年田家莂旱田不繳米、錢、布,而熟田則需繳納米、錢、布。[③]現刊布"粢田"簡所能見到的年份是嘉禾四年,而據嘉禾四年田家莂,嘉禾四年無論是旱田還是熟田都是需要繳納錢的。兩枚粢田不收錢簡殘損嚴重,所能提供的信息有限。隨着以後新材料的刊布,粢田不收錢的情況值得進一步關注。

---

① 侯旭東:《走馬樓竹簡的限米與田畝記録——從"田"的類型與納"米"類型的關係説起》,載《吴簡研究》第二輯,崇文書局,2006年,第160頁。

② 參陳榮傑:《走馬樓吴簡"租田"及相關問題》,《中國農史》2013年第2期,第38—44頁。

③ 參陳榮傑、張顯成:《吴簡〈嘉禾吏民田家莂〉"旱田""熟田"考辨》,《中國經濟史研究》2013年第2期,第156—161頁。

四、吴簡"關邸閣"之"關"字考

吴簡發掘整理之初，應國内外學術界的要求，王素、宋少華、羅新三位先生聯名在《文物》上發表了題爲《長沙走馬樓簡牘整理的新收穫》一文。①該文介紹了整理過程中的新發現，並提出了一些問題，首次關注到吴簡"關邸閣"。因當時材料所限，該文對傳世文獻中的"邸閣"和吴簡中的"關邸閣"進行了介紹，提出了問題，未做論斷。然《長沙走馬樓簡牘整理的新收穫》發表之後，學界掀起了研究吴簡"關邸閣"的熱潮，學者們從不同的角度對吴簡"關邸閣"展開研究，其中"關邸閣"之"關"字含義的解讀是研究中的一個熱點。

當前學界關於吴簡"關邸閣"之"關"字含義的解析，主要有兩種觀點：

一是將"關邸閣"之"關"理解爲名詞，即"關隘"之"關"。如劉聰認爲，邸閣依關而設，稱"關邸閣"，臨湘附近應有一"關"，其下設邸閣。②何佳認爲，"關邸閣"是設於離倉較遠的"關"處，分别是三州倉與州中倉的下設機構。③

二是將"關邸閣"之"關"理解爲動詞。黎石生認爲，"關邸閣"之"關"通"管"，"管"本爲"管鑰"，引申爲"管理"。"關邸閣"即"管邸閣"，即倉中之"管邸閣者"。④(日)關尾史郎認爲，"關邸閣"的"關"當爲動詞，意義與"由"相同。⑤湛玉書認爲，"關"應通"官"，應釋爲"主管"。"關邸閣"就是地方各倉庫主管有關邸閣事務的官員。⑥王素後來亦認爲，"關"是動詞，解釋爲"關白"，也就是"通知"的意思。⑦(日)

---

① 王素、宋少華、羅新：《長沙走馬樓簡牘整理的新收穫》，《文物》1999年第5期，第26—44頁。

② 劉聰：《吴簡中所見"關邸閣"試解》，《歷史研究》2001年第4期，第176—177頁。

③ 何佳：《長沙走馬樓吴簡所見倉、庫及倉吏、庫吏的研究》，載《簡牘學研究》第四輯，甘肅人民出版社，2004年，第128—130頁。

④ 黎石生：《試論三國時期的邸閣與關邸閣》，《鄭州大學學報》(哲學社會科學版)2001年第6期，第113—116頁。

⑤ (日)關尾史郎：《吏民田家莂の性格と機能に關する一試論》，載《嘉禾吏民田家莂研究——長沙吴簡研究報告·第1集》，長沙吴簡研究會，2001年7月。

⑥ 湛玉書：《三國吴簡"關邸閣"之再認識》，《重慶工學院學報》2006年第7期，第117—119頁。

⑦ 王素：《關於長沙吴簡"關"字解讀及標點問題——〈長沙走馬樓三國吴簡〉釋文探討之三》，"魏晉南北朝史國際學術研討會暨中國魏晉南北朝史學會第九屆年會"論文，2007年10月，第712—716頁。

伊藤敏雄亦認爲"關"應該是動詞。①

由於吴簡最早公布的材料,多是"關"與"邸閣"連言,以致有些學者認爲"關邸閣"應該作爲一個整體進行理解,進而把"關邸閣"之"關"理解爲名詞。然而隨着吴簡新材料的不斷刊布,越來越多的學者認爲"關邸閣"之"關"應爲動詞。我們亦認爲"關邸閣"之"關"應爲動詞,釋爲"經過、通過"。下面申述之。

隨着吴簡新材料的刊布,可以坐實"邸閣"確爲一種職銜,②且作爲機構的"邸閣"應位於倉内。如:

> ⧄廿七斛二斗四升付州中邸閣李嵩倉吏監賢□(貳·163)
>
> 其一斛付三州邸閣董基⋯(貳·753)
>
> 州中邸閣李嵩倉吏李金別誤爲□⧄(叁·6411)
>
> 草言:移州中三州李董二邸閣料四年所白入租税雜米事。十二月四日倉曹史趙野白。(柒·3093)
>
> 草言府:三州邸閣董基倉吏鄭黑列米斛數□簿□事。三月⧄(柒·4527)
>
> 草言:被督諸縣倉郡倉邸閣兼丞應縣問事。正月十五日右倉曹史趙野白。(柒·4481)

簡柒·3093"州中三州李董二邸閣",當爲州中倉李嵩邸閣、三州倉董基邸閣,"二邸閣"復指前面的"李董"二人,很顯然,"邸閣"應爲一種職銜。簡柒·4527"三州邸閣董基倉吏鄭黑"應爲"三州倉邸閣董基,三州倉吏鄭黑","邸閣"亦當爲一種職銜。吴簡"邸閣"用於人名之前當均爲職銜。簡柒·4481"縣倉郡倉邸閣"當爲"縣倉邸閣、郡倉邸閣"。當時長沙地區應是縣倉内設有邸閣,郡倉内亦設有邸閣。

傳世文獻三國時期的"邸閣"具有糧食儲藏和轉運等多種功能。③關於吴簡"邸閣",王素敏鋭地洞察到其更像一個監督機構,他認爲:"實際上,邸閣既没有收入糧

---

① (日)伊藤敏雄:《關於長沙走馬樓簡牘中的邸閣、州中倉、三州倉》,載《長沙三國吴簡暨百年來簡帛發現與研究國際學術研討會論文集》,中華書局,2005年,第114頁。

② 參王素:《長沙走馬樓三國吴簡的新材料與舊問題——以邸閣、許迪案、私學身份爲中心》,《中華文史論叢》2009年第1期,第3—8頁。

③ 參黎石生:《試論三國時期的邸閣與關邸閣》,《鄭州大學學報》(哲學社會科學版)2001年第6期,第113—116頁。

食,也没有付出糧食,不像一個中介機構,更像一個監督機構。而作爲監督機構,是可以設在倉内的。”①作爲職銜的“邸閣”,黎石生注意到:三國時期主事邸閣的督,只是邸閣之“司督率者”,即執監督之權的低職小吏。②我們贊同王先生和黎先生的觀點。吴簡中作爲職銜的“邸閣”,其職責應是執監督之權。文獻中有“邸閣”履監督之職的用例,如《水經注》卷二五泗水條:“泗水又逕宿預城之西,又逕其城南,故下邳之宿留縣也,王莽更名之曰康義矣。晉元皇之爲安東(將軍)也,督運軍儲,而爲邸閣也。”③

文獻中“關”有“經過、通過”之義。《史記·佞幸列傳》:“昔以色幸者多矣。至漢興,高祖至暴抗也,然籍孺以佞幸;孝惠時有閎孺。此兩人非有材能,徒以婉佞貴幸,與上卧起,公卿皆因關説。”司馬貞索隱:“關訓通也。謂公卿因之而通其詞説。”④籍、閎二人靠婉佞得寵,公卿大臣的奏章皆要通過他們呈給皇上。《漢書·酷吏傳》:“咸宣,楊人也。……其治米鹽,事小大皆關其手,自部署縣名曹實物,官吏令丞弗得擅摇,痛以重法繩之。”⑤酷吏咸宣事無大小必經過他的手。《三國志·魏書·杜恕傳》:“雖歷六代而考績之法不著,關七聖而課試之文不垂,臣誠以爲其法可粗依,其詳難備舉故也。”⑥

動詞“關”之“經過、通過”義當是由名詞“關”之“關口、關隘”義演變而來。《居延新簡》簡51.136:“竟寧元年正月,吏妻子出入關致籍。”《史記·滑稽列傳》:“人主曰:‘不可。洛陽有武庫、敖倉,當關口,天下咽喉。自先帝以來,傳不爲置王。然關東國莫大於齊,可以爲齊王。’”⑦“關口”是出入、往來的必經之地。“關”由“關口”義引申爲“經過、通過”,即某事必經過某人之手。

---

① 王素:《中日長沙吴簡研究述評》,載《故宫學刊》第三輯,紫禁城出版社,2007年,第550頁。

② 黎石生:《試論三國時期的邸閣與關邸閣》,《鄭州大學學報》(哲學社會科學版)2001年第6期,第113—116頁。

③ [後魏]酈道元:《水經注疏》,楊守敬等疏,江蘇古籍出版社,1989年,第2155頁。

④ [西漢]司馬遷:《史記》,中華書局點校本,2014年,第3877頁。

⑤ [東漢]班固:《漢書》,中華書局點校本,1962年,第3661頁。

⑥ [西晉]陳壽:《三國志》,中華書局點校本,1959年,第500頁。

⑦ [西漢]司馬遷:《史記》,中華書局點校本,2014年,第3898頁。

吴簡中"關"與"邸閣"連用多出現在交付米的簡中，如：

入樂鄉嘉禾二年租米八斛，就畢。☰嘉禾二年九月廿八日，頃丘縣吏潘孔關邸閣董基付倉吏鄭黑受。（壹·2869）

入平鄉嘉禾三年租米十六斛七斗。☰嘉禾三年正月五日，僕丘郡吏廖俊關邸閣董基付倉吏黄諱史番慮。（貳·188）

入平鄉嘉禾二年還所貸食嘉禾元年吏客限米一斛，胄畢。☰嘉禾三年四月十五日，上和丘謝起關邸閣董基付倉吏鄭黑受。（肆·4271）

入都鄉嘉嘉禾二年子弟限一斛。☰嘉禾二年九月廿七日，員車丘常索關邸閣李嵩付倉吏黄諱史潘慮受。（捌·3872）

入中鄉嘉禾二年税米七斛六斗。☰嘉禾二年九月廿六日，山下丘男子張平關邸閣李嵩付倉吏黄諱潘慮受。（捌·3886）

入中鄉嘉禾二年税米廿一斛。☰嘉禾二年十月廿六日，德田丘大男張明關邸閣李嵩付倉吏黄諱潘慮受。（捌·3893）

入中鄉嘉禾二年税米十斛。☰嘉禾二年十月四日，唐下丘大男吴□關邸閣李嵩付倉吏黄諱潘慮受。（捌·3894）

入都鄉嘉禾二年税米八斛。☰嘉禾二年十月五日，新唐丘男子張黑關邸閣李嵩付倉吏黄諱潘慮受。（捌·3897）

其八斛二斗七升付三州倉關邸閣董基吏鄭黑受。（壹·3106）

其十五斛三斗七升付三州倉關邸閣董基吏鄭黑受。（壹·3107）

詣州中倉忠以其年閏月七日關邸閣李嵩付掾黄諱史潘慮。（叁·1344）

胡初運詣州中倉，初以其年五月廿七日關邸閣李嵩付掾黄諱史潘慮。（叁·1380）

蔡理運詣州中倉，理以其年五月廿二日關邸閣李嵩付掾黄諱史潘慮。（叁·1526）

簡壹·2869租米的繳納者爲縣吏潘孔，租米的具體接收者爲倉吏鄭黑，縣吏潘孔將租米繳納給倉吏鄭黑，要經過邸閣董基的監督。租米的繳納和接收，若僅有繳納者和接收者倉吏，不够透明，經過第三方邸閣的監督，規範了米的收納，避免了倉吏徇私舞弊。簡壹·3106繳納者不詳，八斛二斗七升交付給三州倉，經過邸閣董基監督，倉吏鄭黑接收。上揭後面三簡，是有關轉運米交付的簡。試以簡叁·1380爲例進行分析,胡初將米運詣州中倉,在當年五月廿七日,經過邸閣李嵩監督,將米交付給掾黄諱史潘慮。

綜上,吴簡"關邸閣"之"關"應爲動詞,義爲"經過、通過"。"邸閣"在吴簡中是執監督之權的官吏,"關邸閣"即"經過邸閣(的監督)"。

五、吴簡"還民""新還民""步侯還民"考辨

學界關於吴簡"還民"的最早討論是王素、宋少華、羅新三位先生在《長沙走馬樓簡牘整理的新收穫》中談步騭在長沙的活動時涉及的,認爲:"大概步騭在漚口徵召士兵過多,糧食不足,曾向當地居民商借不少限米,以至離開漚口四年,尚未將限米還完。其時,步騭不在長沙,主持還民限米事務的應是臨湘侯國。"①即王素等認爲"還民"義爲將限米還給民。

其後,孟彦弘認爲:"'還民'似指歸附之民,即過去曾一度因逃亡或其他原因而脱籍者。""'步侯還民',似指這些歸附之民,原本是歸步侯所領者。"②

黎石生在贊同孟先生對"還民"解釋的同時,認爲:"所謂'步侯還民'意指這些'還民'轄屬步氏,其來源是多渠道的,並非必係'原本是歸步侯所領者'。'步侯還民'繳納限米,並非爲了優待'還民'本身,而是爲了優待其擁有者臨湘侯步騭。"③

胡平生則認爲:"'還民'指恢復民籍,如果是軍人,'還民'就是'復員',即'恢復平民身份'。"④

蘇俊林認爲:"'還民'是一個身份性名詞,而不是'歸還民限米'的意思。"⑤

以上諸位先生均提出自己的真知灼見,有助於"還民"等問題的深入討論,但目前學界對吴簡"還民"的釋義尚無統一的觀點。加之以上諸位先生的研究多是依據

① 王素、宋少華、羅新:《長沙走馬樓簡牘整理的新收穫》,《文物》1999年第5期,第28頁。

② 孟彦弘:《釋"還民"》,《歷史研究》2002年第4期,第170—171頁。

③ 黎石生:《長沙走馬樓所見"步侯還民"簡探討》,載《長沙三國吴簡暨百年來簡帛發現與研究國際學術研討會論文集》,中華書局,2005年,第111頁。

④ 胡平生:《説"步兵還民"》,載《簡帛研究二〇〇五》,廣西師範大學出版社,2008年,第244—249頁。

⑤ 蘇俊林:《"還民"問題補論》,武漢大學簡帛網http://www.bsm.org.cn/show_article.php? id=2006,2014年4月9日;又見氏著:《走馬樓吴簡所見"還民"及相關問題》,載《出土文獻綜合研究集刊》第六輯,巴蜀書社,2017年,第182—195頁。

《長沙走馬樓簡牘整理的新收穫》中公布的兩枚有關“步侯還民”簡，隨着吴簡新材料的不斷公布，有必要對吴簡“還民”“步侯還民”等相關詞語的含義展開進一步的討論。鑒於此，我們在時賢研究的基礎上，試從語言學、詞彙學的角度對吴簡“還民”等相關詞語的含義做進一步探討。

我們認爲要明晰“還民”的含義，有必要先探討一下“還”和“民”的意義。“還”本義爲返復，返回。《説文·辵部》：“還，復也。”《爾雅·釋言》：“還，復，返也。”《廣雅·釋詁二》：“還，歸也。”《詩經·小雅·何人斯》：“爾還而入，我心易也；還而不入，否難知也。”鄭玄箋：“還，行反也。”[①]“還”由返復義引申出恢復、還原義。《漢書·史丹傳》：“上因納，謂丹曰：‘吾病寖加，恐不能自還。善輔道太子，毋違我意！’”[②]“還”又由本義引申出交還、歸還義。《周禮·秋官·司儀》：“致饔餼，還圭。”鄭玄注引鄭司農云：“還圭，歸其玉也。”[③]《三國志·吴書·吴主傳》：“若罪在難除，必不見置，當奉還土地民人，乞寄命交州，以終餘年。”[④]“還”的詞義引申路徑如下：

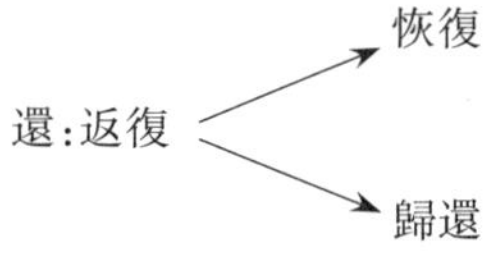

“民”，《甲骨文合集》13629作“”，《大盂鼎》作“”，《史牆盤》作“”，其字形像左目被利刃刺之。郭沫若《甲骨文字研究》：“周人初以敵囚爲民時，乃盲其左目以爲奴徵。”[⑤]“民”的本義爲奴隸，引申出百姓、庶民義。《國語·周語上》：“防民之口，甚於防川，川壅而潰，傷人必多，民亦如之。”[⑥]

“還民”是由“還”和“民”兩個語素組合而成，文獻中“還民”共有3個義項。一是歸還、返回的百姓。《三國志·魏書·衛覬傳》：“益州牧劉璋與表有隙，覬以治書侍御史使益州，令璋下兵以綴表軍。至長安，道路不通，覬不得進，遂留鎮關中。時四方大有還民，關中諸將多引爲部曲，覬書與荀彧曰：‘關中膏腴之地，頃遭荒亂，人民流入荆州者十萬餘家，聞本土安寧，皆企望思歸。而歸者無以自業，諸將各競招懷，

① [清]阮元校刻：《十三經注疏·毛詩正義》，中華書局，1980年，第455頁。

② [東漢]班固：《漢書》，中華書局點校本，1962年，第3378頁。

③ [清]阮元校刻：《十三經注疏·周禮注疏》，中華書局，1980年，第898頁。

④ [西晉]陳壽：《三國志》，中華書局點校本，1959年，第1125頁。

⑤ 郭沫若：《甲骨文字研究》，載《郭沫若全集·考古編》第一卷，科學出版社，1982年，第71頁。

⑥ 徐元誥：《國語集解》，王樹民、沈長雲點校，中華書局，2002年，第11頁。

以爲部曲。’”①由衛覬書與荀彧的信可確知此“還民”當爲歸還的百姓，爲偏正式的名詞性結構。又如《宋史·孟珙傳》：“大元兵分兩路：一攻復州，一在枝江監利縣編筏窺江。珙變易旌旗服色，循環往來，夜則列炬照江，數十里相接。又遣外弟趙武等共戰，躬往節度，破砦二十有四，還民二萬。”②此即孟彦弘和黎石生所釋吴簡“還民”義。

二是還給百姓。《三國志·魏書·趙儼傳》：“（趙儼）乃書與荀彧曰：‘今陽安郡當送綿絹，道路艱阻，必致寇害。百姓困窮，鄰城並叛，易用傾蕩，乃一方安危之機也。且此郡人執守忠節，在險不貳。微善必賞，則爲義者勸。善爲國者，藏之於民。以爲國家宜垂慰撫，所斂綿絹，皆俾還之。’彧報曰：‘輒白曹公，公文下郡，綿絹悉以還民。’”③《南齊書·郁林王紀》：“公宜權禁，一以還民，關市徵賦，務從優減。”《新唐書·張孝忠傳附茂宗傳》：“長慶初，岐人列訴，下御史，盡以其地還民。”④以上“還民”均爲還給百姓義，爲動賓式的動詞性結構。此即整理者王素等所釋吴簡“還民”義。

三是恢復民籍。此即胡平生所認爲吴簡之“還民”義。“還民”之“恢復民籍”義的文獻用例，胡先生在《説“步兵還民”》中已有詳細論述，兹不贅舉。⑤細分析胡先生所舉諸例知：“還民”當爲動賓式的動詞性結構。

吴簡“還民”具體應爲何義？這要結合吴簡本身及相關史料來確定。吴簡中不僅有“步侯還民”，還有單稱“還民”“新還民”者，如：

其四斛二斗嘉禾元年[還]民所貸米。（壹·3196）

其廿九斛爲黄龍三年還民所貸米。（壹·3137）

入都鄉嘉禾二年還民限米廿斛。☰嘉禾三年正月廿二日，[劉][里]丘大男劉元關邸閣李嵩付倉吏黄諱史潘慮。（貳·383）

入新還民黄龍三年限米廿八斛五斗☐（貳·7493）

---

① ［西晉］陳壽：《三國志》，中華書局點校本，1959年，第610頁。

② ［元］脱脱等：《宋史》，中華書局點校本，1977年，第12375頁。

③ ［西晉］陳壽：《三國志》，中華書局點校本，1959年，第668頁。

④ ［北宋］宋祁等：《新唐書》，中華書局點校本，1975年，第4770頁。

⑤ 參胡平生：《説“步兵還民”》，載《簡帛研究二〇〇五》，廣西師範大學出版社，2008年，第244—249頁。

入都鄉嘉禾二年新還民限米二斛。𠄘嘉禾三年正月十二日，滭(?)山丘男子義柱關邸閣李嵩付倉吏黄諱潘慮。(貳·2729)

斛新還民黄龍二年限米，一百六十二斛監池司馬鄧邵黄龍三年限米，八十一斛□(肆·4978)

入西鄉新還民入黄龍三年限米六斛。𠄘嘉禾元年十二月□日，郭浿丘□□關邸閣□▨(貳·8906)

上揭諸簡"還民""新還民"，若理解爲"恢復民籍"，如簡貳·383就應爲"入都鄉嘉禾二年恢復民籍限米廿斛……"，又如簡貳·7493就應爲"入新恢復民籍黄龍三年限米廿八斛五斗"。很顯然，"還民"之"恢復民籍"義放在簡文中是講不通的。若將"還民"理解爲還給百姓，如簡貳·383就應爲"入都鄉嘉禾二年還給百姓限米廿斛……"，又如簡貳·7493就應爲"入新還給百姓黄龍三年限米廿八斛五斗"。很明顯，"還民"之"還給百姓"義放之吴簡是與文意相悖的。若將"還民"理解爲歸還的百姓，如簡貳·383就應爲"入都鄉嘉禾二年歸還的百姓限米廿斛……"，又如簡貳·7493就應爲"入新歸還的百姓黄龍三年限米廿八斛五斗"。"還民限米""新還民限米"之"還民""新還民"表示繳納限米之人的身份，這和吴簡中"州吏限米"之"州吏"，"郡士限米"之"郡士"，"子弟限米"之"子弟"一樣，均是表示繳納限米者的身份。再則，簡肆·4978"新還民"和"監池司馬鄧邵"並列出現在同一枚簡中，説明"新還民"亦像監池司馬鄧邵一樣，爲限米的繳納者。且據簡壹·3137、簡壹·3196之"還民所貸米"，"還民"當是"貸米"的動作發出者，而"還民"之"恢復民籍"義和"還給百姓"義均是表示動作行爲，故"還民"只能理解爲歸還、返回的百姓。

從上揭吴簡簡文本身來看："還民"在吴簡中只能理解爲歸還、返回的百姓。

把吴簡"還民"理解爲"歸還的百姓"也是符合當時的歷史情況的。東漢末三國時期社會處於極度動盪之中。東漢末年的黄巾軍起義及軍閥混戰，給人民帶來了沉重的災難，導致了人口大流徙。關於三國時期人口流動情況，黎石生從本國統治區域内的人口流動和國家之間的人口流動兩個方面進行了詳細的闡述，兹不贅述。[①]蔣福亞曾説："東漢時期長江中下游地區雖然有所變化，但在專制主義中央集

① 黎石生：《長沙走馬樓所見"步侯還民"簡探討》，載《長沙三國吴簡暨百年來簡帛發現與研究國際學術研討會論文集》，中華書局，2005年，第108—111頁。

權的統一國家内部,當激烈動盪發生時,這裏想要脱身事外,也決無可能。東漢後期的腐朽統治導致天下户口減半,荆、揚兩地就是農民破産逃亡的高發地區之一,處處流民成群。"[①]東漢末年受戰亂的影響,長沙地區有百姓逃亡在外,應該不難理解。

三國時期,魏、蜀、吴三大割據政權鼎立。和曹操以一統天下爲己任,諸葛亮爲恢復漢家舊日天下鞠躬盡瘁、死而後已相比較,據有荆、揚,志在保安,是吴國的基本國策,也是吴國君臣同心合力的目標。[②]正是吴國的這種識時務之舉,纔使吴國能够集中精力經營内部,發展生産。文獻對吴國經濟的發展狀況有載,如左思《吴都賦》:"其四野,則畛畷無數,膏腴兼倍……煮海爲鹽,採山鑄錢,國税再熟之稻,鄉貢八蠶之緜。"[③]此言雖有溢美之詞,但也足見吴國經濟的發展。吴國的相對穩定及經濟的發展,使逃亡在外的百姓思歸,返回故里,也應是可以成立的。

綜上,我們認爲吴簡"還民"應爲歸還、返回的百姓。"新還民"爲剛剛歸還的百姓。"步侯還民"之"步侯"爲步騭,[④]"步侯還民"爲歸還的百姓中投奔到步侯步騭的百姓。吴簡"還民"約107見,絶大多數都和繳納限米有關。

六、吴簡"吴平斛""稟斛"考探

吴簡"吴平斛""稟斛"不見於傳世文獻和其他出土文獻。關於"吴平斛""稟斛"含義的解讀,于振波認爲:"'稟斛'是官府在配給糧食時所專用的量制,其容量有特别的規定。'平斛'是指當時通行的量制,'吴平斛',就是指官府頒行並在吴國境内通行的標準量器。"[⑤]羅新則有不同的看法,他認爲:"稟斛是傳統量制(即原先在長沙通行的、極可能是東漢普遍適用的量制),應當就是新莽斛制。吴平斛是新推行的、來自三吴地區的量制。"[⑥]很顯然,關於吴簡"吴平斛"和"稟斛"的所指,目前尚無統一的看法,仍有進一步探討的必要。且于、羅二先生當時可利用的材料只有《竹

① 蔣福亞:《魏晋南北朝社會經濟史》,天津古籍出版社,2004年,第40頁。

② 蔣福亞:《魏晋南北朝社會經濟史》,天津古籍出版社,2004年,第49頁。

③ [清]嚴可均校輯:《三國六朝文》,中華書局,1985年,第1885頁上。

④ 王素、宋少華、羅新:《長沙走馬樓簡牘整理的新收穫》,《文物》1999年第5期,第27—28頁。

⑤ 于振波:《走馬樓吴簡習語考釋》,載《走馬樓吴簡初探》,文津出版社,2004年,第228—233頁;又見氏著:《走馬樓吴簡習語考釋》,《考古》2006年第11期,第66—73頁。

⑥ 羅新:《也説吴平斛》,載《吴簡研究》第二輯,崇文書局,2006年,第197頁。

簡》[壹],新材料《竹簡》[貳][叁][肆][柒][捌][陸][伍][玖]的刊布,爲進一步探討“吴平斛”和“稟斛”提供了條件。故我們在當前研究成果的基礎上,對吴簡“吴平斛”和“稟斛”進行進一步探討,不當之處,敬請方家批評指正。

(一)吴平斛

吴簡有關“吴平斛”的簡如:

出倉吏黄諱潘慮所領黄龍三年税吴平斛米九斛六斗,爲稟斛米十斛。被督軍糧(肆·4170)

出倉吏黄諱潘慮所領嘉禾二年税吴平斛米十三斛四斗四升,爲稟斛米十四斛,被督軍(貳·7518)

出倉吏黄諱潘慮所領嘉禾元年税吴平斛米八十六斛四斗,爲稟斛米九十斛。邸閣右郎中(貳·3845)

出倉吏黄諱潘慮所領嘉禾元年税吴平斛米五斛七斗六升,爲稟斛米六斛。給侯相嘉禾(柒·4194)

入都鄉嘉禾二年粢租吴平斛米九斛。⿰嘉禾二[年]☑(叁·5998)

右八月入吴平斛米通合七百卌二斛一斗二升。(壹·2341)

定領吴平斛米合五萬三千卌斛九斗。(貳·3863)

集凡承餘新入吴平斛米合二萬六千五百三斛八斗三升四合七勺,麦五斛八斗,大(叁·4527)

今餘雜吴平斛米一萬七千三百五十三斛三斗□□[八]勺。(叁·4654)

承三年十月旦簿,餘吴平斛米七百卅一斛三斗四升。(肆·4910)

領餘逋二年税吴平斛米二千三百廿九斛四斗五升,已入畢。(肆·4622)

集凡承餘新入吴平斛大麦一萬一千七百廿六斛三斗五合。(壹·2302)

吴簡“吴平斛”是一個使用頻率很高的詞語,它既用於出米簡中(主要和“稟斛”對舉出現),如上揭前4簡;又用於入米簡和承餘新入米、麥等簡中。

“平”有均等、平等的意思。《玉篇·亏部》:“平,齊等也,均也。”《易·乾》:“雲行雨施，天下平也。”孔穎達疏：“其言天下普得其利而均平不偏陂。”[①]《詩經·小雅·伐木》：“神之聽之，終和且平。”鄭玄箋：“平，齊等也。”[②]“平”由均等、平等引申爲衡量的標準。《淮南子·主術》：“衡之於左右，無私輕重，故可以爲平。”[③]《法言·學行》：“一閧之市，必立之平。”[④]

出土古代量器中有不少含有“平斛”“平斗”“平合”者，如：

中國歷史博物館藏1953年甘肅省古浪縣陳家河臺子出土的東漢建武大司農銅斛，腹壁刻銘爲：“大司農平斛，建武十一年正月造。”[⑤]

上海博物館藏東漢元初大司農銅斗，器壁刻銘爲：“大司農平斗，元初三年二月造。”[⑥]

南京博物院藏東漢永平大司農銅合，正面刻銘爲：“大司農平合，永平三年三月造。”與銅合配套的另有一檢封（檢封系度量衡器具經官方檢定後的封印），其正面印文爲“官律所平”，背面鑄“鼓鑄爲職”，均爲陽文。[⑦]

上海博物館藏東漢光和大司農銅斛，口沿、底沿皆刻相同銘文各89字：“大司農以戊寅詔書，秋分之日，同度量，均衡石，捔斗桶，正權概，特更爲諸州作銅斗、斛、稱、尺。依黄鐘律曆，九章算術，以均長短、輕重、大小、用齊七政，令海内都同。光和二年閏月廿三日，大司農曹祾，丞淳于宫，右倉曹掾朱音，史韓鴻造。”[⑧]

《漢書·律曆志上》：“夫量者，躍於龠，合於合，登於升，聚於斗，角於斛也。職在太倉，大司農掌之。”顏師古注：“米粟之量，故在太倉也。”《漢書·百官公卿表上》：“治粟内史，秦官，掌穀貨，有兩丞。景帝後元年更名大農令，武帝太初元年更名大司農。屬官有太倉、均輸、平準、都内、籍田五令丞，斡官、鐵市兩長丞。”[⑨]《續漢書·百官志三·大司農》：“大司農，卿一人，中二千石。本注曰：掌諸錢穀金帛諸貨幣。

---

① ［清］阮元校刻：《十三經注疏·周易正義》，中華書局，1980年，第17頁。

② ［清］阮元校刻：《十三經注疏·毛詩正義》，中華書局，1980年，第410頁。

③ 何寧：《淮南子集釋》，中華書局，1998年，第621頁。

④ 汪榮寶：《法言義疏》，中華書局，1987年，第20頁。

⑤ 國家計量總局、中國歷史博物館、故宫博物院主編：《中國古代度量衡圖集》，文物出版社，1984年，圖144。

⑥ 國家計量總局、中國歷史博物館、故宫博物院主編：《中國古代度量衡圖集》，文物出版社，1984年，圖142。

⑦ 國家計量總局、中國歷史博物館、故宫博物院主編：《中國古代度量衡圖集》，文物出版社，1984年，圖132。

⑧ 國家計量總局、中國歷史博物館、故宫博物院主編：《中國古代度量衡圖集》，文物出版社，1984年，圖147。

⑨ ［東漢］班固：《漢書》，中華書局點校本，1965年，第968、731頁。

郡國四時上月旦見錢穀簿，其逋未畢，各具别之。邊郡諸官請調度者，皆爲報給，損多益寡，取相給足。”[①]大司農掌租税、錢穀、鹽鐵等國家財政收支，亦掌量器的製造、檢定，爲國家驗制標準量器。東漢光和大司農銅斛銘文將大司農的這種職責説得非常明確、具體，將製作量器的時間、方法、依據及監製等相關信息都刻於量器之上。故“大司農平斛”當是由大司農監製、校量的標準斛。“大司農平斗”當是由大司農監製、校量的標準斗。“大司農平合”當是由大司農監製、校量的標準合。東漢這些由大司農監製、校量的量器當是作爲全國各地通行的標準量器。孫吴去東漢不遠，吴簡中的“平斛”亦當爲標準量器的意思。

建安二十年(215)，孫權開始統治長沙。《三國志·蜀書·先主傳》：“(建安)二十年，孫權以先主已得益州，使使報欲得荆州。先主言：‘須得涼州，當以荆州相與。’權忿之，乃遣吕蒙襲奪長沙、零陵、桂陽三郡。先主引兵五萬下公安，令關羽入益陽。是歲，曹公定漢中，張魯遁走巴西。先主聞之，與權連和，分荆州、江夏、長沙、桂陽東屬，南郡、零陵、武陵西屬，引軍還江州。”《三國志·吴書·吴主傳》亦有相關記載：“備懼失益州，使使求和。權令諸葛瑾報，更尋盟好，遂分荆州、長沙、江夏、桂陽以東屬權，南郡、零陵、武陵以西屬備。”又見《三國志·吴書·吕岱傳》：“建安二十年，督孫茂等十將從取長沙三郡。又安成、攸、永新、茶陵四縣吏共入陰山城，合衆拒岱，岱攻圍，即降，三郡克定。權留岱鎮長沙。”[②]建安二十年之前，長沙由劉備統轄，二十年，劉備分長沙予孫權，即孫權從215年開始統治長沙。

羅新認爲，吴平斛之吴，即三吴、吴地之吴。吴簡的“吴平斛”簡文，就是長沙地區的量制發生變化之初，爲了區别於以前的量制而在官文書中加以强調的結果。[③]其説可從。“吴平斛”當是三吴地區的標準量器。吴簡中有如下簡：

⋯徐萇備建安廿□年折咸吴平斛米一百六十斛〼(叁·6424)

此簡“廿”後“□”不清晰，無法判斷具體爲哪一年，但從“廿”字可以肯定當是孫

① [西晋]司馬彪：《續漢書》，中華書局點校本，1965年，第3590頁。

② [西晉]陳壽：《三國志》，中華書局點校本，1959年，第883、1119—1120、1384頁。

③ 羅新：《也説吴平斛》，載《吴簡研究》第二輯，崇文書局，2006年，第193—194頁。

權統治長沙之後的事情。[①]吴簡中還有如下簡：

□文入黄武元年□□□吴平斛米一百卌四斛□☒(壹·6116)

集凡入黄武四年吏張閣稅吴平斛米卅四斛二斗，料校不見☒(壹·8025)

黄武五年文入租吴平斛米二百七十七斛六斗，料校不見，前已列言，更詭責負者□(壹·6688)

□文入新吏番章烝□□□黄武六年吴平斛米一百卅九斛八斗五升，料校不見(壹·8125)

□吏殷連掾□□黄武六年領吴平斛米七十五斛，料校不見，前☒(壹·6205)

民還黄武七年稅吴平斛米十三斛，被縣嘉禾二年☒(貳·8229)

出民還黄武七年子弟吴平斛米☒(叁·4881)

出民還黄武七年□□□□□吴平斛米五斛，黄龍三年□月五日，付大男潘□運詣□(肆·5023)

因此，我們推測孫權接手長沙之後，即開始在長沙推行三吴地區的制度。吴簡中的"吴平斛"即三吴地區標準量制在長沙的推廣。不過，孫權所推行的三吴地區的這種標準量制和長沙當地原來的量制相同。如：

領二年郵卒田六頃五十畝，畝收限米二斛，合爲吴平斛米一千三百斛。(壹·1635)

入二年佃(?)卒(?)衛士田七十五畝，畝收限米二斛，合爲吴平斛米一百五十斛。(壹·1669)

簡壹·1635郵卒田六頃五十畝，畝收限米二斛，合計正好是一千三百斛，而吴

① 查圖版，此簡的關鍵信息"建安廿""折咸吴平斛米"都很清晰。羅新説"吴簡及文獻中建安二十六、二十七這樣的紀年，是孫吴追述往事時，所采取的遮羞的方法。這也就是説，現有吴簡中相關的紀年簡，都是後來追述當年事務時所製作的，並不是真的黄武以前的簡。"(羅新：《走馬樓吴簡中的建安紀年簡問題》，《文物》2002年第10期)對羅先生的這種説法我們有不同的看法。《三國志》的作者陳壽爲蜀漢遺臣，蜀漢亡而仕晉，他和孫吴没有任何聯繫，没有理由爲孫吴遮羞而改年號。另外，記録吴簡的下層吏員在書寫簡文時應該是根據實際情况書寫的，他們不會想到若干年後這些簡會被發現，爲遮羞而改爲建安建號。我們認爲極可能是孫權迫於形勢表面上向曹魏稱臣，而實際上一直使用建安年號，直到公元222年，建號黄武。此外，張作耀亦認爲孫權繼續用建安年號，參張作耀：《孫權傳》，人民出版社，2007年，第297—298頁。

平斛米亦爲一千三百斛。簡壹·1669佃卒衛士田七十五畝,畝收限米二斛,合計爲一百五十斛,而吴平斛米亦爲一百五十斛。可見"吴平斛"和長沙地區原來的量制相同。正因爲三吴地區的標準量制和長沙地區原有的量制相同,故"吴平斛"在長沙地區推行一段時間後,便不再推行。[①]吴簡中標明"吴平斛"的簡最晚的年號是嘉禾三年(234),[②]我們推測從嘉禾三年以後便不再推行吴平斛了。

(二)稟　斛

"稟斛"僅見於吴簡,故對其含義的解讀主要依賴於吴簡資料(簡例參"(一)吴平斛")。

據統計,吴簡"稟斛米"共有129例,除簡貳·9059"☑□稟斛米廿六斛□☑"之"稟斛米"前面殘缺、簡捌·3303"一斛通合稟斛米四百六十斛被監作部都尉王[晫]嘉禾二年正月廿九日庚寅"、簡捌·3325"與倉吏監賢稟斛米一百九十斛六斗六升八合倉吏逢審區冑稟斛米六十"外,[③]其餘126例簡均是其他米折合爲稟斛米,簡文"稟斛米"前面有"爲"或"准"字。[④]126例簡文中,除簡貳·8227"·准廩斛米一千八百□斛□斗五合[被]督軍糧都☑","准"前面有一墨筆點記,不知是何種米折合爲"稟斛米",簡壹·2393、簡壹·2453、簡壹·1987、簡壹·8384、簡壹·3162、簡貳·7400、簡貳·9059、簡叁·2635、簡叁·6010和簡玖·7319殘斷外,剩餘115例簡中有113例是"吴平斛米"折合爲"稟斛米",1例是"鹽賈米"折合爲"稟斛米",1例是"吏帥客限米"折合爲"稟斛米"。後者簡文爲:

---

① 甚至在長沙地區推行"吴平斛"的時候,地方下層官吏也並未嚴格執行,吴簡中有不少簡没有標明"吴平斛"。

② 吴簡僅有一例是"禾五年",其簡文爲"[…]禾五年[…]十八斛四斗三升九合合吴平斛☑(貳·8349)",這枚簡的圖版文字已經漫漶不清,很難辨識,故暫不予考慮。

③ 簡貳·9059極可能也是吴平斛米折合爲"稟斛米"。據文意,簡捌·3303似也應爲出米簡,簡捌·3325文意不完,無法判斷。

④ "准"有折合之義,吴簡多見"准入米""准米",即將其他錢物折合爲米。"爲"有"是"義,《左傳·宣公三年》:"余爲伯儵,余,而祖也。"劉向:《説苑·辨物》:"其在鳥則雄爲陽,雌爲陰。"

出郡吏雷濟黄龍三年鹽賈米四百一十九斛二斗，准稟斛米四百…(叁·4618)

出嘉禾二年吏帥客限米一千二百卅七斛一斗一升六合，准爲稟斛米一千二百八十八斛(玖·4485)

《竹簡》中有郡吏雷濟黄龍三年(231)鹽賈吴平斛米折合爲“稟斛米”的簡，如：

出郡吏雷濟黄龍三年鹽賈吴平斛米五百八十四斛二斗四升，爲稟斛米六百九斛。被督軍(叁·1625)

出郡吏雷濟黄龍三年鹽賈吴平斛米二百一十一斛二斗八升，准稟斛米二百卅斛八升。被督軍糧(叁·2491)

故簡叁·4618“鹽賈米”當也是“鹽賈吴平斛米”。

《竹簡》中亦有“吏帥客限吴平斛米”折合爲“稟斛米”的簡：

☐帥客限吴平斛米六百卅七斛九斗二升准稟斛米六百七十七斛被督軍糧(玖·4166)

簡玖·4166上部殘斷，據文意，應爲“吏帥客限吴平斛米”折合爲“稟斛米”。

因此，我們認爲“稟斛米”在《竹簡》中出現的語境均是“吴平斛米”折合爲“稟斛米”。分析“稟斛米”出現的簡文我們發現，除去殘斷的簡，絶大多數是出米記録，其簡文首字多是“出”字。這種出米簡有4種書寫格式：一是“出倉吏黄諱潘慮所領+年號+×吴平斛米+斛數+爲稟斛米+斛數+其他”，其中絶大多數是“税吴平斛米”，個别爲“雜吴平斛米”“租吴平斛米”等；二是“出郡吏雷濟黄龍三年鹽賈(吴平斛)米+斛數+爲(准)稟斛米+斛數+其他”；三是“出嘉禾二年吏帥客限米+斛數+准爲稟斛米+斛數”，四是“右出吴平斛米+斛數+准稟斛米+斛數”。第一種格式占絶對優勢，第二種格式僅有簡叁·1625、簡叁·2491、簡叁·4618三例，第三種格式僅簡玖·4485一例，第四種格式僅簡玖·484一例。吴簡中未發現有關“稟斛米”入米記録的簡。

通過上面的分析，可以看出吴簡中“稟斛米”没有單獨使用的記録，其出現的語境均是吴平斛米折合爲稟斛米；“稟斛米”幾乎都出現在出米簡中，没有見到一例“稟斛米”的入米簡。故把稟斛“看作是傳統量制，即原先在長沙通行的、極可能是東漢普遍適用的量制，應當就是新莽斛制”的觀點，恐有不妥。

仔細分析“稟斛米”所出現的簡文，發現“稟斛米”斛數後常常有其他内容，主要是“被督”“被督軍”“被督軍糧”，現選取完整的簡舉例如下：[①]

第一組

出倉吏黃諱潘慮所領黃龍三年稅吴平斛米卌六斛八斗，爲稟斛米卌八斛。被督(壹·2016)

出倉吏黃諱潘慮所領嘉禾元年稅吴平斛米廿三斛四升，爲稟斛米廿四斛。被督軍糧(壹·2169)

出倉吏黃諱潘慮所領嘉禾元年稅吴平斛米五斛七斗六升，爲稟斛米六斛。被督軍(捌·3245)

出郡吏雷濟黃龍三年鹽賈吴平斛米五百八十四斛二斗四升，爲稟斛米六百九斛。被督軍(叁·1625)

出倉吏黃諱潘慮所領黃龍三年稅吴平斛米九斛六斗，爲稟斛米十斛。被督軍糧(肆·4170)

出倉吏黃諱潘慮所領黃龍二年租吴平斛米廿三斛□斗 四升，爲稟斛米廿四斛。被督軍(肆·4940)

出倉吏黃諱潘慮所領民還黃龍二年租吴平斛米六斛二斗四升，爲稟斛米六斛五斗。被督(肆·4980)

“被督”“被督軍”“被督軍糧”，完整的形式應是“被督軍糧都尉”，吴簡多見“督軍糧都尉”。“督軍糧都尉”應是負責軍糧調運、監督的官吏。[②]胡平生認爲“被”字表示“受”的意義。[③]李均明認爲，“被書”指接受上級下發的某種指令文書，該文書具

① 查圖版這些簡都很完整，“被督”“被督軍”“被督軍糧”位於簡文末端。爲便於展開討論，我們暫且將下面所舉的簡例命名爲“第一組”。下同。

② 參羅新：《吴簡中的“督軍糧都尉”簡》，《歷史研究》2001年第4期，第170頁；侯旭東：《吴簡所見“折咸米”補釋——兼論倉米的轉運與吏的職務行爲過失補償》，載《吴簡研究》第二輯，崇文書局，2006年，第183頁；(日)谷口建速：《長沙走馬樓吴簡所見孫吴政權的地方財政機構》，載《簡帛》第五輯，上海古籍出版社，2010年，第506頁。

③ 胡平生：《長沙走馬樓三國孫吴簡牘三文書考證》，《文物》1999年第5期，第46頁。

有調遣效力。①很顯然,上揭各例"被督""被督軍""被督軍糧"簡文意未完。受鄧瑋光"横向比較復原法"的啓發,②我們試圖搜集能够與第一組簡相銜接的簡,果真找到一些以"軍糧都尉""糧都尉""都尉"開頭的簡,現擇取較完整的簡如下:

第二組

軍糧都尉移右節度府黄龍三年十一月六日乙巳書,給 督軍録事典事訖司馬□□(壹·1832)

軍糧都尉移右節度府黄龍三年十一月十一日乙巳書,給典 事左金曹典事□□(壹·2008)

軍糧都尉移右節度府黄龍三年七月十八日戊子書,給兵曹阮范兵曹□▨(壹·2030)

軍糧都尉移右節度府黄龍三年五月十七日丙寅書,給典軍曹史許尚典事(?)邵(壹·2069)

都尉嘉禾元年十一月三日乙丑書,給監運掾□這所領師士十二人□▨(壹·2107)

糧都尉嘉禾元年十一月十日壬申書,付監運掾曹□等運詣集所嘉禾元年▨(壹·2112)

都尉嘉禾元年六月十四日戊申書,付督軍司馬徐玄所督都尉胡辰陳晉(壹·2125)

都尉嘉禾元年八月十一日甲辰書,給將軍呂岱所部□□所□士四人力□合五人。(壹·2257)

軍糧都尉黄龍三年十二月廿一日己酉書,付監運掾楊遺運詣集三年十二月廿六日(肆·4110)

軍糧都尉黄龍三年二月四日□寅書,給監運掾黄 禮所領書史尹仕□(肆·4976)

從第二組簡文開頭的文字看:"軍糧都尉"剛好和第一組簡文的"被督"銜接上,"糧都尉"正好與第一組簡文的"被督軍"銜接上,"都尉"恰好與第一組簡文的"被督軍糧"銜接上。從内容上看,第二組"軍糧都尉某某書給某某"與第一組"出倉吏黄

① 李均明:《走馬樓吴簡會計用語叢考》,載《出土文獻研究》第七輯,上海古籍出版社,2005年,第143頁。

② "横向比較復原法"指同一事件往往牽涉多方,所以關於同一事件會留下多份簿籍,這些對同一事件的多方記録無疑能爲復原提供説明,只要能找出這樣的多方記録,通過多文本的相互對照,就能補全單份記録缺失的信息。參鄧瑋光:《走馬樓吴簡三州倉出米簡的復原與研究——兼論"横向比較復原法"的可行性》,《文史》2013年第1輯,第232頁。

諱潘慮……米……被督”正好構成一個完整的出米事件。吴簡中的出米簡格式多爲“出……米……被……書給(付)……”。[1]我們雖暫時無法將第二組簡與第一組簡一一對接起來,但第二組簡與第一組簡構成一個完整的出米事件當是可以肯定的。其完整的格式爲:出倉吏(郡吏)+姓名+(所領)+年號+税(租、雜、鹽賈)吴平斛米+斛數+爲(准)稟斛米+斛數+被督軍糧都尉(移右節度府)+年月日+干支書+給(付)某某+(其他)。從督軍糧都尉根據上級的指令文書將稟斛米交付給督軍録事典事、兵曹阮範、典軍曹史許尚、督軍司馬徐玄所督都尉胡辰陳晉、將軍吕岱所部等看,這些稟斛米主要是用於軍糧。

吴簡“稟斛米”斛數後還有是“邸閣右”“邸閣右郎中”的簡,如:

第三組

出倉吏黄諱潘慮所領嘉禾二年税吴平斛米五百廿五斛七斗九升,爲稟斛米五百卌七斛七斗。邸閣右(貳·4036)

出倉吏黄諱潘慮所領嘉禾元年税吴平斛米八十六斛四斗,爲稟斛米九十斛。邸閣右郎中(貳·3845)

出倉吏黄諱潘慮所領嘉禾元年税吴平斛米三斛八斗四升,爲稟斛米四斛。邸閣右郎中(貳·4040)

出倉吏黄諱潘慮所領嘉禾元年税吴平斛米三斛八斗四升,爲稟斛米四斛。邸閣右郎中(柒·2065)

出倉吏黄諱潘慮所領嘉禾元年税吴平斛米一百二斛二斗四升,爲稟斛米一百六斛五斗。邸閣右(柒·2079)

[1] 參鄧瑋光:《走馬樓吴簡三州倉出米簡的復原與研究——兼論“横向比較復原法”的可行性》,《文史》2013年第1輯,第231—254頁。

上揭簡中“黄諱潘慮”應爲州中倉倉吏,吴簡中多見“州中倉吏黄諱潘慮”,如:

> 右倉曹史烝堂白:州中倉吏黄諱潘慮列起嘉禾元年☐(壹·2039)
>
> ☐倉曹史烝堂白:州中倉吏黄諱潘慮列起嘉禾元年四月(壹·2243)
>
> 入都鄉嘉禾二年税米一斛二斗。𠕒嘉禾三年正月十二日,白石丘大男谷黑(?)關邸閣李嵩付州中倉吏黄諱潘慮。(貳·359)

與“倉吏黄諱潘慮”相對應的邸閣是李嵩和郭據,吴簡中有大量的“關邸閣李嵩付倉吏黄諱潘慮”“關邸閣郭據付倉吏黄諱潘慮”之類的簡文。[①]戴衛紅已指明郭據爲州中邸閣左郎中,[②]那麽,與倉吏黄諱潘慮相對應的邸閣右郎中只能是李嵩了。吴簡中亦有“邸閣右郎中李嵩”的簡,如:

> ☐□一千卌四斛七斗九升,邸閣右郎中李嵩(貳·3856)
>
> 出倉吏黄諱番慮所領嘉禾元年税吴平斛米卅三斛八斗,邸閣右郎中李嵩被(柒·2371)

經過以上分析,可知第三組簡末尾的“邸閣右”“邸閣右郎中”必定和開頭是“郎中李嵩”“李嵩”的簡文相銜接。循着這一思路,我們找到如下較完整的簡:

第四組

> 郎中李嵩被督軍糧都尉…嘉禾二年十一月十一日,丙午書□☐(叁·7933)
>
> 李嵩,被督軍糧都尉嘉禾二年十月廿七日癸未□,給討寇將軍闘業所領軍將(貳·3836)
>
> 李嵩,被督軍糧嘉禾二年十月十八日甲戌書,給郎中貴清所將督(?)史□(貳·3861)
>
> 李嵩,被督軍糧都尉嘉禾二年四月七日丁酉書,給右選曹尚書郎貴倩所將諸(柒·2085)
>
> 中李嵩,被督軍糧都尉嘉禾二年四月十七日丁□書,給監運掾謝慎所領吏(柒·2076)

---

① 這類簡例很多,兹不贅舉。

② 戴衛紅:《長沙走馬樓吴簡中軍糧調配問題初探》,載《簡帛研究二〇〇七》,廣西師範大學出版社,2010年,第211頁。

通過前面分析第一組、第二組簡可知,第四組簡當與第三組簡構成一個完整的出米事件。其完整的格式爲:出倉吏+姓名+所領+年號+税吴平斛米+斛數+爲稟斛米+斛數+邸閣右郎中李嵩+被督軍糧都尉+年月日+干支書+給某某+(其他)。由稟斛米最終交付給討寇將軍、郎中貴清所將督(?)史等知,這些稟斛米也是主要用於軍糧。

此外,吴簡"稟斛米"斛數後還有是"被縣""給縣卒""給侯相""給右尉""給左尉"等的,其簡文如:

出倉吏黄諱潘慮所領黄龍三年税吴平斛米四斛八斗,爲稟斛米五斛。被縣黄龍三☑(肆·4136)

☑所領黄龍三年税吴平斛米四斛八斗,爲稟斛米五斛。給縣卒(貳·7491)

出倉吏黄諱潘慮所領嘉禾元年税吴平斛米五斛七斗六升,爲稟斛米六斛。給侯相嘉禾(柒·4194)

出倉吏黄諱潘慮所領嘉禾元年税吴平斛米九斛六斗,爲稟斛米十斛。給右尉高賓[嘉](柒·4389)

出倉吏黄諱潘慮所領嘉禾元年税吴平斛米四斛八斗,爲稟斛米五斛。給左尉[陳]□(陸·6003)

這些"稟斛米"簡數量很少,可能是用於軍糧,也可能是發放俸禄等其他用途。因材料有限,爲謹慎起見,暫且不論。但通過以上分析,"稟斛米"主要用於軍糧應該是可以確定的。①

《説文·亩部》:"稟,賜穀也。"段玉裁注:"凡賜穀曰稟,受賜亦曰稟。引申之凡上所賦、下所受皆曰稟。《左傳》言稟命則不威是也。"《玉篇·亩部》:"稟,賜穀也。"《漢書·文帝紀》:"今聞吏稟當受鬻者,或以陳粟,豈稱養老之意哉!"②《後漢書·章帝紀》:"方春東作,恐人稍受稟,往來煩劇,或妨耕農。"③吴簡中"稟"也有不少這樣的例子:

---

① 戴衛紅歸納總結了吴簡軍糧支出的格式,三種格式中有兩種是"吴平斛米爲稟斛米",也可見"稟斛米"主要是用於軍糧發放。參戴衛紅:《長沙走馬樓吴簡中軍糧調配問題初探》,載《簡帛研究二〇〇七》,廣西師範大學出版社,2010年,第204—224頁。

② [東漢]班固:《漢書》,中華書局點校本,1965年,第113頁。

③ [南朝宋]范曄:《後漢書》,中華書局點校本,1965年,第132頁。

☑嘉禾元年稟其一人七月,二人□月,用□訖十月卅日,一人月三斛,二人月二斛,嘉禾(貳·7357)

☑□□朱忩朱□嘉禾元年稟起八月訖十月,其(叁·1266)

督軍都尉朱節所主吏謝林、鍾露二人稟起嘉禾二年正月有閏月訖十二(捌·3048)

丞五裕一年稟起黄龍二年正月訖十二月,月三斛,嘉禾二年三月廿日,付臨湘吏烝若(捌·3441)

綜上,吴簡"稟斛"當是主要用於發放軍糧的特殊量器,"稟斛米"是用稟斛這種量器稱量的米。

(三)小　結

"平"有均等、平等義,引申爲衡量的標準。"平斛"即標準斛。出土古代量器中有不少東漢大司農監製、校量的標準量器,如"平斛""平合""平斗"。孫吴去東漢不遠,吴簡中的"平斛"當也是標準量器的意思,"吴平斛"是三吴地區的標準量器。吴簡中的"吴平斛"是孫權統治長沙後,在長沙推行三吴地區的標準量器。根據吴簡,三吴地區的量制和長沙本地的量制相同。"吴平斛"在長沙地區推行一段時間後便不再推行,吴簡嘉禾三年(234)以後的簡中不再有"吴平斛"。

吴簡中"稟斛"出現的語境幾乎都是吴平斛米折合爲稟斛米,"稟斛米"幾乎都出現在出米簡中,没有見到一例"稟斛米"的入米簡。若"稟斛"是原先在長沙通行的傳統量制、是東漢普遍適用的量制的話,不可能使用範圍如此狹窄。通過分析吴簡我們發現,"稟斛米"不但基本都出現在出米簡中,而且多經由督軍糧都尉交付到相關軍吏手中。故我們認爲"稟斛"應是主要用於發放軍糧的特殊量器,"稟斛米"是用稟斛這種量器稱量的米。

于、羅二先生都注意到"吴平斛米"和"稟斛米"的折算比率是0.96∶1,[①]新刊布

① 于振波:《走馬樓吴簡習語考釋》,載《走馬樓吴簡初探》,文津出版社,2004年,第228—233頁;又見氏著:《走馬樓吴簡習語考釋》,《考古》2006年第11期。羅新:《也説吴平斛》,載《吴簡研究》第二輯,崇文書局,2006年,第197頁。

的資料進一步證明吴平斛米和稟斛米之比爲0.96:1。[①]由這一比率可以看出吴平斛略大於稟斛,在撥出軍糧時折换成較小的量制,可能是軍糧供應不足而采用的一種變通方法,[②]也可能是把糧食儲存、轉運過程中的損耗轉嫁到糧食接收者的身上。但無論是何種原因,這種“大斗入,小斗出”的情况都不可能長久存在下去,因爲這種情况必將引起糧食接收方的不滿。也許剛開始采取這種“大斗入、小斗出”的方法發放軍糧,糧食接收方並不知情,但紙裹包不住火,這種情况遲早會被糧食接收方發現,並引起矛盾,最終將被廢止。這也是與吴簡相吻合的。

據我們分析吴簡“吴平斛米”折合爲“稟斛米”有明確紀年的簡發現:最早出現在黄龍二年(230),共8例,其簡號分别爲:簡肆·4096、簡肆·4118、簡肆·4784、簡肆·4850、簡肆·4904、簡肆·4940、簡肆·4980、簡捌·3434;黄龍三年(231)共出現36例,其簡號分别爲:簡壹·1837、簡壹·1901、簡壹·1997、簡壹·2016、簡壹·2031、簡壹·2051、簡壹·2184、簡壹·2227、簡壹·2242、簡壹·2283、簡壹·2291、簡壹·2293、簡壹·2308、簡壹·2404、簡壹·2191、簡壹·2355、簡貳·6699、簡貳·7488、簡貳·7491、簡貳·7528、簡叁·264、簡叁·1625、簡叁·2491、簡叁·4618、簡肆·4052、簡肆·4136、簡肆·4170、簡肆·4902、簡肆·4975、簡柒·1541、簡柒·2017、簡捌·3261、簡捌·3348、簡捌·3443、簡陸·1675、簡陸·6046;嘉禾元年(232)共出現42例,其簡號分别爲:簡壹·2169、簡壹·2322、簡貳·3835、簡貳·3845、簡貳·4040、簡貳·6704、簡貳·7332、簡貳·7335、簡貳·7486、簡貳·7631、簡貳·9083、簡叁·173、簡柒·1202、簡柒·1996、簡柒·2033、簡柒·2065、簡柒·2079、簡柒·3336、簡柒·4194、簡柒·4205、簡柒·4212、簡柒·4389、簡柒·4416、簡捌·2875、簡捌·3004、簡捌·3016、簡捌·3036、簡捌·3050、簡捌·3144、簡捌·3206、簡捌·3212、簡捌·3225、簡捌·3245、簡捌·3264、簡捌·3277、簡捌·3321、簡捌·3479、簡捌·3734、簡陸·6003、簡陸·6009、簡陸·6081、簡陸·6088;最晚出現在嘉禾二年(233),共10例,簡號分别爲:簡貳·4036、簡貳·7518、簡柒·635、

---

① 吴簡共有81例簡可計算出吴平斛米和稟斛米之比,其中有61例比率是0.96:1,6例比率接近0.96:1,另有14例比率出入稍大,而這14例的圖版都不很清楚,我們懷疑極有可能是釋文釋讀錯誤或者書手書寫錯誤等原因造成的。

② 孫權黄龍、嘉禾年間戰事頻繁,《三國志》中多有記載。如《三國志·吴書·吕岱傳》:“黄龍三年,以南土清定,召岱還屯長沙漚口。會武陵蠻夷蠢動,岱與太常潘浚共討定之。嘉禾三年,權令岱領潘璋士衆,屯陸口,後徙蒲圻。”《三國志·吴書·吴主傳》:“(黄龍)三年春二月,遣太常潘浚率衆五萬討武陵蠻夷。……(嘉禾三年)冬十一月,太常潘浚平武陵蠻夷,事畢,還武昌。”

簡捌·3118、簡伍·6090、簡伍·6278、簡玖·4037、簡玖·4041、簡玖·4129、簡玖·4485。“吴平斛米”折合爲“稟斛米”在吴簡中前後共存在4年時間，以黄龍三年(231)和嘉禾元年(232)爲多，嘉禾二年(233)以後再也没有出現過“吴平斛米”折合爲“稟斛米”的簡了。

七、吴簡“隱核”“料核”“窮核”“實核”考析

吴簡中有不少詞語尚有争議，弄清楚這些詞語的確切含義，對吴簡釋文的理解以及相關問題的深入探討均有重要意義。本節從語言學、詞彙學的視角，對吴簡中表核查語義的“隱核”“料核”“窮核”“實核”進行考析，不妥之處，敬請方家指正。

吴簡多見“隱核”一詞，如：

⧄簿盡力隱核有遺脱續簿復(?)⧄(叁·299)

⧄□隱核叛吏區蘇家財□傳送□⧄(叁·6869)

兵曹言：部諸鄉典田掾蔡忠等重復隱核鍛師事。

嘉禾六年三月十四日書 佐 吕 承 封。(柒·2585)

攝録小、讓、熈没入爲生口，並乞 隱核妾年紀，家中人悉如迪 所 列 上與不詭責八、冰爲 迪 入 加 (捌·4209)

部吏傳送小、讓、熈詣府並隱核妾年紀，八、冰異居□□(捌·4249)

生口，乞隱核家中人悉如迪辭，列上與不詭責八、冰爲迪入加臧，案 文(捌·4260)

學界尚無專文探討吴簡“隱核”一詞，僅有學者在相關研究中論及。目前，關於“隱核”含義的探討，主要有兩種觀點：

一是“隱核”即審查核實。如謝桂華認爲“隱核”和史籍中“檢核”是一脈相承的。[①]黎石生認爲“隱核”意即審核。[②]侯旭東認爲，隱核的含義是計算、審查核實，

---

① 謝桂華：《中國出土魏晉以後漢文簡紙文書概述》，載《簡帛研究二〇〇一》，廣西師範大學出版社，2001年，第558頁。

② 黎石生：《長沙走馬樓簡牘所見户籍檢核制度及其相關問題》，《東南文化》2002年第9期，第60頁。

具體來説是根據已有文書進行核對,大約無須當事人申報。[①]王子今認爲:"所謂'隱核',大約還是説'審核'或'認真審核'。"[②]沈剛認爲,隱核,是指檢查、考核,特别是對隱匿事務的檢查。[③]孫聞博認爲,"隱核"無秘密進行之意,和"料核"意義是相同的,且並非單純根據已有文書進行核對,還需要負責官吏親往實地核查登記。[④]凌文超認爲"隱核"當爲有所憑證或依據而進行的核實。[⑤]

二是"隱核"是秘密核查。如羅新認爲,"隱核"乃司法、行政之慣用語,或可以理解爲不顯明其事而核查,又可理解爲一般性的監察工作。[⑥]李均明認爲"隱核"爲秘密調查。[⑦]陳順成認爲隱核是秘密核查。[⑧]王素亦認爲"隱核"爲"秘密調查"的説法與事實較爲接近。[⑨]

我們贊同第二種觀點,認爲"隱核"是秘密核查之義。下面結合傳世文獻,從語言學、詞彙學的角度試予以闡述。

《説文·木部》:"核,蠻夷以木皮爲篋,狀如籢尊之形也。"段玉裁注:"未詳所本。今字果實中曰核,而本義廢矣。按許不以核爲果實中者,許意果實中之字當用覈也。《小雅》:'肴核維旅。'班固、蔡邕作肴覈。左思作肴槅。槅即覈也。今本《毛詩》作核,非古也。《玉篇》亦云:核,户骨切。果實中也。"據段玉裁注,"核"本義廢,用爲"果實中"義。"核"由"果實中"引申爲"堅實、真實"。《漢書·司馬遷傳贊》:"然自劉向、揚雄博極羣書,皆稱遷有良史之材,服其善序事理,辨而不華,質而不俚,其文直,其事核,不虚美,不隱惡,故謂之實録。"顔師古注:"核,堅實也。"[⑩]"核"由"堅實、

① 侯旭東:《長沙走馬樓三國吴簡兩文書初探》,原載《歷史研究》2001年4期,此爲訂補内容,見"象牙塔·國史探微·專題研究·吴簡研究",http://xiangyata.net/data/articles/e01/198.html,2003年9月5日。

② 王子今:《走馬樓簡牘所見"吏"在城鄉聯繫中的特殊作用》,《浙江社會科學》2005年第5期,第156頁。

③ 沈剛:《走馬樓三國吴簡波枯兼簿探討》,《中國農史》2009年第2期,第6頁。

④ 孫聞博:《走馬樓吴簡所見"鄉"的再研究》,《江漢考古》2009年第2期,第114頁。

⑤ 凌文超:《走馬樓吴簡"隱核波田簿"復原整理與研究》,《中華文史論叢》2012年第1期,第133頁。

⑥ 羅新:《吴簡中的"隱核"》,"往復論壇·史學·史林雜識",2001年11月23日。轉引自凌文超:《走馬樓吴簡"隱核波田簿"復原整理與研究》,《中華文史論叢》2012年1期,第131頁。

⑦ 李均明:《走馬樓吴簡人口管理初探》,載《簡帛研究二〇〇六》,廣西師範大學出版社,2008年,第272頁。

⑧ 陳順成《走馬樓吴簡詞語研究》,北京語言大學博士學位論文,2010年,第226頁。

⑨ 王素:《長沙吴簡勸農掾條列軍州吏等人名年紀三文書新探》,載《魏晉南北朝隋唐史資料》第二十五輯,上海古籍出版社,2009年,第7頁。

⑩ [東漢]班固:《漢書》,中華書局點校本,1965年,第2738頁。

真實”義又引申爲“究其實”,即核實、考查。《漢書·刑法志》:“其審核之,務準古法,朕將盡心覽焉。”顔師古注:“核,究其實也。”《漢書·魏弱翁傳》:“宣帝始親萬機,厲精爲治,練羣臣,核名實,而相總領衆職,甚稱上意。”[①]“核”詞義演變的路徑可歸納爲:

核(果實中)——→(果核堅實)堅實、真實——→核實、考查

《説文·自部》:“隱,蔽也。”《玉篇·阜部》:“隱,不見也,匿也。”《廣韻·隱韻》:“隱,藏也。”“隱”本義爲隱蔽、隱藏。《荀子·致士》:“隱忌雍蔽之人,君子不近。”楊倞注:“隱,亦蔽也。”[②]《國語·齊語》:“君若欲速得志於天下諸侯,則事可以隱令,可以寄政。”韋昭注:“隱,匿也。”[③]“隱”由“隱蔽、隱藏”義引申爲“隱度、隱審”。《爾雅·釋言》:“隱,占也。”郭璞注:“隱,度也。”《廣雅·釋詁一》:“隱,度也。”《尚書·盤庚下》:“邦伯師長,百執事之人,尚皆隱哉。”孔穎達疏:“隱謂隱審也。”[④]《管子·禁藏》:“下觀不及者,以自隱也。”尹知章注:“隱,度也。”[⑤]

“隱核”由“隱”和“核”兩個語素組合而成,其意義由兩個語素義融合而成,爲秘密核查之義。《後漢書·于寘傳》:“元嘉元年,長史趙評在于寘病癰死,評子迎喪,道經拘彌。拘彌王成國與于寘王建素有隙,乃語評子云:‘于寘王令胡醫持毒藥著創中,故致死耳。’評子信之,還入塞,以告敦煌太守馬達。明年,以王敬代爲長史,達令敬隱覈其事。敬先過拘彌,成國復説云:‘于寘國人欲以我爲王,今可因此罪誅建,于寘必服矣。’敬貪立功名,且受成國之説,前到于寘,設供具請建,而陰圖之。”[⑥]“隱覈”即“隐核”。長史趙評在于寘病死,敦煌太守馬達任命王敬代爲長史,並命令王敬秘密核查趙評死亡之事。《後漢書·陳蕃傳》:“時零陵、桂陽山賊爲害,公卿議遣討之,又詔下州郡,一切皆得舉孝廉、茂才。蕃上疏駁之曰:‘昔高祖創業,萬邦息肩,撫養百姓,同之赤子。今二郡之民,亦陛下赤子也。致令赤子爲害,豈非所在貪虐,使其然乎?宜嚴勑三府,隱覈牧守令長,其有在政失和,侵暴百姓者,即便舉奏,

① [東漢]班固:《漢書》,中華書局點校本,1965年,第1103—1104、3135頁。

② [清]王先謙:《荀子集解》,沈嘯寰、王星賢點校,中華書局,1988年,第258頁。

③ 徐元誥:《國語集解》,王樹民、沈長雲點校,中華書局,2002年,第224頁。

④ [清]阮元校刻:《十三經注疏·尚書正義》,中華書局,1980年,第172頁。

⑤ 黎翔鳳:《管子校注》,梁運華整理,中華書局,2004年,第1013—1014頁。

⑥ [南朝宋]范曄:《後漢書》,中華書局點校本,1965年,第2916頁。

更選清賢奉公之人，能班宣法令情在愛惠者，可不勞王師，而羣賊弭息矣。'"[①]陳蕃上疏秘密審核官吏。"隱核"由秘密核查之義，進一步詞義泛化，引申爲一般的核查。《新唐書·朱忠亮傳》："(朱忠亮)隱覈軍籍，得竄名者三千人，歲收乾没十萬緡。"[②]

吴簡"隱核"多用於隱核州吏、郡吏、師佐等，除上文所舉外，又如：

都鄉勸農掾郭宋言：被書條列軍吏父兄子弟人名、年紀爲簿。輒隱核鄉界，軍吏八人、父兄子弟合十一人：其一人被病物故，四人叛走。定見六人：其三人跰踵，二人守業，已下户民自代，一人給吏。隱核人名、年紀、死叛相應，無有遺脱。若爲他官所覺，宋自坐。嘉禾四年八月廿六日，破莂(編號不詳)[③]

廣成鄉勸農掾區光言：被書條列州吏父兄子弟夥處人名、年紀爲簿。輒隱核鄉界，州吏七人、父兄子弟合廿三人，其四人刑踵聾歐病，一人被病物故，四人真身已送及，隨本主在宫，十二人細小，一人限佃，一人先出給縣吏。隱核人名、年紀相應，無有遺脱。若後爲他官所覺，光自坐。嘉禾四年八月廿六日，破莂保據。(編號不詳)[④]

鄉勸農掾爲鄉吏。[⑤]郭宋爲都鄉的勸農掾，區光爲廣成鄉的勸農掾。"這些'鄉吏'面對鄉民，是朝廷、帝王、國家的代表；面對郡縣官署和上級官僚，則又在一定程度上代表着鄉民的利益。……他們是社會上層和社會下層相互銜接的中間層次，是社會管理者和被管理者彼此聯繫的中間環節。"[⑥]鄉勸農掾奉命核查其上級或同僚之父兄子弟的情況，[⑦]當爲秘密核查而非公開的核查。

---

① [南朝宋]范曄：《後漢書》，中華書局點校本，1965年，第2160—2161頁。

② [北宋]宋祁等：《新唐書》，中華書局點校本，1975年，第5165頁。

③ 引自王素：《長沙吴簡勸農掾條列軍州吏等人名年紀三文書新探》，載《魏晋南北朝隋唐史資料》第二十五輯，上海古籍出版社，2009年，第1—2頁。

④ 引自王素：《長沙吴簡勸農掾條列軍州吏等人名年紀三文書新探》，載《魏晋南北朝隋唐史資料》第二十五輯，上海古籍出版社，2009年，第3頁。

⑤ 參侯旭東：《長沙走馬樓三國吴簡所見"鄉"與"鄉吏"》，載《吴簡研究》第一輯，崇文書局，2004年，第97頁。

⑥ 王子今：《走馬樓簡牘所見"吏"在城鄉聯繫中的特殊作用》，《浙江社會科學》2005年5期，第157—158頁。

⑦ 侯旭東認爲"鄉吏"的身份可能屬於縣吏(參侯旭東：《長沙走馬樓三國吴簡所見"鄉"與"鄉吏"》，載《吴簡研究》第一輯，崇文書局，2004年，第105—107頁)，若此，則鄉勸農掾和州吏、軍吏的關係至少應是同僚關係。

吴簡時見“料核”一詞,如:

□告主□罣化中部督郵書掾□異(?)記言料核臨湘告(肆·1242)

料核懸空不足嘉禾元年□月□九日□□米白(肆·1249)

□□□運悉畢□□□書掾料核縣倉□所貸米□已償麦(柒·4100)

東鄉勸農掾殷連被書條列州吏父兄人名、年紀爲簿。輒料核鄉界,州吏三人、父兄二人,刑踵叛走,以下户民自代。謹列年紀以審實,無有遺脱。若有他官所覺,連自坐。嘉四年八月廿六日,破莂保據。(J22-2543)[①]

其 一千八十六斛五升六勺募賣得錢米雜物,料 核 相應,餘 鹽 四百廿六斛一 斗(捌·4091)

吴簡“料核”的含義,不少學者在相關研究中多有涉及,如謝桂華認爲,“料核”和“隱核”文意相同,“料核”“隱核”和史籍中“料民”“檢核”是一脈相承的。[②](日)高村武幸認爲“料核”爲調查之意。[③]李均明認爲“料核”是指常規之核實調查。[④]陳順成認爲“料核”爲核實調查。[⑤]王素認爲謝桂華的説法與事實較爲接近。[⑥]

《説文·斗部》:“料,量也。”段玉裁注:“量者,稱輕重也。稱其輕重曰量,稱其多少曰料,其義一也。”《玉篇·斗部》:“料,數也。”《國語·周語上》:“宣王既喪南國之師,乃料民於大原。”韋昭注:“料,數也。”[⑦]《戰國策·秦策四》:“中期推琴對曰:‘三之料天下過矣。’”高誘注:“料,數也。”[⑧]“料”由量多少義引申爲計數、清點,其和語素“核”組詞後構成“料核”,義爲清點核查。“料核”一詞目前僅見於吴簡,不見於傳世文獻。簡捌·4091爲“許迪割米案”的相關簡文,“料核相應”爲清點核查後米數相符。

① 引自王素:《長沙吴簡勸農掾條列軍州吏等人名年紀三文書新探》,載《魏晉南北朝隋唐史資料》第二十五輯,上海古籍出版社,2009年,第2頁。

② 謝桂華:《中國出土魏晉以後漢文簡紙文書概述》,載《簡帛研究二〇〇一》,廣西師範大學出版社,2001年,第557—558頁。

③ 高村武幸:《長沙走馬樓吴簡にみみる鄉》,載《長沙吴簡研究報告》第2集,東京,2004年,第28頁。

④ 李均明:《走馬樓吴簡人口管理初探》,載《簡帛研究二〇〇六》,廣西師範大學出版社,2008年,第272頁。

⑤ 陳順成:《走馬樓吴簡詞語研究》,北京語言大學博士學位論文,2010年,第226頁。

⑥ 王素:《長沙吴簡勸農掾條列軍州吏等人名年紀三文書新探》,載《魏晉南北朝隋唐史資料》第二十五輯,上海古籍出版社,2009年,第7頁。

⑦ 徐元誥:《國語集解》,王樹民、沈長雲點校,中華書局,2002年,第23—24頁。

⑧ [西漢]劉向輯録:《戰國策》,上海古籍出版社,1983年,第230—231頁。

仔細觀察吴簡“料核”及上揭“隱核”出現的文句，發現“料核”和“隱核”可以出現在相同的語境中，即“輙料核鄉界”“輙隱核鄉界”。同爲對州吏父兄子弟的核查，爲何一用“隱核”，一用“料核”？要回答這個問題，有必要對吴簡諸吏身份地位逐漸下降的情况做一説明。

吴簡中的州吏、郡吏、縣吏等相關吏員，其身份地位逐漸下降，已淪爲一種吏役，[①]其生活境况甚至不如普通百姓，沉重的吏役使這些州郡縣吏及其父兄子弟苦不堪言，以致吴簡中出現不少州郡縣吏之父兄子弟叛走的現象。[②]政府注意到州郡縣吏父兄子弟叛走的情况，必加强對他們的管理，派相關官吏（多是勸農掾）核查州郡縣吏父兄子弟的情况。因勸農掾和州郡縣吏是上下級或同僚關係，這種核查最開始必將是秘密進行的。隨着州郡縣吏父兄子弟叛走現象日益嚴重，對州郡縣吏父兄子弟的核查工作也變得日益頻繁、司空見慣，導致這種核查工作由最開始的秘密核查變成無需秘密進行的核查。吴簡對州吏父兄子弟的核查一用“隱核”、一用“料核”，正是這種核查工作由秘密進行發展到無需秘密進行的真實寫照。

吴簡“窮核”僅一見：

録事掾潘琬叩頭死罪白：過四年十一月七日，被督郵勑，考實吏許迪。輙與核事吏趙譚、都典掾烝若、主者史李珠，前後窮核考問。迪辭：賣官餘鹽四百廿六斛一斗九升八合四勺，得米二千五百六十一斛六斗九升已。二千四百卌九斛一升，付倉吏鄧隆、谷榮等。餘米一百一十二斛六斗八升，迪割用飲食不見。爲廖直事所覺後，迪以四年六月一日，偷入所割用米畢，付倉吏黄瑛受。前録見都尉，知罪深重，詣言：不割用米。重復實核，迪故下辭，服割用米。審前後搒押迪凡百卅下，不加五毒，據以迪今年服辭結罪，不枉考迪。乞曹重列言府。傅前解，謹下啓。琬誠惶誠恐，叩頭死罪死罪。

若（濃墨草書）　　　　　二月十九日戊戌白（J22-2540）[③]

① 参高敏：《從〈嘉禾吏民田家莂〉中的“諸吏”狀况看吏役制的形成與演變》，載《長沙走馬樓簡牘研究》，廣西師範大學出版社，2008年，第51頁；蔣福亞《再論走馬樓吴簡中的諸吏》，《史學月刊》2013年1期，第22—41、79頁；等等。

② 参黎石生：《長沙市走馬樓出土“叛走”簡探討》，《考古》2003年5期，第86—91頁；沈剛：《走馬樓三國吴簡所見“叛走”簡牘義》，《江漢考古》2009年1期，第134—138頁。

③ 引自王素、宋少華：《長沙吴簡〈録事掾潘琬白爲考實吏許迪割用餘米事〉釋文補正》，《文史》2015年第1輯，第280—281頁。

時賢在相關研究中偶有論及吴簡“窮核”者，如胡平生認爲“窮核”即“徹底查問”。[①]陳順成認爲“窮核”是指窮盡考查。[②]

《説文·穴部》：“竆，極也。”邵瑛群經正字：“今經典作窮。蓋‘船’字《説文》或體作‘躳’，經典‘窮’字從或體‘躳’也。漢隸亦時有之。《五經文字》竆、窮同。”“窮”由極點引申爲徹底推求。《顔氏家訓·書證》：“大抵服其爲書，隱括有條例，剖析窮根源。”[③]《漢書·張湯傳》：“（張湯）及治淮南、衡山、江都反獄，皆窮根本。”[④]

“窮核”由“窮”和“核”兩個語素組合而成，義爲徹底核查。《北齊書·薛琡傳》：“正光中，（薛琡）行洛陽令，部内肅然。有犯法者，未加拷掠，直以辭理窮覈，多得其情。”[⑤]《舊唐書·隱太子建成傳》：“四日，太宗將左右九人至玄武門自衛。高祖已召裴寂、蕭瑀、陳叔達、封倫、宇文士及、竇誕、顔師古等，欲令窮覈其事。建成、元吉行至臨湖殿，覺變，即迴馬，將東歸宫府。”[⑥]吴簡“窮核”亦爲徹底核查之義。吴簡中“許迪割米案”是一件非常重要的刑事案件，許迪先是承認盗割官米，後又翻供，故要前前後後徹底核查清楚。

吴簡又見“實核”一詞：

⧄□事部譚實核迪故如前□乞□□□□迪言□（貳·7233）

侍曹言實核士□卿(?)馳(?)鄉□巡匿士未就□□無人□詣廷遣書…三年五月十二日…⧄（貳·8901）

臨湘侯相管呰叩頭死罪白重部核事掾趙　譚實核　吏　許　迪（捌·4139）

臨湘言：重實核淕口典鹽吏許迪割用所領　米　一　百　一　十　二斛六斗八升，前（捌·4183）

---

① 胡平生：《長沙走馬樓三國孫吴簡牘三文書考證》，《文物》1999年第5期，第46頁。

② 陳順成：《走馬樓吴簡詞語研究》，北京語言大學博士學位論文，2010年，第227頁。

③ 王利器：《顔氏家訓集解》（增補本），中華書局，2013年，第615頁。

④ ［東漢］班固：《漢書》，中華書局點校本，1962年，第2640頁。

⑤ ［唐］李百藥：《北齊書》，中華書局點校本，1972年，第369頁。

⑥ ［後晉］劉昫：《舊唐書》，中華書局點校本，1975年，第2418頁。

胡平生認爲“實核”即“核實”。[①]陳順成認爲“實核”是審核查實。[②]

《説文·宀部》:“實,富也。”段玉裁注:“以貨物充於屋下,是爲實。”《漢書·食貨志上》:“食足貨通,然後國實民富,而教化成。”[③]“實”由“富裕”義引申爲“充實”。《左傳·昭公七年》:“及即位,爲章華之宫,納亡人以實之。”《漢書·鼂錯傳》:“以陛下之時,徙民實邊,使遠方無屯戍之事。”[④]果實成熟有充實之義,故“實”又引申爲“果實、種子”。《詩經·周頌·載芟》:“有略其耜,俶載南畝。播厥百穀,實函斯活。”鄭玄箋:“實,種子也。”[⑤]“實”的“果實、種子”義進一步抽象,引申爲“事實”義。《國語·周語上》:“賦事行刑,必問於遺訓,而咨於故實。”韋昭注:“故實,故事之是者。”[⑥]左思《〈三都賦〉序》:“美物者貴依其本,贊事者宜本其實。匪本匪實,覽者奚信?”[⑦]“實”又由“事實”義引申爲“核實”。《淮南子·精神》:“衆人以爲虚言,吾將舉類而實之。”高誘注:“實,明。”[⑧]《後漢書·順帝紀》:“使各實二千石以下至黄綬,年老劣弱不任軍事者,上名。”李賢注:“實謂驗實之也。”[⑨]“實”的詞義引申路徑爲:

富裕——→充實——→果實——→事實——→核實

“實核”是由“實”和“核”同義連用組合而成。《後漢書·順帝紀》:“三年春正月丙子,京師地震,漢陽地陷裂。甲午,詔實覈傷害者,賜年七歲以上錢,人二千;一家被害,郡縣爲收斂。乙未,詔勿收漢陽今年田租、口賦。”《後漢書·楊震傳附楊秉傳》:“請下司隸校尉、中二千石、二千石、城門五營校尉、北軍中候,各實覈所部,應當斥罷,自以狀言,三府廉察有遺漏,續上。”[⑩]“實覈”即“實核”。許迪盗用官米案在吴簡中是一件重大的案件,上揭牘J22-2540“重復實核”許迪盗米案,簡貳·7233、簡捌·4139和簡捌·4183亦是“實核”許迪盗米案。

---

① 胡平生:《長沙走馬樓三國孫吴簡牘三文書考證》,《文物》1999年第5期,第47頁。

② 陳順成:《走馬樓吴簡詞語研究》,北京語言大學博士學位論文,2010年,第226頁。

③ [東漢]班固:《漢書》,中華書局點校本,1962年,第1117頁。

④ [東漢]班固:《漢書》,中華書局點校本,1962年,第2286頁。

⑤ [清]阮元校刻:《十三經注疏·毛詩正義》,中華書局,1980年,第602頁。

⑥ 徐元誥:《國語集解》,王樹民、沈長雲點校,中華書局,2002年,第23頁。

⑦ [清]嚴可均校輯:《三國六朝文》,中華書局,1985年,第1882頁上。

⑧ 何寧:《淮南子集釋》,中華書局,1998年,第531頁。

⑨ [南朝宋]范曄:《後漢書》,中華書局點校本,1965年,第252—253頁。

⑩ [南朝宋]范曄:《後漢書》,中華書局點校本,1965年,第255、1772頁。

吴簡“隱核”“料核”“窮核”“實核”爲同根詞，在表示“核查”義上，四者意義相同，但各自詞義的側重點不盡相同。這一點在“許迪割米案”中表現得尤爲明顯(這4個詞在“許迪割米案”中均有出現)。前面已述“許迪割米案”是吴簡中的一件大案。許迪先是承認盜割鹽米，後又翻供，最後經過徹底核查，證實鹽米確爲許迪所盜割。側重清點與許迪相關的錢米數目是否相合時用“料核”(如簡捌·4091)，側重核實許迪供辭是否屬實時用“隱核”(如簡捌·4209、簡捌·4249、簡捌·4260)，側重徹底核查“許迪割米案”用“窮核”(如J22-2540)，一般陳述核查“許迪割米案”時用“實核”(如簡捌·4139、簡捌·4183)。

“隱核”“料核”儘管可以出現在相同的語境“輒××鄉界”中，但仔細分析簡文，可發現二者的意義不盡相同。“輒隱核鄉界”下文有“隱核人名、年紀相應”的語句與之相對應，而“輒料核鄉界”下文爲“謹列年紀以審實”與之相對應。“料核”詞義側重於清點核查，而“隱核”詞義側重於秘密、詳細地核查。

吴簡“前後”與“窮核”搭配成“前後窮核”，“盡力”“重復”與“隱核”搭配成“盡力隱核”“重復隱核”。“許迪割米案”是一件非常重大的刑事案件，務須前前後後徹查清楚，故用“前後窮核”，凸顯其徹底核查之義。“隱核”則没有徹底核查的意思。

吴簡“隱核”“料核”“窮核”“實核”在表核查義上，“實核”是通稱，“隱核”側重於秘密核查，“料核”側重於清點核查，“窮核”側重於徹底核查。“隱核”“料核”突出核查的方式，“窮核”突出核查的程度。这4個詞語的聯繫和區別可列表如下：

詞目	核查	秘密	清點	徹底
實核	+	-	-	-
隱核	+	+	-	-
料核	+	-	+	-
窮核	+	-	-	+

| 第四章 |

吴簡其他相關研究

詞彙不是孤立存在的,詞彙反映了社會、文化、歷史等諸方面。本章對與吴簡詞彙相關的幾個問題進行研究,探討了吴簡詞語的時代性和地域性,介紹了《竹簡》[肆]的新史料及其研究價值,比較了吴簡嘉禾四年、五年吏民田家莂的異同,復原了吴簡"朱表割米自首案",並將其與"許迪割米案"進行了對比研究。

一、吴簡詞語的時代性和地域性

不少學者提倡注意詞語的時代性和地域性,汪維輝更是專文探討漢語詞語的時代性和地域性。他説:"每一個詞都有其時代性和地域性,揭示詞的時代性和地域性是詞彙史學科的基本任務之一,也是正確訓釋詞義的一個重要因素。"[①]然漢語的發展源遠流長,漢語詞彙經歷了歷代的積澱和沉積,已很難弄清楚某一時代某一地域詞彙的本來面貌。因此,汪先生又説"論證詞的時代性和地域性都是難度很大的工作,地域性比時代性更難。"[②]

吴簡有字簡近8萬枚,約200萬字,内容主要是三國孫吴黄龍、嘉禾年間長沙郡下層吏民的户籍和賬簿,另有官府文書、司法文書、名刺、信札等,涉及政治、經濟、社會、法律等諸多方面。吴簡出土時代、地點明確,是特定時空環境下鮮活、珍貴的"同時資料"。吴簡中有些簡雖殘損,但其數量大,且時代、地域明確,故並不影響它在漢語詞彙史研究上的價值。吴簡爲探討孫吴時期長沙地區詞語的時代性和地域性特徵提供了絶佳的資料。負責吴簡整理工作的著名歷史學家王素曾呼籲研究者要注意吴簡的時代特性。[③]我們對吴簡詞語進行全面、系統的清理後發現,吴簡詞語

① 汪維輝:《論詞的時代性和地域性》,《語言研究》2006年第2期,第85頁。

② 汪維輝:《論詞的時代性和地域性》,《語言研究》2006年第2期,第85頁。

③ 王素:《長沙走馬樓三國吴簡時代特徵新論》,《文物》2015年第12期,第60—70頁。

確實具有鮮明、獨特的時代性和地域性。下面試從三個方面加以闡述,不足之處敬請方家批評指正。

(一)吴簡特有的詞語

吴簡中有些詞語既不見於傳世文獻,也不見於其他出土文獻,這些詞語呈現出鮮明的時代性和地域性特徵。如:

繫曹

以今年正月廿日,詣縣督繫曹遣吏張孟傳表以二月四日付臨湘録(柒·4086)

"繫曹"僅見於吴簡,不見於其他文獻。吴簡"繫曹"出現在"朱表割米自首案"中,[①]據文意,繫曹當屬縣廷列曹。"繫"有拘囚、拘禁之義,如《史記·孝文本紀》:"(十三年)五月,齊太倉令淳于公有罪當刑,詔獄逮徙繫長安。"《史記·越王句踐世家》:"種曰:'湯繫夏臺,文王囚羑里,晉重耳犇翟,齊小白犇莒,其卒王霸。'"[②]簡柒·4118"□□如牒又表以文入没溺米事今年□月廿日詣縣獄自繫",朱表到縣獄自請囚禁。"自繫"即自請囚禁之義,亦見於傳世文獻。如《史記·循吏列傳》:"石奢者,楚昭王相也。堅直廉正,無所阿避。行縣,道有殺人者,相追之,乃其父也。縱其父而還自繫焉。"[③]故"繫曹"當爲司拘囚之曹,類似於後代的獄曹,當是孫吴時期長沙地區獨具特色的曹職設置。[④]

吴簡特有的不見於其他文獻的曹屬詞語還有虞曹、船曹、保質曹、馬曹等。

---

① 參本章"四、吴簡'朱表割米自首案'整理與研究"。

② [西漢]司馬遷:《史記》,中華書局點校本,2014年,第541、2102頁。

③ [西漢]司馬遷:《史記》,中華書局點校本,2014年,第3770頁。

④ 王素曾云:"漢魏南北朝縣廷列曹的設置,各縣不盡相同,討論臨湘縣機構設置時,應充分考慮其在地理、風俗上的特殊性,臨湘屬内陸縣,從吴、蜀對峙來説又是邊疆縣,此外還處於漢、蠻混居地區和水陸交通要道,這些因素將促使一些獨具特色的曹職設置。參徐暢:《走馬樓簡所見孫吴臨湘縣廷列曹設置及曹吏》,載《吴簡研究》第三輯,中華書局,2011年,第350頁注釋③。

蕓米

其二萬一千八百卌四斛四斗六升蕓米。(肆·4122)

其一萬四百六十一斛七斗二升蕓米。(肆·4862)

其八百七十七斛一斗八升蕓米。(肆·5007)

“蕓米”僅見於吴簡,不見於其他文獻。《説文·艸部》:“蕓,艸,出吴林山。”段玉裁注:“蕓,香艸也。”《説文》“蕓”字前面是“蘭”,後面是“葰”,《艸部》:“蘭,香艸也”,又“葰,薑屬,可以香口”。根據《説文》同類事物排列在一起的體例,也可知“蕓”爲香草。《山海經·中山經》:“又東百二十里,曰吴林之山,其中多蕓草。”郝懿行箋疏:“《衆經音義》引《聲類》云:‘蕓,蘭也。’又引《字書》云:‘蕓與蕳同,蕳即蘭也。’是蕓乃香草。”[①] 故“蕓”即蘭,爲香草。《神農本草經·上品》:“蘭草一名水香。味辛,平,無毒。主利水道,殺蠱毒,辟不祥。久服益氣,輕身,不老,通神明。”[②]《本草綱目·草部·蘭草》:“【氣味】辛,平,無毒。【主治】利水道,殺蠱毒,辟不祥。久服益氣輕身不老,通神明。除胸中痰癖,生血,調氣,養營。其氣清香,生津止渴,潤肌肉,治消渴膽癉。煮水,浴風病,消癰腫,調月經。煎水,解中牛馬毒。主惡氣,香澤可作膏塗髮。”[③]“蕓”即蘭草,作爲草部上品,具有如此衆多的功效,其出現在吴簡中也就不足爲奇了。考慮到“魏晉時期,戰亂頻仍,社會生産嚴重破壞,實物交换盛行”[④],我們推測“蕓米”應是長沙郡臨湘侯國爲購買蕓草所備之米。[⑤]

吴簡特有的不見於其他文獻的米類詞語還有:“魚賈米”“池賈米”“醬賈米”“種賈米”“皮賈米”“牛價米”“擿米”“没溺米”“攻捕米”“盈米”“小溪僦米”“折咸米”“秏咸米”“肉醬米”“吴平斛米”“臨居米”“種粻米”“加臧米”“盈湎米”“過湎米”“没入米”“僦米”“雜僦米”“餘力米”“品布米”等。

---

① 袁珂校注:《山海經校注》,上海古籍出版社,1980年,第120頁。

② 馬繼興主編:《神農本草經輯注》,人民衛生出版社,2013年,第79頁。

③ [明]李時珍:《本草綱目》(校點本第2版),人民衛生出版社,2004年,第905頁。

④ 黄惠賢、陳鋒主編:《中國俸禄制度史·前言》(修訂版),武漢大學出版社,2005年,第5頁。

⑤ 謝翠萍、王保成二先生則認爲“蕓米”是“穛米”,指早熟而少黏性的稻谷。參謝翠萍:《釋“�粻”與“蕓米”》,載《勵耘語言學刊》2014年第2輯,第200—201頁;謝翠萍、王保成:《説三國吴簡中的“秫粻”與“蕓米”》,《考古與文物》2017年第6期,第59頁。

奉鮭錢

五月奉鮭錢☐(叁·7353)

☐夏雙五年九月奉鮭錢其月十五日☐(叁·7355)

"奉鮭錢"僅見於吴簡,不見於其他文獻。指孫吴官俸制度中以"奉(俸)米"爲月俸的一種補充,是一種雜俸,是政府向每一位官員發放的購買魚菜之錢。[①]

吴簡特有的不見於其他文獻的錢類詞語還有:"鋘錢""鋘賈錢""官鋘錢""何黑錢""陶租錢""綯租錢""柚租錢""八億錢""除龍錢""除龍行錢""除散錢""皮賈錢""金行錢""估具錢""懸空錢""楯錢""餱錢""歲錢""地僦錢"等。

餘力田

中唫丘郡吏李晟,田卅七町,凡一頃廿畝。其八十畝,皆二年常限。其十八畝旱敗不收,畝布六寸六分。定收廿二畝,畝收米一斛二斗,凡爲米廿六斛四斗。畝收布二尺。其卌畝餘力田。其卅畝旱敗不收,畝收布六寸六分。定收十畝,畝收米四斗五升六合,凡爲米四斛五斗六升。(4·114)

中鄉領餘力田五頃七十六畝,收租米二百廿六斛八斗。(叁·6272)

"餘力田"僅見於吴簡,不見於其他文獻。因資料匱乏,"餘力田"的含義目前學界尚無定論。主要有以下幾種觀點:

整理者認爲:"餘力田,大概是田家'行有餘力'而自行開墾的荒地。"[②]王子今認爲,餘力田即爲餘夫之田。[③]于振波認爲:"'餘力田'是指在完成常限田的生産之外,有餘力者可申請多種,且租税率比常限田低。"[④]

---

① 莊小霞:《走馬樓吴簡所見"奉鮭錢"試解——兼論走馬樓吴簡所反映的孫吴官俸制度》,載《簡帛研究二〇〇八》,廣西師範大學出版社,2010年,第272—273頁。

② 走馬樓簡牘整理組編:《長沙走馬樓三國吴簡·嘉禾吏民田家莂》(上),文物出版社,1999年,第71頁。

③ 王子今:《試釋走馬樓〈嘉禾吏民田家莂〉"餘力田"與"餘力火種田"》,載《吴簡研究》第一輯,崇文書局,2004 年,第116頁。

④ 于振波:《走馬樓吴簡所見佃田制度考略》,載《走馬樓吴簡初探》,文津出版社,2004年,第22頁。

吴簡特有的不見於其他文獻的田地詞語還有:"火種田""餘力火種田""生田""楽田""二年常限"等。

此外,吴簡特有的不見於其他文獻的詞語還有:"中妻""文入""科正""亟促""枯兼""胄畢""僦畢""正領""定領""定見""絞促""割用""對封""具封""定收""集凡""料列""料核""草刺""要簿"等。

(二)雖見於其他文獻、但在吴簡中有特殊含義的詞語

吴簡有些詞語雖亦見於其他文獻,但在吴簡中有特殊的含義,體現出很强的時代性和地域性特徵。如:

稅田

龍丘男子何高,佃田卌町,凡一頃卌二畝,其一頃廾二畝二年常限。其八十二畝旱敗不收布。其十畝餘力田,爲米四斛,定收稅田五十畝,爲米六十斛,凡爲米六十四斛。(5·963)

☑□十畝郡縣吏張□、郭宋二人稅田,收米☑(叁·6992)

"稅田"見於其他文獻。如《里耶秦簡》簡8-1519:"遷陵卅五年貇田輿五十二頃九十五畝,稅田四頃□□,户百五十二,租六百七十七石。"《張家山漢簡·算數書》簡68:"稅田廿四步,八步一斗,租三斗。今誤券三斗一升,問幾何步一斗。"《晉書·成帝紀》:"六月癸巳,初稅田,畝三升。"這裏"稅田"的含義均是應稅之田。[1]據吴簡,"稅田"是指按畝收米一斛二斗繳米之田,如簡5·963五十畝稅田,爲米六十斛,則畝收米一斛二斗。[2]其他文獻"稅田"與吴簡"稅田"的意義所指不同。吴簡"稅田"僅是應稅之田中的按畝收米一斛二斗繳米的田地。其他文獻"稅田"是吴簡"稅田"的上位詞,其外延比吴簡"稅田"的外延大。

---

① 參陳偉主編:《里耶秦簡牘校釋》(第一卷),武漢大學出版社,2012年,第347頁;彭浩:《談秦漢數書中的"輿田"及相關問題》,武漢大學簡帛網, http://www.bsm.org.cn/show_article.php? id=1281,2010年8月6日。

② 關於吴簡"稅田"的詳細闡述,參陳榮傑:《走馬樓吴簡佃田、賦稅詞語研究》,人民出版社,2016年,第77—79頁。

租田

湛龍丘州吏黄興,佃田八町,凡六十畝,其卌畝二年常限租田。爲米十八斛二斗四升。(4·397)

其卌畝郡吏董誦租田,收米卅斛二斗四升。(叁·2027)

"租田"見於其他文獻。如《全唐詩·周賀〈送韓評事〉》:"罷官餘俸租田種,送客回舟載石歸。"[①]《宋史·食貨志上一》:"户部以三議切當,但工力浩瀚,欲曉有田之家,各依鄉原畝步出錢米與租田之人,更相修築,庶官無所費,民不告勞。從之。"[②]紀昀《閲微草堂筆記·姑妄聽之四》:"常山峪道中加班轎夫劉福言:長姐者,忘其姓,山東流民之女。年十五六,隨父母就食於赤峰,租田以耕。"[③]這裏的"租田"指租佃田地,與"佃田"同義。吴簡"租田"則是"佃田"的下位詞,如簡4·397佃田六十畝,租田僅占卌畝。我們認爲,吴簡"租田"是指享受二年常限田繳米定額優惠的田,餘力田、火種田、餘力火種田等收米定額不同於税田的定收田,租田爲具有一定優惠性質的田。[④]吴簡"租田"不同於後世文獻"租田"的含義。後世文獻"租田"指租佃田地,與"佃田"同義,而吴簡"租田"僅是"佃田"的一部分,是"佃田"的下位詞。

税米

石下丘男子劉方,田十町,凡廿四畝,皆二年常限。其十二畝旱敗不收,畝收布六寸六分。定收十二畝,畝收税米一斛二斗,爲米十四斛四斗。(4·204)

入東鄉三年税米二斛,冑畢。⊠嘉禾元年十月廿五日,渚吴丘番領付三州倉吏谷漢受。(叁·3593)

"税米"見於其他文獻。如《晉書·食貨志》:"成帝始度百姓田,取十分之一,率畝税米三升。"[⑤]《漢語大詞典·禾部》:"税米即租米。"《説文·禾部》:"租,田賦也",又

---

① 中華書局編輯部點校:《全唐詩》(增訂本),中華書局,1999年,第5770頁。

② [元]脱脱等:《宋史》,中華書局點校本,1977年,第4175頁。

③ [清]紀昀:《閲微草堂筆記全譯》,汪賢度校點,邵海清等譯,上海古籍出版社,2017年,第1233頁。

④ 陳榮傑:《走馬樓吴簡"租田"及相關問題》,《中國農史》2013年第2期,第38—44頁。

⑤ [唐]房玄齡等:《晉書》,中華書局點校本,1977年,第792頁。

"税,租也"。《廣雅·釋詁二》:"租,税也。"《史記·張釋之馮唐列傳》:"李牧爲趙將居邊,軍市之租皆自用饗士,賞賜決於外,不從中擾也。"司馬貞索隱:"謂軍中立市,市有税。税即租也。"[①]傳世文獻"税"和"租"意義相同,"税米"和"租米"的意義也相同,都是指田賦。吴簡"税米"與"租米"的意義不同,"税米"指耕種"税田"所繳納之米,畝收米一斛二斗,如簡4·204。[②]吴簡"税米"和傳世文獻"税米"的意義不同,僅是傳世文獻"税米"的下位詞。

租米

上和丘軍吏謝盛,佃田卅一町,凡七十五畝。其卅八畝旱敗不收布。定收卅七畝。其卅二畝二年常限,畝收米一斛二斗,凡爲米卅八斛四斗。其五畝餘力,收租米二斛。(5·47)

右樂鄉入民所貸食三年租米一斛五斗。(壹·5161)

"租米"見於其他文獻。如《後漢書·安帝紀》:"癸酉,調揚州五郡租米,贍給東郡、濟陰、陳留、梁國、下邳、山陽。"[③]《舊唐書·玄宗紀上》:"是秋,六十三州水,十七州霜旱;河北饑,轉江淮之南租米百萬石以賑給之。"《舊唐書·裴耀卿傳》:"租米則各隨遠近,任自出腳送納東都。"[④]傳世文獻"租米"義爲向官府繳納的田賦,與傳世文獻"税米"同義。吴簡中的"租米"則與"税米"意義有别,指凡繳米定額低於畝收米一斛二斗之米,即耕種"租田"所繳納之米。吴簡"税米"和"租米"僅是傳世文獻"税米(租米)"的下位詞。爲更清楚地説明問題,圖示如下:

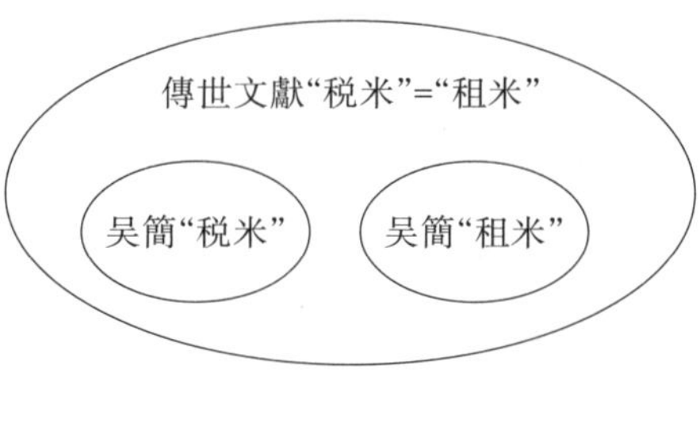

① [西漢]司馬遷:《史記》,中華書局點校本,2014年,第3337—3338頁。

② 吴簡"税米"和下文"租米""限田"的闡述參陳榮傑:《走馬樓吴簡佃田、賦税詞語研究》,人民出版社,2016年,第152、163、79頁。

③ [南朝宋]范曄:《後漢書》,中華書局點校本,1965年,第208頁。

④ [後晉]劉昫:《舊唐書》,中華書局點校本,1975年,第191、3081頁。

吴簡類似見於其他文獻,但在吴簡中有特殊含義的詞語還有不少。又如“限田”,《漢語大詞典·阜部》:“限田,限制私人占有田地數量。《漢書·食貨志上》:‘古井田法雖難卒行,宜少近古,限民名田,以澹不足,塞并兼之路。’顔師古注:‘名田,占田也。各爲立限,不使富者過制,則貧弱之家可足也。’《宋史·食貨志上一》:‘上書者言賦役未均,田制不立,因詔限田……而任事者終以限田不便,未幾即廢。’”吴簡“限田”則指繳納限米之田,其畝租額高於一斛二斗,與傳世文獻“限田”意義不同。又如“保據”,《漢語大詞典·人部》:“保據,占據。《三國志·蜀書·楊戲傳》:‘驃騎奮起,連横合從,首事三秦,保據河潼。’《資治通鑒·晉懷帝永嘉五年》:‘石勒謀保據江、漢,參軍都尉張賓以爲不可。會軍中飢疫,死者太半,乃渡沔,寇江夏。’”吴簡多見“破莂保據”,如牘J22-2543“嘉[禾]四年八月廿六日破莂保據”,簡叁·1100“☐破莂保據曹□□□□☐”等。吴簡“保據”義爲保留證據,與傳世文獻“保據”意義不同。

(三)首見於吴簡、後世文獻亦有使用的詞語

有些詞語首見於吴簡,其意義後世文獻中亦有使用。如:

窮核

> 録事掾潘琬叩頭死罪白:過四年十一月七日,被督郵勑,考實吏許迪。輒與核事吏趙譚、都典掾烝若、主者史李珠,前後窮核考問。迪辭:賣官餘鹽四百廿六斛一斗九升八合四勺,得米二千五百六十一斛六斗九升已。二千四百卌九斛一升,付倉吏鄧隆、榖榮等。餘米一百一十二斛六斗八升,迪割用飲食不見。爲廖直事所覺後,迪以四年六月一日,偷入所割用米畢,付倉吏黄瑛受。前録見都尉,知罪深重,詣言:不割用米。重復實核,迪故下辭,服割用米。審前後搒押迪凡百卅下,不加五毒,據以迪今年服辭結罪,不枉考迪。乞曹重列言府。傳前解,謹下啓。琬誠惶誠恐,叩頭死罪死罪。
>
> 若(濃墨草書)　　　　二月十九日戊戌白(J22-2540)[①]

“窮核”,《漢語大詞典》未收。《説文·穴部》:“竆,極也。”邵瑛群經正字:“今經典作窮。蓋‘躳’字《説文》或體作‘躬’,經典‘窮’字從或體‘躬’也。漢隸亦時有之。

① 釋文引自王素、宋少華:《長沙吴簡〈録事掾潘琬白爲考實吏許迪割用餘米事〉釋文補正》,《文史》2015年第1輯,第280—281頁。

《五經文字》窮、窮同。"“窮”由極點引申爲徹底推求。《顔氏家訓·書證》:“大抵服其爲書,隱括有條例,剖析窮根源。”[①]《漢書·張湯傳》:“(張湯)及治淮南、衡山、江都反獄,皆窮根本。”“核”有核對、考查義。《漢書·刑法志》:“其審核之,務準古法,朕將盡心覽焉。”顔師古注:“核,究其實也。”[②]“窮核”由“窮”和“核”兩個語素組合而成,義爲徹底核查,始見於吴簡,其意義後世文獻亦有使用。

小父

> 窗小父喜年六十一,喜妻通年卌一。(柒·2985)
>
> 曹小父杜年七十一,踵足。(柒·4983)
>
> 思小父區客年卅二,刑左足。(肆·881)
>
> 愓小父桃年六十。(肆·892)

“小父”爲父親的幼弟,始見於吴簡,其意義後世文獻亦有使用。後世文獻“小父”最早見於宋代,如《漢語大詞典》引王安石《寄吴氏女子》:“自吾捨汝東,中父繼在廷。小父數往來,吉音汝每聆。”

應役

> 其二户口食四人,新民應役户。(貳·241)
>
> 領應役民廿六户。(貳·617)
>
> 凡領應役民卌户。(肆·767)
>
> 定領應役民五户。(肆·792)

“應役”爲受徵召服勞役,始見於吴簡,其意義後世文獻亦有使用。後世文獻最早見於唐代,如《唐律疏議·名例律》卷四:“仍各於配所役三年,通前犯流應役一年,總役四年。”[③]

---

① 王利器:《顔氏家訓集解》(增補本),中華書局,2013年,第615頁。

② [東漢]班固:《漢書》,中華書局點校本,1962年,第2640、1103—1104頁。

③ [唐]長孫無忌等:《唐律疏議》,劉俊文點校,中華書局,1983年,第79頁。

捐除

⧄□今年正月一日訖十二月卅日爲錢六千應捐除名。(貳·7601)

⧄正月訖十二月卅日□數應捐除名簿。(貳·7607)

⧄病屋壞敗,他<地>上無人居止,錢無所收責,乞捐除,汝起今 (貳·7619)

"捐除"爲棄除。簡文多指因客觀原因而放棄。[①]"捐除"始見於吴簡,後世文獻亦有使用,且意義範圍擴大,不僅僅指因客觀原因而放棄。後世文獻最早見於宋代,如李心傳《建炎以來繫年要録》卷七十三:"紹興四年二月辛巳朔……如上件金銀絹,未可捐除,即乞嚴戒州縣,捨簇官錢和買,不得于人户名下科配。"[②]

從姪

鳴從姪魯年十一。(肆·777)

□從姪彭石年廿七,腹心病。(捌·88)

壽從姪朱餘年九歲。(捌·1220)

"從姪"爲從兄弟之子,始見於吴簡,其意義後世文獻亦有使用。後世文獻最早見於北魏,如《魏故胡昭儀墓誌銘》:"散騎常侍征虜將軍都督并州諸軍事使持節并州刺史陰槃伯樂世之女。宣武皇帝崇訓皇太后之從姪。"[③]

桑税

入□鄉二年桑税綿二斤…(叁·6297)

入□鄉二年桑税綿二斤一兩二銖。(叁·6299)

入西鄉二年桑税綿一斤三銖。(叁·6487)

"桑税"爲植桑而繳納的賦税,始見於吴簡,其意義後世文獻亦有使用。後世文獻"桑税"一詞至清代纔見。[清]畢沅《續資治通鑑·宋紀》卷九:"六月,乙未,以保安

① 李均明:《走馬樓吴簡會計用語叢考》,載《出土文獻研究》第七輯,上海古籍出版社,2005年,第144頁。

② [宋]李心傳:《建炎以來繫年要録》,胡坤點校,中華書局,2013年,第1395—1396頁。

③ 趙超:《漢魏南北朝墓誌彙編》,天津古籍出版社,1992年,第209頁。

等縣有黑蟲夜食桑葉，免其桑税。"[①]吴簡"桑税"的出現，使歷史上桑税的繳納至遲提前至三國時期。

始見於吴簡，其意義後世文獻亦有使用的詞語還有：郵卒、姪男、女姪、染病、集所、人工、覆驗、姪聟、外父等。

吴簡發現迄今已20餘年，除相關釋文公布之初，學者們對一些吴簡特有詞語的詞義進行考釋外，從語言學、詞彙學的視角對吴簡詞語進行研究的成果非常少。然吴簡作爲中古時期真實、可靠的語料，其詞語有明顯的時代性和地域性特徵，在漢語詞彙史研究上應具有不容忽視的價值和意義。我們僅從吴簡特有的詞語，見於其他文獻、吴簡有特殊含義的詞語，首見於吴簡、後世文獻亦有使用的詞語三個方面探討了吴簡詞語的時代性和地域性特徵，意在抛磚引玉，以期更多學者從漢語詞彙史的角度對吴簡詞語進行關照。

二、吴簡《竹簡》[肆]的新史料及價值

吴簡主要是有關賦税和户籍的簡，《竹簡》[肆]除仍以賦税和户籍爲主外，尚有不少鮮見於前三卷《竹簡》的新史料。這些新史料爲相關問題的進一步研究，爲畜牧史、人口史等相關方面的研究提供了罕見的、真實的第一手資料。爲使研究者全面了解《竹簡》[肆]中的新史料及其研究價值，故略陳於下，以供研究者參考。

(一)有關"私學"的新史料

吴簡"私學"的研究已成爲當前學界的一個熱點，[②]學者們對"私學"的研究多依

① ［清］畢沅：《續資治通鑒》，中華書局，1957年，第215頁。

② 學界有不少學者曾參與到吴簡"私學"的研究、討論中，如胡平生：《長沙走馬樓三國孫吴簡牘三文書考證》(《文物》1999年第5期)、《讀長沙走馬樓簡牘劄記(二)(《光明日報》2000年4月7日)，王素：《長沙走馬樓三國孫吴簡牘三文書新探》(《文物》1999年第9期)、《"私學"及"私學弟子"均由逃亡户口産生》(《光明日報》2000年7月21日)，侯旭東：《長沙三國吴簡所見"私學"考——兼論孫吴的占募與領客制》(《簡帛研究二〇〇一》，廣西師範大學出版社，2001年)，于振波：《走馬樓吴簡之"私學"身份考述》(《大學教育科學》2005年第5期)，王子今、張榮强：《走馬樓簡牘"私學"考議》(《吴簡研究》第二輯，崇文書局，2006年)，王素、宋少華：《長沙走馬樓三國吴簡的新材料與舊問題——以邸閣、許迪案、私學身份爲中心》(《中華文史論叢》2009年第1期)，李迎春：《走馬樓簡牘所見"私學"身份探析》(《考古與文物》2010年第4期)，鄧瑋光：《走馬樓吴簡所見"私學"考》(《東南文化》2010年第3期)，代冰華：《吴簡與孫吴私學研究》(鄭州大學碩士學位論文，2011年)，李恒全：《走馬樓三國孫吴簡牘"私學"考論》(《南京師大學報》社會科學版2012年第4期)，凌文超：《走馬樓吴簡舉私學簿整理與研究——兼論孫吴的占募》(《文史》2014年第2辑)，等等。

據吴簡的三枚木牘[1]和《竹簡》[壹]、[貳]、[叁]中有關私學的零星資料和傳世文獻中有關私學的記載。《竹簡》[壹]、[貳]、[叁]中有關私學的資料多是繳納"私學限米"的信息，材料比較單一，而《竹簡》[肆]則披露了不少有關"私學"的新史料。如：

> 都市掾潘羜叩頭死罪白：被曹敕，推求私學南陽張游，發遣詣屯言，案文書輒推問游外王母大女戴。取辭：游昔少小，隨姑父陳密在武昌，密以(於)黄龍元年被病物故。游轉隨姊聟州吏李恕。到今年六月三日游來(?)□取家。其月十三日，游隨故郭將子男欽□到始安縣讀書，未還。如取辭□曹列言□南部追□發遣□詣大屯，又游無有家屬應詔課者。謹列言。羜誠惶誠恐叩頭死罪死罪。
>
> 詣　户　曹
>
> 十一月十五日辛丑白(肆·4550(1))

此牘"發遣"之"遣"字據圖版應爲"遣"字，圖版作""，很清晰，爲"遣"而非"遺"。"發遣"意爲派遣、差遣。《後漢書·明帝紀》："是歲，發遣邊人在内郡者，賜裝錢人二萬。"顏之推《顏氏家訓·省事》："或有諠聒時人視聽，求見發遣。"[2]"發遺"不辭。"聟"同"壻(婿)"，《干禄字書·去聲》："聟"，"壻的俗字"。《禮記·昏義》："壻執雁入。"陸德明釋文："壻，字又作聟，女之夫也。"[3]"姊聟"即姐夫。此牘爲上行文書。大意爲都市掾潘羜奉户曹之命，追究私學南陽張游(的檔案)。依據文書輒審問張游的外祖母大女戴。大女戴交代説：張游過去年幼時，跟隨其姑父陳密在武昌，陳密於黄龍元年(229)因病去世。張游又轉隨其姐夫州吏李恕。到今年六月三日張游來取家。六月十三日，張游跟隨故郭將子男欽□到始安縣讀書，没有歸還。此牘對私學南陽張游的過去經歷進行了詳細的記述，對吴簡"私學"問題的進一步深入研究具有重要作用。

① 即J22-2617，J22-2695，J22-2540，參走馬樓簡牘整理組編：《長沙走馬樓三國吴簡·嘉禾吏民田家莂》，文物出版社，1999年，第34頁。

② 王利器：《顏氏家訓集解》(增補本)，中華書局，2013年，第403—404頁。

③ [清]阮元校刻：《十三經注疏·禮記正義》，中華書局，1980年，第1680頁。

又如：

私學黄客，狀：客本正户民⧄（肆·3943）

⧄長沙烝陽，年卌。狀：陽白衣，居臨 湘小武陵鄉壇埣丘。（肆·3956）

⧄長沙黄□，年廿六。狀：□白衣，居臨湘都鄉吴溏丘。帥龔傳無有□（肆·3979）

私學汝南陳苗，年廿。狀：苗白衣，居長沙縣□⧄（肆·3982）

私學南陽□公，年十七。狀：□白衣，居臨 湘⧄（肆·3986）

□□長沙李俗，年廿。狀：俗白衣，居臨湘東鄉茗上丘。帥鄭各主（肆·3991）

⧄武陵梁□，年十八。狀：□白衣，居臨湘…（肆·3992）

私學長沙劉廣，年卅七。狀：廣白衣，居臨湘桑鄉□⧄（肆·4009）

私學長沙烝桌，年卅。狀：桌白衣，居臨湘東鄉□丘。帥烝□主□送兵户（肆·4078）

⧄私學長沙文主，年十□。狀：主白衣，居臨湘 邑下⧄（肆·5209）

私學長沙盧竈，年□。狀：竈白衣，居臨湘桑鄉□⧄（肆·5211）

私學長沙鄭狗，年□。狀：狗白衣，居臨湘樂鄉□□丘。帥黄…（肆·5225）

私學長沙陳風，年卌四，狀：風白衣，居臨湘模鄉利州丘。有户（肆·5226）

上揭諸簡，若“私學”爲本地正户民，則記録較爲簡略，没有記録私學的居住地及年齡，如簡肆·3943。若“私學”非本地人，則記録較爲詳細，不僅記録了“私學”的姓名、年齡，還記録了私學的現居住地及籍貫等信息。這些鮮見於前三卷《竹簡》的新史料，爲吴簡私學的研究提供了新的資料。王素、宋少華《長沙走馬樓三國吴簡的新材料與舊問題——以邸閣、許迪案、私學身份爲中心》和李恒全《走馬樓三國孫吴簡牘“私學”考論》依據李均明等披露的“私學”的零星史料①，對吴簡“私學”問題進行了新的研究。《竹簡》[肆]“私學”新史料的大量刊布，將推動吴簡“私學”問題的進一步深入研究。

① 王素、宋少華：《長沙走馬樓三國吴簡的新材料與舊問題——以邸閣、許迪案、私學身份爲中心》，《中華文史論叢》2009年第1期，第1—26頁；李恒全：《走馬樓三國孫吴簡牘“私學”考論》，《南京師大學報》(社會科學版)2012年第4期，第48—54頁。

(二)有關“牛籍”的新史料

吴簡有關牛籍的簡不見於《竹簡》[壹]和[貳],《竹簡》[叁]僅一例,即簡叁·7335:“董□牛一頭齒五歲六月日左角長七寸⋯”,此簡爲殘簡,能給我們帶來的信息相當有限。而《竹簡》[肆]則提供了豐富的有關牛籍的新史料,據統計共約32枚。

有牛籍的標題簡,介紹官牛登記時的必備事項。如:

臨湘謹列官領(?)牛頭數齒色養者數簿。(肆·1435)

吴簡牛籍一般需具體登記每頭牛的基本信息,每枚簡必須登記牛的毛色、性別、數量、年齡、角長及飼養者。如:

黄牯牛一頭,齒二歲一月日,左角長一尺,民婁道養。(肆·1388)

黄牸牛一頭,齒四歲二月□日,左角長六寸,民謝佑養。(肆·1390)

黄牯牛一頭,齒四歲七月日,左角長一尺。民婁道養。(肆·1439)

黄牯牛一頭,齒四歲四月廿日,左角長一尺五寸,民胡□養。(肆·1440)

黄牯牛一頭,齒四歲六月日,左角長八寸,民□⧄(肆·1442)

黄牸牛一頭,齒三歲,左角長九寸,民王吴養。(肆·1445)

烏栗牸牛一頭,齒十七歲十月日,左角長一尺二寸,民□□□(肆·1446)

有些牛籍還記録了牛毛色中雜有其他顔色、能承擔耕作任務等特點。如:

黄牸牛一頭,齒四歲五月廿日,左角長七寸,變烝栗色,民吕尾養。(肆·1447)

黄牯牛一頭,齒三歲九月日,左角長八寸,變烏色,民□⧄(肆·1427)

黄牯牛一頭,齒四歲月日,左角長一尺,變烝栗色,任耕,民謝張養。(肆·3594)

黄牸牛一頭,齒三歲,角長□□,盲左目,民謝使養。(肆·1413)

有些牛籍除具備以上信息外,還詳細記録了飼養者的情况,變换飼養者及爲何變换都記録得非常清楚。如:

黄牸牛一頭,齒九歲一□□,左角長一尺二寸,本趙可牛,可被病物故,差民唐定養。(肆·1450)

黄牸一頭齒,五歲九月日,左角長九寸,變烝栗色,任耕,本趙可牛,可被病物故,差民陳成養。(肆·1451)

黄牯牛一頭,齒六歲四月,左角長一尺,變烏色,任耕,本蔡長牛,差民張客養。(肆·1444)

有些牛籍還登記有時間。如:

嘉禾二年七月卅日,黄牸犢一頭,齒六月一日,左角長一寸,民王龍養。(肆·1392)

嘉禾二年五月十日,黄牸犢牛一頭,齒二歲八月日,左角長二寸一分,本蔡可牛,可物故,差民謝□養。(肆·1412)

嘉禾三年四月二日字,黄牯犢一頭,齒一歲六月卅日,左角長四寸,變栗佐色,民吕民養。(肆·1417)

"牛"對於農耕社會來説是非常重要的生産資料,農業耕作、交通運輸皆依賴之,其對封建政府的意義也是顯而易見的。由上揭諸簡可知,孫吴時期對牛的管理極爲嚴格,每頭牛的情況都有詳細記録,連牛的左角長及其飼養者都必須登記在册。

居延漢簡中明確出現了"牛籍"一詞,見簡36.2:"十五日令史官移牛籍大守府求樂不得樂吏毋告劾亡滿三日五日以上",且居延漢簡中亦有牛籍的具體記録:

力牛一,黑,特,左斬,齒八歲,絜七尺八寸。(491.8)

牛一,黑,牡,左斬,齒三歲,久左□▨(510.28)

牛一,黑,特,左斬,齒八歲,絜七尺三寸▨(517.14)

牛一,黑,牝,白頭,左斬,齒四歲(512.6)

這些牛籍記録了牛的數量、毛色、性别、年齡等信息。據沈元研究,這些牛都是耕牛。[①]

---

① 沈元:《居延漢簡牛籍校釋》,《考古》1962年第8期,第426—428頁。

吴簡牛籍與居延漢簡牛籍都記録了牛的毛色、性别、數量、年齡,但表述方式卻有同有異,二者均用“齒×歲”表示年齡,而吴簡用牯、狩指稱牛的性别,居延漢簡用牡(特)、牝指稱牛的性别。吴簡不僅記録了牛的年齡還記録了牛的左角長度及其飼養者等情況。

《竹簡》[肆]牛籍簡的出現展現了吴簡新的内容,真實地反映了孫吴時期官府對牛的管理狀況,爲畜牧史等相關學科的研究提供了鮮活、寶貴的史料。

(三)有關“生口”的新史料

“生口”即“活口”“活人”,文獻所見爲奴隸或戰争俘獲的俘虜。吴簡《竹簡》[貳]和[叁]不見有關“生口”的資料,《竹簡》[壹]僅有三枚有關“生口”的殘簡。[①]《竹簡》[肆]則有許多有關“生口”的新史料,既有買入“生口”的史料,又有賣出“生口”的史料。如:

領郎中王毅所買生口,賈錢二萬七千三百六十五錢。(肆·1213)

領督軍糧都尉陳□所買生口,賈錢四萬五百九十。(肆·1216)

□□吏石欣買嘉禾三年慶生口小男□⧄(肆·3990)

⧄士文錢賣女生口易,直錢四萬,嘉禾六年正月廿□日貸(?)男子唐調收中外做具錢八千。(肆·1759、1760)

大女依汝賣女生口葉,直錢六萬,嘉禾六年正月廿日貸男子富運收中外做具錢九(?)千。(肆·1761、1762)

大女劉佃賣男生口得,直錢五萬,嘉禾六年三月廿八日□縣吏□□收中外做(肆·1763)

吴簡所見“生口”有男、有女,如簡肆·1759、簡肆·1761爲女生口,簡肆·3990、簡肆·1763爲男生口,其中簡肆·3990爲未成年的男生口。吴簡買賣“生口”是合法的,但必須納税,即簡文之“收中外做具錢”。此“做”字我們懷疑應爲“估”字,簡肆·

① 即:⧄□人爲生口送大屯事對封府督郵　二月廿日謝□兵 曹 吏⧄(壹·1002)、⧄右入故 郡吏□□生口錢一萬(壹·2756)、⧄入故吏謝進所備生口大女萬汝錢七 百 六 十八子五百[illegible]嘉禾二年七月十四日大女謝汝付主庫吏般連受(壹·2844),這三枚簡均是殘簡,所能呈現的信息相當有限。

1763(1)即有“收中外估具錢”,其中“估”字非常清楚,圖版作“”,而簡肆·1760、簡肆·1761和簡肆·1763之“做具錢”的“做”字,圖版均不很清楚。同樣的語境,卻一作“做”,一作“估”,且“做”字在文獻中出現較晚,故我們認爲此三簡之“做”字極可能亦是“估”字。[①]“估具錢”即“估税”。《晉書·甘卓傳》:“(甘)卓外柔内剛,爲政簡惠,善於綏撫,估税悉除,市無二價。”[②]

據《竹簡》[肆],私自買賣生口而不納税,是必須追究税款的。如:

> 都市史唐玉叩頭死罪白:被曹勅,條列起嘉禾六年正月一日訖三月卅日吏民所私賣買生□者收責估錢。言:案文書,輒部會郭客料實。今客辭:男子唐調、雷逆、郡吏張橋各私買生口合三人,直錢十九萬,收中外估具錢一萬九千。謹列言,盡力部客收責送調等錢,傳送詣庫。復言。玉誠惶誠恐叩頭死罪死罪。
>
> 詣金曹
>
> 四月七日白(肆·1763(1))

此牘“生□者”之“□”實爲“口”字,圖版作“”,很清楚。整理者釋爲未識字,不確。此牘爲上行文,市吏唐玉向上級彙報追討有關私自買賣生口税款的事宜。大意爲:市吏唐玉接到曹勅的指示,條列嘉禾六年正月一日到三月卅日吏民私自買賣生口應追討估錢者。依據文書,由郭客負責清點查實。郭客查實的結果是:男子唐調、雷逆、郡吏張橋各私買生口共三人,值錢十九萬,應收税錢一萬九千。郭客追討到的税錢已送往庫。此簡真實地展現了孫吴時期買賣人口必須納税的狀況。

《竹簡》[肆]有關“生口”的新史料,給我們展現了三國時期孫吴買賣生口的真實情況,這些史料鮮見於其他文獻,具有重要的研究價值。

---

① 李均明認爲:“‘做’字未見於早期字書,當通‘估’。”參李均明、王昕:《〈長沙走馬樓三國吴簡〉竹簡[四]内容解析八則》,載《出土文獻研究》第八輯,上海古籍出版社,2007年,第189頁。

② [唐]房玄齡等:《晉書》,中華書局點校本,1977年,第1863頁。

(四)有關“户品出錢”的新史料

前三卷《竹簡》時見“户品出錢”簡。其中,故户上品出錢一萬二千,故户中品出錢八千,故户下品出錢四千四百,新户中品出錢九千,新户下品出錢五千五百九十四。①按照故户出錢分爲上、中、下三品,新户出錢亦應分爲上、中、下三品,但前三卷《竹簡》唯獨不見新户上品出錢的情况。而《竹簡》[肆]則有新户上品出錢的簡,如:

> 模 鄉大男黄欽新户上品出錢一萬三千,臨湘侯相,嘉禾五年十二月十八日,模鄉典田掾烝若白。(肆·1382)

《竹簡》[肆]新史料的出現,確證吴簡新户出錢亦分爲上、中、下三品,新舊户各品之間相差一千錢左右。

三國時期史料匱乏已是不争的事實,吴簡的出土彌補了史料不足的缺憾,具有重大的研究價值。吴簡的主體是賦税和户籍,故吴簡對於研究孫吴時期的經濟、户籍具有重要價值。但吴簡材料豐富,還涉及了很多其他方面的内容。如《竹簡》[肆]“私學”簡的新史料,對進一步釐清吴簡“私學”的含義具有重要作用;牛籍簡的新史料,對孫吴時期牛的管理狀况以及畜牧史的研究具有重要幫助;“生口”簡的新史料,爲中古時期人口史的研究提供了重要素材;“户品出錢”簡的新史料,對孫吴户品及其所繳納賦税的研究具有重要作用。

三、吴簡嘉禾四、五年吏民田家莂比較研究

《田家莂》共收2141枚簡,其中嘉禾四年782枚,嘉禾五年1269枚,無年份標識的90枚。《田家莂》記録了孫吴嘉禾四年、五年長沙地區吏民租種國有土地和繳納租税的情况。自《田家莂》公布以來,學界多有研究,這裏擬從租税率、佃户身份、田

① 如:都鄉男子朱敬故户上品出錢一萬二千侯 相 ☑(壹·172正);
都鄉男子蔡得故户中品出錢八千侯相☑(叁·716正);
都鄉郡卒張仲故户下品出錢四千四百侯相☑(貳·6753正);
都鄉男子許靖新户中品出錢九千侯相……年五月十二日典田□□(貳·2943正);
都鄉大男□□新户下品出錢五千五百九十四侯相……☑(貳·2945正)。

地性質和所涉吏員及其他五個方面，對四年、五年吏民田家莂進行比較研究。

(一)租稅率比較研究

關於四年、五年田家莂租稅率的不同，《田家莂》解題已有所介紹，因是四年、五年田家莂最顯著的區别，且下文的討論多有涉及其租稅率，故有必要進一步詳細地對四年、五年田家莂租稅率進行比較研究。四年、五年田家莂所繳納租稅均分爲米、布、錢，但其租稅率不盡相同：五年二年常限熟田畝收米一斛二斗，與四年同；五年餘力熟田畝收米四斗，與四年畝收米四斗五升六合異；五年二年常限、餘力田旱田均不收米，與四年同；五年二年常限與餘力田熟田畝收布二尺，與四年同；五年二年常限與餘力田旱田均不收布，與四年旱田畝收布六寸六分異；五年二年常限與餘力田熟田畝收錢八十，與四年熟田畝收錢七十異；五年二年常限與餘力田旱田均不收錢，與四年旱田畝收錢三十七異。詳見下表：

年代	二年常限田定額						餘力田定額					
	熟田			旱田			熟田			旱田		
	米	布	錢	米	布	錢	米	布	錢	米	布	錢
四年	1.2	2	70	0	0.66	37	0.456	2	70	0	0.66	37
五年	1.2	2	80	0	0	0	0.4	2	80	0	0	0

備注：1. 四年餘力田包含火種田、餘力火種田，因其與餘力田的定額相同，故僅標以“餘力田”。
2. 此表是指男子、大女、郡吏、縣吏、軍吏、州卒、郡卒、縣卒等身份繳納的定額，不包括州吏及四年的士和復民。
3. 此表米折合爲“斛”，布折合爲“尺”。

四年、五年“州吏”定額與上表不同之處在於二年常限田畝收米的不同(五年州吏無“餘力田”，四年州吏“餘力田”與上表同)，四年“州吏”二年常限田畝收米五斗八升六合，五年“州吏”二年常限田畝收米有兩個標準，分别是一斛二斗和五斗八升六合(部分爲五斗八升五合)。四年“士”熟田依書不收米、布、錢，旱田與上表同，四年“復民”熟田畝收米五斗八升六合，旱田與上表同，五年無“士”和“復民”這兩種身份。

(二)佃户身份比較研究

《田家莂》所出現的佃户主要有普通民户(男子、大女)、吏卒(州吏、縣吏、郡吏、軍吏、郡卒、州卒、縣卒)和社會特殊群體(復民、士)[1]。

爲了對《田家莂》佃户身份有一個全面的觀照,我們對四年、五年田家莂2051枚簡進行了封閉式的統計分析。四年田家莂共有782枚簡,前4枚簡不涉及佃户,另有161枚殘簡不能確定身份。可確定身份者共617枚簡,[2]分别爲男子523人、大女20人,州吏20人、郡吏19人、縣吏9人、軍吏2人、州卒1人、郡卒1人,復民13人、士9人。

五年田家莂共有1269枚簡,有6枚簡佃户身份脱,有151枚殘簡不能確定身份,另有簡5·689只有一"縣"字,不能確定應爲"縣吏"還是"縣卒",簡5·1087殘餘一"吏"字,亦不能確定。可確定身份者共1110枚簡,分别爲男子882人、大女67人,州吏18人、郡吏39人、縣吏59人、軍吏15人、州卒9人、郡卒8人、縣卒13人。

爲更直觀地展現《田家莂》佃户的身份,列表如下:

<table>
<tr><th rowspan="2">身份</th><th colspan="2">嘉禾四年</th><th colspan="2">嘉禾五年</th><th rowspan="13">說明:表中的百分比爲占可確定身份者的百分比,嘉禾四年爲617户,嘉禾五年爲1110户。</th></tr>
<tr><th>户數/户</th><th>百分比/%</th><th>户數/户</th><th>百分比/%</th></tr>
<tr><td>男子</td><td>523</td><td>84.77</td><td>882</td><td>79.46</td></tr>
<tr><td>大女</td><td>20</td><td>3.24</td><td>67</td><td>6.04</td></tr>
<tr><td>州吏</td><td>20</td><td>3.24</td><td>18</td><td>1.62</td></tr>
<tr><td>郡吏</td><td>19</td><td>3.08</td><td>39</td><td>3.51</td></tr>
<tr><td>縣吏</td><td>9</td><td>1.46</td><td>59</td><td>5.32</td></tr>
<tr><td>軍吏</td><td>2</td><td>0.32</td><td>15</td><td>1.35</td></tr>
<tr><td>州卒</td><td>1</td><td>0.16</td><td>9</td><td>0.81</td></tr>
<tr><td>郡卒</td><td>1</td><td>0.16</td><td>8</td><td>0.72</td></tr>
<tr><td>縣卒</td><td>0</td><td>0</td><td>13</td><td>1.17</td></tr>
<tr><td>復民</td><td>13</td><td>2.11</td><td>0</td><td>0</td></tr>
<tr><td>士</td><td>9</td><td>1.46</td><td>0</td><td>0</td></tr>
</table>

① 《田家莂》中復民和士既不同於普通民户又不同於吏卒,他們在繳納租税方面享有一定的優惠,但其具體身份尚不能確定,故我們暫將他們稱爲社會特殊群體。

② 據《田家莂》文例,每一枚簡先交代該户所在丘及户主身份和姓名,如簡4·50"己酉丘復民鄭鐃,佃田八町"。

從上表可知:嘉禾四年普通民户共543户,占可確定身份者的88.01%,吏卒共52户,占可確定身份者的8.42%,社會特殊群體(復民和士)共22户,占可確定身份者的3.57%。嘉禾五年普通民户共949户,占可確定身份者的85.50%,吏卒共161人,占可確定身份者的14.50%。嘉禾四年佃户中没有"縣卒"這一身份,嘉禾五年佃户中没有"復民""士"兩種身份。

嘉禾四年吏卒共52户,占可確定身份者的8.42%,嘉禾五年吏卒達161人,占可確定身份者的14.50%。嘉禾五年吏卒除"州吏"比嘉禾四年人數有所減少外,其他郡吏、縣吏、軍吏、州卒、郡卒人數均比嘉禾四年有所增加,尤其是"縣吏"在嘉禾四年共9户,只占可確定身份者的1.46%,在嘉禾五年中達59户,占可確定身份者的5.32%。從以上對比中可以看出吏卒租佃國有土地的人數越來越多。吏卒在繳納租税方面,除"州吏"二年常限田熟田繳米定額享有優惠外(一般佃户二年常限繳米定額爲一斛二斗,州吏爲五斗八升六合或五斗八升五合),其他吏卒繳米、布、錢定額均與普通民户相同,不享受任何優惠。

僅"州吏"而言,其所享受的優惠也在逐漸減少,嘉禾四年"州吏"全部享受二年常限繳米定額優惠,嘉禾五年只有部分州吏或州吏的部分二年常限田享受繳米定額優惠。嘉禾五年佃户爲"州吏"的簡共18枚,除簡5·466殘外,餘17枚簡,繳米定額不享受優惠的簡有:簡5·38、簡5·39、簡5·533、簡5·695、簡5·904、簡5·924、簡5·1004,共7枚,占總數的41.18%;繳米定額享受優惠的簡有:簡5·434、簡5·665、簡5·676、簡5·702、簡5·733、簡5·791、簡5·1003、簡5·1037,共8枚,占總數的47.06%;另有簡5·661和簡5·705只有部分二年常限熟田享受繳米定額優惠,[①]占總數的11.76%。嘉禾五年只有不足一半的"州吏"享受了二年常限熟田繳米定額優惠,近一半的"州吏"已不再享受任何優惠,其繳米定額和普通民户相同,這説明"州吏"享受優惠的特權在逐漸消失。

① 簡5·661:"唫丘州吏吴軍,佃田廿二町,凡七十一畝廿步,皆二年常限。其廿畝一百步旱敗不收布。其卌畝税米廿三斛四斗。定收十畝百六十步,爲米十二斛八斗,畝收布二尺。"州吏吴軍卌畝繳米廿三斛四斗,每畝繳米五斗八升五合,享受了二年常限繳米定額優惠;十畝百六十步繳米十二斛八斗,每畝繳米一斛二斗,此十畝百六十步則没有享受二年常限繳米定額優惠。

簡5·705:"湖田丘州吏蔡(?)雅,佃田十三町,凡六十七畝二百一十步,皆二年常限。其十四畝卌步旱敗不收布。其卌畝爲米廿三斛四斗。定收十三畝百七十步税 ,爲米十六斛四斗五升,畝收布二尺。"州吏蔡雅卌畝繳米廿三斛四斗,每畝繳米五斗八升五合,享受了二年常限繳米定額優惠;十三畝百七十步繳米十六斛四斗五升,每畝繳米一斛二斗,此十三畝百七十步没有享受二年常限繳米定額優惠。

説到州吏,有必要澄清關於州吏的一點争議。《嘉禾五年吏民田家莂解題》云:"凡以此定額(畝收米五斗八升六合)繳米者,其田通常稱之爲'租田'。'租田'的上限不超過四十畝。"[①]高敏説:"'州吏'租田的數量似乎不存在四十畝爲最高定額的規定。""'州吏'佃田以四十畝爲最高限額的規定在四年田家莂中是不存在的。"[②]又説:"在嘉禾四年'州吏'租田可以超過40畝的做法,到嘉禾五年有關'州吏'券書中發生了變化,變成了'州吏'租田不得超過40畝。"[③]胡平生説:"《嘉禾五年吏民田家莂解題》中曾提到,'租田'的上限不超過四十畝。在嘉禾四年,州吏'租田'的畝數雖然也大多爲四十畝,但有幾個例子似乎説明在嘉禾四年'租田'畝數也可以超過四十畝(所舉例子爲簡4·513、簡4·514、簡4·575)。"[④]

要弄明白《嘉禾五年吏民田家莂解題》和高敏、胡平生孰是孰非,必須弄清楚3個問題。

第一,"佃田"和"租田"的關係。《田家莂》佃户爲"州吏"的簡共38枚,稱"州吏"田爲"租田"的共7枚簡,嘉禾四年4枚簡,分别是:

湛龍丘州吏黄興,佃田八町,凡六十畝,其卌畝二年常限租田。爲米十八斛二斗四升。(4·397)

利丘州吏黄揚(?),佃田十八町,凡卌畝,皆二年常限。租田畝收米五斗八升六合,凡爲米廿三斛四斗四升。(4·226)

利丘州吏劉露,佃田廿町,凡卌畝,皆二年常限。租田畝收米五斗八升六合,凡爲米廿三斛四斗四升。(4·230)

弦丘州吏陳康,佃田八町,凡廿畝,皆二年常限。租田畝收米五斗八升六合,凡爲米十一斛七斗二升。畝收布二尺。(4·296)

---

① 走馬樓簡牘整理組編:《長沙走馬樓三國吴簡·嘉禾吏民田家莂》(上),文物出版社,1999年,第165頁。

② 高敏:《關於〈嘉禾吏民田家莂〉中"州吏"問題的剖析》,載《長沙走馬樓簡牘研究》,廣西師範大學出版社,2008年,第56頁。

③ 高敏:《關於〈嘉禾吏民田家莂〉中"州吏"問題的剖析》,載《長沙走馬樓簡牘研究》,廣西師範大學出版社,2008年,第58頁。

④ 胡平生:《嘉禾四年吏民田家莂研究》,載《長沙三國吴簡研討會暨百年簡帛研究會議論文集》,中華書局,2005年,第45頁。

嘉禾五年3枚簡,分别是:

湛丘州吏黄楊,租田卌畝。畝收米五斗八升六合,凡爲米廿三斛四斗四升,收布二尺。(5·702)

賀丘州吏劉露,租田卌畝。畝收米五斗八升六合,凡爲米廿三斛四斗四升,收布二尺。(5·733)

新成丘州吏陳顔,租田卌畝。畝收米五斗八升六合,凡爲米廿三斛四斗四升,收布二尺。(5·791)

從上揭諸簡可以看出"租田"不等同於"佃田","州吏"田的"租田"只是其佃田的一部分,"佃田"包含了"租田",簡4·397"佃田八町,凡六十畝,其卌畝二年常限租田",便是明證。

第二,《田家莂》"租田"的所指是什麽?《田家莂》直接標明"租田"的簡只有7枚簡,即上揭7枚州吏簡,嘉禾四年州吏"租田"均寫明是二年常限田,嘉禾五年3枚簡徑稱"租田×畝"無"二年常限"字樣,但據其他州吏簡此"租田"也應屬於二年常限田。這些二年常限田不同於一般的繳米定額爲一斛二斗的税田,而是繳米定額爲五斗八升六合的租田,即二年常限田中有"租田"。

《田家莂》出現了"租米"一詞,繳納租米的田應爲租田。[①]《田家莂》"租米"共出現了13枚簡,除5枚爲享受二年常限熟田繳米定額優惠的州吏簡外,其他8枚"租米"簡中有5枚是指畝收米四斗五升六合,斛加五升的餘力火種田所繳之米,分别是簡4·32、簡4·213、簡4·391、簡4·463、簡4·587。限於篇幅,僅舉簡4·213:"合丘男子烝貟,佃田廿處,合一頃一十五畝,其十二畝二年常限。其九畝旱,畝收布六寸六分。定收三畝,畝收米一斛二斗,合三斛六斗。畝收布二尺。其一頃三畝餘力火種田。其廿五畝旱,畝收布六寸六分。定收七十八畝,畝收米四斗五升六合,斛加五升,合卅五斛三斗四升六合。凡爲米卅八斛九斗四升六合。其三斛六斗税米,四年十二月五日付倉吏鄭黑畢。其卅五斛三斗四升六合租米,四年十月十日付倉吏鄭黑畢。"簡4·213清楚地顯示定額爲一斛二斗所繳之米稱爲"税米",定額爲四斗五升六合又斛加五升所繳之米稱爲"租米"。

① 参見侯旭東:《走馬樓竹簡的限米與田畝記録——從"田"的類型與納"米"類型的關係説起》,載《吴簡研究》第二輯,崇文書局,2006年,第160頁。

另有3枚“租米”簡是指畝收米四斗的餘力田所繳之米，分别爲簡5·47、簡5·658、簡5·1131。限於篇幅，僅舉簡5·47：“上和丘軍吏謝盛，佃田卅一町，凡七十五畝。其卅八畝旱敗不收布。定收卅七畝。其卅二畝二年常限，畝收米一斛二斗，凡爲米卅八斛四斗。其五畝餘力，收租米二斛。”此租米是指畝收米四斗的餘力田之米。嘉禾五年田家莂畝收米四斗的餘力田之米稱租米，那麼，嘉禾四年田家莂畝收米四斗五升六合的餘力田之米也應當稱爲租米。繳納租米之田應是租田。

《田家莂》中火種田畝收米亦爲四斗五升六合，其所繳之米當也稱租米。《竹簡》中有不少“火種租米”簡，如：

入嘉禾元年火種租米一百卅八斛一斗八升。（叁·1366）

入桑鄉嘉禾元年火種租米十三斛，胄米畢。⿰嘉禾二年正月三日，東平丘郭厚關邸閣董基付三州倉吏谷漢受。（叁·5708）

右桑鄉入火種租米十三斛。（叁·5709）

故畝收米四斗五升六合的火種田也應當稱爲“租田”。

此外，《田家莂》“復民”繳米定額也是畝收米五斗八升六合，同於州吏繳米定額，如：

己酉丘復民梅組，佃田三町，凡卌一畝，皆二年常限。其卅六畝旱田，畝收布六寸六分。定收五畝，畝收米五斗八升六合，爲米三斛七升六合。畝收布二尺。（4·45）

己 酉丘復民鄭鐃，佃田八町，凡卅五畝，皆二年常限。其卅畝旱田，畝收布六寸六分。定收五畝，畝收米五斗八升六合，爲米三斛七升六合。畝收布二尺。（4·50）

“復民”同州吏一樣，享受二年常限熟田繳米定額優惠，且其繳米定額均爲五斗八升六合，故復民所租佃的畝收米五斗八升六合之田也當爲租田。另《竹簡》中亦有“復民”繳納租米的簡，如：

入四年復民租米十四斛三斗五升。（叁·1983）

入四年復民租米廿斛一斗。（叁·2041）

綜上,《田家莂》“租田”應指享受二年常限繳米定額優惠的田(一般畝收米爲五斗八升六合),畝收米四斗五升六合的火種田,畝收米四斗五升六合又斛加五升的餘力火種田,畝收米四斗或四斗五升六合的餘力田。

第三,38枚州吏簡有哪些田不超過40畝。上揭7枚州吏簡,其“租田”畝數均不超過40畝。查其他州吏簡發現:但凡州吏享受二年常限繳米定額優惠的田均不超過40畝,若其二年常限熟田超過40畝,則超出部分要按二年常限常規定額一斛二斗繳米,簡5·661和簡5·705可證;不享受二年常限繳米定額優惠的田則無此限制,如簡5·533,其熟田竟達152畝。故州吏享受二年常限繳米定額優惠的田均不超過40畝,詳見下表。

簡號	嘉禾四年				簡號	嘉禾五年				
	二年常限		餘力田			二年常限			餘力田	
	旱田/畝	熟田/畝	旱田/畝	熟田/畝		旱田/畝	熟田/畝	收米定額/斛	旱田/畝	熟田/畝
4·28	10	0	0	0	5·38	4	42	1.2	0	0
4·115	40	0	0	0	5·39	6	14	1.2	0	0
4·185	0	40	0	0	5·434	0	14	0.586	0	0
4·198	32	8	0	0	5·466	10	43	闕	0	0
4·200	34	0	0	0	5·533	8	152	1.2	0	0
4·226	0	40	0	0	**5·661**	20.42	40 10.67	0.585 1.2	0	0
4·230	0	40	0	0	5·665	11.29	40	0.585	0	0
4·283	10	30	16	0	5·676	42.25	40	0.585	0	0
4·296	0	20	0	0	5·695	34	30.83	1.2	0	0
4·314	36	0	0	0	5·702	0	40	0.586	0	0
4·386	0	40	0	0	**5·705**	14.17	40 13.71	0.585 1.2	0	0
4·397	0	40	18	2	5·733	0	40	0.586	0	0
4·406	0	40	7	2	5·791	0	40	0.586	0	0
4·461	79	0	0	0	5·904	15	13	1.2	0	0
4·509	65	0	0	0	5·924	10	40	1.2	0	0
4·511	0	20	0	0	5·1003	17.92	36	0.569	0	0
4·513	20	40	0	0	5·1004	10.5	26	1.2	0	0
4·514	20	20	0	0	5·1037	0	32	0.583	0	0
4·575	108	0	40	10						

備注:1.佃田畝數均折合爲畝。

2.嘉禾四年州吏均享受繳米定額優惠,不再列其收米定額;餘力田州吏繳米定額與一般吏民相同,亦不再列出;嘉禾五年州吏繳米定額很複雜,故一一列出其繳米定額,其單位均折合爲斛。

3.原簡畝數有誤、殘缺者,依整理者校補改之;整理者未校補的,據上下文意補入;簡4·692殘損嚴重,無法補出,故未列。

4.簡5·661和簡5·705有兩個繳米定額標準,很特殊,故簡號加粗以示標明。

《嘉禾五年吏民田家莂解題》首先將州吏"租田"界定爲畝收米五斗八升六合的田(即上文所論的州吏享受二年常限繳米定額優惠的田),又説州吏"租田"的上限不超過40畝。這裏的"租田"是一個特指的概念,這一説法是合乎《田家莂》事實的。而高敏、胡平生認爲"租田"的上限可以超過40畝,則是將"租田"理解爲泛指的"租種的田地"。也就是説,州吏"租種的田地"並無40畝的限制,但享受繳米定額優惠的"租田"上限不超過40畝。

(三)田地性質比較研究

《田家莂》中出現不少不同性質的田地,有些田地名稱鮮見於傳世文獻,如"二年常限""餘力田""餘力火種田""火種田"。[①]其中"二年常限""餘力田"在嘉禾四年、五年田家莂中均有出現,"餘力火種田"和"火種田"僅見於嘉禾四年田家莂,不見於五年田家莂。

《田家莂》中絶大部分田地是"二年常限",少部分田地是"餘力田",極少部分田地是"餘力火種田"和"火種田"。嘉禾四年田家莂佃户可以只租佃"餘力田",如:

下伍丘男子胡諸,田十二町,凡六十一畝,餘力田。其五十一畝旱敗不收,畝收布六寸六分。定收十畝,畝收米四斗五升六合,爲米四斛五斗六升。布二尺。其米四斛五斗六升,四年十一月九日付倉吏鄭黑。(4·12)

石下丘男子李遺(?),田五町,凡九十畝,餘力田。旱敗不收,畝收布六寸六分。(4·191)

嘉禾五年田家莂則没有佃户僅租佃"餘力田",而未租佃"二年常限"的情况。

《田家莂》中不同性質的田地均又分爲"旱田"和"熟田"兩種。仔細分析統計《田家莂》發現:嘉禾四年田家莂只有旱田的户數比五年田家莂只有旱田的户數高得多,而五年田家莂只有熟田的户數比四年田家莂只有熟田的户數高得多。具體情况如下:嘉禾四年田家莂共782簡,通過分析可以斷定只有旱田的簡共計245枚,即共計245户佃户只有旱田,没有熟田,占四年田家莂總户數的31.33%。嘉禾五年田家莂共1269簡,可以斷定只有旱田的簡共計72枚,即共計72户佃户只有旱田,

① "二年常限""餘力田""餘力火種田""火種田"的含義目前尚有争議,這裏擬不討論。

没有熟田,占五年田家莂總户數的5.67%。四年田家莂可以斷定只有熟田的簡共11枚,即共11户佃户只有熟田而没有旱田,占四年田家莂總户數的1.41%。五年田家莂可以斷定只有熟田的簡共133枚,即共133户佃户只有熟田而没有旱田,占五年田家莂總户數的10.48%。

通過我們的統計可以看出四年田家莂只有旱田的户數比五年田家莂只有旱田的户數高得多,而五年田家莂只有熟田的户數又比四年田家莂只有熟田的户數高得多。爲了更直觀的説明問題,列表如下:

時間	旱田		熟田	
	只有旱田的户數/户	占總户數的百分比/%	只有熟田的户數/户	占總户數的百分比/%
嘉禾四年	245	31.33	11	1.41
嘉禾五年	72	5.67	133	10.48

四年田家莂佃田總數爲25855畝,其中旱田爲19735畝,熟田爲6120畝,旱田占田畝總數的76.33%,熟田占田畝總數的23.67%。五年田家莂佃田總數爲33047畝,其中旱田爲14298畝,熟田爲18749畝,旱田占田畝總數的43.27%,熟田占田畝總數的56.73%。[①]列表如下:

名稱	嘉禾四年		嘉禾五年	
	畝積/畝	占總畝數的百分比/%	畝積/畝	占總畝數的百分比/%
旱田	19735	76.33	14298	43.27
熟田	6120	23.67	18749	56.73
合計	25855	100	33047	100

對比嘉禾四年、五年田家莂旱田、熟田情況可知:四年田家莂旱田占絶對優勢,占田畝總數的近八成,而熟田僅占兩成多;五年田家莂熟田占優勢,占田畝總數的近六成,而旱田僅占四成多點。

嘉禾五年田家莂旱田不收米、布、錢,這看起來是減輕了佃户的負擔,然而事實並非如此,實際上佃户的負擔不但没有減輕,反而是加重了。[②]由上表統計可知:嘉

① 嘉禾四年、五年佃田總畝數及旱田、熟田畝數均來自蔣福亞統計的嘉禾四年、五年二年常限田和餘力田旱、熟統計表,參蔣福亞:《〈嘉禾吏民田家莂〉中的"餘力田"》之表二、表三,《魏晉南北朝經濟史探》,甘肅人民出版社,2003年,第261頁。

② 張燦輝通過統計劉里丘嘉禾四年與五年同一田家佃田數比例與納錢數亦得出這一結論。參張燦輝:《嘉禾吏民田家莂中的"旱田"及相關問題》,載《吴簡研究》第三輯,中華書局,2011年,第259—261頁。

禾四年田家莂旱田爲19735畝,占總畝數的76.33%,熟田爲6120畝,占總畝數的23.67%;五年田家莂旱田爲14298畝,占總畝數的43.27%,熟田爲18749畝,占總畝數的56.73%。五年田家莂的熟田數占總畝數的百分比是四年田家莂的兩倍多,僅僅一年之隔,爲什麼旱田、熟田畝數差别這麼大?結合嘉禾五年大旱的史實,[①]即便臨湘侯國在嘉禾四年末五年初興修陂塘,我們認爲陂塘的興復也不足以使五年田家莂"熟田"數量比四年田家莂激增兩倍多。[②]是否可以做這樣的解釋:統治者一方面免除五年田家莂"旱田"繳納米、布、錢,給人以"改革、減輕佃民負擔"的面孔[③],另一方面減少旱田數量、增加熟田數量,達到所征收租税不是減少而是增加的目的。

(四)所涉吏員比較研究

《田家莂》所涉吏員(這裏所説的吏員排除以佃户身份出現的州吏、縣吏等吏員)主要有倉吏、庫吏及田曹史。倉吏主要是負責收繳米及布折米、錢折米的吏員;庫吏,簡文又稱庫掾,主要是負責收繳布、錢的吏員;田曹史,簡文又稱田户曹史、田户經用曹史、主者史,主要是負責校核米、布、錢的吏員。

《田家莂》共出現八位倉吏,分别是鄭黑、李金、潘慮、張曼、周棟、孫儀、郭勳和馬欽。出現於嘉禾四年田家莂的倉吏有鄭黑、李金、潘慮3人,五年田家莂的倉吏有張曼、周棟、孫儀、潘慮、郭勳、馬欽、李金7人,據五年田家莂,張曼和周棟共同負責一個倉,郭勳和馬欽共同負責一個倉,"李金"僅見於簡5·1103,五年田家莂倉吏比四年少了鄭黑1人,卻多了張曼、周棟、孫儀、郭勳、馬欽5人。

《田家莂》共出現3位庫吏,分别是潘有、潘慎和潘宗,其中"潘有"又寫作"番有""潘琦","潘宗"又寫作"番宗","潘慎"又寫作"番慎"。嘉禾四年田家莂的庫吏有潘有、潘慎2人,其中"潘慎"僅見於簡4·576。五年田家莂的庫吏有潘有、潘慎和

---

① 《三國志·吴書·吴主傳》:"(嘉禾五年)自十月不雨,至於夏。"又《建康實録》:"(嘉禾五年)夏旱,自去冬不雨,至於五月。"

② 凌文超認爲臨湘侯國可能在嘉禾四年末五年初興修陂塘,陂塘的廢敗和興復可能導致了前後兩年旱田比例發生了變化。轉引自張燦輝:《嘉禾吏民田家莂中的"旱田"及相關問題》,載《吴簡研究》第三輯,中華書局,2011年,第258頁。

③ 參高敏:《關於〈嘉禾吏民田家莂〉中"州吏"問題的剖析》,載《長沙走馬樓簡牘研究》,廣西師範大學出版社,2008年,第59頁。

潘宗3人,據五年田家莂,潘慎和潘宗當共同負責一個庫,潘有負責一個庫。

《田家莂》共出現3位田曹史,分別是張惕、趙野和陳通。

嘉禾四年田家莂米、布、錢入倉、入庫都是單人負責制,也就是説只有一個倉吏或庫吏負責,五年田家莂米、布、錢入倉、入庫絶大多數是雙人負責制,即多是兩個倉吏或庫吏負責。四年田曹史的校核者均是張惕、趙野和陳通3人,無一例外。五年田曹史的校核者多是張惕、趙野兩人或張惕1人。釋文只有簡5·325、簡5·328、簡5·524、簡5·609、簡5·614、簡5·621、簡5·1119、簡5·1184、簡5·1257、簡5·1268共10枚簡爲張惕、趙野、陳通3人同時校核。但查圖版發現5·609簡、5·614簡、簡5·621三枚簡應爲張惕、趙野兩人校核,圖版“野”字下明顯是一“校”字,而無“陳通”2字,其餘7枚簡圖版模糊不清,無法辨識是否有“陳通”2字,但據五年田家莂其他簡,我們懷疑五年田家莂的校核者只有張惕和趙野兩人,無“陳通”,也即是説,五年田家莂不同於四年田家莂的3人校核,多是兩人或1人校核。

(五)其　他

嘉禾四年田家莂與五年田家莂的差異除上面提到的幾點外,還表現在計算錯誤上,四年田家莂共有782枚簡,前4枚簡不涉及計算問題,粗略統計殘簡爲196枚,[①]計算正確的簡僅有119枚,僅占總數的15.22%,而計算錯誤的簡達463枚,占總數的59.21%。五年田家莂共有1269枚簡,粗略統計殘簡爲100枚,計算正確的簡達938枚,占總數的73.92%,計算錯誤的簡僅231枚,占總數的18.20%。也即是説,四年田家莂數值計算的錯誤情況要比五年田家莂嚴重得多,四年田家莂僅有不足兩成的簡計算正確,而五年田家莂計算正確的簡近八成,二者差别非常大。

我們認爲造成五年田家莂計算正確率比四年田家莂高得多的原因除五年田家莂“旱田”免收布、錢外,[②]還應當和米、布、錢的接納人有關。[③]五年田家莂無論是米

① “殘簡”僅指田畝數、收米數、收布數、收錢數殘,影響計算結果的簡,五年田家莂“殘簡”亦爲此意。

② 四年田家莂“旱田”收布六寸六分,收錢卅七,而五年田家莂“旱田”免收布、錢,使計算變得相對簡單了。

③ 胡平生認爲:“關邸閣”很可能是收米數錯誤的責任人,“關丞”有可能是收布數錯誤的責任人,“庫吏”是收錢數錯誤的責任人,抄寫、過録發生的錯誤的責任人應當是大木簡的最後製作者田户曹史。參胡平生:《〈嘉禾四年吏民田家莂〉統計錯誤例解析》,載《簡帛研究二〇〇一》,廣西師範大學出版社,2001年,第492—513頁。

入倉還是布、錢入庫絶大多數是雙人負責制，如：

> 下和丘男子唐亥，佃田十一町，凡廿七畝，皆二年常限。其十三畝一百廿步旱不收布。定收十三畝百廿步，爲米十六斛，畝收布二尺。其米十六斛，五年十二月十七日付倉吏張曼、周棟。凡爲布二丈七尺，准入米一斛六斗七升，五年十一月十一日付倉吏張曼、周棟畢。其旱田不收錢。其熟田畝收錢八十，凡爲錢一千八十錢，五年十二月廿日付庫吏潘慎、潘宗畢。嘉禾六年二月廿日，田户曹史張惕、趙野校。(5·19)

上揭簡5·19米十六斛入倉由倉吏張曼、周棟2人負責接收，布准入米一斛六斗七升入倉亦由倉吏張曼、周棟2人負責，錢一千八十錢入庫是由庫吏潘慎、潘宗2人負責。而四年田家莂米入倉、布與錢入庫無一例外的均是單人負責，如：

> 下伍丘縣吏張惕，田廿五町，凡五十七畝。其六十六畝，皆二年常限。其五十六畝旱，畝收布六寸六分。定收十畝，收米一斛二斗，爲米十二斛。畝收布二尺。其廿一畝餘力田。其七畝旱敗不收，畝收布六寸六分。定收十四畝，收米四斗五升六合，爲米六斛三斗八升四合。畝收布二尺。其米十八斛三斗八升四合，四年十一月十五日付倉吏鄭黑。凡爲布二匹四尺三寸六分，四年十一月廿日付庫吏潘有。其旱田畝收錢卅七，其熟田畝收錢七十。凡爲錢五千二錢，四年十一月廿日付庫吏潘有。嘉禾五年三月十日，田户經用曹史趙野、張惕、陳通校。(4·21)

簡4·21米十八斛三斗八升四合入倉由倉吏鄭黑一人負責接收，布二匹四尺三寸六分入庫由庫吏潘有一人負責接收，而錢五千二錢入庫也是由庫吏潘有一人負責。五年田家莂加大米入倉，布、錢入庫的監管力度無疑也是入米數、入布數、入錢數錯誤大幅降低的原因之一。

此外，嘉禾四年田家莂的校核均是張惕、趙野、陳通3人，無一例外；而五年田家莂的校核多是張惕、趙野兩人或張惕1人。據分析圖版文字筆迹發現(參下圖)：趙野、張惕、陳通3人的名字應爲書寫者在抄寫簡文時一併書寫下來的，而不是他們本人的親筆簽名。如簡4·443的筆迹很顯然和簡4·562的筆迹不同，且其名字書寫方式亦不相同。簡4·443是姓與名之間有空格，如“趙”和“野”之間空格，而姓名和姓名之間則不空格，如“趙野”之“野”字下緊接着是“張”字，“趙野”和“張惕”之間没有空格;簡4·562是姓名和姓名之間空格,如"趙野""張惕""陳通"之間均有空格。田家莂的書寫方式多數是姓與名之間空格,極少數是姓名與姓名之間空格。簡5·15整枚簡都寫得十分草率,"張惕"的寫法亦與前兩簡不同,也寫得很草率。簡5·113整枚簡的撇筆都有很大的挑勢,"趙"字"走"旁的最後一撇和"史"字最後一筆也都有很大的挑勢。因此,我們認爲田家莂的校核可能只是程式,田户曹史張惕、趙野和陳通並没有真正履行校核的職責。

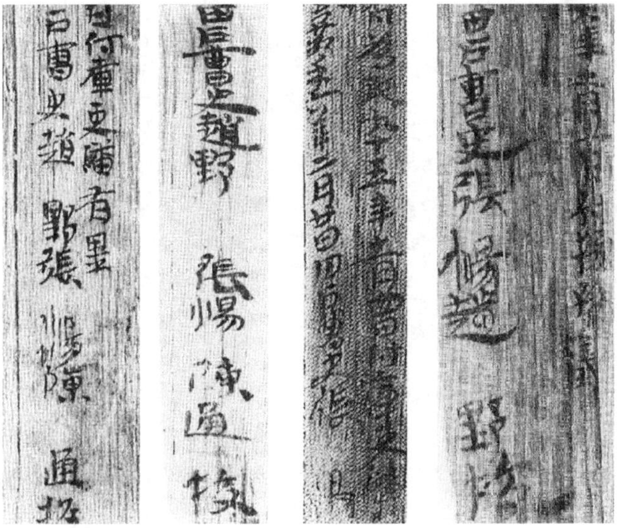

4·443　4·562　5·15　5·113

四、吴簡"朱表割米自首案"整理與研究

吴簡中有不少官米料校不見的記録,如簡壹·6227"黄龍元年文入郡屯田民□吴平斛米一百六斛二斗料校不見前已列言詭責負者",簡壹·6688"黄武五年文入租吴平斛米二百七十七斛六斗料校不見前已列言更詭責負者□",等等。魏斌認爲吴簡倉米"料校不見"的原因,更大的一種可能是經手人員挪用和中飽。[①]吴簡"許迪割米案"就是一宗官吏盗割官米的大案,該案現已陸續刊布了不少與之相關的簡牘(木牘4枚,竹簡500餘枚),引起了學界的高度關注,先後有不少學者撰文對之進行

① 魏斌:《走馬樓孫吴"加臧米"簡試論》,載《魏晉南北朝隋唐史資料》第二十五輯,上海古籍出版社,2009年,第27頁。

研究。[1]然《竹簡》[柒]中另有一件案情更嚴重、更複雜的官吏盗割官米的案件鮮有學者關注。[2]這個案子的相關簡文較集中地出現在簡柒·4080—4144(揭剥位置示意圖見圖三十三),[3]我們根據簡文内容將之定名爲"朱表割米自首案"。[4]我們不揣譾陋,試對其進行整理與研究,不足之處敬請方家批評指正。

(一)"朱表割米自首案"時間内容的繫聯

鄧瑋光就吴簡復原研究提出了横向比較復原法和縱向比較復原法。所謂横向

① 胡平生、宋少華:《新發現的長沙走馬樓簡牘的重大意義》,《光明日報》1997年1月14日;胡平生:《長沙走馬樓三國孫吴簡牘三文書考證》,《文物》1999年第5期,第45—52頁;王素:《長沙走馬樓三國孫吴簡牘三文書新探》,《文物》1999年第9期,第43—50頁;王子今:《走馬樓許迪剻米事文牘釋讀商榷》,《鄭州大學學報》2001年4期,第109—111頁;王子今:《走馬樓許迪割米案文牘所見鹽米比價及相關問題》,載《長沙三國吴簡暨百年來簡帛發現與研究國際學術研討會論文集》,中華書局,2005年,第99—106頁;王素、宋少華:《長沙走馬樓三國吴簡的新材料與舊問題——以邸閣、許迪案、私學身份爲中心》,《中華文史論叢》2009年第1輯,第1—27頁;王彬:《吴簡許迪割米案相關文書所見孫吴臨湘侯國的司法運作》,《文史》2014年第2輯,第73—91頁;王素、宋少華:《長沙吴簡〈録事掾潘琬白爲考實吏許迪割用餘米事〉釋文補正》,《文史》2015年第1輯,第279—282頁;徐暢:《新刊長沙走馬樓吴簡與許迪割米案司法程序的復原》,《文物》2015年第12期,第71—83頁;徐暢:《許迪割米案與三國孫吴的法治狀況》,載《長沙簡帛研究國際學術研討會論文集》,中西書局,2017年,第143—165頁;韓樹峰:《許迪割米案中的兩個法律問題》,載《長沙簡帛研究國際學術研討會論文集》,中西書局,2017年,第133—142頁;伊强:《走馬樓吴簡許迪案文書中幾處文句的釋讀》,載《長沙簡帛研究國際學術研討會論文集》,中西書局,2017年,第166—172頁;郝蒲珍《走馬樓吴簡許迪割米案整理與研究》,西南大學碩士學位論文,2018年;等等。

② 目前僅見楊小亮:《"表坐割匿用米行軍法"案勾稽考校》,載《長沙簡帛研究國際學術研討會論文集》,中西書局,2017年,第173—189頁;孫東波、楊芬:《走馬樓三國吴簡吴昌長朱表盗米案初探》,載《簡帛研究二〇一六(秋冬卷)》,廣西師範大學出版社,2017年,第248—263頁。

③ 走馬樓簡牘整理組編:《長沙走馬樓三國吴簡·竹簡[柒]》,文物出版社,2013年,釋文見第827—829頁,揭剥圖見第940頁。另,2018年底出版的《竹簡》[伍]約有8枚簡與此案有關。

④ 簡文中多見"表""自首""割"類文字,如簡柒·4120"□獄今臨湘結斛斗□後表自首狀□唯□所用米事覺自首",簡柒·4093"以(?)表自首皆在直所覺(?)後(?)令聞□□□訟 愬□勉重罪者",簡柒·4128"□□米表坐 割還□中倉吏□□所領溢米一百七十斛…畢",簡柒·4083正"事史潘真以三月廿八日承詔覆量中倉雜米以四月二日畢訖覓(?)得表所割"。據前面所舉簡例知:"表"爲人名,其割用官米自首。簡柒·4107"丹楊大男朱渡求哀以促作父表給吴昌,昔遣吏鄮(?)莽予諸葛府君",丹楊大男朱渡爲父表求情,知"表"姓"朱",爲"朱表"。故我們將該案定名爲"朱表割米自首案"。需要説明的是,原定名爲"表割米自首案",承蒙王素提示單稱"表"容易引起讀者誤解,建議改爲"朱表割米自首案",今從。新材料進一步坐實"表"全名爲"朱表",如:簡伍·1869"…吏□□吴昌長朱表割用溢米一百七十斛草",簡伍·3186"兵曹言吴昌長朱表從丞張…事"。

比較復原法是通過比對同一事件的多方記録,補全單份記録缺失的信息;[①]縱向比較復原法是指從縱向也就是歷時性的角度去還原某個事件的動態過程,尋找復原的可能性。[②]徐暢也指出“許迪割米案”由於案件牽涉多方、多次考實,各方皆有記録,因而留下多份解書、呈文,案件審理遵循漢魏間訴訟程序,有的簡文還殘留審訊日期,可利用各步驟間的邏輯關係進行歷時性考察。[③]“朱表割米自首案”較集中地出現在簡柒·4080到4144這個簡段,另有4枚簡見於《揭剥位置示意圖圖二十二》(簡柒·2519至2550)。記録該案的簡文中有一些重要的時間信息,故我們以時間爲切入點,從縱向和横向兩個方面對該案時間内容信息進行繫聯。

1. 四月九日[④]

匿用米一百七十斛,表後以四月九日有辭以米一斛…所…買□其(柒·2526)
米一百七十斛,表後以四月九日有辭以米□昔所遺兵…(柒·4098)
收四月九日發臨湘吏□自首乞言以廱昔所遺兵覓到其自首□(柒·4104)

簡柒·2526“七十斛”後一字應爲“表”字,圖版較清晰,其寫法與簡柒·4082正之“表”字寫法相同,今改“□”爲“表”字。簡柒·4098“□”圖版不清楚,其上部“亠”較清楚,結合簡柒·4104“廱昔所遺兵”,疑當爲“廱”字。

上揭三簡當是不同部門發出的文書,所記應是同一件事情:朱表四月九日有辭交代一百七十斛米的情况。“辭”在“許迪割米案”中多見,如簡捌·4055“☑重(?)部吏陳曠實核吏許迪辭割食所領鹽”,簡捌·4117“十一月七日大男許迪辭本下雋縣民少失父遥與母妾兄别别男弟冰迪妻小冰妻”等。“辭”爲訟辭、供詞。《説文·辛

① 鄧瑋光:《走馬樓吴簡三州倉出米簡的復原與研究——兼論“横向比較復原法”的可行性》,《文史》2013年第1輯,第254頁。

② 鄧瑋光:《對三州倉“月旦簿”的復原嘗試——兼論“縱向比較復原法”的可行性》,《文史》2014年第2輯,第5頁。

③ 徐暢:《新刊長沙走馬樓吴簡與許迪割米案司法程序的復原》,《文物》2015年第12期,第72頁。

④ 楊小亮:《“表坐割匿用米行軍法”案勾稽考校》(下簡稱“楊文”)對相關釋文共修訂了81條,其中有6條我們在初稿中也已指出。我們對楊文所修訂的其他75條一一核對了圖版,因與此案相關的圖版殘損漫漶很嚴重,不少文字模糊不清,謹慎起見,我們共采納楊文9條修訂意見,下面隨文標注。簡柒·2526“七十斛”後“□□”,楊文釋爲“表後”,核對圖版並參考簡柒·4098,今從。

部》:“辭,訟也。”《周禮·秋官·鄉士》:“聽其獄訟,察其辭。”[①]

2.(四)月十八日

> 月十八日,更復有辭以米給莽仁,非自散用,事既在真所覺□(柒·4097)[②]

此簡“復有辭”應是在朱表有辭之後。四月九日朱表有辭“以米□昔所遺兵”,此“月十八日更復有辭”極可能是四月十八日。朱表復有辭“以米給莽仁非自散用”。“散用”一詞“許迪割米案”中多見,如簡捌·4140“餘米一百一十二斛六斗八升,迪散用飲食後,爲直事廖咨所覺,姦惡無狀迪罪”,簡捌·4083“☐斗八升,迪散用飲食後,廖直事及吏朱訢到料校米不見,勑迪備入即□□”等。“散用”又見於《三國志·吴書·全琮傳》:“琮至,皆散用,空船而還。”[③]此是講全琮父命其“齎米數千斛到吴,有所市易”,結果全琮將米分發,用以救濟士大夫了。吴簡“散用”之義當與《三國志》“散用”義不同。吴簡“散用”應與“割用”同義,均指私吞官物。[④]四月十八日朱表復有辭:將米給莽仁了,不是自己私吞了。“莽仁”在“朱表割米自首案”中多次出現:

> 道里長遠時值□□無□資斷(?)換以中倉溢米□斛給莽仁(柒·4106)[⑤]
> □得潘掾文書□白:表(?)用米給莽等斛數相應,表未(?)見□□(柒·4110)
> 自首不如狀,斛斗□表即復首,對實□給莽等明十六日如見(柒·4111)

上揭簡柒·4111據圖版“等”前脱“莽”字,今補。

---

① [清]阮元校刻:《十三經注疏·周禮注疏》,中華書局,1980年,第876頁。

② “所”後第一個“□”楊文釋爲“覺”,核對圖版,今從。

③ [西晉]陳壽:《三國志》,中華書局點校本,1959年,第1381頁。

④ “許迪割米案”中多見“散用”和“割用”出現在相同的語境中。如:簡捌·4035“事出付瑛等迪先割用飲食不見後直事廖咨到倉料物校米不見今月七日爲郡所召者”,簡捌·4083“☐斗八升迪散用飲食後廖直事及吏朱訢到料校米不見勑迪備入即□□”,簡捌·4140“餘米一百一十二斛六斗八升迪散用飲食後爲直事廖咨所覺姦惡無狀迪罪”,簡捌·4002“六斗八升迪先割用飲食不復列廖咨所覺米不見☐”。

⑤ 此簡“中倉”後“□□”,楊文釋爲“溢”。核對圖版,今從。

3. 三月廿八日

事史潘真以三月廿八日承詔覆量中倉雜米，以四月二日畢訖，覔(?)得表所割
(柒·4083正)

上揭“量”圖版寫作“量”，圖版很清晰。“量”在《竹簡》[捌]中多見。“量”爲“量”的俗字，較早見於《曹全碑》：“遂訪故老商量”，又“縣三老商量”。[①]

“潘真”三月廿八日承詔覆量中倉雜米，四月二日結束。“畢訖”是結束之義。“畢”和“訖”都有完畢、結束義。《廣雅·釋詁三上》：“畢，竟也。”《集韻·質韻》：“畢，一曰終也。”《説文·言部》：“訖，止也。”《禮記·祭統》：“防其邪物，訖其嗜欲。”鄭玄注：“訖，猶止也。”[②]“畢訖”同義連用，意爲結束、終止。“覆量”當即復核，亦即覆案。[③]潘真承詔復核的結果是米爲朱表所割。“所割”又見於“許迪割米案”《録事掾潘琬白爲考實吏許迪割用餘米事》文書“爲廖直事所覺後，迪以四年六月一日，偷入所割用米畢，付倉吏黄瑛受”。[④]據此，簡柒·4083正“表所割”後當接續“用米”等文字。“割用”在吴簡中多見，如簡貳·6977“☐□斛一斗迪割用百一十二”，簡柒·4493“□實不割用乞列死命實然後辭”，簡捌·4183“臨湘言重實核浛口典鹽吏許迪割用所領米一百一十二斛六斗八升前”等。傳世文獻“割用”見於《後漢書·楊震傳附孫賜傳》熹平五年楊賜諫漢靈帝曰：“宜絶慢慠之戲，念官人之重，割用板之恩，慎貫魚之次，無令醜女有四殆之歎，遐邇有憤怨之聲。”[⑤]據其文意，“用板”爲一個詞，指使用詔書。傳世文獻未見“割用”作爲詞使用之例。吴簡“割用”當是一個詞。《説文·刀部》：“割，剥也。”又《刀部》：“剥，裂也。”“割用”當本爲分割使用，在吴簡中引申爲分割官物據爲己有，即私吞官物。

---

① 毛遠明：《漢魏六朝碑刻異體字研究》，商務印書館，2012年，第173頁。

② [清]阮元校刻：《十三經注疏·禮記正義》，中華書局，1980年，第1603頁。

③ “覆”爲重審察。參王彬：《吴簡許迪割米案相關文書所見孫吴臨湘侯國的司法運作》，《文史》2014年第2輯，第76頁。

④ 參王素、宋少華：《長沙吴簡〈録事掾潘琬白爲考實吏許迪割用餘米事〉釋文補正》，《文史》2015年第1輯，第281頁。

⑤ [南朝宋]范曄：《後漢書》，中華書局點校本，1965年，第1778頁。

“潘真”所承之詔當爲“辛酉詔”。見：

> 官中部督郵移辛酉詔曰：寫下度辭如牒，又表以文入没溺米事(柒·4087)

“潘真”又見：

> □遣吏張孟傳表，以二月四日付臨湘録事史潘真以三月廿七(柒·4121)

據此簡可知“潘真”應爲臨湘録事史。簡柒·4083之“事史潘真”前當接“臨湘録”三字，恰有簡末爲“臨湘録”三字者：

> 以今年正月廿日詣縣督繫曹遣吏張孟傳表，以二月四日付臨湘録(柒·4086)

結合簡柒·4121，上簡在文意上與簡柒·4083正相合。完整簡文爲：

> 以今年正月廿日詣縣督繫曹遣吏張孟傳表，以二月四日付臨湘録事史潘真以三月廿八日承詔覆量中倉雜米，以四月二日畢訖，覓(?)得表所割(柒·4086、4083)

正月廿日關於“朱表割米自首案”的詔書送到臨湘縣，縣督促繫曹遣吏張孟傳朱表，張孟二月四日將此案交給臨湘録事史潘真，潘真三月廿八日奉詔覆量中倉雜米，四月二日結束，結果是米爲朱表所割。

據此可知，簡柒·4121“張孟傳表以二月四日付臨湘録事史潘真”後當爲“承詔覆量中倉雜米”事。其在文意上和簡柒·4116“承詔覆量中倉雜米以四月六日畢訖…”相接。①完整簡文爲：

> □遣吏張孟傳表，以二月四日付臨湘録事史潘真以三月廿七【日】承詔覆量中倉雜米，以四月六日畢訖…(柒·4121、4116)

簡柒·4086、4083和柒·4121、4116相對照發現：二者均是“吏張孟傳表以二月

① 簡柒·4116“詔”前“□”，楊文釋爲“承”。圖版此字很模糊，結合簡柒·4083，此字釋爲“承”較妥，今改。

四日付臨湘録事史潘真”,區别僅是潘真承詔的日期和覆量結束的日期。查圖版,簡柒·4083“三月廿八日”很清楚,簡柒·4121“三月廿七”之“七”字圖版不清楚,據其左邊一撇似當爲“八”字。因此,我們認爲潘真承詔覆量的日期應是“三月廿八日”(以下簡柒·4121“廿七”改釋爲“廿八”)。簡柒·4083“四月二日”之“二”字和簡柒·4116“四月六日”之“六”字,圖版均不清楚。通過前面分析,我們認爲潘真覆量中倉雜米結束的日期也應該相同。簡柒·4086、4083和簡柒·4121、4116所述是同一件事,即繫曹遣吏張孟傳朱表付臨湘録事史潘真承詔覆量中倉雜米。同樣的事件重復記録當是有不同的目的,極有可能是不同部門的記載。

由前述知,四月九日朱表自首,正月廿日詔書下達到臨湘縣,二月四日吏張孟將此案交給臨湘録事史潘真,三月廿八日潘真開始奉詔覆量中倉雜米,四月二日或六日覆量結束,結果是米爲朱表所割。可見,詔書下達及覆量時間當是在朱表自首的第二年展開的。

(二)“朱表割米自首案”復原整理

前面從時間内容方面對“朱表割米自首案”的相關簡文進行了繫聯。下面據揭剥位置示意圖、簡的形制,結合簡文時間内容對“朱表割米自首案”進行復原整理。

“朱表割米自首案”集中出現在簡柒·4080—4144,其揭剥位置示意圖爲:

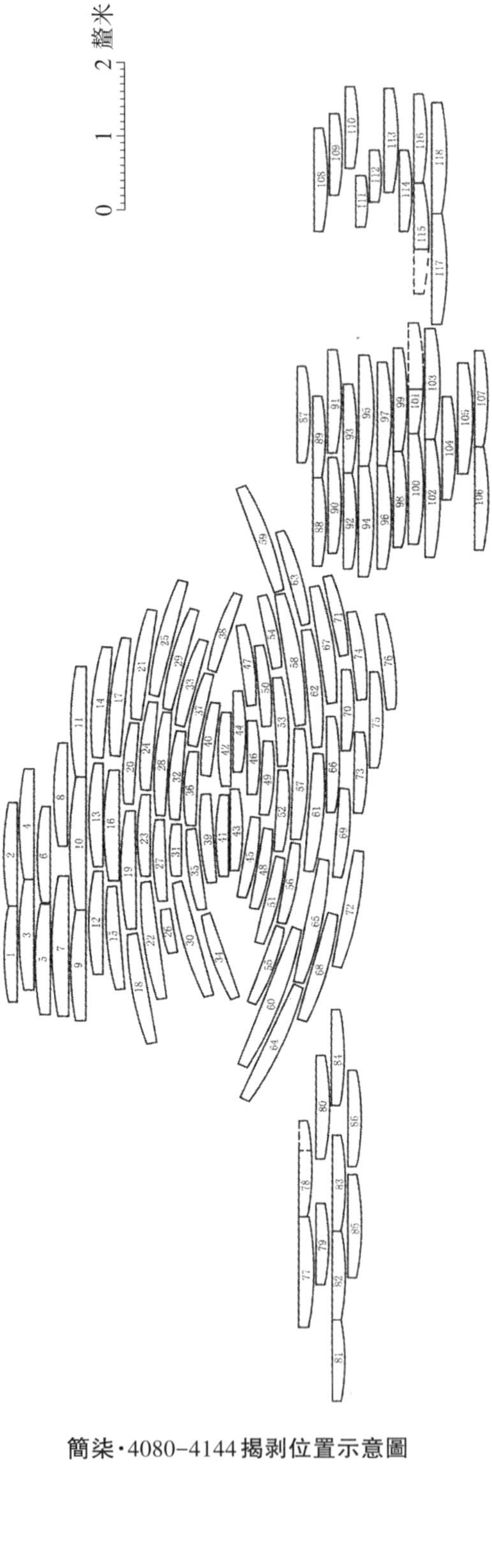

簡柒·4080–4144揭剥位置示意圖

這坨簡位於發掘區Ⅱ區c坨第16小坨。宋少華曾説:"揭剥前當發現某坨簡上半部正面朝下、下半部正面朝上、邊緣處正面與正面相對時,我們就判斷它有可能爲一卷册書。揭剥圖中每枚竹簡正面用直綫表示,背面用曲綫表示。"[①]這坨簡的主體上半部正面朝下,下半部正面朝上,符合一個完整册書的條件。與"朱表割米自首案"相關的簡主要位於正面相對簡(揭剥圖編號爲41、42、43、44)的上面八層和下面九層。據圖版,原簡當是先寫後編,編繩已經腐朽,無法通過簡牘編聯對簡文進行復原整理。不過,與"朱表割米自首案"相關的簡在揭剥圖中相對集中,且都是圍繞一個核心事件而展開,簡文中一些重要信息重復呈現,並有一些重要的時間詞語,故我們根據揭剥位置示意圖、簡的形制和簡文内容對"朱表割米自首案"進行復原。

"朱表割米自首案"簡包裹在中鄉故户下品出錢簡之中。揭剥圖上部編號1至12的簡均是中鄉故户下品出錢簡,下部編號72至96的簡除闌入幾枚其他簡外,也主要是中鄉故户下品出錢簡。其中編號12的簡爲總計簡:

右一百六十[一]户下品,出錢四千四百,合七十萬八千四百(柒·4077正/12)[②]

據此簡知中鄉故户下品出錢簡應是從右向左編聯。由揭剥圖可知編號12的簡處於裹側,故中鄉故户下品出錢簡當是結尾簡在内、首簡在外的收捲方式。

"朱表割米自首案"在揭剥示意圖圖三十三中主要位於編號15至79,中心部位4枚簡正面相對。簡文爲:

道里[長]遠時值□□無□資斷(?)换以中倉溢[米]□斛給莽仁(柒·4106/41)

丹楊大男朱渡求哀以促作父表給吴昌,昔遣吏鄱莽予諸葛府[君](柒·4107/42)

□□傍爲道上粻米五十斛,兩傍人各廿[五]斛及告□□詣府[君](柒·4108/43)

[换]取□□□□□□□□民所還種粻米[十]斛米給[役]□吏□[周](柒·4109/44)

① 宋少華:《長沙三國吴簡的現場揭取與室内揭剥——兼談吴簡的盆號和揭剥圖》,載《吴簡研究》第三輯,中華書局,2011年,第7頁。

② 簡號"/"後數字爲揭剥示意圖編號。下同。

簡柒·4107/42“鄱”據圖版其左側應爲“番”,“鄱”當爲“鄱”字,今改。據這4枚簡的内容來看不應是文書的結尾部分。

“朱表割米自首案”在揭剥示意圖圖三十三上部最外側編號15、17的簡文爲:

> □相兼領願乞□□□□□□□如牒□□謹爲詣琬誠(柒·4080正/15)
>
> 解,行表軍法,當遣主簿詣府白狀縣,在治下吏役不 得(柒·4082正/17)

據簡柒·4080正/15末尾“琬誠”2字可推知其下當爲“惶誠恐叩頭死罪死罪”之類上行文書結尾的慣用語。這樣的語句在吴簡上行文書中多見,僅舉《録事掾潘琬白爲考實吏許迪割用餘米事》爲例:①

> 録事掾潘琬叩頭死罪白:過四年十一月七日,被督郵勑,考實吏許迪。輒與核事吏趙譚、都典掾烝若、主者史李珠,前後窮核考問。迪辭:賣官餘鹽四百廿六斛一斗九升八合四勺,得米二千五百六十一斛六斗九升已。二千四百卌九斛一升,付倉吏鄧隆、榖榮等。餘米一百一十二斛六斗八升,迪割用飲食不見。爲廖直事所覺後,迪以四年六月一日,偷入所割用米畢,付倉吏黄瑛受。前録見都尉,知罪深重,詣言:不割用米。重復實核,迪故下辭,服割用米。審前後搒押迪凡百卅下,不加五毒,據以迪今年服辭結罪,不枉考迪。乞曹重列言府。傳前解,謹下啓。琬誠惶誠恐,叩頭死罪死罪。
>
> 若(濃墨草書)
>
> 二月十九日戊戌白

簡柒·4082正/17“行表軍法”當是案件審理完畢、依法治罪的詞語,“許迪割米案”中多見。如:

> 實是科正非記到據科行迪軍法言,君叩頭叩頭死罪死罪,案 文 書(捌·4210)
>
> 審實是科正非記 到晃亟攝縣據科行迪軍法,乞 嚴下雋(捌·4211)

① 釋文來自王素、宋少華:《長沙吴簡〈録事掾潘琬白爲考實吏許迪割用餘米事〉釋文補正》,《文史》2015年第1輯,第280—281頁。

"朱表割米自首案"在揭剥示意圖圖三十三下部外側編號66的簡文爲:

▢覺後不▢乞□前解,行表軍法▢(柒·4131/66)[1]

因此,我們認爲"朱表割米自首案"的收捲方式不同於中鄉故户下品出錢簡結尾簡在内、首簡在外的方式,其收捲方式應是首簡在内、結尾簡在外。

仔細觀察揭剥示意圖圖三十三,雖上部正面朝下、下部正面朝上,爲構成一個完整册書提供了條件,但其中心部位每排兩枚簡,共3排,上部每排兩枚簡之外即緊鄰一排5枚簡。因此,我們判斷這坨簡中心部位當有遺脱。

揭剥示意圖圖三十三編號26、31的簡是户籍簡,記載了繳納賦税的情況。簡文爲:

右初家口食五人,筭四。訾　五　十(柒·4091/26)
妻池年五十一,筭一;子男□年十九,筭一。(柒·4096/31)

據《竹簡》[捌]所記"許迪割米案"的簡文,有關於許迪所住鄉里及家庭成員的記載,而没有家庭成員是否繳納筭賦的記載,因爲家庭成員是否繳納筭賦與案件的審理無關。故我們認爲上揭户籍簡與"朱表割米自首案"無關,當是闌入簡。這兩枚户籍簡在形制上也和"朱表割米自首案"簡差别很大,這兩枚簡寬分别是0.7、0.8釐米,而與"朱表割米自首案"相關的簡寬度均在1釐米以上,這兩枚簡的寬度比"朱表割米自首案"簡窄很多,也可説明這兩枚户籍簡應是闌入簡,同時也説明"朱表割米自首案"簡擾亂比較嚴重。

觀察"朱表割米自首案"相關簡的圖版,我們發現這批簡有兩種不同的形制。一種較窄、較短一些,寬1.1~1.3釐米,長約23.5釐米。這類簡有:4085/20,4088/23,4089/24,4092/27,4097/32,4098/33,4099/34,4100/35,4101/36,4102/37,4103/38,4104/39,4105/40,4106/41,4107/42,4108/43,4109/44,4110/45,4111/46,4112/47,4113/48,4114/49,4115/50,4116/51,4117/52,4118/53,4119/54,

---

① 楊文指出"前"後"□□□□"釋爲"解"字。"解"字整理者實際上已經釋出,核對圖版"□□□□"當爲衍文,今删。

4120/55，4121/56，4138/73，4144/79。一種較寬、較長一些，寬 1.6~1.9 釐米，長 24.5~25.0 釐米。這類簡有：4080 正/15，4082 正/17，4083 正/18，4084/19，4086/21，4087/22，4090/25，4093/28，4094/29，4095/30，4122/57，4123/58，4124/59，4125/60，4126/61，4127/62，4128/63，4129/64，4130/65，4131/66，4132/67，4133/68。

簡 4143/78 右側殘缺，無法測量其寬度。長度爲 24.5 釐米，因此我們將之歸爲較寬、較長的簡。

此外，《竹簡》[柒]之揭剥位置示意圖圖二十二中另有 4 枚與"朱表割米自首案"相關的簡，分別爲：

> 匿用米一百七十斛，表後以四月九日有辭以米一斛[⋯][所][⋯][買]□[其]（柒·2526/8）
>
> [所]應不得[告][⋯]督郵書史[⋯]（柒·2527/9）
>
> 惶誠恐叩頭死罪死罪敢言之（柒·2530/12）
>
> 月九日[⋯]所覺[⋯]（柒·2533/15）

其揭剥位置示意圖爲：[①]

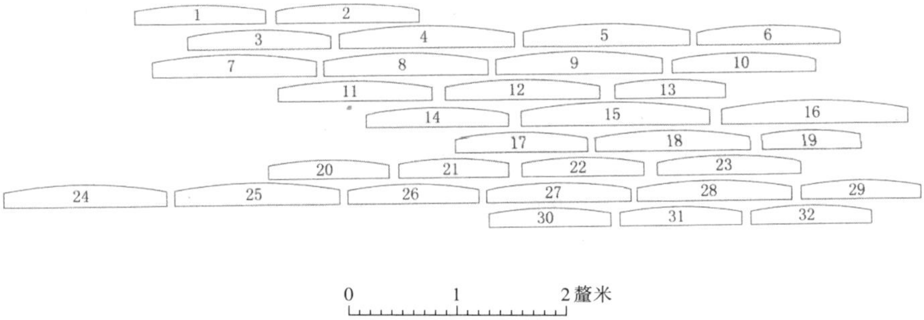

這坨簡位於發掘區Ⅱ區 c 坨第 5 小坨。其簡面正面均朝下，不具備完整册書的條件。這坨簡和上面談到的揭剥示意圖圖三十三均在Ⅱ區 c 坨，且同在發掘簡第十八盆。[②]從發掘信息來看，揭剥示意圖圖二十二和揭剥示意圖圖三十三原爲一盆，均位於Ⅱ區 c 坨，二者之間關係密切。

前面説過"朱表割米自首案"簡在揭剥示意圖圖三十三中是包裹在中鄉故户下

① 走馬樓簡牘整理組編：《長沙走馬樓三國吴簡·竹簡[柒]》，文物出版社，2014 年，第 917 頁。

② 據《竹簡[柒]·凡例》，第十八盆的簡號從 2377 至 4211。參走馬樓簡牘整理組編：《長沙走馬樓三國吴簡·竹簡[柒]·凡例》，文物出版社，2014 年，第 1 頁。

品出錢簡之中的。揭剥示意圖圖二十二編號1至18的簡也主要是中鄉故户下品出錢簡,此坨與“朱表割米自首案”相關的4枚簡包裹在中鄉故户下品出錢簡之中。因此,我們推測揭剥示意圖圖二十二和揭剥示意圖圖三十三原本應在一起。從簡的形制上看,這4枚簡寬1.6~1.8釐米,長24.6~25.0釐米,與前面分析揭剥示意圖圖三十三較寬、較長的簡形制相同。綜上,我們將這4枚簡歸爲“朱表割米自首案”較寬、較長的簡。

通過上面的分析,我們認爲“朱表割米自首案”簡有兩種不同形制,一種較長、較寬,一種較短、較窄。這兩種不同形制的簡當分屬於不同的文書。據揭剥示意圖,較短、較窄的簡在内,較長、較寬的簡在外。

考慮到吴簡掩埋於廢井之中,受到地下長時間的擠壓,出土時的擾動等造成簡册編聯錯亂。因此,綜合揭剥示意圖、簡的形制、簡文内容等各方面信息對“朱表割米自首案”進行復原。復原結果如下:

換取□□□□□□□民所還種粻米十斛米給役□吏□周(柒·4109/44)
□□傍爲道上粻米五十斛,兩傍人各廿五斛及告□□詣府君(柒·4108/43)
道里長遠時值□□無□資斷(?)换以中倉溢米□斛給莽仁(柒·4106/41)
丹楊大男朱渡求哀以促作父表給吴昌,昔遣吏鄱莽予諸葛府君(柒·4107/42)

這一部分缺文較嚴重。大意是米給了莽仁,丹楊大男朱渡爲父朱表求情。

掾□□□□等乞從府還轉以倉中溢米七十斛…(柒·4112/47)
自首不如狀,斛 斗□表即復首,對實□給莽等明十六日如 見(柒·4111/46)
□得潘掾文書□白:表(?)用米給莽等斛數相應,表未(?)見□□(柒·4110/45)
入種粻米即已還宜(?)見(?)米(?)一百七十斛□□□□邸閣朱翻倉吏王(柒·4099/34)
□□□運悉畢□□□書掾料核縣倉□所貸米□已償麦(柒·4100/35)

簡柒·4099/34“買”字圖版下部不應爲“貝”,據其寫法,應爲“還”字,今改。這一部分大意爲朱表用米給莽仁等,斛數相合,且米已經歸還。米數爲一百七十斛,邸閣朱翻倉吏王某負責接收。朱表所割用米數一百七十斛,又見簡柒·4098/33“米一百七十斛，表後以四月九日有辭以米□昔所遺兵…"，簡柒·4128/63"□□米表坐割還□中倉吏□□所領溢米一百七十斛…畢"，[①]簡柒·2526/8"匿用米一百七十斛，表後以四月九日有辭以米一斛…所…買□其"。

收四月九日發臨湘吏□自首乞言以廛昔所遺兵覓到其自首□（柒·4104/39）
會日遣主簿□□□□不得稽留言…科令…（柒·4101/36）
所如狀後吏實列乃米實已還曹表□先□記自以文入没（柒·4105/40）[②]
溺米事、罪事各畢，願乞依事覺後（?）自首，私結罪不覺愬（柒·4102/37）
□謹買叢上聞恩唯…（柒·4103/38）

據圖版，簡柒·4102/37"録"字當爲"罪"字，圖版作"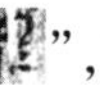"，較清晰，今改。此簡"後"字圖版不清晰，據"自首私結罪不覺愬"似釋爲"前"字較妥。四月九日朱表自首，遣主簿督查此事，結果是米實已還，朱表以文入没溺米爲由自首，並自以爲文入没溺米事、罪事各畢，乞請依事覺前自首私結罪。

復正罪法可應會日…主簿…言表…（柒·4115/50）
…嘉禾六年五月十七日起倉曹（柒·4114/49）
臨湘書掾萬□□曰□□□…（柒·4113/48）
米一百七十斛，表後以四月九日有辭以米□昔所遺兵…（柒·4098/33）
月十八日，更復有辭以米給莽仁，非自散用，事既在真所覺□（柒·4097/32）

四月九日朱表供辭以米□昔所遺兵，十八日更復有辭以米給莽仁，並非自己私吞。

① 此簡"倉"前之"□"，楊文釋爲"中"。核對圖版，今從。

② 此簡"還"後之"□"，楊文釋爲"曹"。核對圖版，今從。

府　告兼中部督郵書掾王偉臨湘□□□(柒·4119/54)[①]

□□如牒,又表以文入没溺米事今年□月廿日詣縣獄自繫(柒·4118/53)

□吏(?)□□□□□下□兼 中 部 督 郵…(柒·4117/52)

□遣吏張孟傳表,以二月四日付臨湘録事史潘真以三月廿八(柒·4121/56)

承詔覆量中倉雜 米,以四月六日畢訖…(柒·4116/51)

□獄今臨湘結斛斗□後表自首狀□唯□所用米事覺自首(柒·4120/55)

朱表四月九日自首,廿日又詣縣獄自繫。據簡柒·4086/21"以今年正月廿日詣縣督繫曹遣吏張孟傳表,以二月四日付臨湘録"知此二月四日爲第二年。三月廿八日臨湘録事史潘真承詔覆量中倉雜米,四月六日結束。

□消息不□自覺主者問轉踵自首不□□□□克□□□(柒·4092/27)

明府願無濟育□□乞可斷理楊金□澈仰求哀求哀白(柒·4088/23)

□又表已 先收繫自首者謂□□□□□□□前謂□□(柒·4085/20)

亡而不亡謂故在識表已先收傳繫其有姧臧懷匿重罪□(柒·4089/24)

據圖版,簡柒·4092/27"不"下一字似爲"非"字。這一部分簡文殘損很嚴重。

皆□真所覺白後,罪明科正事,當促竟記到偉□□□□□(柒·4144/79)

死 罪 死 罪敢言之(柒·4138/73)

以上是較窄、較短的簡的復原情況。下面是較寬、較長的簡的復原情況:

正月十八日臨湘侯相君告核事掾□記識…(柒·4095/30)

以(?)表自首皆在直所覺(?)後(?),令聞□□□訟 愬□勉重罪者(柒·4093/28)

不應爲自首,前已□□結表罪罪自□□科正□□□□(柒·4094/29)[②]

…(柒·4090/25)【注】本簡似有字迹,但無法辨識。

---

① 此簡"敢 言 之",楊文釋爲"府"。核對圖版,今從。

② 此簡"給□□",楊文釋爲"結表罪"。核對圖版,今從。

查明真相，朱表自首皆在直所覺後，朱表畏懼重罪懲罰，自首希冀免重罪。朱表的行爲不應爲自首，應依罪處罰。

主簿□□　省(柒·4124/59)

□□米表坐 割 還□中倉吏□□所領溢米一百七十斛…畢(柒·4128/63)

□□先□繫自首□□□未(?)覺若覺後□對謂□得□更□□(柒·4127/62)

嘉 禾 六 年 正 月□□日…(柒·4123/58)

先自覺主者間縛□繫自首，不應爲自(?)首，表唯以□月七日吏廖□□□(柒·4122/57)

…見 上□(柒·4126/61)

…　右…

□紀…(柒·4125/60)

右尉寫下書到亟促依書識(?)更察(?)科正讁罪法(柒·4084/19)

官中部督郵移辛酉詔曰：寫下度辭如牒，又表以文入没溺米事(柒·4087/22)

以今年正月廿日詣縣督繫曹遣吏張孟傳表，以二月四日付臨湘録(柒·4086/21)

事史潘真以三月廿八日承詔覆量中倉雜米，以四月二日畢訖，覓(?)得表所割(柒·4083正/18)

右尉寫下書督促依書更察科正。簡柒·4084/19前一書當是右尉下達的文書，後一書當是辛酉詔書。中部督郵移辛酉詔責查朱表以文入没溺米事。正月廿日，詔書到達縣廷，縣廷督促繫曹遣吏張孟傳朱表，二月四日張孟將此案交付臨湘録事史潘真，潘真三月廿八日承詔覆量中倉雜米，四月二日覆量結束，結果是朱表所割米。

□月　日關中部督郵…　☐(柒·4132/67)

…覺後不…乞□前解，行表軍法…(柒·4131/66)

正月一日吏昌寫…録事史…復考實吴昌長(柒·4130/65)

…記到…(柒·4129/64)

…詣□右…(柒·4133/68)

君□□省　録事掾　潘　琬　白(柒·4143/78)

上報調查結果,依罪行朱表軍法。

匿用米一百七十斛,表後以四月九日有辭以米一斛⋯所⋯買□其(柒·2526/8)

所應不得告⋯督郵書史⋯(柒·2527/9)

月九日⋯所覺⋯(柒·2533/15)

解,行表軍法,當遣主簿詣府白狀縣,在治下吏役不 得(柒·4082正/17)

□相兼領願乞□□□□□□□如牒□□謹爲詣琬誠(柒·4080正/15)

惶誠恐叩頭死罪死罪敢言之(柒·2530/12)

朱表匿用官米一百七十斛,經覆核其自首是事覺後,依罪當行朱表軍法,而非服吏役。

我們據揭剥位置示意圖、簡的形制及簡文内容盡力對“朱表割米自首案”相關簡文進行了復原,但由於簡册編聯錯亂,簡文殘損嚴重,故有些地方前後連貫性不强。不過,“朱表割米自首案”的案情脈絡已大致清楚:朱表先自首稱以米給屢昔所遣兵,後又有辭以米給莽仁,後又以文入没溺米事詣縣獄自繫。針對朱表自首事,展開了一系列的調查,最初調查結果是米斛數相應,已入倉。經覆案是朱表事覺後纔投案,不應爲自首,依罪應行朱表軍法而不是服吏役。“朱表割米自首案”案情十分複雜。

(三)“朱表割米自首案”解析

“朱表割米自首案”案情複雜,涉及很多部門和吏員,這裏我們對該案試做解析。

自首

學界普遍認爲中國犯罪自首的文獻記載最早見於《尚書·康誥》:“既道極厥辜,時乃不可殺。”[①]即犯罪人已把犯罪事實全部供述出來了,雖犯罪很大,也不可殺。這條文獻被認爲是我國自首制度的濫觴。秦漢時期自首稱爲“自告”“自出”。[②]如:

---

① [清]阮元校刻:《十三經注疏·尚書正義》,中華書局,1980年,第203頁。

② “自告”是非逃亡者犯罪未發自首,“自出”是逃亡者事發自首。詳參萬榮:《秦漢簡牘“自告”、“自出”再辨析》,《江漢論壇》2013年第8期,第75頁。

司寇盗百一十錢,先自告,可(何)論?當耐爲隸臣,或曰貲二甲。(《睡虎地秦簡·法律答問》簡8)

把其叚(假)以亡,得及自出,當爲盗不當?自出,以亡論。其得,坐臧(贜)爲盗;盗罪輕于亡,以亡論。(《睡虎地秦簡·法律答問》簡131)

嗇夫不以官爲事,以奸爲事,論可(何)殹(也)?當䙴(遷)。䙴(遷)者妻當包不當?不當包。當䙴(遷),其妻先自告,當包。(《睡虎地秦簡·法律答問》簡61-62)

告不審及有罪先自告,各減其罪一等,死罪黥爲城旦舂,黥爲城旦舂罪完爲城旦舂,完爲城旦舂罪□(《張家山漢簡·二年律令》簡127)[①]

殺傷大父母、父母,及奴婢殺傷主、主父母妻子,自告者皆不得減。告人不審,所告有它罪與告也罪等以上,告者不爲不審。(《張家山漢簡·二年律令》簡132)

匿罪人,死罪,黥爲城旦舂,它各與同罪。其所匿未去而告之,除。諸舍匿罪人,罪人自出,若先自告,罪減,亦減舍匿者罪。(《張家山漢簡·二年律令》簡167)

元朔七年冬,有司公卿下沛郡求捕所與淮南謀反者未得,得陳喜於衡山王子孝家。吏劾孝首匿喜。孝以爲陳喜雅數與王計謀反,恐其發之,聞律先自告除其罪,又疑太子使白嬴上書發其事,即先自告,告所與謀反者救赫、陳喜等。(《史記·淮南衡山列傳》)[②]

(其)犯罪未發覺,詔書到日自告者,半入贖。(《後漢書·明帝紀》)[③]

由上揭所列諸例知,秦漢文獻自首多稱爲"先自告",這個"先"字具有一定的特殊意義。(日)籾山明認爲:"'自告'之前被冠以'先'字,這一定是表示'在被發覺之前'的意思。"[④]我們贊同這一觀點。上舉漢明帝詔書特别提到"其未發覺"先自告者半入贖亦説明自告當在事未覺之前纔算是自首。反之,事覺後自首當不應爲自首。事覺前自首還是事覺後自首是判斷是否是自首的關鍵條件。秦漢文獻"先自告"之"先"字表明當時的人們已經注意到這一關鍵因素。"朱表割米自首案"中有多枚簡

---

① 所引《二年律令》釋文來自彭浩等《二年律令與奏讞書》,上海古籍出版社,2007年,第144—145、157頁。

② [西漢]司馬遷:《史記》,中華書局標點本,2014年,第3736頁。

③ [南朝宋]范曄:《後漢書》,中華書局標點本,1956年,第118頁。

④ (日)籾山明:《中國古代訴訟制度研究》,李力譯,上海古籍出版社,2009年,第50頁。

涉及“事覺”“覺後”等,説明朱表是事覺前自首還是事覺後自首是該案審理的重點,也是該案定性定刑的基礎。

秦漢時期事覺前自首,所受罪罰會得到一定程度的減免。孫吴當承漢制。否則,朱表也不會割米後自繫自首。據孫吴辛丑科規定:“凡鹽滿一石,米二石,雜物直錢五千,皆斬没入妻子科一條,吏民坐臧入直應當死者恐猲受取一萬,諸盗官物直臧五萬,皆應(捌·4021)”,朱表盗割官米一百七十斛,依科當斬並没入妻子。朱表自首後所受的處罰極可能只是服吏役。

倉曹

據傳世文獻記載,倉曹主倉穀事。①研究者認爲吴簡倉曹總管各倉事務,包括米、錢、布等物資的出納。②吴簡中確有大量的關於米等穀物出入倉的賬簿,但根據吴簡,錢、布、皮等物資的出納是由庫負責的。據吴簡,倉曹總管各倉事務,不僅包括米等穀物的出納,還應包括與之相關的其他事務。如:

倉曹言:邸閣馬維倉吏武河遺(?)玉(?)官印從科俗(?)□□罪法事。

四月四日倉曹史吴王白(柒·1441)

倉曹言:吴昌吏謝番殷□罪法…事。

三月七日倉曹掾□□封(柒·2603)

草言府:依科結正武陵倉吏黄朋、熊浩所應事。…月十日兼倉曹史□□白(柒·2970)

以上3例均是倉曹掾/史上書言邸閣、倉吏等罪法事,這些罪法事當均與倉米有關。這説明倉曹參與了與倉米相關的案件的審理。簡柒·4114“…嘉禾六年五月十七日起倉曹”極可能是記録倉曹審理“朱表割米自首案”的相關情況。可惜簡文只殘留下時間信息,無法得知更多信息。

繫曹

“繫曹”不見於傳世文獻,吴簡僅簡柒·4086“以今年正月廿日詣縣督繫曹遣吏張孟傳表,以二月四日付臨湘録”一例。據文意,繫曹當屬縣廷列曹。“繫”有拘囚、拘禁之義,如《史記·孝文本紀》:“(十三年)五月,齊太倉令淳于公有罪當刑,詔獄逮

① [南朝梁]沈約:《宋書》,中華書局點校本,1974年,第1220頁。

② 徐暢:《走馬樓簡所見孫吴臨湘縣廷列曹設置及曹吏》,載《吴簡研究》第三輯,中華書局,2011年,第314頁。

徙繫長安。"[①]《史記·越王句踐世家》:"湯繫夏臺,文王囚羑里,晉重耳犇翟,齊小白犇莒,其卒王霸。"[②]簡柒·4118"□□如牒又表以文入没溺米事今年□月廿日詣縣獄自繫",朱表到縣獄自請囚禁。"自繫"即自請囚禁之義,亦見於傳世文獻。如《史記·循吏列傳》:"石奢者,楚昭王相也。堅直廉正,無所阿避。行縣,道有殺人者,相追之,乃其父也。縱其父而還自繫焉。"[③]故"繫曹"當爲司拘囚之曹,類似於後代的獄曹,當是孫吴時期長沙地區獨具特色的曹職設置。

諸葛府君[④]

"諸葛府君"在吴簡中僅見於簡柒·4107。簡柒·4108"□□傍爲道上粻米五十斛,兩傍人各廿[五]斛及告□□詣府[君]"之府君極可能也是諸葛府君。吴簡中"府君"又見:

> 府君教☑(貳·3620)
>
> ☑□府君(?)☑(貳·8692)

兩漢三國地方州、郡、縣三級行政單位,其機構、首長大致均有專稱,其中,郡級行政機構稱"府",首長太守稱"府君""明府"。[⑤]然而,吴簡所記長沙郡太守爲于望。如:

> 出長沙大守于望(?)[賓][吏]☑(壹·7270)
>
> 出長沙大守于[望]☑(叁·573)
>
> ☑沙大守于望遣□☑(叁·1049)

---

① [西漢]司馬遷:《史記》,中華書局點校本,2013年,第535頁。

② [西漢]司馬遷:《史記》,中華書局點校本,2013年,第2090頁。

③ [西漢]司馬遷:《史記》,中華書局點校本,2013年,第3744頁。

④ 孫東波、楊芬、楊小亮三位先生認爲"諸葛府君"可能是丹楊太守諸葛恪。參孫東波、楊芬:《走馬樓三國吴簡吴昌長朱表盜米案初探》,載《簡帛研究二〇一六(秋冬卷)》,廣西師範大學出版社,2017年,第261—263頁;楊小亮:《"表坐割匿用米行軍法"案勾稽考校》,載《長沙簡帛研究國際學術研討會論文集》,中西書局,2017年,第187頁。

⑤ 參王素:《長沙走馬樓三國孫吴簡牘三文書新探》,《文物》1999年第9期,第 47頁;王子今:《居延漢簡所見"明府"稱謂》,載《簡帛研究二〇〇七》,廣西師範大學出版社,2010年,第89—98頁;徐暢:《走馬樓簡所見孫吴臨湘縣廷列曹設置及曹吏》,載《吴簡研究》第三輯,中華書局,2011年,第292頁。

此“諸葛府君”當姓諸葛，據其稱“府君”應是長沙郡太守。其具體所指爲何人，和于望的關係爲何，二人是否是不同時間段擔任長沙郡太守等情況目前尚不明了。

科正

“科正”，辭書不見，“朱表割米自首案”中凡3見。“科”當爲律令、法規之義。《三國志·蜀書·諸葛亮傳》：“若有作姦犯科及爲忠善者，宜付有司論其刑賞，以昭陛下平明之理，不宜偏私，使内外異法也。”①許迪割米案中多見辛丑科。如：

> 賈米斛直錢一千五百，合直錢一十六萬九千廿，案辭正科罪，迪具服辛丑科目，今(捌·4019)
>
> ☑…一千五百，迪凡臧十六萬九千廿，案辛丑科罪(捌·4245)
>
> □□□考問，迪具服，案辛丑科目，今諸樓船都尉監運倉曹(捌·4126)

“正”有正法、治罪義。《周禮·夏官·大司馬》：“賊殺其親，則正之。”鄭玄注：“正之者，執而治其罪。”②《後漢書·張酺傳》：“酺部吏楊章等窮究，正海罪，徙朔方。”③“科正”當爲據科治罪義。“許迪割米案”中也多見“科正”。如：

> 實是科正非記到據科行迪軍法言，君叩頭叩頭死罪死罪，案文書(捌·4210)
>
> 審實是科正非記到晃亟攝縣據科行迪軍法，乞嚴下雋(捌·4211)

亟促

“亟促”，辭書不見，而吴簡中多見，如：

> 臨湘丞掾寫移書到，亟促部吏據科正處迪罪法，所應不得稽留言如府旁書科令(捌·4024)
>
> 臨湘丞掾寫移書到，亟促部吏考核迪，務得事實據(捌·4049)
>
> 勑中部督郵亟促考核吏許迪，診米有出郡簿一百一十二(捌·4110)

① [西晉]陳壽：《三國志》，中華書局點校本，1959年，第919頁。

② [清]阮元校刻：《十三經注疏·周禮注疏》，中華書局，1980年，第835頁。

③ [南朝宋]范曄：《後漢書》，中華書局點校本，1965年，第1531頁。

> 敕臨湘録事主者亟促考實迪,務得姦情,據科彈(捌·4123)
>
> 相 達書到亟促 部 忠 良 大 吏平心部決正處咨言會月十五(捌·4250)
>
> 諾少受命料問事,當覆驗,今遣吏□書到亟促條列□(肆·1289)

亟,急也。《説文·二部》:“亟,敏疾也。”《爾雅·釋詁下》:“亟,疾也。”邢昺疏:“皆謂急疾也。”[①]《詩經·豳風·七月》:“亟其乘屋,其始播百穀。”鄭玄箋:“亟,急。”[②]促,緊迫、急促。《説文·人部》:“促,迫也。”“亟”和“促”都有急義,“亟促”爲同義連用。據上揭所引簡例,“亟促”均出現在上級下達命令催促下級官吏辦理某事的文書中。

文入

“文入”,辭書不見,“朱表割米自首案”中凡3見。它又如:

> 黄武五年文入租吴平斛米二百七十七斛六斗,料校不見,前已列言,更詭責負者□(壹·6688)
>
> 黄龍元年文入叛士限吴平斛米六百七十四斛九斗七升,料校不見,前已列言,更詭責負者(壹·9587)
>
> 見者隱核度(?)對□叛者輒入所負有書縣文入逋來(肆·1222)
>
> 縣文入逋長斛□複□不動□詣□年無(肆·1259)

吴簡“文入”多和“料校不見”“逋”等連用。楊芬認爲“文入”之“文”可能指外表、表現形式或文簿,“文入”指虚文入倉。“文入”的米(錢)實際並不在倉。[③]王素指出吴簡“文入”之“文”大致有兩個意思:一是表面,《論語·顔淵》:“君子質而已矣,何以文爲?”“文入”意爲表面入而實際没入。二是掩飾,《論語·子張》:“小人之過也必文。”“文入”意爲以入爲掩飾,或假裝入實際没入。[④]楊芬和王素都認爲“文入”是指表面上入而實際上並没有入。我們贊同這種看法。在“朱表割米自首案”中朱表以

① [清]阮元校刻:《十三經注疏·爾雅注疏》,中華書局,1980年,第2574頁。

② [清]阮元校刻:《十三經注疏·毛詩正義》,中華書局,1980年,第391頁。

③ 楊芬:《長沙走馬樓吴簡考釋三則——“懸逋”、“文入”、“種領簿”》,載《出土文獻研究》第十一輯,中西書局,2012年,第273—275頁。

④ 拙文寫成後曾提請王素指教。王先生指出“文入”涉及案情判斷,應增加對“文入”的解釋,並給出了自己的觀點。此特説明並致謝。

文入没溺米事到縣獄自繫,後又以爲文入没溺米事、罪事都已完畢,企圖按自首私結罪。實際上米並没有入倉,而是被朱表私吞了。

中部督郵書掾王偉

督郵爲郡監察官。職掌有三:一是督察,包括諸侯王、長吏、地方豪族及縣署人事行政;二是督送郵書、奉宣教令;三是雜職,包括奉詔捕繫,追案盜賊,録送囚徒,催租點兵,詢核情實等。臨湘縣屬中部督郵管轄範圍。“朱表割米自首案”案發後一直在中部督郵的掌控和干預下進行審理,參與此案的主要是中部督郵書掾王偉。督郵書掾王偉又見:

官告兼中部勸農督郵書掾王偉▯系□(肆·3585)

臨湘録事史潘真

參與“許迪割米案”的録事掾是潘琬。與“許迪割米案”相關的4份重要木牘中有3份出自録事掾潘琬之手。很顯然,録事掾的工作與文書寫作有關。據“朱表割米自首案”,録事史的工作不僅與文書寫作相關,還直接參與案件的審核。“朱表割米自首案”中臨湘録事史潘真承詔覆量中倉雜米是其明證。

核事掾

王彬認爲,核事吏是縣廷中負責究核文書是否屬實的署吏,“核事”一職應爲臨時性的差使,不是固定的職務,類似後代朝廷中的使職差遣。“許迪割米案”中核事掾趙譚、這貴多次參與考實許迪。如:

應言君叩頭叩頭死罪死罪,案文書,被書輒部核事掾趙譚考實迪(捌·4014)

臨湘侯相管呰叩頭死罪白:重部核事掾趙 譚實核 吏 許 迪(捌·4139)

核事掾趙譚、這貴言:輒考實大男許迪坐割用所典鹽賈米一百一十 二 斛 六 斗 八 升…(捌·4196)

① 王素:《長沙走馬樓三國孫吴簡牘三文書新探》,《文物》1999年第9期,第47頁。

② 王彬已指明録事掾的工作與文書寫作有關,兹不贅述。參王彬:《吴簡許迪割米案相關文書所見孫吴臨湘侯國的司法運作》,《文史》2014年第2輯,第76頁。

③ 王彬:《吴簡許迪割米案相關文書所見孫吴臨湘侯國的司法運作》,《文史》2014年第2輯,第77頁。

“朱表割米自首案”中核事掾也參與了考實朱表,因簡文殘缺,參與該案的核事掾具體爲何人尚不清楚。

主簿

主簿在漢魏之際中央及郡縣官署普遍設置,爲門下吏之首。縣主簿位在諸曹掾之上,是屬吏中地位尊高的大吏,主要負責記録、檢閲文書簿籍。①主簿當一直參與了“朱表割米自首案”。

臨湘侯相君

“君”極可能是臨湘侯相的名,全名是“郭君”。②吴簡臨湘侯相有3位:一是靖,主要活動時間在嘉禾元年(232);二是郭君,其活動時間跨度較長,自嘉禾二年(233)至六年(236)均有相關記載;三是管呰,其參與了許迪案的重考實工作。在“許迪割米案”中郭君和管呰作爲臨湘侯相都參與了該案,我們推測管呰極可能是郭君的繼任者。

辛酉詔

“朱表割米自首案”案情重大,直接驚動了最高統治者,孫權下詔要求覆查此案。長沙郡中部督郵移孫權詔書要求臨湘縣對此案進行覆案。臨湘録事史潘真承詔覆量中倉雜米之“詔”當即是辛酉詔。“辛酉詔”不見於《三國志·吴書》。

參考秦漢訴訟程序,③“許迪割米案”程序,④及吴簡“朱表割米自首案”的實際情況,對該案案情發展進程嘗試梳理如下:

四月九日朱表自首稱以米給廱昔所遣兵,四月十八日朱表復有辭以米給莽仁非自散用,二十日朱表又以文入没溺米事到縣獄自請囚禁。由朱表自首的供辭一再變化可知該案案情十分複雜。有關部門受理朱表自首案件後即開始對朱表的供辭展開核查,核查的結果是“表用米給莽等斛數相應”“米實已還”,即朱表自首供辭屬實。朱表本人也以爲文入没溺米事、罪事都已經完畢,乞請按自首私結罪。

事覺。因簡文殘缺,無法得知事覺的確切原因。據“許迪割米案”,許迪割米事

---

① 凌文超:《走馬樓吴簡舉私學簿整理與研究》,《文史》2014年第2輯,第58—59頁。

② 簡肆·1230“·右連年逋空雜米三千五百二斛三斗八升□合□侯相郭君丞區讓”,簡肆·1297“相郭君丞唐(?)祁録事主者周岑石彭謝進”。

③ 秦漢訴訟程序爲“告訴·告發—逮捕·拘禁·訊問—通知縣、鄉—查封—審判·再審”。參(日)籾山明:《中國古代訴訟制度研究》,李力譯,上海古籍出版社,2009年,第49—76頁。

④ 徐暢:《新刊長沙走馬樓吴簡與許迪割米案司法程序的復原》,《文物》2015年第12期,第71—83頁。

事發的原因是廖直事料校米不見所覺(簡捌·4270、簡捌·4279)。“朱表割米自首案”事覺的原因極有可能也是廖直事料校米所覺(簡柒·4093“以(?)表自首皆在直所覺(?)後(?)令聞□□□訟怨□勉重罪者”,簡柒·4122“先自覺主者間縛□繫自首不應爲自(?)首表唯以□月七日吏廖□□□”)。

由於朱表所割用米數量大,涉及軍糧,案情複雜、嚴重,驚動了最高統治者孫權。這從簡文“承詔”(簡柒·4083)、“移辛酉詔”(簡柒·4087)中可窺一斑。孫權親自下詔要求徹查此案。詔書經中部督郵下達到臨湘縣,臨湘縣又將詔書下達到繫曹,繫曹派遣吏張孟傳訊朱表。臨湘録事史潘真奉詔覆量州中倉雜米,經過覆查,結果是米爲朱表所割。查明真相後,對朱表盜割官米案進行定性:朱表自首是在事覺後自首,不應爲自首。依科當治朱表罪,因朱表所盜割之米與軍糧有關,故當行朱表軍法。因簡文殘缺,對朱表這種虛假自首的案例,是否會從重、從嚴懲罰,尚不得而知。秦漢法律文獻關於自首的情況,也只有自首所受懲罰減免的記載,而没有虛假自首懲罰情況的記録。不過,無論如何,據孫吴辛丑科,朱表至少要受到斬首並没入妻子爲奴的懲處。

需要説明的是,因“朱表割米自首案”簡文殘損嚴重,上述對該案案情發展進程的梳理只是一個大致的、概括的描述,更多詳細信息還有待於新材料的進一步公布。據“許迪割米案”的相關記載,“朱表割米自首案”至少還應包括以下幾點:朱表對自己籍貫、家庭情况的供辭,隱核朱表的供辭是否屬實(包括家庭成員、年齡、是否同居等),[①]對朱表及其家人的懲處情况,不同機構部門之間上傳下達的文書等。

(四)“朱表割米自首案”與“許迪割米案”比較

“朱表割米自首案”與“許迪割米案”既有相同之處,又有不同之處。“許迪割米案”刊布的簡牘資料很多,研究成果也比較多,案情分析已經比較明朗。故將“朱表割米自首案”與之進行比較,以期對“朱表割米自首案”有更深入的研究。

---

① 《竹簡》[捌]中有多枚隱核許迪供辭的簡,如簡捌·4209“攝録小讓鼟没入爲生口并乞隱核妄年紀家中人悉如迪所列上與不詭責八冰爲迪入加”,簡捌·4237“迪家中悉如迪辭與不詭責八冰爲迪入加臧錢十六萬九千廿”,簡捌·4249“部吏傳送小讓鼟詣府并隱核妄年紀八冰異居□□”,簡捌·4255“前已列言乞傳前解行迪軍法乞嚴下儁隱核迪家中人悉如☐”,簡捌·4260“生口乞隱核家中人悉如迪辭列上與不詭責八冰爲迪入加臧案文”。

1.相同點

①兩案都是官吏盗割官米,且均和軍糧有關。查明真相後,均要行軍法。“行表/迪軍法”的簡文多見。如:

解,行表軍法,當遣主簿詣府白狀縣,在治下吏役不 得(柒·4082正)

…覺後不…乞□前解,行表軍法…(柒·4131)

如 牒,乞傅 前解,行迪軍法,録事掾潘琬校…(捌·4278)

於都市行迪軍法,本臧已入畢,乞嚴下雋攝録小讓躑没入爲生(捌·4244)

②兩案都經歷了多次審訊和覆案。許迪先是承認割用官米,後録見都尉時翻供,使案情變得複雜,故需對案件進行覆案。“許迪割米案”中多見“重實核”等字樣:

臨湘侯相管呰叩頭死罪白:重部核事掾趙 譚實核 吏 許 迪(捌·4139)

臨湘言:重實核淕口典鹽吏許迪割用所領 米 一 百 一 十 二 斛六斗八升前(捌·4183)

□被督郵勑　□□□□□□□□□□重考實迪□□□□□所考□所□(捌·4266)

許迪案涉及各方官吏,經過了多輪考實、核查。“朱表割米自首案”中朱表自首的供辭幾經改變,且自首後第一次核查的結果是“斛數相應”,後承詔覆查此案,結果是米爲朱表所割。“朱表割米自首案”也應經過多次審訊、考實。

③兩案的審判工作均是在長沙郡中部督郵干預下,由縣廷相關曹吏完成。簡文如:

□　□月□日兼中部督郵書掾 晃淕口典鹽掾許迪(捌·4064)

勑中部督郵亟促考核吏 許 迪,訬 米有出郡簿一百一十二(捌·4110)

官中部督郵移辛酉詔曰:寫下度辭如牒,又表以文入没溺米事(柒·4087)

府　告兼中部督郵書掾王偉臨湘□□□(柒·4119)

“許迪割米案”主要由中部督郵書掾晃參與,“朱表割米自首案”主要是中部督郵書掾王偉參與。

④兩案審理過程在時間上有重合。“許迪割米案”從案發到結案經歷了嘉禾四、

五、六年共3個年頭。[①]"朱表割米自首案"有明確紀年的簡是嘉禾六年:

> ☐嘉禾〼年五月十七日起倉曹(柒·4114)
>
> 嘉禾六年正月□□日☐(柒·4123)

朱表自首的時間是四月九日(簡柒·4104、簡柒·4098、簡柒·2526),臨湘録事史潘真承詔覆量此案結束的時間也是在四月,"朱表割米自首案"至少經歷了兩個年頭,極可能是嘉禾五年和六年。從縱的時間鏈條上來看,"朱表割米自首案"和"許迪割米案"在時間上是大體相同的。這也可能是兩案分别由中部督郵書掾晃和中部督郵書掾王偉負責的原因。

⑤兩案的案犯均不是臨湘縣本地人。據許迪本人的供辭"十一月七日大男許迪辭本下雋縣民少失父遂與母妾兄别别男弟冰迪妻小冰妻(簡捌·4117)",許迪本是下雋縣人。據《續漢書·郡國志》《晉書·地理志下》,下雋縣屬長沙郡。據簡柒·4107"丹楊大男朱渡求哀以促作父表給吴昌,昔遣吏鄱莽予諸葛府君",朱表應是丹楊人。據《晉書·地理志下》,丹楊郡屬揚州。

2.不同點

①兩案覆案的原因不同。許迪割用鹽米在第一次考實時承認米爲自己所割用,但他未料到會處以斬罪(簡捌·4003"飲食盡前見都尉實怖死詣府對云以米備擿",簡捌·4004"備入米付倉吏黄瑛悉畢前實怖猥死對都尉云以米備擿實如今辭□□")。因畏死,許迪在録見都尉時改口供爲以米備擿,又讓其弟許冰持葦歸家

① 徐暢:《走馬樓吴簡竹木牘的刊布及相關研究述評》,載《魏晉南北朝隋唐史資料》第三十一輯,上海古籍出版社,2015年,第25—74頁;徐暢:《新刊長沙走馬樓吴簡與許迪割米案司法程序的復原》,《文物》2015年第12期,第81頁。

改定。[①]由於許迪翻供,此案展開了相關的覆查工作。朱表盜割官米擔心事覺自首,事實上朱表自首時事已覺。朱表自首案首次核查情况屬實。但由於某種原因(極可能是廖直事料校米所覺),需要覆查此案,且驚動了最高統治者孫權,由孫權親自下詔對此案進行覆查。

②兩案所涉官米數量不同。許迪盜割官米一百一十二斛六斗八升,這個數字在簡文中多次出現。朱表盜割官米一百七十斛,此數字在簡文中亦多次出現。從盜割官米數量上看,朱表比許迪多盜割近六十斛。按一斛米值錢一千五百計,[②]朱表比許迪多八萬五千九百八十錢,數量驚人。

③兩案案情不同。"許迪割米案"案情相對較簡單。許迪私吞官鹽米,廖咨、朱訢在料校倉米時發現米不見,上報此事並命許迪補入所割米,許迪割用官米事發。在中部督郵干預下,縣廷相關各曹展開對許迪案的考實工作,許迪承認割用官米一百一十二斛六斗八升。針對許迪的供辭和辛丑科規定,判處許迪斬罪。許迪在録見都尉時,畏死改供爲不割用米,以米備擿。以致對此案進行覆查,即重考實,結果是米確爲許迪所割,依科治許迪斬罪並没入妻子。

"朱表割米自首案"案情則相對複雜得多。且不説朱表是事覺前自首還是事覺後自首,僅就朱表自首的理由來説,朱表先説以米給䴥昔所遣兵,後又稱"以米給莽仁非自散用",再稱"文入没溺米",朱表自首供辭多次改變,使案情顯得十分複雜。第一次核查結果是朱表用米給莽等斛數相應,米實已還,朱表自己也認爲文入没溺米事、罪事均已完畢,乞請按自首私結罪。因某種原因,此案驚動了最高統治者孫權,孫權親自下詔要求覆查此案。詔書層層下發到臨湘縣,縣廷督促繫曹等覆案,覆案結果是米爲朱表所割,且不應爲自首,當行朱表軍法。由於"朱表割米自首案"

---

① 参《中賊曹掾陳曠白爲考實大男許迪割食鹽賈米事》:

中賊曹掾陳曠叩頭死罪白:被曹敕,考實大男許迪,知斷用所賣官鹽賈米一百一十二斛六斗八升與不言。案文書,被敕輒考問,迪辭:所領鹽賈米一百一十二斛六斗八升,迪自散用飲食盡。縣前結迪斬罪,懼怖罪重,又辭:虚言以米雇擿,令弟冰持草歸家改定。迪手下辭,不以米雇擿,自割食米。審實,謹列見辭狀如牒,請以辭付本曹,據科治罪,謹下啓白。曠誠惶誠恐叩頭死罪死罪。

若(濃墨草書)　　　　四月廿一日白

釋文來自王素、宋少華:《長沙走馬樓三國吴簡的新材料與舊問題——以邸閣、許迪案、私學身份爲中心》,《中華文史論叢》2009年第1輯,第10頁。

② 簡捌·4019"賈米斛直錢一千五百合直錢一十六萬九千廿案辭正科罪迪具服辛丑科目今"。

現公布的簡牘有限且簡文多殘缺，對此案具體的考實過程尚不很明了。但此案案情重大，涉及官米數量巨大，其調查、考實過程當比“許迪割米案”更複雜、參與調查的官吏更多。

許迪割米案犯罪嫌疑人只有許迪一人，整個案情圍繞着許迪招供—翻供—再招供展開。細究參與此案的人員，只有其弟許冰在許迪翻供時幫其改革，此外再無他人參與此案。“朱表割米自首案”除犯罪嫌疑人朱表外，當有其他一些人，甚至是一些官吏參與此案。現有材料涉及的人員就有雇昔、莽仁、朱渡等。朱表先自首以米給雇昔所遣兵，“自首不如狀”後，朱表改辭爲“以米給莽仁非自散用”，調查結果是“表用米給莽等斛數相應”，即情況屬實，米數相合。這中間估計牽涉到合夥犯罪的問題。[①]朱表後以“文入没溺米事詣縣獄自繫”，乞請按自首私結罪，其子朱渡爲他求情給吴昌服吏役。朱表和其子乞請私結罪免重罪服吏役。最終考實結果是“解行表軍法當遣主簿詣府白狀縣在治下吏役不得”。“朱表割米自首案”無論在案情上，還是在牽涉面上都比“許迪割米案”複雜得多。據現有簡文，我們初步對“朱表割米自首案”案情進展有個大致的了解，但此案的更多細節還有待於新材料的進一步公布。

④兩案影響不同。“朱表割米自首案”案情重大、情節惡劣，其不良影響要比“許迪割米案”大得多。“許迪割米案”是在長沙郡中部督郵參與下，臨湘縣廷賊曹、金曹等相關曹吏具體考問、覆案，是在郡、縣兩級機構完成的。“朱表割米自首案”不僅郡、縣兩級機構參與，而且最高統治者孫權親自下詔督促覆查此案，足見此案案情重大，影響惡劣。

此外，現有材料所見，參與調查“朱表割米自首案”的機構有倉曹、繫曹，而在“許迪割米案”中未見這些曹參與。

---

① 類似這種吏員合夥盜取官米的例子在歷史上不乏其例。如《張家山漢簡·奏讞書》簡69—71：“·七年八月己未江陵忠言：醴陽令恢盜縣官米二百六十三石八斗。恢秩六百石，爵左庶長。恢曰：誠令從史石盜醴陽己鄉縣官米二百六十三石八斗，令舍人士五(伍)興、義與石賣，得金六斤三兩、錢萬五千五十，罪，它如書。興、義言皆如恢。”

(五)餘　論

吴簡“自首”一詞除見於“朱表割米自首案”外,又見:

⧄□□□□自首拘校八百廿九錢誤少□⧄　⧄事　嘉禾[…]⧄(肆·5599)

草言[…]自首人名年紀坐狀簿[事]。[…]曹掾[…](柒·1498)

草言府:□私學烝弭還詣典田掾區光自首事。四月廿三日兼[部] [曲]田曹史[孫]□白。(柒·1499)

草言府:[條] [列]叛自首士五人爲簿事。八月十九日部曲田曹史蕊⧄(柒·4434)

上揭四例“自首”簡,前一例簡文殘缺嚴重,文意不甚明了;後三例據其行文格式當爲草刺文書。沈剛認爲“草言府”類草刺文書是列曹起草、撰寫,提請縣長吏進一步處理文書的登記記録。①簡柒·1498當是某曹掾撰寫的自首人名年紀坐狀文書。簡柒·1499是部曲田曹史撰寫的私學烝弭到典田掾區光處自首文書。簡柒·4434是部曲田曹史逐條列出五名叛士自首文書。“叛士”大概指逃亡未遂或逃亡後“悔叛還首”的士卒。②在社會極其動盪、戰争頻繁的三國時期,孫吴長沙地區存在着嚴重的人口叛逃現象。③秦漢時期非逃亡者犯罪未發自首稱爲“自告”,逃亡者事發自首稱爲“自出”。由吴簡可知,三國孫吴時期無論是非逃亡者自首還是逃亡者自首均統稱爲“自首”。

秦漢出土法律文獻只記述了自首可減免刑罰,而對自首的具體執行過程没有任何記載。傳世文獻也只是簡略地記述了因自首而減免刑罰,而對自首案的具體審判過程,我們不得而知。吴簡“朱表割米自首案”則提供了一個真實、可靠的自首案例,對了解中古時期自首制度等相關方面具有重要意義。因材料匱乏,研究者在

① 参沈剛:《吴簡所見孫吴縣級草刺類文書處置問題考論》,《文史》2016年第1輯,第53頁。

② 于振波:《走馬樓吴簡所見臨湘縣流動人口》,載《簡帛研究二〇一五(秋冬卷)》,廣西師範大學出版社,2015年,第167頁。

③ 参黎石生:《長沙市走馬樓出土“叛走”簡探討》,《考古》2003年第5期,第86—91頁;沈剛:《走馬樓三國吴簡所見“叛走”簡賸義》,《江漢考古》2009年第1期,第134—138頁;周能俊:《走馬樓吴簡“叛走”考釋》,《南京曉莊學院學報》2012年第2期,第21—27頁。

梳理我國自首制度源流時,對魏晉時期的自首制度多較簡略。[①]吴簡“自首”簡可爲研究這一時段的自首制度提供鮮活的素材。

我們知道一種制度從萌芽、産生、發展到完善當經歷了一個漫長的演進過程。我國自首制度萌芽於西周,發展於秦漢魏晉,完善於唐代。《唐律疏議》之《名例律》和《斗訟律》對自首的條件、自首的管轄機構等諸方面都有明確規定。這當是歷代自首制度逐漸發展、完善的結果,而魏晉時期在這個發展鏈條中起到了銜接和紐帶的作用。《唐律疏議·名例律》卷五開篇云“諸犯罪未發而自首者,原其罪”。[②]這和吴簡“朱表割米自首案”反復實核朱表是事覺前自首還是事覺後自首一脈相承。

三國時期魏吴兩國均設置了“校事”一職,其具體職掌兩國略有不同。《三國志·吴書·吴主傳》:“初,權信任校事吕壹。”又《吴書·陸遜傳》:“時中書典校吕壹,竊弄權柄,擅作威福。”又《吴書·顧雍傳》:“久之,吕壹、秦博爲中書,典校諸官府及州郡文書。”[③]孫吴“校事”的職責之一是負責典校諸官府及州郡文書。關於孫吴“校事”,史書記載及研究者的成果多指出其危害性很大。[④]因其威脅到豪族的利益,故豪族利益代表如陸遜、步騭、顧雍等多次上書陳述校事吕壹的危害。誠然,吕壹因深得孫權信任,權力極度膨脹,竊弄權柄,擅作威福,製造冤假錯案,[⑤]對社會造成極大危害。

孫權建國是在北方淮泗集團和江東士族的基礎上建立起來的。從建國之始,

---

① 如蕭典:《中國古代自首制度考》,《武漢文史資料》2003年第5期,第55—58頁;安斌、韓俊雯:《中國古代自首制度簡論》,《中國人民公安大學學報》2004年第4期,第112—117頁;李中和、金偉:《中國古代自首制度考析》,《西部法學評論》2010年第6期,第18—22頁;王蓓遥:《我國古代自首制度淺析》,《工會論壇》2011年第4期,第146—148頁。

② [唐]長孫無忌等:《唐律疏議》,劉俊文點校,中華書局,1983年,第101頁。

③ [西晉]陳壽:《三國志》,中華書局點校本,1959年,第1142、1352、1226頁。

④ 史書相關資料參《三國志·吴書·陸遜傳》《步騭傳》《顧雍傳》等;研究者成果如:高敏:《曹魏與孫吴的“校事”官考略》,《史學月刊》1994年第2期,第14—21頁,又見氏著:《曹魏與孫吴“校事”官考略》,載《魏晉南北朝史發微》,中華書局,2004年,第77—90頁;章義和:《孫吴校事與吕壹事件》,《許昌師專學報》1996年第1期,第21—24頁;李俊强:《三國時的校事與司法》,《南華大學學報》2007年第6期,第53—55頁。

⑤ 如《三國志·吴書·是儀傳》:“典校郎吕壹誣白故江夏太守刁嘉謗訕國政,權怒,收嘉繫獄,悉驗問。時同坐人皆怖畏壹,並言聞之,儀獨云無聞。於是見窮詰累日,詔旨轉厲,羣臣爲之屏息。儀對曰:‘今刀鋸已在臣頸,臣何敢爲嘉隱諱,自取夷滅,爲不忠之鬼!顧以聞知當有本末。’據實答問,辭不傾移。權遂舍之,嘉亦得免。”《三國志·吴書·朱據傳》:“後(朱)據部曲應受三萬緡,工王遂詐而受之,典校吕壹疑據實取,考問主者,死於杖下,據哀其無辜,厚棺斂之。壹又表據吏爲據隱,故厚其殯。權數責問據,據無以自明,藉草待罪。數月,典軍吏劉助覺,言王遂所取,權大感寤,曰:‘朱據見枉,况吏民乎?’乃窮治壹罪,賞助百萬。”

就存在中央和地方、皇權和將權的矛盾。儘管群臣反對，孫權還是設立了“校事”一職，這是有其存在的理由的。雖然其弊端很大，但不能不説也有一定的積極作用。這一點可在史書中窺見一斑，如《三國志·吴書·步騭傳》：“後中書吕壹典校文書，多所糾舉。”[①]這説明吕壹典校文書還是發現了很多存在的問題。

走馬樓吴簡中出土了一枚與吕壹有關的竹簡，釋文爲“中書典校事吕壹□☑”[②]。王素、汪力工二先生專門撰文對這枚簡的價值和意義進行了研究。他們認爲：“雖然目前還不能確知‘中書典校事吕壹’對長沙究竟造成了什麽影響，但至少可以認爲，這種影響值得探討。”[③]吴簡通過料校米發覺許迪、朱表盜割官米的廖咨官職爲“從史位”[④]。吴簡“吏”多寫作“史”，“從史位”即“從吏位”。“從吏位”一職不見於傳世文獻。徐暢認爲：“從吏位係郡縣官員之散職，無固定職掌。”[⑤]我們認爲極可能從吏位廖咨屬吕壹統領，負責典校長沙郡及其下轄縣的文書。根據吴簡《田家莂》，孫吴倉庫管理有例行的校核制度，校核時間一般在次年春，但這種校核更多的是形式上的，没有落到實處，故雖經校核，依然錯誤很多。[⑥]廖咨，吴簡中又稱“廖直事”，如簡捌·4054“匿不列見後廖直事及吏朱訢到料校米不見勑迪備入□□”。“直事”，徐暢認爲是當直，從吏位廖咨當直巡查倉庫。此説可從。從吏位廖咨當直巡查倉庫當和例行的校核不同，可能類似於後世的抽查、抽核。

據吴簡辛丑科，盜官物凡鹽满一石米二石雜物直錢五千皆斬没入妻子（簡捌·4021），足見孫吴對私吞官物的處罰是非常嚴苛的，同時也説明當時私吞官物的情況應非常泛濫。正因爲私吞官物泛濫，纔設此重刑。[⑦]作爲吏員的朱表和許迪不可能不知道辛丑科，明知故犯，足見孫權統治後期貪贓枉法之普遍及吏治之鬆弛。校事典校州郡縣文書，糾舉私吞官物等犯罪行爲，這也許是孫權設置“校事”一職的積極作用。

① [西晉]陳壽：《三國志》，中華書局點校本，1959年，第1238頁。

② 釋文來自王素、汪力工：《略談走馬樓孫吴“中書典校事吕壹”簡的意義》，《文物》2002年第10期，第88頁。

③ 王素、汪力工：《略談走馬樓孫吴“中書典校事吕壹”簡的意義》，《文物》2002年第10期，第91頁。

④ 如簡捌·4062：“嘉禾四年八月丁未朔十八日甲子從史位臣廖咨頓首死 罪十八…”。

⑤ 徐暢：《新刊長沙走馬樓吴簡與許迪割米案司法程序的復原》，《文物》2015年第12期，第74頁。

⑥ 如嘉禾四年田家莂的錯誤率高達57.66%，是正確簡例的2.39倍。參蘇俊林：《嘉禾吏民田家莂與孫吴身份等級體系》，《文史》2015年第3輯，第28頁。

⑦ 蘇俊林通過對《田家莂》的研究，認爲徇私舞弊成爲孫吴基層吏治的重要特徵。此也可以作一旁證。參蘇俊林：《〈嘉禾吏民田家莂〉所見孫吴基層吏員的舞弊手法》，載《湖南省博物館館刊》第十一輯，岳麓書社，2014年，第395—402頁。

吴簡釋文校補

吴簡現已刊布10卷、29册,共69477枚簡。由於吴簡數量龐大、破壞嚴重,故釋文整理雖成之於名家之手,仍不免有疏忽錯漏之處。通過對吴簡釋文、圖版的仔細校核,將新發現的釋文問題等按材料公布的先後條記於此,以方便相關研究。每條校記標以“按”字開頭。

1.□平畈丘男子毛悌,佃田二町,凡十六畝,皆二年常限。(4·181)

按:據圖版,“畈”應爲“呱”字,圖版作“”,簡4·182圖版作“”,其右旁應爲“瓜”字,《竹簡》“觚”右旁所從之“瓜”與此簡寫法相同,如簡叁·2259作“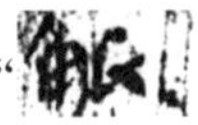”,簡叁·2387作“”。故“畈”可確釋爲“呱”。

2.□平畈丘男子番蔦,佃田六町,凡六十八畝,皆二年常限。(4·182)

按:據圖版,“畈”應爲“呱”字。詳參簡4·181。

3.□平畈丘男子楊治,佃田八町,凡卅三畝,皆二年常限。(4·183)

按:據圖版,“畈”應爲“呱”字。詳參簡4·181。

4.□利丘男子黄杲,佃田五十九町,凡八十七畝,皆二年常限。(4·223)

按:據圖版,“杲”當爲“柔”字,圖版作“”。《桐柏淮源廟碑》“柔”寫作“”;《西狹頌》“柔”寫作“”;《英藏敦煌文獻》卷2832《願文等範本·亡兄弟》“柔”寫作“”。其形體演變軌迹可擬爲:

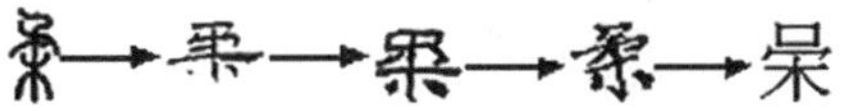

5.□東扶丘男子鄧,佃田六町,凡卌五畝,皆二年常限。(4·290)

按:據圖版,“”當爲“泥”字。“泥”,《石門頌》作“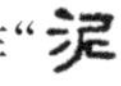”,可參。

6.□東扶丘男子鄧,佃田六町,凡卌畝,皆二年常限。(4·292)

按:據圖版,“”應爲“蔣”字,圖版作“”。簡5·513、簡5·972之“蔣”字與此字寫法相同。

7.𠬝寇丘男子周迭,佃田一處,合五畝。旱畝收布六寸六分。(4·388)

按:據圖版,“迭”應爲“越”字,圖版作“”,其寫法和簡5·859“”、簡5·883“”寫法相同。《田家莂》將簡5·859、簡5·883釋爲“越(?)”。東漢《史晨後碑》“越”作“”,與田家莂寫法相類。

8.𠬝断E丘男子李渠,佃田五町,凡卅畝,皆二年常限。(4·504)

按:據圖版,“断”應釋爲“断”字。碑刻文獻中“斷”有類似的寫法,如隋《仲思那造橋碑》寫作“”。敦煌文獻中“斷”也有類似的寫法,如甘肅省藏敦煌文獻《佛説觀佛三昧海經》寫作“”。《田家莂》“E”,圖版作“”。簡5·151“增”圖版作“”,簡5·156“堆”圖版作“”,簡貳·269“坑”圖版作“”,簡肆·3956“埣”圖版作“”,以上從“土”之字,其土旁寫法均與“”左旁相同,故我們認爲此字左旁應爲“土”。“”右旁爲“不”,簡叁·695背“不”圖版作“”,與此字右旁相同。故此字當是“坏”字。據圖版,“渠”當爲“渘”字。詳參簡4·223。

9.𠬝断E丘男子烝減(?),佃田四町,凡十五畝,皆二年常限。(4·505)

按:據圖版,“断”應釋爲“断”字,“E”應釋爲“坏”字。詳參簡4·504。

10.𠬝□丘男子監胡,佃田二處,合十二畝,旱畝收布六寸六分。(4·582)

按:據圖版,“監”應即“監”字,其右上的“土”旁,當是監右上形旁的訛變。東漢《楊震碑》“監”作“”,東漢《華山廟碑陽》“監”作“”,《田家莂》“監”字當是在此基礎上的進一步訛變。另外,《竹簡》中亦有“監”字,如簡壹·593作“”;簡壹·2001作“”;簡壹·2089作“”,亦可證。

11.𠬝上和丘男子謝雋,佃田七町,凡卅二畝,皆二年常限。(5·50)

按:據圖版,“雋”應爲“雋”字,圖版作“”。《竹簡》有“雋”字,整理者又釋爲“隽”。《廣韻·獮韻》:“隽”,“雋”的俗字。《説文·隹部》:“雋,肥肉也。从弓所以射隹。

長沙有下雋縣。"《竹簡》"雋"正是用作"下雋縣",如簡叁·2344"右下雋縣所得一人",簡叁·1656"乾鍛佐下雋桓樵年廿一",簡叁·2464"鑢佐下雋黄丁年五十一",等等。《田家莂》"雋"應爲"雋"字,用作人名,其下部的"州"應爲"弓"的訛變。其形體演變路徑爲:

 ——→ 叁·1656  ——→ 叁·2247  ——→ 叁·2464  5·50

12.⿱三乂平樂丘男子監兵,佃田三町,凡十八畝,皆二年常限。(5·171)

按:據圖版,"監"應爲"監"字。詳參簡4·582。

13.⿱三乂平樂丘男子監通,佃田十町,凡卅畝,皆二年常限。(5·172)

按:據圖版,"監"應爲"監"字。詳參簡4·582。

14.⿱三乂平樂丘男子監麦,佃田七町,凡廿八畝,皆二年常限。(5·173)

按:據圖版,"監"應爲"監"字。詳參簡4·582。

15.⿱三乂石下丘男子黄凨,佃田九町,凡廿二畝二百廿步,皆二年常限。(5·211)

按:圖版"凨"作""。《説文·風部》:"風,八風也。……,古文風。"漢碑"風"有寫作古文形體的,如東漢《鮮于璜碑》作""。竹簡中"風"也寫作古文形體,如簡壹·9387作"",簡壹·9465作"",簡肆·799作""等。故《田家莂》""當是古文"風"字。

16.⿱三乂嘉禾六年二月廿,田户曹史張惕、趙野校。(5·442)

按:據圖版,"廿"後清晰有一"日"字,圖版作"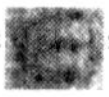"。釋文脱。

17.⿱三乂度丘男子監金,佃田七,凡六畝,皆二年常限。(5·543)

按:據圖版,"監"應爲"監"字。詳參簡4·582。

18.⿱三乂常略丘男子伍錢(?),佃田七十八町,凡五十七畝,皆二年常限。(5·633)

按:據圖版,"錢(?)"可確釋爲"錢"字,圖版作"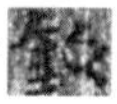"。簡5·103"錢"寫作"",簡5·82"錢"寫作"",可與此字相對照。

19.⿱三乂常略丘男子烝,佃田二町,凡八畝,皆二年常限。(5·636)

按:據圖版,“”應爲“泥”字,圖版作“”,其左側可依稀看出有“氵”旁。

20.夢丘男子監元,佃田三町,凡十二畝,皆二年常限。(5·786)

按:據圖版,“監”應爲“監”字。詳參簡4·582。

21.監沱丘男子黄利,佃田二町,凡四畝一百廿步,皆二年常限。(5·819)

按:據圖版,“監”應爲“監”字。詳參簡4·582。

22.監沱丘男子黄馮,佃田十町,凡廿畝一百廿步,皆二年。(5·820)

按:據圖版,“監”應爲“監”字。詳參簡4·582。

23.監沱丘□佃田七町,凡五畝一百廿步,皆二年常限。(5·821)

按:據圖版,“監”應爲“監”字。詳參簡4·582。

24.僕丘男子于,佃田三町,凡廿三畝,皆二年常限。(5·822)

按:據圖版,“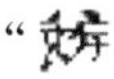”應爲“蚚”字,圖版作“”,此字左旁爲“虫”,右旁當爲“斥”。三國魏《張君殘碑》“斥”作“”,北齊《高建墓誌》“斥”作“”,與“”右旁寫法相同。故“”應爲“蚚”。

25.捞丘郡吏陳越(?),佃田廿一町,凡六十畝,皆二年常限。(5·859)

按:據圖版,“越(?)”可確釋爲“越”。詳參簡4·388。

26.凡爲錢八十錢,五年十一月三十日付庫掾□。嘉禾六年二月廿日,田户曹史張惕、趙野校。(5·870)

按:圖版“三十”不清晰。據統計,《田家莂》“卅”凡1682見,而“三十”僅此1見,疑“三十”應爲“卅”字。

27.劉里丘男子殷越(?),佃田十八町,凡廿二畝,皆二年常限。(5·883)

按:據圖版,“越(?)”可確釋爲“越”。詳參簡4·388。

28.彈溲丘男子唐,佃田三町,凡十畝,皆二年常限。(5·930)

按:據圖版,“”應釋爲“泥”字。簡貳·6873之“泥”字圖版作“”,可與此字相對照。

29.澍丘男子潘孜,佃田一町,凡二畝,皆二年常限。(5·986)

按:據圖版,“孜”應釋爲“攷”字,圖版作“”,右旁當爲“支”而非“文”。

30.𠄐濤丘男子潘睾,佃田七町,凡卅五畝一百廿步,皆二年常限。(5·987)

按:圖版“睾”作“”。此字在竹簡中多次出現,整理者或釋爲“睾”(如簡壹·8121、簡壹·7477),或釋爲“睪”(如簡肆·1812、簡肆·1242)。考慮到竹簡“澤”右旁“睪”的寫法和此字相同,如簡肆·829作“”,簡貳·3190作“”,我們傾向於將此字釋爲“睪”。

31.𠄐□湯丘男子烝務,佃田五町,凡廿畝。(5·1048)

按:據圖版,“務”應釋爲“務”字,圖版作“”,此字左旁當爲“矛”的省寫而非“犭”。魏晉碑刻“務”的寫法有和此字相類者,如《朱龍妻任氏墓誌》“務”作“”。

32.凡爲錢三千七百廿,五年十一月九日付倉吏潘慎。(5·1154)

按:據圖版,“倉”應爲“庫”字,圖版作“”,很清晰。據田家莂文例,錢、布入庫,繳納給庫吏,米、錢布折合爲米入倉,繳納給倉吏,此簡爲錢,應當繳納給庫吏。另,“潘慎”在五年田家莂的吏職是庫吏而非倉吏,亦可證。

33.都鄉男子誦悰故户上品出錢一萬二千⧄(壹·170正)【注】“悰”爲“淙”之俗體。

按:據圖版,“悰”應釋爲“悰”,圖版作“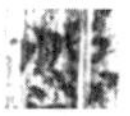”,很清楚,左上的構件清楚地爲“忄”。“悰”在《竹簡》[壹]多見,又如:簡壹·8685,簡壹·10482等。

34.入平鄉限米三斛,□畢。𠄐嘉禾元年十二月十四日⧄(壹·181)

按:據圖版,“平”很清晰,圖版作“”。據《竹簡[壹]·凡例》第三條“補字外加□”,[①]“平”圖版很清楚,不應視作補字,釋文“平”外之框應去掉。

35.⧄年七十三,躭妻頁(?)年⧄(壹·544)

按:據圖版,“頁(?)”可確釋爲“頁”,圖版作“”,較清晰。

36.右悰家口食四⧄(壹·567)【注】“悰”爲“淙”之俗體。

按:據圖版,“悰”應釋爲“悰”,圖版作“”,很清楚。

37.⧄□一,介(?)錢五(?)□⧄(壹·864)

按:據圖版,“介(?)”似爲“行”字,圖版作“”,此字上部明顯不是“介”上部的一撇一捺,其右側似爲“亍”。“行錢”吴簡多見,如簡壹·5359、簡壹·5379等。

① 走馬樓簡牘整理組編:《長沙走馬樓三國吴簡·竹簡[壹]·凡例》,文物出版社,2003年,第1頁。

38.〼中(?)⋯賤(?)人(?)郭益(?)。(壹·937)

按:據圖版,"賤(?)"似爲"賊"字,圖版作"",其與吴簡"賊"的形體相近,如簡貳·4316"賊"圖版作""。據圖版,"人(?)"似爲"史"字,圖版作"",此字圖版雖不很清楚,但可依稀看出其下部筆劃是撇捺交叉的組合,而不是撇捺相接的組合,其字形與吴簡"史"相近。故"賤(?)人(?)"應釋爲"賊史"。"賊史"可能是"賊曹史"的省稱,又見於《竹簡》[柒],簡柒·1331"〼十一月廿二日甲申中賊史郭邁白〼"。細審釋爲"益"字的圖版發現,該字上部似"艹","艹"下似爲"田",與"益"的寫法差别較大,而與"邁"的上部寫法相近。吴簡多見"賊曹史郭邁",如簡壹·35"〼□大夫事 八月一日中賊曹史郭邁白"、簡叁·4907"〼□□覓(?)中賊曹史郭邁〼"等。吴簡吏職爲"賊曹史"且又姓"郭"的人僅見"郭邁"一人,"郭益(?)"極可能應爲"郭邁"。故"〼中(?)⋯賤(?)人(?)郭益(?)"應重新釋爲"〼中(?)賊史郭邁"。

39.〼□年卅四,刑左足,復。(壹·961)

按:據圖版,"足"應釋爲"手"字,圖版作"",此字圖版明顯有一朝左側的豎勾,與"足"的形體差别很大,而與吴簡"手"的寫法相近,如壹·2580"手"作""、簡柒·1012"手"作""。

40.□子女州年三歲〼(壹·1162)

按:據圖版,"女"很清晰,圖版作"",釋文"女"外之框可去掉。

41.入廣成鄉冬腸布一匹。𡗗嘉禾元年十一月□日⋯〼(壹·1202)

按:"腸"圖版左旁不很清楚。吴簡多見"冬賜布",如簡壹·1289、簡壹·7890等,而"冬腸布"僅此一例,疑"腸"爲"賜"字,"冬腸布"爲"冬賜布"。

42.其十斛卒何監還員口倉七年折咸米。(壹·2040)

按:據圖版,"折咸"二字很清晰,圖版作"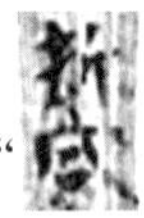",釋文"折咸"外之框可去掉。

43.集凡承餘新入吴平斛大麦一萬一千七百廿六斛三斗五合。(壹·2302)

按:圖版"麦"上一字不清晰。吴簡除此簡外,其他簡所見"麦"的數量最大數額是簡叁·4605"五十一斛三斗六升",其餘則絶大多數不超過十斛。而此簡"吴平斛大麦"的數量卻達一萬多斛,與其他簡"麦"的數量相差懸殊太大,故疑"大"應爲

“米”字。吴簡多見“吴平斛米麦”的簡，且其數量多達上萬斛，如簡貳·7462“☒今餘吴平斛米麦豆合一萬九百九十四斛一斗四升□合”，簡貳·9082“今餘吴平斛米麦豆二萬三千五百六十二斛七斗七升六合”。

44.☒□年六十七，腫兩足，刑右手☒(壹·2580)

按：據圖版，“腫”應釋爲“踵”，圖版作“”，其左側似爲“足”而非“月”。

45.☒二，筭一，腫兩足，復。(壹·3043)

按：據圖版，“腫”應釋爲“踵”，圖版作“”。

46.☒大男□□年五十，刑足；□妻姜年廿七□□☒(壹·4214)

按：據圖版，“姜”應釋爲“盖”，圖版作“”，其下部不是“女”旁，而是“皿”旁，據其字形應爲“盖”字。

47.☒其五户尫羸老□□☒(壹·4257)

按：據圖版及文例，“老”下一“□”應爲“頓”字，圖版作“”，此字左側殘斷，右側非常清楚，爲“頁”。吴簡多見“尫羸老頓”連言的簡，如簡貳·1705“·其五户尫羸老頓貧窮女户”，簡貳·1861“□六户尫羸老頓貧窮女户”等，結合圖版，“老”下一“□”應釋爲“頓”字。

48.平陽里户人公乘謝□年卌二，筭一，聾兩耳。(壹·4976)

按：據圖版，“卌”應釋爲“卅”，圖版作“”，“一”上爲三竪劃，此簡中間開裂，“卅”字中間一竪劃正處於竹簡開裂位置。

49.☒節子女□年五歲，見(壹·6502)

按：據圖版，“□”應釋爲“拖”字，圖版作“”。圖版不很清楚，但依稀可分辨出左旁爲“扌”，右旁爲“也”，當爲“拖”字。

50.□□瘷□□□，党妻汝年卅四，甇子女□☒(壹·6736)

按：據圖版，“女”後之“□”應釋爲“鼠”，圖版作“”。其寫法與簡壹·7807“鼠”()相似，可參。“甇”圖版模糊不清，其與“党”字形相近，從文意看，“党”和“甇”指同一個人名，二者應爲同一個字。

51.□妻汝年廿七，見(壹·7451)

按：據圖版，“□”似爲“魚”，圖版作“”，圖版較模糊，據其輪廓似爲“魚”字。

52.□女弟□年▨(壹·7471)

按:據圖版,"弟"後之"□"似爲"易"字,圖版作"",其寫法與簡壹·5910"易"()、簡壹·9375"易"()相似。

53.潘妻金妻(?)年廿;番男弟橋年廿,盲左目。(壹·7652)

按:據圖版,"妻(?)"應釋爲"春",圖版作""較清晰,其寫法顯然與前一"妻"字寫法相異。

54.一家合五人。(壹·7674)明姪子碓年八歲,明子男成年三歲。(壹·7675)

按:圖版簡壹·7674和簡壹·7675的序號標錯。

55.▨□母妾年七十一,□妻□年廿▨(壹·7704)

按:據圖版,"廿"後清楚地有一"一"字,圖版作"",釋文脱。

56.□妻登年廿三,筭一。(壹·7819)

按:據圖版,"三"應釋爲"二",圖版很清晰。

57.▨□師建邸趙監年卅二。見(壹·8226)

按:據圖版,"邸"當爲"寧"字。圖版此字不清晰,但依稀可分辨出上部爲"宀",下部爲"丁"。結合簡壹·6709"治師建寧英漢年五十三。見"知,此簡亦爲師佐籍。吴簡師佐籍的一般格式爲"師佐工種+地名+人名+年齡+(其他)",故前面殘缺的是師的具體工種,"建邸"當爲地名,通查吴簡,我們發現没有以"建邸"作爲地名的簡,而"建寧"作爲地名出現在師佐籍中卻不乏其例,又如:簡壹·6604"錢佐建寧黄取年卌五,單身。見",簡壹·5963"乾鍛佐建寧黄□年卅四,單身。見",簡叁·2178"剛師建寧趙脉年卌一",等等。故據圖版及文意,"邸"當爲"寧"字。

58.□妻年通年卅九。(壹·8228)

按:據圖版,"妻"和"通"之間無"年"字,釋文衍。

59.思子男伸年六十,常限客;伸子男碓年廿六。(壹·8396)

按:據圖版,兩個"伸"字均應釋爲"申",圖版較清晰,"申"均無左旁構件"亻"。

60.勞男弟蓋年七歲。(壹·8922)

按:據圖版,"蓋"應釋爲"盖",圖版作""。據《竹簡[壹]·凡例》:"竹簡中的簡體字,釋文一般均照録。如'麦''盖''仙''针''丰'等,釋文均照録。"[①]亦當釋爲"盖"。

① 走馬樓簡牘整理組編:《長沙走馬樓三國吴簡·竹簡[壹]·凡例》,文物出版社,2003年,第2頁。

61. 興妻老女麦年六十四,興子公乘平年十五⋯(壹·8931)

按:據圖版,“老”應釋爲“大”,圖版作“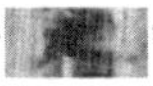”,據其形體應爲“大”而非“老”字。

62. 子男誌年七歲。(壹·8936)

按:據圖版,“誌”應釋爲“志”,圖版作“”,圖版很清晰,無左側“言”旁。

63. 識母大女姑年五十,踵兩足。(壹·9048)

按:據圖版,“五”應釋爲“七”,圖版作“”,較清楚。

64. 誌妻大女汝年廿一。(壹·9072)

按:據圖版,“誌”應釋爲“志”,圖版作“”,很清晰。

65. 兒男弟蟲年五歲。(壹·9076)

按:據圖版,“蟲”應釋爲“虫”,圖版作“”,很清晰。

66. □□妻大女□年卅八。(壹·9080)

按:據圖版,“妻”前僅有一字,圖版作“”,不清楚,釋文衍一個“□”。

67. 蓋男弟客年卅一,雀兩足,盲。(壹·9133)

按:據圖版,“蓋”應釋爲“盖”,圖版作“”,很清晰。

68. 規父慈年六十一。(壹·9141)

按:據圖版,“慈”應釋爲“慈”,圖版作“”,與簡壹·8978“慈”寫法相同。

69. 唐從男弟誌年十二。(壹·9185)

按:據圖版,“誌”應釋爲“志”,圖版作“”,很清晰。

70. □男弟把年七歲,踵左足;杷男弟胡年五歲。(壹·9189)

按:據圖版,“把”字很清晰,左旁從“扌”,釋文“把”外之框可去掉。“杷”圖版不清楚,據文意及文例,“杷”和“把”所指應爲同一個人,故“杷”亦釋爲“把”字爲好。

71. 蓋妻大女阿年卅七。(壹·9198)

按:據圖版,“蓋”應釋爲“盖”,圖版作“”,很清晰。

72. 唐妻思年卅九,芙一。(壹·9199)

按:據圖版,“芙”可徑釋爲“筭”,圖版作“”,很清晰。吴簡“筭”多寫作“”,又如簡壹·10526作“”、簡壹·10528作“”等,整理者多釋爲“筭”,僅此簡和簡壹·9200釋爲“芙”,應統一釋爲“筭”較好。

73.得妻大女剋年廿。(壹·9293)

按:據圖版,"得"很清晰,圖版作"",釋文"得"外之框可去掉。

74.子男驚年卅三,苦風矢病。(壹·9365)【注】"矢"似爲"濕"之通假。

按:據圖版,"矢"應釋爲"疾",圖版作"",圖版左側殘損,其上面一字"風"的左側殘一撇,圖版"矢"的左側也應有殘損。簡壹·5336"疾"圖版作"",其左側亦有殘損,與此簡"矢"字字形相同,可參。

75.妻鼠年五十八,筭一。(壹·9502)

按:據圖版,"妻"前還有一字,圖版作"",文字漫漶無法辨識,故"妻"前應補"□"。

76.平陽里户人乘胡□年□一,腫兩足。(壹·9656)

按:據圖版,"乘"字前脱"公"字。

77.散妻大女蓋年廿六。(壹·9723)

按:據圖版,"蓋"應釋爲"盖",圖版作"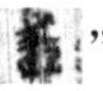"。

78.平從父蓋年六十五,苦風病⍁(壹·9778)

按:據圖版,"蓋"應釋爲"盖",圖版作"",很清楚,釋文"蓋"外之框可去掉且"蓋"應釋爲"盖"。

79.⍁□妻大女姑年卅三,筭一。(壹·9993)

按:據圖版,"三"應釋爲"二",圖版作"",很清晰。

80.□女弟思年□歲。(壹·10134)

按:據圖版,"年"後之字應釋爲"四",圖版作"",較清晰。

81.思女弟最年四歲。(壹·10257)

按:據圖版,"最"應釋爲"取",圖版作"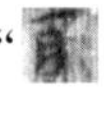",較清晰,其寫法與簡壹·10481"取"()、簡壹·5222"取"()相類,可參。

82.隱母大女妾年六十五。(壹·10297)

按:據圖版,"隱"可徑釋爲"隐",圖版作"",很清楚。

83.姑女弟最年七歲。(壹·10318)

按:據圖版,"最"應釋爲"取",圖版作""。

84.歲子男豪年十一,刑左足。(壹·10354)

按:據圖版,“歲”應釋爲“就”,圖版作“”,與吴簡“歲”字寫法差異很大,而與吴簡“就”字的寫法相近,如簡叁·1492“就”作“”、簡柒·4780“就”作“”。

85.禮子女誌年三歲。(壹·10425)

按:據圖版,“禮”的寫法更近於簡體的“礼”,可徑釋爲“礼”。“礼”和“子”之間明顯還有一字,圖版作“”,據其筆迹似爲“孫”字。據圖版,“誌”可徑釋爲“志”,圖版作“”。

86.·貴父公乘宿年八十二,死;宿妻大女得年七十六。(貳·1645)

按:據圖版,“六”應釋爲“九”,圖版作“”,較清晰。

87.民男子周托年卅二,盲□□;托妻大女汝年廿七,雀(截)卻(腳)□□□(貳·1785)

按:據圖版,“七”應釋爲“一”,圖版作“”,很清楚。據圖版,“雀”應釋爲“隹”,圖版作“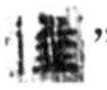”。

88.羚(羜?)妻大女嬉年卅三,羚(羜?)小妻大女諫年廿四。(貳·1850)

按:據圖版,“羚(羜?)”可確釋爲“羜”,圖版很清晰,吴簡多見“羜”用作人名,寫法與此簡相同。據圖版,“三”應釋爲“二”,圖版作“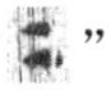”,很清晰。

89.·盆妻大女煎年卅;盆父巡年七十三,盲左目。(貳·1879)

按:據圖版,“三”字當爲衍文,“三”應爲“盲”的上部構件“亡”,圖版作“”。

90.鄧小妻専年卌;鄧子女泥年十四,筭。(貳·1953)

按:據圖版及文意,“十”疑應釋爲“廿”字,圖版雖不很清晰,但“一”上的一豎劃明顯偏左側,根據字的構件之間的平衡,右側應還有一豎劃。據吴簡,女子未嫁年滿十五歲爲成年,始繳納筭賦,而此簡鄧子女泥年齡不滿十五歲卻繳納筭賦,也説明“十四”可能有誤。圖版“四”很清楚,“十”疑應釋爲“廿”字。

91.孟如母素年七十六,耳□;孟小女帛年□□,盲兩目。(貳·2080)

按:據圖版,“如”似爲“婦”字,圖版作“”,圖版左側清晰爲“女”,右上部爲“彐”,右下部殘損,疑爲“婦”字。

92. 岑孫子仕伍奴年十，瘕死。（貳·2104）

按：據圖版，“死”疑爲“司”字，圖版作“”，其字形與“死”（如簡叁·7253“”、簡柒·2262“”）的字形差别很大，而與吴簡“司”（如簡壹·1717“”）的寫法相近。“司”古音爲心紐之部，“死”古音爲心紐脂部，二者聲紐相同韻部相近，可相通假，“瘕司”即“瘕死”。

93. □兄盡年六十三，腫兩☐（貳·2336）

按：據圖版，“兄”上之字似爲“從”，圖版作“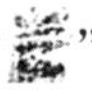”，此字左側漫漶，右側似爲“從”的右側寫法。

94. ☐月廿五日栗里男子蔡冞關邸閣李☐（貳·4078）

按：據圖版，“冞”似爲“周”，簡5·184“周”（）的寫法與此字相同。

95. 進（？）大男弟生年十一，苦直（癲）狂病。（貳·4427）

按：據圖版，“進（？）”和“男”之間無“大”字，“大”當爲衍文。

96. ☐妾□年卅八□□□☐（貳·4471）

按：據圖版，“妾”似爲“大女”二字，圖版下部“女”很清晰，上部既不像“妾”的上部，也不像“妻”的上部，而似爲“大”。

97. 東陽里户人公乘烝敦年卌一，筭一，刑左手，貲五十。（貳·4492）

按：據圖版，“貲”應釋爲“訾”，圖版作“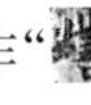”，很清晰，下部當爲“言”而非“貝”。

98. 妻大女姑年卌二，筭一，腫兩足。（貳·4642）

按：據圖版，“二”應釋爲“三”字，圖版作“”，很清晰。

99. ·妻大女思年廿二，刑一，筭右足；客小妻故年十五，筭一。（貳·4657）

按：據圖版，“刑一筭右足”當爲“筭一刑右足”，圖版非常清晰。

100. ·妻供男弟□鼠年十一。（貳·4658）

按：據圖版，“妻”作“”，圖版很不清楚。據吴簡文例，户籍簡除户人簡外行文格式多爲“人名+親屬稱謂+人名+年齡”或“親屬稱謂+人名+年齡”，此簡與文例不合，疑“妻”字的釋讀可能有誤。

101. ·子男弟鼠年六歲，鼠男弟見（？）年四歲。（貳·4686）

按：據圖版，“見（？）”可確釋爲“見”，圖版作“”，很清晰。

102.⍁夫與二丘黄播(?)關□⍁(貳·4955)

按:據圖版,“與”和“丘”之間無“二”字,“二”當爲衍文。吴簡常見“夫與丘”(如簡貳·5944、簡貳·8526)和“夫丘”(如簡貳·5320、簡貳·8267),未見“與丘”。據文意,“黄播”不可能同時屬於兩個丘,此簡當爲“夫與丘”。

103.⍁⿱三乂嘉禾二年八月十二,曼溲丘黄誼付庫吏殷連受。(貳·5555)

按:據圖版,“十二”後“曼”上有一“日”字,圖版作“”,很清晰,釋文脱。

104.⍁禾二年布一匹。⿱三乂嘉禾年八月廿日,盡丘□⍁(貳·5637)

按:據圖版,“禾”後“年”前有一“二”字,圖版作“”,較清晰,釋文脱。

105.⍁□妻姑年廿(?)。(貳·6550)

按:據圖版,“廿(?)”可確釋爲“廿”,圖版作“”,圖版“廿”後還有一字,作“”,似爲“八”。竹簡下部殘斷處仍有字迹,很模糊,原釋文可新釋作:“⍁□妻姑年廿八…”。

106.平男弟謝年廿九,苦鼠□病。(貳·6647)

按:據圖版,“鼠”後“病”前應爲竹節痕迹,而非一字,釋文“□”當爲衍文。

107.·騎弟仕伍集年六歲 ⍁(貳·6701)

按:據圖版,“仕”應釋爲“士”,圖版作“”,非常清晰。

108.·雙弟仕伍騎年八歲 ⍁(貳·6801)

按:據圖版,“仕”應釋爲“士”,圖版作“”,很清晰。

109.·其廿斛監池司馬鄧邵嘉禾元年收捕□⍁(貳·7336)

按:據圖版,“收”當爲“攻”字,圖版作“”。圖版該字左側形體顯然没有“收”字左側之“丩”的豎劃,該字左側有墨迹,但其最末一筆顯爲一提,當爲“攻”字。另,簡肆·4711“入監池司馬鄧邵黄龍三年攻捕米十六斛”之“攻”字可與此字相對照,亦可證。

110.⍁□□亘所領嘉禾元年税吴平斛米五斛七斗六升爲稟米六斛被督軍糧(貳·7486)

按:據圖版,“稟米”二字之間應有一“斛”字,圖版不很清楚,但“稟”和“米”之間明顯有一字的間距,圖版雖已漫漶,但依稀可見筆迹。另,現公布吴簡“吴平斛米”均是折合爲“稟斛米”,尚未見折合爲“稟米”者,故“稟米”當爲“稟斛米”。

111.⧄□□侄子□年十四一名揚⧄(貳·7939)

按:"侄"字圖版不清楚。通查吴簡,表親屬稱謂的"侄"僅5見,除此簡外,其餘4簡爲簡叁·3808、簡叁·3819、簡叁·3841和簡叁·6230。經查圖版,此4簡之"侄"字均應是從女的"姪"。故我們認爲吴簡當無表親屬的"侄"字,"侄"釋爲"姪"更好。

112.隱(?)弟士伍盖年六歲。(貳·7951)

按:據圖版,"隱(?)"應釋爲"隐",圖版作"",圖版雖右側稍殘,但基本不影響釋讀。

113.⧄悉所收責捐除汝名起□⧄(貳·8021)

按:據圖版,"悉"當爲"無"字,圖版不很清楚,但下部爲"灬"而非"心"。吴簡多見"無所收責"連言例,如簡貳·7619"⧄病屋壞敗他<地>上無人居止錢無所收責乞捐除汝起今",又如簡壹·6369"武昌及西部爲口無所收責毛琑除租⧄",等等。簡貳·8021和簡貳·7619當同是無所收責乞請捐除的簡。故據文例及文意,"悉"當爲"無"字。

114.人李綬米與吴昌(?)郡吏唐謝□頡(?)米二百卅斛,劉陽倉吏這燾(?)□□米(貳·9080)

按:據圖版,"燾(?)"應爲"牧"字。圖版"這"下之字右邊模糊不清,左邊較清楚,形體與"燾"字差别很大,而與"牧"左旁相類,"這牧"爲劉陽倉吏,又見簡肆·4754。

115.⧄…足,苦癲狂病。(叁·165)

按:據圖版,"癲"應釋爲"瘨",圖版作"",圖版左側殘損,右側下部清晰爲"真"而非"顛"。

116.入平鄉元年男子粢限米五斛,胄畢。旲嘉禾元年十一月十一日,監沱丘慈帛付三州倉吏谷漢受。(叁·1409)

按:據圖版,"男子粢限米"應爲"旱子弟限米",圖版很清晰。

117.元妻思年卅九。(叁·1616)

按:據圖版,"卅"應釋爲"廿",圖版作"",很清晰。

118.入吏黄所殷禮新故尉陳…⧄(叁·2052)

按:圖版"所"作"",此字左邊爲"斤",很清楚,右邊殘。圖版"殷"作"",此

字圖版左邊很清楚,右邊殘。圖版左邊清晰爲“亻”,而不是“殷”字的左旁。圖版“禮”字作“”,較清晰,很明顯不應爲“禮”字,據其形體當爲“永”字。吴簡多見“永新故尉陳崇”的簡,如簡壹·1783、簡肆·4806等,且《竹簡》[肆]有“入吏黄欣備永新故尉陳崇加藏米廿四☒(肆·3664)”。結合圖版,我們認爲“所”當爲“欣”字,“殷”當爲“備”字。簡叁·2052的釋文當爲“入吏黄欣備永新故尉陳…☒”,其殘斷部分可能亦如簡肆·2052一樣爲加藏米。

119.入小幷(?)鄉三年子弟限米三斛,胄畢。■嘉禾元年十月廿六日,諸下丘婢□付三倉吏谷漢受。(叁·2748)

按:據圖版,“幷(?)”當爲“武”字,此字圖版作“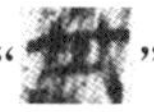”,很清晰,當爲“武”字省寫左上一横。據吴簡“諸下丘”屬“小武陵鄉”,見簡壹·7795“入小武陵鄉嘉禾三年新調布一匹。■嘉禾二年八月十二日,諸下丘男子文□付主庫吏殷連受”,故“小幷(?)鄉”應爲“小武陵鄉”脱“陵”字。

120.弟小男蔦年八歲☒(叁·3237)

按:據圖版,“弟”前尚有一字,圖版作“”,較模糊,當補“□”。

121.奇侄子卵年十。(叁·3808)

按:“侄”圖版作“”,很清晰,其左側應從“女”而非“亻”,當爲“姪”字而非“侄”字。

122.饒侄子□年十二,嘉禾二年□月十日被病物故。(叁·3819)

按:“侄”圖版作“”,較清晰,其左側清楚地從“女”,故當爲“姪”字。

123.仨侄子男炅年卅,給限佃客,以嘉禾三年十二月七日被病物故。(叁·3841)

按:“侄”圖版作“”,很清晰,其左側清楚地從“女”,故當爲“姪”字。

124.☒□男弟民四歲□☒(叁·4053)

按:據圖版,“民”後“四”前有一“年”字,圖版很清晰,釋文脱。

125.☒□年十五,腫右足。(叁·4190)

按:據圖版,“腫”應釋爲“踵”,圖版作“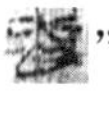”,較清晰,其左側顯爲“足”而非“月”。

126.□父梅戰年七十四,刑左足;戰妻大女妾年六十二。(叁·4347)

按:據圖版,"□"似爲"季"字,圖版作"",圖版字迹有墨痕,據其輪廓似爲"季"。

127.其六斛民還所貸□食黄武七年折咸禾准米。(叁·4393)

按:此簡圖版不清楚,據文例,"貸食"爲一詞,吴簡多見,如簡叁·904、簡叁·1561等,故疑"貸□食"之"□"爲衍文。

128.集凡承餘新入吴平斛米五萬一千五百六十二斛□升八合三勺,麦五斛八斗,火(叁·4426)

按:"火"圖版作"",此字從形體看似"火"字,但釋作"火"字與文意不符,疑應釋爲"大"。此簡是承餘新入簡,統計吴平斛米、麥和大豆的數量,簡文文意未完,"大"字後應另起一簡書寫"豆"及大豆的數量。簡叁·4527與此簡相同,其簡文爲"集凡承餘新入吴平斛米合二萬六千五百三斛八斗三升四合七勺,麦五斛八斗,大",二者可相對照。另吴簡還有不少統計米、麥、大豆數量的簡,如簡叁·4591"定領吴平斛米五千八百九十一斛三斗三升一合,麦種五斛八斗,大豆二斛六斗",簡叁·4561:"定領租税雜米一萬七千四百二斛七斗九升,麦五斛八斗,大豆二斛九斗",等等。此簡"大"字的"一"劃書寫時起筆和收筆有頓勢,致使整理者誤釋爲"火"字。

129.子男□年八歲,狂病;卿侄子男政年十三。(叁·6230)

按:"侄"圖版作"",其左側清楚地從"女"而非從"亻",故當爲"姪"字。

130.☑口二事,算二,事一。(叁·6322)

按:"算"釋爲"筭"較好,圖版不很清楚。"算"和"筭"爲異體關係,吴簡一般釋爲"筭",爲求統一,釋爲"筭"較好。

131.☑諸弟公乘以年廿三,筭一,踵右足□☑(叁·6559)

按:據圖版,"踵"應釋爲"腫",圖版作"",很清晰,其左側爲"月"而非"足"。

132.其⋯年豆租大麦。(叁·7652)

按:"麦"字圖版不清楚,據常識"豆租"應是繳納豆的租税,而不是繳納"麦";據文例"豆租"也是繳納豆,而不是"麦",如簡壹·2078"其二斛九斗三州倉所還黄龍二年豆租大豆"。故此處"豆租大麦"之"麦"似應爲"豆"。

133. 妻婢年卌四,雀兩足。(肆·11)

按:據圖版,"卌"應釋爲"卅"字,圖版很清晰。

134.☐妾子男䀢年十五,筭一。(肆·21)

按:據圖版,"䀢"似爲"晚"字,圖版作""。

135. 嘉禾五年緒中里户人公乘賈☐年八十一。(肆·25)【注】"賈"或釋"雷"。

按:整理者注釋"賈"或釋"雷",核對圖版並結合簡肆·88"雷"的寫法,我們認爲"賈"可確釋爲"雷"字。

136.技男弟九(?)年三,雀右足。(肆·153)

按:據圖版,"九(?)"似爲"日"字,圖版作"",此字寫法顯然與"九"的寫法差別很大。據圖版,"雀"應釋爲"隹",圖版作"",很清晰。

137. 妻五年卌四,筭一。(肆·193)

按:據圖版,"卌"應釋爲"卅",圖版很清晰,爲三豎劃而非四豎劃。

138. 母☐年五十一,筭一。(肆·219)

按:據圖版,"☐"似爲"不"字,圖版作"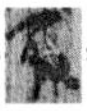"。

139.☐男弟☐年十四。(肆·221)

按:據圖版,"男"前之"☐"應釋爲"長",圖版作"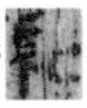",較清晰。

140. 鼠妻莫(?)年卌。(肆·222)

按:據圖版,"莫(?)"似爲"筭"字,圖版和吴簡"筭"的寫法相似。

141. 右限僦溢合六千一百一十七斛一斗七升五合六勺。(肆·225)

按:據圖版,"一十七"之"一"應釋爲"七",圖版作"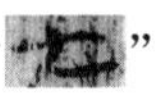",非常清晰。

142. 妻陽年廿六。(肆·251)

按:據圖版,"六"似應釋爲"九",圖版不很清晰,據其筆劃和輪廓似應爲"九"字。

143. 右宴家口食十三人。(肆·307)

按:據圖版,"宴"應釋爲"晏"字,圖版作"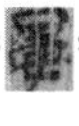",很清晰。

144.·右佶家口食四人。(肆·337)

按:據圖版,"佶"應釋爲"佶",圖版很清楚,左旁爲"亻",右旁爲"吉"。

145. 大男鄭佶年卌二。(肆·341)

按:據圖版,"佶"應釋爲"信",圖版很清楚。

146. 范外姪孫果年十。(肆·396)

按:據圖版,"果"似爲"杲",圖版作"",此字似爲上從"日",下從"木",下部"木"的豎筆顯然没有和上部相接。

147. 右果家口食三人。 訾 五 十(肆·410)

按:據圖版,"果"應釋爲"杲"字,圖版作"",很清晰。

148. 右兔家口食五人。 訾 五 十 (肆·415)

按:據圖版,"兔"應釋爲"免"字,圖版作"",很清晰。

149. 男弟池年四。(肆·431)

按:據圖版,"男"前尚有一字,圖版作"",不清晰,釋文"男"前應補"□"。

150. 曼溲里户人黄狸年卌二,刑左足。(肆·433)

按:據圖版,"狸"似爲"楦",圖版作"",左側爲"木",右側與"誼"(如簡壹·9464)之右側寫法相同。

151. 殄妻姑年卅一。(肆·525)

按:據圖版,"卅"應釋爲"卌"字,圖版很清晰。

152. 嘉禾五年緒中里户人公乘鄧草年卌六,筭,刑右足。(肆·546)

按:據圖版,"人"後"乘"前無"公"字,釋文衍。

153. 子男異年九歲。(肆·641)

按:據圖版,"異"似應釋爲"畢",圖版較清晰,與"異"字寫法差異很大。

154. □妻□年廿一。(肆·672)

按:據圖版,"妻"後之"□"應釋爲"妾",圖版作"",較清晰。

155. 妻□[年]卅□,筭一。(肆·750)

按:釋文文字和圖版不符,此簡圖版和簡肆·749的圖版相同,只是在比例上比簡肆·749的圖版有所放大。

156. 入東鄉税米十八斛九斗,冑畢。嘉禾元年十一月十三日,蒖丘鄭經付三州倉吏谷漢受。(肆·989)

按:據圖版,“八”似爲“四”字,圖版不很清楚,但據其筆迹不像“八”而似爲“四”字。

157. 入東鄉税米八斛五斗,冑畢。嘉禾元年十一月八日,仨丘男子謝贛付三州倉吏谷漢受。(肆·1049)

按:據圖版,“仨”的釋讀似有誤,此字圖版作“”,左側很清晰,顯然不是從“亻”。

158. 入平鄉税米九斛五斗,冑畢。嘉禾元年十一月廿九日,僑丘許囊(?)付三州倉吏谷漢受。(肆·1063)

按:據圖版,“禾”應釋爲“和”,圖版作“”,很清晰。

159. 出東鄉税米五斛四斗三升,就畢。嘉禾元年十一月三日,訕丘大男蔡和付三州倉吏谷漢受。(肆·1081)

按:據圖版,“三日”之“三”應釋爲“二”,圖版作“”,很清晰。

160. 入東鄉税米七斛,冑畢。嘉禾元年十一月七日,舞(?)丘郡吏張衹付三州倉吏谷漢受。(肆·1113)

按:據圖版,“衹”應釋爲“祇”,圖版作“”,很清晰,左旁應爲“礻”,右旁應爲“氏”。

161. 入桑鄉税米六斛,冑畢。嘉禾元年十一月五日,桐(?)丘男子潘健付三州倉吏谷漢受。(肆·1136)

按:據圖版,“桐(?)”可確釋爲“桐”,圖版較清晰。另,桑鄉桐丘又見於簡肆·1153,可參。

162. 入桑鄉税米五斛,冑畢。嘉禾元年十一月十六日,區丘谷水付三州倉吏谷漢受。(肆·1162)

按:據圖版,“斛”應釋爲“斗”字,圖版很清晰。

163. ·右錢卌八萬五千八百六錢□准(?)在郭君丞區讓張衹(肆·1181)

按:據圖版,“□”似爲“時”字,圖版不很清楚,據其輪廓似爲“時”字。據圖版“准(?)在”應爲“侯相”二字,圖版不很清晰,但依稀可分辨出爲“侯相”二字,且參照簡肆·1230“·右連年逋空雜米三千五百二斛三斗八升□合□侯相郭君丞區讓”亦可證當釋爲“侯相”,“准(?)在”放之簡文,文意不通。據圖版,“衹”應釋爲“祇”,圖版較清楚。

164.見者隱核度(?)對□叛者輒入所負有書縣文逋來(肆·1222)

按:據圖版,"文"後"逋"前有一"入"字,釋文脱。

165.入樂鄉私學限米二斛,胄畢。☰嘉禾元年十一月十七日,丈丘謝動付三州倉吏谷漢受。(肆·1225)

按:據圖版,"二斛"應爲"三斛",圖版作"",非常清晰。

166.領黄武六年監運掾姬度漬米九十斛。(肆·1228)

按:圖版"姬"作"",左旁從女,右旁有墨迹或爲竹節的痕迹,據其形體不似爲"姬"的右旁。吴簡多見"監運掾姃度漬米",如簡肆·4760、簡肆·4893等;而"監運掾姬度漬米"僅此一例,故結合圖版及文例,"姬"似爲"姃"。

167.入□鄉私學烝咄限米六斛,胄畢。☰嘉禾元年十一月十七日,周丘私學烝咄付三州倉吏谷漢受。(肆·1260)

按:"限"圖版作"",很清晰,其左側明顯爲"忄"旁,故釋文釋爲"恨〈限〉"較好。

168.入及連年雜米合三[萬]六千二百五十三斛一斗七升,其七千六百(肆·1318)

按:據圖版,"萬"字很清晰,"萬"外之框可去掉。

169.録事主者周岑、鄭慎、謝進、彭政等言畢。(肆·1373)

按:查圖版,"鄭"當爲"鄧"字,圖版作"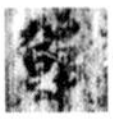",其左側顯爲"鄧"字的左側寫法,而非"鄭"字的左側寫法。另,簡肆·1229有名爲"鄧慎"者,其"鄧"字圖版作"",可與此簡相對照。

170.☐元年布一百匹三丈。(肆·1379)

按:據圖版,"一百"應釋爲"二",圖版較清晰。

171.其□千斛[六]斗九升付州中倉吏張曼張欽□(肆·1402)

按:據文例,"張欽"應爲"馬欽"。"馬欽"是州中倉倉吏,吴簡多見,如簡5·328、簡5·585等,吴簡不見州中倉吏張欽。圖版此字殘,據其殘筆也似爲"馬"而非"張"字。

172.任鹽賈米一百一十二斛六斗八升連□所新没入雜(?)□□(肆·1484)

按:據圖版,"雜(?)"似應爲"米"字,圖版不很清楚,據其墨迹似爲"米"。吴簡有"没入米",如簡壹·2056"其九斛民還叛吏朱文没入米"。

173.☒等所貸武昌黄武六年税禾吏淮米五十五斛。(肆·1543)

按:據圖版,“税禾”之“禾”似爲“米”字,圖版不很清晰,據其筆迹看上部爲“ソ”,而不是“禾”的一撇。

174.☒有傳□詣府嘉禾四年十二月☒(肆·1630)

按:據圖版,“□”似爲“送”字,圖版作“”。“送詣”吴簡多見,如簡肆·4549、簡肆·5402等。簡肆·1563“傳送詣”三字連言,可與此簡相對照。

175.入東鄉税米二斛二斗,冑畢☒(肆·1642)

按:據圖版,“二斗”應釋爲“三斗”,圖版非常清晰。

176.君教丞出給民種糧掾烝、如曹期會掾烝、録事掾谷校。(肆·1644)

按:據圖版,“糧”應釋爲“粻”字,圖版作“”,其左旁模糊不清,右旁清晰爲“長”而非“量”。

177.入廣成鄉賊吏棋綜子弟限米三斛二斗,冑畢。〓嘉禾元年十一月四日,榜丘☒(肆·1678)

按:據圖版,“賊”應釋爲“縣”字,圖版作“”,很清晰,其右側清楚爲“系”。

178.入桑鄉税米一斛六斗,冑畢。〓嘉禾元年十一月十日,□丘大女☒(肆·1700)

按:據圖版,“十一月”應釋爲“十二月”,圖版“十”下爲“二”,非常清晰。

179.郡男弟士年卌二,踵右足。(肆·1744)

按:據圖版,“士”應釋爲“土”字,圖版作“”,較清楚。

180.☒市吏唐正謹列起嘉禾六年正月訖三月卅日受吏民賣買生口…(肆·1758)

按:據圖版,“吏”應釋爲“史”,圖版作“”;“正”應釋爲“玉”,圖版作“”。此“市史唐玉”即簡肆·1763(1)之“都市史唐玉”,可參。

181.大女劉佃賣男生口得直錢五萬,嘉禾六年三月廿八日,□縣吏□□收中外做(肆·1763)

按:據圖版,“縣”似爲“郡”字,圖版不清楚,但其左側依稀可辨爲“君”旁,疑當爲“郡”字。據圖版“做”應釋爲“估”,圖版作“”,其左側殘損,右側清晰爲“古”而非“故”。

182. 被曹勑，條列起嘉禾六年正月一日訖三月卅日吏民所私賣買生□者收責估錢。(肆·1763(1))

按：據圖版"生□者"之"□"應爲"口"，圖版很清楚。"生口"吴簡多見，又如簡肆·1759、簡肆·1761等。

183. ☐税米八斛六斗，胄畢。𠂎嘉禾元年十一月十三日，新民文劉付三州倉吏谷漢受。(肆·1797)

按：據圖版，"十三日"應釋爲"十五日"，圖版"五"字較清晰。

184. 入西鄉税米一斛。𠂎嘉禾元年十一月十六日，早丘男子劉蘇付三州倉吏谷漢受。(肆·1818)

按：據圖版，"斛"應釋爲"斗"字，圖版作""，較清晰。

185. 入平鄉税米十八斛一斗三升，胄畢。𠂎嘉禾元年十一月三日，林丘周烝楊付三州倉吏谷漢受。(肆·1819)

按：據圖版，"丘"後"烝"前無"周"字，釋文衍。

186. 入□鄉税米八斛，胄畢。𠂎嘉禾元年十一月三日，浸頃丘番愓付三州倉吏谷漢受。(肆·1856)

按：據圖版，"米"後"八"前有一"廿"字，釋文脱。

187. ☐□妻大女蚰年六十三；侅子公乘昜年卌，腹心病。(肆·1936)

按：據圖版，"卌"應釋爲"廿"，圖版作""，很清晰。另據圖版，釋爲"侅"的字左旁似從"角"而非"亻"。

188. 入□鄉税米七斛七斗，胄畢。𠂎嘉禾元年十一月十日，石下丘五新付三州倉吏谷漢受。中(肆·1949)

按：據圖版，"十一月"之"一"應釋爲"二"，圖版較清晰。

189. ☐九斛一斗，胄畢。𠂎嘉禾元年十一月一日，露丘男子五宗三州倉吏谷漢中(肆·1952)

按：據圖版，"漢"後有一"受"字，釋文脱。

190. ☐𠂎嘉禾元年十一月廿九日，露丘烝訒付倉吏谷漢受。(肆·2134)

按：據圖版，"廿"應釋爲"十"字，圖版作""，很清楚。

191. 入東鄉縣吏黄階限米四斛五斗，胄畢。叏嘉禾元年十一月十六日，音⧄（肆·2136）

按：據圖版，“限”似爲“租”字，圖版作“”。

192.⧄畢。叏嘉禾元年十一月卅日⧄（肆·2219）

按：據圖版，“卅”應釋爲“廿”，圖版很清晰，爲兩竪劃而非三竪劃。

193. 入桑鄉税米卌一斛二斗一升⧄（肆·2251）

按：據圖版，“卌”應釋爲“卅”，圖版較清晰，爲三竪劃而非四竪劃。

194.⧄右入税米一百一斛九斗九升。（肆·2267）

按：據圖版，“米”後“百”前無“一”字，釋文衍。

195. 入西鄉税米七斛，胄畢。叏嘉禾元年十一月十一日，斛溲丘烝萇付三州倉吏谷漢受。（肆·2269）

按：據圖版，“胄”和“畢”之間有一“米”字，圖版很清楚，釋文脱。

196.⧄米十斛七斗，胄畢。叏嘉禾元年十一月三日，南疆丘李塼付三州倉吏谷漢受。（肆·2272）

按：據圖版，“月”和“三”之間有一“廿”字，圖版很清楚，釋文脱。

197. 入平鄉税米一斛三斗，胄畢。叏嘉禾元年十一月四日，栗丘烝山付三州倉吏谷漢受。（肆·2282）

按：據圖版，“一斛”應釋爲“十斛”，圖版“一”上清晰有一短竪筆。

198. 入平鄉屯田税米二斛五斗，胄畢。叏嘉禾元年十一月十七日，盡丘王歆付三州倉吏谷漢受。（肆·2310）

按：據圖版，“斗”和“胄”字之間有“五升”二字，釋文脱。

199. 入西鄉税米一斛，胄畢。叏嘉禾元年十一月十一日，復皋丘胡同付三州倉吏谷漢受。（肆·2320）

按：據圖版，“一斛”應釋爲“二斛”，圖版很清晰。

200. 入平鄉税米六斛八斗，胄畢。叏嘉禾元年十一月十六日，石文丘番才付三州倉⧄（肆·2326）

按：據圖版，“才”似爲“末”，圖版作“”，因破莂致圖版左側殘損，據右側筆迹及整簡文字比例，似爲“末”字。

201. 入平鄉税米二斛,胄畢。乂嘉禾元年十一月廿日,監沱丘☐(肆·2347)

按:據圖版,“廿”和“日”之間有一“四”字,釋文脱。

202.☐弟勉年五十二。(肆·2595)

按:據圖版,“弟”似爲“男”字,圖版作“”,其上部殘損,據下部殘筆似爲“男”字。

203. 嘉禾四年平樂里户人公乘谷皃九十二☐(肆·2720)

按:據圖版,“二”應釋爲“三”,圖版很清晰,爲三横劃。

204. 子男止年十三。(肆·2773)

按:據圖版,“止”應釋爲“山”,圖版作“”,很清晰。

205.☐乘張枺年六十五,踵兩足。(肆·2831)

按:據圖版,“枺”似爲“胡”字,圖版作“”,其左旁較清晰,爲“古”而非“木”,右旁似爲“月”。

206. 入西鄉佃吏租米五斛七斗,胄畢。乂嘉禾元年十一月☐(肆·2928)

按:據圖版,“佃”字應爲“州”字。“佃”字右旁從“田”,此字右旁明顯不爲“田”,圖版較清楚,當爲“州”字。另,吴簡“佃吏”繳納限米,未見繳納租米者,而吴簡多見“州吏”繳納租米的情況。亦可證。

207.☐胄畢乂嘉禾元年十一月八日中□☐(肆·3033)

按:據圖版,“八”應爲“七”字,圖版很清晰。

208.☐□縣吏米若付☐(肆·3085)

按:據圖版,“米”應爲“洣”,圖版“米”左側有“氵”旁。

209.☐日弟仕伍□年歲☐(肆·3108)

按:此簡圖版殘損嚴重,無法辨識。據文例,“年”和“歲”之間應有表示年齡的數字。

210. 入平鄉税米四斛三斗。乂嘉和元年十一月十八日,筋竹丘州吏石誌付三州倉吏谷漢受。(肆·3131)

按:據圖版,“税米”應爲“租米”,圖版很清晰。

211.☐鄉税米五斛六斗,胄畢。乂嘉禾元年十一月十三日,阿丘黄□付三州倉吏谷漢受。(肆·3136)

按：據圖版，"税米"應爲"租米"，圖版很清晰。

212.入東鄉租米七斛二斗，冑畢。𠅨嘉禾元年十一月七日，帝丘趙□付三州倉吏谷漢受。（肆·3153）

按：據圖版，"二"應釋爲"三"，圖版很清晰，爲三横劃。

213.入小武陵鄉税米一斛三斗五升。𠅨嘉禾元年十一月五日，租丘謝□付三州倉吏谷漢受。（肆·3163）

按：據圖版，"租丘"應爲"桐丘"，圖版很清晰。

214.〼…□秼糧（肆·3213）

按：據圖版，"糧"當爲"粮"字。圖版非常清楚，"米"旁右側從"良"而非"量"。

215.〼十一月十日奇溲丘大女何倩付三州倉〼（肆·3270）

按：據圖版，"十"和"日"之間明顯有一"四"字，圖版很清晰，釋文脱。

216.入桑鄉租米三斛五斗，冑畢。𠅨嘉禾元年十一月二日，沱丘縣吏殷延付三州倉吏谷漢受。（肆·3437）

按：圖版"殷延"之"延"字右上部不清楚，左下部構件爲"辶"，似爲"連"字。據簡肆·3122"入桑鄉租米三斛六斗冑畢𠅨嘉禾元年十一月廿日沱丘縣吏殷連付三州倉吏谷漢受"，兩簡同爲桑鄉沱丘殷姓縣吏繳納的租米，很可能爲同一人，"延"極可能是"連"字。

217.其三户縣卒，下品。（肆·3472）

按：據圖版，"三"應爲"二"字，圖版非常清楚。

218.〼出米卅三斛雇魁吴鹿布賈（肆·3474）

按：據圖版，"斛"和"雇"之間脱"八斗"，圖版很清晰。

219.〼□勿付三州倉吏谷漢受。（肆·3510）

按：據圖版，"勿"應釋爲"刃"，圖版作""，很清晰。

220.〼弟烏年卅五。（肆·3537）

按：據圖版，"卅"應釋作"廿"，圖版作""，較清晰。

221.〼□□黄武六年過客限米廿三斛。（肆·3546）

按：圖版"過"不甚清楚，據其上部筆迹，似爲"適"字。吴簡有"適客限米"，如簡叁·5978"〼□黄武六年適客限米〼"。

222.⧄[畢]乂嘉禾元年十一月十四日,平支丘鄧兔付三州倉吏漢受。(肆·3547)

按:據圖版,"兔"似應爲"免"字,圖版無一點。

223.嘉禾四年八月丁未朔曰臨湘侯相君丞敢言之。(肆·3568)

按:據文意,"曰"當爲"日"字,"曰"放之簡文,文意不通。

224.⧄年十一月一日,苦竹丘大男張况付三州倉吏谷漢受。(肆·3588)

按:據圖版,"况"應釋爲"況",圖版左旁爲"氵",很清晰。

225.黄牯牛一頭,齒四歲月日左角長一尺,變烝栗色,任耕,民謝張養。(肆·3594)

按:據圖版,"歲"和"月"之間有一"八"字,釋文脱。吴簡官牛簿"月"之前多有數字,如簡肆·1412"嘉禾二年五月十日,黄㸺犢牛一頭,齒二歲八月日左角長二寸一分,本蔡可牛,可物故,差民謝□[養]",簡肆·1427"黄牯牛一頭,齒三歲九月日左角長八寸,變烏色,民 □ ⧄"等,可參。

226.⧄弟伯年卌 ⧄(肆·3675)

按:據圖版,"卌"應釋作"廿",圖版作"",很清晰。

227.入□鄉租米九斛六斗,胄畢。乂嘉禾元年十一月,度郡吏陳□付三州倉吏谷漢受。(肆·3734)

按:據圖版,"十一月"後有"一日"二字,圖版很清楚,釋文脱。

228.入平鄉税米十三斛四斗,胄畢。乂嘉禾元年十一月二日,僕丘謝溺付三州倉吏谷漢受。(肆·3741)

按:據圖版,"謝"應釋爲"誦",圖版作"",較清晰,其右側不應爲"射"而應爲"甬"。

229.·右入租米七十九斛一斗九升。(肆·3759)

按:據圖版,"九升"應釋爲"八升",圖版較清晰。

230.棠共倉日[上]□□□棠五十秉地邪自佃其餘二百五十秉⧄(肆·3773)

按:據圖版,"倉"應爲"會"字。"倉日"不辭。

231.⧄嘉禾元年税米一百斛八斗七升。(肆·3811)

按:據圖版,"一"應釋爲"二",圖版較清晰,爲兩横劃。

232.出平鄉嘉禾元年租米一百一十五斛八斗。乂嘉禾二年十一月廿六日,書史謝□付三州倉吏谷漢受。(肆·3817)

按:據圖版,"二年"似爲"元年",圖版"二"下似有一撇和豎彎鈎的筆迹。

233.入樂鄉租米一斛,胄畢。⿱三乂嘉禾元年十一月卅日,尋丘郵卒謝□付三州倉吏谷漢受。(肆·3819)

按:據圖版,"郵卒謝□"似爲"郡吏誦騎",圖版不很清楚。與簡肆·3748"入樂鄉租米二斛二斗八升。⿱三乂嘉禾元年十一月十一日,尋丘郡吏誦騎付倉吏谷漢⧄"相對照,可分辨出"郵卒謝□"似爲"郡吏誦騎"。

234.嘉禾六年三月三日庚午,部督軍行左義都尉規督□⧄長□□□□臨湘侯相[…]⧄(肆·3840)

按:據圖版,"左"應釋爲"立",圖版作""。吳簡有"立義都尉",見簡壹·1134"□[三]月廿三日丁未,部督軍行立義都尉規督察告",可與此簡相對照。傳世文獻亦見"立義都尉",《三國志·吳書·孫和傳》:"權大怒,族誅正、象,據、晃牽入殿,杖一百。"裴松之注引《吳歷》:"孫皓即位,詔曰:'故僕射屈晃,志匡社稷,忠諫亡身。封晃子緒爲東陽亭侯,弟幹恭爲立義都尉。'"[①]

235.詣 金 曹(肆·3904(1))

按:據圖版,"金"應釋爲"倉"字,圖版非常清晰。

236.入小武陵鄉稅米三斛,胄畢。⿱三乂嘉禾元年十一月九日,石下丘蔡數付三州倉吏⧄(肆·3913)

按:據圖版,"蔡"似爲"烝"字,圖版作""。

237.入小武陵鄉稅米一斛五斗,僦米畢。⿱三乂嘉禾元年十一月十一日,坪堎丘劉⧄(肆·3917)

按:據圖版,"十一日"應釋爲"十九日",圖版"九"依稀可辨。

238.入小武陵鄉稅米三斛四斗,就畢。⿱三乂嘉禾⧄(肆·3920)

按:據圖版,"四斗就"似應釋爲"胄",圖版"斛"後顯爲一個字,據其字形輪廓疑爲"胄"字。

239.入小武陵鄉[稅]米一斛,胄畢。⿱三乂嘉禾元年十一月三日,敢溲丘男子鄧蔡付三州倉[吏][谷][漢][受]。(肆·3925)

按:據圖版,"斛"後爲合同符號,無"胄畢"二字,釋文衍。

---

① [西晉]陳壽:《三國志》,中華書局點校本,1959年,第1369—1370頁。

240. 入小武陵鄉税米五斛五斗，胄畢。嘉禾元年十一月三日，下巾丘朱□付三州倉吏谷漢受。(肆·3961)

按：據圖版，“胄”和“畢”字之間有一“米”字，圖版很清晰，釋文脱。

241. 都尉黄龍三年十二月□日已亥書給監池司馬趙斐、李代等十人三年十二月食，人二(肆·4099)

按：“監池”之“池”字圖版作“”，此字很顯然不是從“氵”、從“也”的池，分析其形體當爲“運”字，簡肆·4025“監運掾姃度”之“運”字圖版作“”，可與此字相對照。簡肆·4821有“監運司馬趙斐”，亦可證“池”當爲“運”字。另據圖版“食”當爲“直”，圖版作“”，很清晰。

242. 軍糧都尉黄龍三年十二月廿一日己酉書，付監運掾楊遺運詣集，三年十二月廿六日。(肆·4110)

按：據圖版，“六”應釋爲“九”，圖版較清晰。

243. 九日付書史利勝杝師彭长。(肆·4138)

按：據圖版，“长”釋爲“長”更好，圖版作“”，很清晰。

244. □知安成永新廣□□行云何作□□□□□⧄(肆·4208)

按：據圖版，“廣”下“□”應釋爲“興”字，圖版“興”字上部依稀可辨。且“廣興”爲地名，在其他簡中又見，如簡叁·2306“鎌佐廣興吴甫年卅四”，簡叁·2353“剛佐廣興利倚年卅一”等。

245. 入東鄉嘉禾二年還所貸食嘉禾元年税米二斛九斗五升，胄畢。嘉禾二年十二月廿五日，劉里丘蔡□關邸⧄(肆·4264)

按：據圖版，“税米”應釋爲“税禾”，圖版非常清晰。

246. 入平鄉嘉禾二年還所貸食嘉禾元年吏客限米七斛，胄畢。嘉禾三年四月廿四日，於上丘慈羡關邸閣董基付三州倉吏鄭黑受。(肆·4266)

按：據圖版，“付”和“倉”之間無“三州”二字，釋文衍。

247. 入東鄉嘉禾二年還所貸食嘉禾元年税禾准米二斛，胄畢。嘉禾二年十二月六日，倉丘郡吏張衹關邸閣董基付三州倉吏鄭黑受。(肆·4298)

按：據圖版，“二斛”應釋爲“三斛”，圖版爲三横劃，非常清晰。

248. 出平鄉元年見禾米十七斛五斗。（肆·4349）

按：據圖版，“鄉”和“見”之間無“元年”二字，釋文衍。

249. □女弟慮年廿五。（肆·4476）

按：據圖版，“□”似爲“子”字，圖版不很清楚，據其墨迹似爲“子”。

250. ☒督軍行義都尉規督察□告。（肆·4499）

按：據圖版，“行”和“義”之間脱“立”字，圖版作“”，此字位於竹節處，上部“亠”很清楚，下部不清楚，吴簡有“立義都尉”，且句式和此簡相似，見簡壹·1134“□三月廿三日丁未，部督軍行立義都尉規督察告”。

251. 武陵從掾位宗□年廿。（肆·4515）

按：據圖版，“廿”後明顯有一字，據其字迹疑爲“五”字，釋文脱。

252. 謹列人名口食年紀别爲簿如牒。（肆·4523(1)）

按：據圖版，“紀”和“别”之間有一“右”字，圖版非常清晰，釋文脱。

253. 被曹敕，推求私學南陽張游，發遺詣屯言，案文書輒推問游外王母大女戴。（肆·4550(1)）

按：據圖版，“遺”應釋爲“遣”字，圖版作“”，非常清晰。“發遣”義爲派遣、差遣，吴簡多見，又如簡肆·4330、簡肆·4547等。

254. ☒□□居處以□□☒（肆·4599）

按：簡肆·4599釋文與圖版不符。圖版不很清楚，但“付州中邸閣李嵩”還是清晰可辨的。仔細審視其圖版似當爲“其一千一十斛五斗付州中邸閣李嵩□□□黄龍□□”。

255. 縣鄉吏□□（肆·4645）

按：據圖版，“鄉”似爲“郡”字，圖版不很清楚，據其輪廓似爲“郡”字。

256. 五升斛直一千八百，合一百廿七萬四千二百七十二年限米卌七斛☒（肆·4703）

按：據圖版，“二百”應釋爲“八百”，圖版較清晰。

257. 其一升監運掾魏樓限米。（肆·4721）

按：據圖版，“限”似爲“漬”字，圖版不很清楚，其左側似爲“氵”，右側上部似爲“責”的上部。

258. 其六十二斛永新尉陳崇備黄龍二年税僦米。(肆·4742)

按:據圖版,"六"應釋爲"九"字,圖版較清晰。

259. 嘉禾三年十月廿一日付書史使盧杝師夏軍。(肆·4751)

按:據圖版,"嘉禾"二字應釋爲"集所",圖版較清晰。另,簡肆·4049"詣集所三年十月一日付倉曹韋定書史周□杝師陳可"之"集所"可與此簡相對照。

260. 郡倉吏監賢米一千一百五十六斛七斗四升,劉陽倉吏春這收米一千七百七十六斛。(肆·4754)

按:據圖版,"春"上還有一字,圖版漫漶,據其殘筆似爲"周"字。吴簡"周春"爲劉陽倉吏,如簡肆·4920"五十斛,劉陽倉吏周春米七百八十斛通合吴平斛米一千四百八十斛,被督軍糧"。據圖版,"收"應爲"牧"字,圖版很清楚,作""。故"春這收"應釋爲"周春這牧","周春""這牧"二人爲劉陽倉吏。

261. 君教若丞湙如期會掾烝若、録事掾陳曠校

□□正户民不應發遺事脩行吴□主 (肆·4850(1))

按:據圖版,"如"和"期"之間清楚有一"掾"字,釋文脱。據圖版,"遺"應釋爲"遣"字,圖版非常清楚。

262. 出倉吏黄諱潘慮所領民還黄龍二年税吴平斛米卅八斛八斗,爲稟斛米卅斛被(肆·4904)

按:據圖版,"卅"當爲"廿"字,圖版不很清晰,但依稀可分辨出當爲兩豎劃而非三豎劃,其字形明顯與"稟斛米"後的"卅"字不同。另,廿八斛八斗與卅斛的比率恰好是0.96∶1,與吴平斛米、稟斛米的比率正相合,亦可證"卅八"當爲"廿八"。

263. 入郡吏鄭通司馬趙像黄武七年佃禾准米七斛。(肆·4937)

按:據圖版,"通"後"司"前明顯有一"備"字,釋文脱。

264. 其一百五十五斛□升郡四下佃吏限米吏客還充役郡别差均(?)(肆·4949)

按:據圖版,"下"應釋爲"六"字,圖版較清楚。另,吴簡多見"四六佃吏",而未見"四下佃吏",亦可證"下"當爲"六"字。

265. 教曰何中書注如斗促騰告丞尉其行□▨(肆·4995)

按:據圖版,"□"作"",似爲"擔"字。

266. 其五十九斛八斗九合雜米。(肆·5013)

按:據圖版,“九合”應釋爲“六合”,圖版很清晰。

267. 其四百五斛六斗二升白米。(肆·5034)

按:據圖版,“二”應釋爲“三”字,圖版較清晰。

268. 其七升黄龍二年定租准米。(肆·5109)

按:據圖版,“定”應釋爲“豆”,圖版作“”,很清晰,其寫法和簡肆·5018“豆租”之“豆”的寫法相同,可參。

269. 其卅六斛九斗吏何逸還新兵 湯羽等妻子所貸黄龍元年禾□。(肆·5122)

按:據圖版,“卅”應釋爲“卌”字,圖版作“”,此字第二筆豎劃墨迹比較淡,但依稀可分辨出爲四豎劃,當爲“卌”字。

270. 麦起三年九月訖四年二月□日二月□日六斛四年□月□四日付□□(肆·5144)

按:據圖版,“麦”應釋爲“奉”字,圖版作“”,其右側殘損,左側很清晰,下部明顯有一豎筆,當爲“奉”字。“奉”即“俸”,俸禄。吴簡多見“奉起+時間+訖+時間”,又如簡肆·4903“書即黄□奉起二月三日訖八月月六斛三年十一月一日付吏張蘙(?)”。

271. ·右新入布四百六十三匹二丈七尺。(肆·5212)

按:據圖版,“六”應釋爲“九”字,圖版較清晰。

272. ▨□還備并解無□▨(肆·5255)

按:據圖版,“并”應釋爲“並”更好,圖版作“”,較清晰。

273. ▨僮姪子樵年十六,筭一▨(肆·5401)

按:據圖版,“姪子”應釋爲“子李”,圖版“僮”後爲“子李”,很清晰。

274. ▨□⿱三乂嘉禾元年四月廿八日掾蔡忠付□□▨(肆·5454)

按:據圖版,“廿”應釋爲“卅”,圖版作“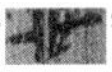”,很清晰。“卅”當爲“廿”之誤書,釋文釋爲“卅〈廿〉”爲好。

275. 入小武陵鄉還黄龍二年税米五斛▨(肆·5483)

按:據圖版,“二”應釋爲“三”字,圖版較清晰。

276.⊠未畢一萬三千三百廿四□負嘉禾…⊠(肆·5546)

按:據圖版,"□"似爲"錢"字,圖版不很清楚,據其墨迹似爲"錢"。

277.其一萬五千准入銀五□庫吏潘⊠(肆·5600)

按:據圖版,"一"應釋爲"二",圖版依稀可辨,爲兩横劃而非一横劃。

278.其九十一斛監池司馬黄升嘉禾元年限米。(柒·5)

按:圖版"斛"和"司"之間有墨迹,但不清晰,圖版作""。據該簡字與字之間的間距,"斛"和"司"之間的間距很難寫下"監池"二字。故"斛"和"司"之間不當釋爲"監池"二字。另,吳簡多見"監池司馬鄧邵",如簡柒·124、簡柒·1539等,而"監池司馬黄升"僅此一例,"黄升"在吳簡中的吏職爲屯田司馬,如簡壹·2066、簡壹·2310等,亦可證。

279.下薂里户人□□年五十四,腹心病;妻沙年五十二,子女射年十。(柒·212)

按:據圖版,"二"下"子女"上脱"踵兩足"三字,圖版作"",圖版"踵"字比較清楚,"右"字依稀可辨,"足"字漫漶最嚴重。據吳簡,"踵"的部位爲"足"或"手",據圖版殘筆,似應爲"足",釋文釋爲"踵右足"較好。

280.下薂里户人鄧□年八十□□,子男惕年六十四,腫右足;惕妻□年五十五。(柒·284)

按:據圖版,"妻"後之"□"似應釋爲"妾",圖版作"",圖版不很清晰,據其輪廓依稀似爲"妾"字。

281.鳴男弟□年十三,刑左手;鳴妻□年廿二。(柒·296)

按:據圖版,"妻"後之"□"似應釋爲"妾",圖版作"",圖版不很清楚,據其輪廓似爲"妾"字。

282.□男弟藥年四歲,女姪脾年十。(柒·298)

按:據圖版,"脾"似應釋爲"婢",圖版作"",其字左側似爲"女"而非"月","婢"在吳簡中多用作女子名。

283. 萬歲里户人大女□賈年七十七,子男高年卌六,踵足。(柒·310)

按:據圖版,"賈"應釋爲"齎",圖版作"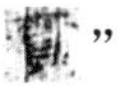",其下部爲"貝",上部不似"罒"。此字與吴簡"齎"字寫法相同,如簡貳·1693"齎"作""、簡貳·1841"齎"作"",可參。

284. 下䨺里户人蔡□年卌七,盲目;□□年五十四,妻靜年廿二。(柒·344)

按:據圖版,"靜"可徑釋爲"静",圖版作"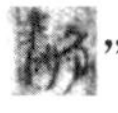",很清晰,其右側構件爲"争",據《竹簡[柒]·凡例》第四條"有規則或作人名、地名的簡體字,釋文一般均照録"①,亦釋爲"静"字較好。

285. 宜陽里殷賢年七十四,刑右手;妻汝年六十八,子男厼年卅。(柒·523)

按:據圖版,"里"下"殷"上脱"户人"二字,圖版作"",很清晰。

286. 上鄉里户人潘度年卌七,聾耳;度妻姑年卅,度子男郭年六歲。(柒·536)

按:據圖版,"妻"前一字應爲"耳"而非"度"字,圖版作"",其字形顯然與此簡其他兩個"度"字寫法差别很大,據其字形當爲"耳"字,圖版"聾"和"耳"之間有留白。

287. 草言故吏曚裕弟林□依科遂事,七月十六日兵曹史謝韶白。(柒·655)

按:據圖版,"十"應釋爲"廿"字,圖版爲兩豎劃而非一豎劃。

288. 嘉禾五年常遷里户人公乘□□,雀右手指。(柒·865)

按:據圖版,"□□"下"雀"上脱"年六十九"四字,圖版作"",較清晰。

289. 嘉禾五年常遷里户人公乘烝稠年五十一,苦腹心病。(柒·965)

按:據圖版,"病"應釋爲"信",圖版作"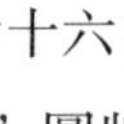",很清晰。

290. 嘉禾五年常遷里户人公雷皮年六十六。(柒·1015)

按:據圖版,"十六"之"六"應釋爲"九",圖版很清晰。

291. 氣男姪㓊年十四,苦腫病。(柒·1032)

按:據圖版,"腫"應釋爲"彊",圖版作"",圖版不很清楚,但依稀可辨右側爲

① 走馬樓簡牘整理組編:《長沙走馬樓三國吴簡·竹簡[柒]·凡例》,文物出版社,2013年,第2頁。

“畺”而非“重”，據其上部筆劃左側似爲“弓”的殘筆。吴簡有“彊病”，如簡柒·5058、簡柒·5104，可參。

292.綿(?)男弟生年廿，苦腹心病。(柒·1053)

按：據圖版，“病”應釋爲“信”，圖版作“”，很清晰。

293.嘉禾五年常遷里户人公乘楊䟐卌六，筭一，喉病。(柒·1062)

按：據圖版，“六”應釋爲“九”，圖版作“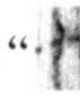”，此字顯然爲兩筆書寫而成，當爲“九”而非“六”。

294.嘉禾五年常遷里户人唐丁年五十八，筭一。(柒·1115)

按：據圖版，“人”和“唐”之間依稀有兩字，圖版不很清楚，據其字形輪廓及文例，當爲“公乘”二字，釋文脱。

295.其三百一斛一斗嘉禾元年鄭黑陳勳郡士妻子租米。(柒·1516)

按：據圖版，“百”和“一”之間有一“卅”字，圖版很清晰，釋文脱。

296.盡舅嫂怨(?)年廿二。(柒·1154)

按：據圖版，“舅”應爲“寡”字，“寡嫂”吴簡多見，如簡貳·1643、簡貳·7929等。

297.二年七月，人月二斛，除小月六日，嘉禾二年二月十五日，付船□曹史□松□人其二斗一升(柒·1535)

按：據圖版，“船”當爲“典”字，圖版“典”的字形清晰可辨。圖版“典”和“曹”字之間一字不很清楚，據其字形輪廓當爲“軍”字。圖版“史”和“松”之間一字當爲“章”字。圖版“人”上之字左邊殘，但其右上部寫法很清楚，和簡柒·2018“傍”字右上部寫法相同，故我們認爲“人”上之字當爲“傍”字。圖版“人”下之字不清楚，據其字與字之間的間距，當爲四字。故“船□曹史□松□人其二斗一升”應釋爲“典軍曹史章松傍人□□□□”。此簡文意與簡柒·2018“禾二年七月人月三斛除小月月人六日其年二月十二日付典軍曹史□(章)松傍人吴□(衍)□(任)奴”基本相同。

298.陽貴里户人公科雷奴(?)年卌四，筭一；妻禿年廿八，筭一。(柒·1693)

按：據圖版及文例，“科”應釋爲“乘”。圖版作“”，不很清楚，但據其整個字的輪廓和筆形與“科”之字形差别很大，而與“乘”字字形相近。據文例，“户人”之後多是“公乘+姓名”，“公科”不辭。

299. 春(?)妻强年十六,筭一。(柒·1745)

按:據圖版,"强"應釋爲右側從"畺"之字,圖版作"",此字右側從"畺"很清晰,左側漫漶不清。

300. 維母婢年五十一,筭一。(柒·1752)

按:據圖版,"婢"實爲"卑"字,圖版較清晰,其左側無"女"旁。

301. 宜陽里户人公乘陳蔣年六十五卌,刑左足。(柒·1807)

按:據圖版,"五"和"刑"字之間無"卌"字,"卌"當爲衍文。

302. 高從男弟巴年卅五,護(?)病。(柒·1831)

按:據圖版,"五"應釋爲"九"字,圖版非常清晰。據圖版,"護(?)"應釋爲"喉"字,圖版作"",其左側"口"旁偏上,與簡柒·4847"喉"()的寫法相同。

303. 子男□年十一,風矢病。(柒·1867)

按:據圖版,"風矢病"應釋爲"三□一死",圖版作"",其上端一字似爲"三"字,中間一字不很清楚,下端二字爲"一死"。

304. …倉吏劉仨米一千卌斛劉陽倉吏這牧(?)毛李(?)米三千二斛吴昌倉吏唐□米□□(柒·1993)

按:據圖版,"牧(?)"可確釋爲"牧"。"這牧"爲劉陽倉吏,又見簡肆·4754。

305. 右承餘新入吴平斛米二萬四千一百五十七斛六斗三升六合。(柒·2334)

按:據圖版,"二"應釋爲"三",圖版很清晰。

306. 平陽里户人公乘劉兑年五十八。 訾 五 十(柒·2442)

按:據圖版,"陽"和"户"之間無"里"字,釋文衍。

307. 匿用米一百七十斛□□以四月九日有辭以米一斛…所…買□其(柒·2526)

按:據圖版,"七十斛"後"□□"應釋爲"表後"二字,圖版較清晰,"表"字寫法和簡柒·4082正之"表"字寫法相同,"後"字圖版亦較清晰,且簡柒·4098"米一百七十斛表後以四月九日有辭以米□昔所遺兵…"可與此簡相對照。

308.…三月十日從掾史李思白(柒·2911)

按:據圖版,"史"應釋爲"位",圖版作"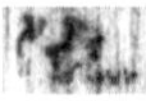",依稀可辨當爲"位"。吏職"從掾位"吴簡多見,如簡肆·1402"從掾位烝循",簡伍·3066"從掾位劉欽",簡伍·3082"從掾位陳禪"等。

309.草言府…部屯田…付吏□□昭事。十月廿月廿三日兼户曹史張惕白。(柒·2969)

按:據圖版,"十月"後無"廿月"二字,釋文衍。

310.未畢卌五斛四斗,子米綄促得見米卌五斛四斗二升二分,遣民鄧若丞(柒·3011)

按:據圖版,"升"後"分"前無"二"字,釋文衍。

311.妻大戻(?)年卌四,樱子女金年廿八。(柒·3216)

按:據圖版,"卌"應釋爲"卅",圖版非常清晰,爲三豎劃而非四豎劃。

312.頭兄明年六十五,苦肓(?)腫病;明妻汝年卅二。(柒·3559)

按:據圖版,"肓(?)"似爲"音",圖版作,其上部似爲"立",下部爲"日"。

313.妻大女□年廿五,子女綵年三歲。(柒·3580)

按:據圖版,"綵"應釋爲"糸",圖版較清晰。

314.姪子男狺(?)年三歲,依食少交年十二,盲左目。(柒·3590)

按:據圖版,"十"下的筆迹應爲"盲"的上部構件"亡","二"當爲衍文。

315.子男□年三歲,姪子男告年四歲。(柒·3638)

按:據圖版,簡首"子男"前似有一字,圖版作"",此字處於竹節處,無法辨識爲何字。

316.高遷里户人公乘朱船(?)年廿六,刑右手。(柒·3734)

按:據圖版,"手"下脱"訾五十"三字,圖版"訾五十"三字之間有較長的留白,其圖版分别爲"""""",較清晰。吴簡多見户人簡標注"訾五十"的簡例,如簡叁·4295"平陽里户人公乘番曼年卌,訾五十",簡叁·4314"萬歲里户人公乘張虞年五十二,訾五十"等,可參。

317.奴(?)男弟党年廿九,党妻黄年廿二。(柒·3991)

按:據圖版,"党"均應釋爲"黨",圖版分别作"""",第一個可清晰辨識爲"黨"字,第二個較模糊,但可依稀分辨出爲"黨"而非"党"。

318.母大女鼠年六十一,妻大婦綺年廿二。(柒·4034)

按:據圖版,"婦"似爲"女"字,圖版作""。吴簡妻多稱"大女",稱"大婦"者僅此一例,從文意看,亦似爲"女"字。

319.入種粻米即已買宜(?)見(?)米(?)一百七十斛□□□□邸閣朱翻倉吏王(柒·4099)

按:據圖版,"買"應釋爲"還"字,圖版下部不應爲"貝",據其寫法,應爲"還"字。

320.溺米事録事各畢願乞依事覺後(?)自首私結罪不覺愬(柒·4102)

按:據圖版,"録"應釋爲"罪"字,圖版作"",很清晰。

321.⋯覺後不⋯乞□前□□□□解行表軍法⋯(柒·4131)

按:據圖版,"前"後"□□□□"爲衍文,釋文衍。

322.☒□嘉禾元年税昊平斛米五斛七斗六升,爲稟斛米六斛,給縣侯相□(柒·4416)

按:據圖版,"昊"應釋爲"吴",圖版很清晰。另,吴簡"税昊平斛米"僅此一例,而"税吴平斛米"多見,且多折合爲"稟斛米"。疑"昊"爲排版時誤書。

323.☒□男弟□年十三,苦雀病☒(柒·4623)

按:據圖版,"雀"應釋爲"信",圖版作"",很清晰,左旁爲"亻",右旁爲"言"。

324.□男姪舉年十六,籌一。(柒·4806)

按:據圖版,"籌"應釋爲"筭",圖版較清晰。另,吴簡户籍簡年齡後多見"筭一",而"籌一"僅此一例,故據文例亦應釋爲"筭"。

325.曹妻思年廿一筭。(柒·4999)

按:據圖版,"筭"後有"一"字,釋文脱。

326.彊從兄潘葚年八十二,聋右耳。(柒·5104)

按:據圖版,"聋"應釋爲"聾",圖版上部爲"龍"。

327.年(?)妻大女汝年卅三,筭一。(柒·5112)

按:據圖版,"三"應釋爲"二",圖版作"",非常清晰。

328.其妻大女汝年廿二,筭一。(柒·5145)

按:據圖版,"二"應釋爲"三",圖版作"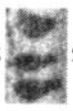",非常清晰。

329.南寡嫂思年廿一,筭一。(柒·5174)

按:據圖版,“嫂”應釋爲“姊”,圖版作“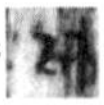”,較清晰,其左側爲“女”,右側應爲“市”而非“叟”,與吳簡“姊”的寫法相同,如簡柒·1884“姊”寫作“”,可參。

330.羊(?)女桑年十七,筭一。(柒·5726)

按:據圖版,“女”後“桑”前明顯有一“弟”字,圖版作“”,很清晰,釋文脱。

331.□兄客年卌五,辟(?)兩足。(柒·5834)

按:據圖版,“辟(?)”可確釋爲“辟”,圖版作“”,與吳簡“辟”寫法相同,如簡叁·2445“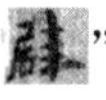”。

332.子女 年三歲。(柒·5854)

按:釋文“女”後“年”前留白,圖版“女”後“年”前有一字作“”,很清晰,當爲“囷”字。

333.□女弟林(?)年七歲。(柒·5870)

按:釋文此簡位於簡柒·5969和簡柒·5971之間,顯然其簡號應爲5970,釋文誤將“9”錯寫爲“8”。

334.盧女智常盛年廿六,苦踵病。(柒·5909)

按:據圖版,“病”似爲“足”字,圖版作“”。圖版不很清楚,據其字形輪廓似爲“足”而非“病”。

335.伏男弟松年八歲。(柒·5976)

按:據圖版,“八”應釋爲“六”,圖版作“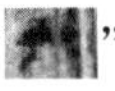”,較清晰。

336.□子男兩年⋯腫足,苦聋耳;□男姪初年□□□(柒·6015)

按:圖版此簡非常模糊,吳簡“龍”均無寫作“龙”者,故“聋”釋爲“聾”更好。

337.生母凿年八十二。(柒·6023)

按:據圖版,“凿”應釋爲“妾”,圖版作“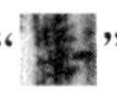”,較清晰,其上部爲“立”,下部爲“女”,當爲“妾”字。

338.思母市年六十八,思男弟急年六歲。(柒·6052)

按:據圖版,“市”應釋爲“市”,圖版作“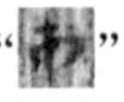”。

339. 入新(?)還民嘉禾元年限米二斛。(柒·6071)

按:據圖版,“米”後“二”前清晰有一“十”字,釋文脱。

340. 小(?)女弟筭年一歲。(捌·20)

按:據圖版,“一”應釋爲“十”字,圖版作“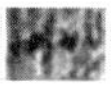”,圖版“一”上的竪筆墨迹較淡,但仍依稀可辨。

341. 淮男弟鯨年五岁。(捌·105)

按:據圖版,“岁”釋爲“歲”更好。

342. 妻桓年廿五,筭一。(捌·107)

按:據圖版,“桓”似爲“洹”,圖版作“”,其左側應爲“氵”而非“木”。

343. 妻勉年卅八,筭一。(捌·147)

按:據圖版,“卅”應釋爲“廿”,圖版爲兩竪劃而非三竪劃。

344. 陽貴里户人公乘信朝年廿四,筭一;朝妻青年十九,筭一。(捌·179)

按:據圖版,“朝”應釋爲“廟”字,圖版較清晰。

345. 其六十一户孤寡窮老,不任役。(捌·192)

按:據圖版,“一”應釋爲“二”字,圖版“一”上明顯還有一横。

346. ☑年更口筭錢一千二百,留所市羊一頭直□千,羊一頭直千六百,酒二千(捌·217)

按:據圖版,“直”後“千六百”前清晰有一“一”字,釋文脱。

347. 宜陽里户人公乘黄逢年七十一,盲右目。(捌·423)

按:據圖版,“黄”下一字字迹很模糊,據其殘留筆迹看不似爲“逢”,故“逢”釋爲“□”較妥。

348. 孔男弟比年七歲。(捌·491)

按:據圖版,“七”應爲“二”字,圖版作“”,很清晰。

349. 出元年酒租錢十五萬五千六百卌七錢爲具錢三萬三千三百,遣吏(捌·643)

按:據圖版,“三千”之“三”應釋爲“二”,圖版爲兩横劃而非三横劃。

350. 外男弟野年十歲　寡女弟□年…(捌·653)

按:據圖版,“十”後“歲”前脱“二”字,圖版作“”,清晰可辨。

351. 軍妻客年□□□　軍男弟□年十五,踵足。(捌·703)

按:據圖版,“男弟”後“□”似爲“昆”,圖版作“”。

352.鼠男弟出年十一。(揚·716)

按:據圖版,“十”後無“一”字,釋文衍。

353.客男弟緜年□歲。(揚·771)

按:據圖版,“緜”似爲“緆”,圖版作“”,其右側形體似爲“易”而非“帛”。

354.雞子女生年二歲。(揚·811)

按:據圖版,“二”應釋爲“一”,圖版很清晰。

355.奉男弟米年十歲。(揚·896)

按:據圖版,“米”應爲“困”,圖版作“”,其外部構件“囗”非常清晰,疑爲排版致誤。

356.思子女平年十五,筭一。(揚·900)

按:據圖版,“平”應釋爲“卒”字,圖版作“”。吴簡“平”字中間兩筆筆勢朝内,如簡揚·794“”、簡揚·793“”等,而此字中間兩筆筆勢朝外,與吴簡“卒”字寫法相同(如簡揚·767“”、簡揚·972“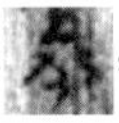”),故當爲“卒”字。

357.苗父象年六十一,盲左目。(揚·913)

按:據圖版,“象”應釋爲“鳥”,圖版很清晰,與“象”形體差異很大。

358.奴男弟骰年十歲。(揚·984)

按:據圖版,“骰”應釋爲“殼”,圖版作“”,較清晰。

359.妻象年卅七。(揚·1170)

按:據圖版,“象”應釋爲“鳥”,圖版較清晰,與“象”形體差異很大。

360.養子男客年二歲。(揚·1238)

按:據圖版,“客”後“年”前脱一字,此字圖版作“”,圖版漫漶不清,暫無法確釋爲何字。

361.右雙家口食五人,筭二。訾　五　十(揚·1281)

按:據圖版,“雙”應釋爲“澠”,圖版作“”,其左側“氵”清晰可辨,右側“黽”亦可辨。

362. 助男弟真年十六，筭一。（捌·1328）

按：據圖版，“真”似爲“臭”字，圖版作“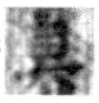”。

363. 真男弟藥廿四，踵兩足。（捌·1393）

按：據圖版，“真”應釋爲“滇”，圖版作“”，圖版左側“氵”旁依稀可辨。另，就整枚簡文字的書寫位置看，“真”相對於其後“男”字而言，位置偏右而不是居中，很顯然“真”當是一個構件而不是整字。

364. 頭妻金年十二，以五年十二月被病物故。（捌·1490）

按：據圖版，“月”後“被”前清晰有“一日”二字，釋文脱。

365. 右壽（?）家口食六人，筭三。訾　五　十（捌·1589）

按：據圖版，“壽（?）”應釋爲“蘭”字，圖版作“”，其寫法與簡叁·6888“蘭”（）字寫法相同。

366. 奴女姪客年十六，筭一。（捌·1599）

按：據圖版，“客”應釋爲“容”，圖版作“”，比較清晰。

367. 高遷里户人公乘莊懸年五十，筭一。（捌·1611）

按：據圖版，“莊”作“”，其寫法與“莊”差異較大，故釋爲“庄”較好。

368. 常遷里户人公乘石宜年五十一，刑佐手，給縣卒。（捌·1700）

按：據圖版，“石”似應釋爲“何”字，圖版作“”，左側“亻”旁較清晰，右側較模糊，依稀可辨似爲“可”，此字與“石”字寫法差異較大。

369. 赤妻大女須年卅九，□月三日被病物故。（捌·1821）

按：據圖版，“卅”似應釋爲“十”，圖版作“”，似爲一豎劃。

370. 常遷里户人公乘壬種年廿三，筭一。（捌·1977）

按：據圖版，“種”應釋爲“程”，圖版作“”，此字左側爲“禾”，右側明顯爲“皇”而非“重”。

371. 曉（?）女弟鄧年六歲。（捌·2035）

按：據圖版，“鄧”應釋爲“登”，圖版作“”，其字形右側顯然無“阝”。

372.顏(?)妻巴年卅一,筭一。(捌·2118)

按:據圖版,"卅"應釋爲"卌",圖版作"","一"上爲四豎劃而非三豎劃。

373.讙男姪誦□年十一。(捌·2174)

按:據圖版,"誦"似爲"詷",圖版作"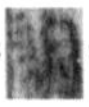",此字左側從"言",右側似從"同"。

374.右廉(?)家口食八人,筭二。訾　五　十(捌·2246)

按:據圖版,"廉(?)"應釋爲"襄",圖版作""。

375.吉陽里户人公乘光鐵(?)年卅六,筭一。(捌·2309)

按:據圖版,"鐵(?)"似爲"皆"字,圖版作"",此字顯然比"鐵"的筆劃簡單得多,據其形體似與吴簡"皆"字相類,如簡捌·2191""。

376.宜陽里户人彊男弟户年十三臨病年六十□苦風病。(捌·2328)

按:此簡户籍的書寫格式很特殊,與吴簡户籍簡書寫常例不合,核對圖版,釋文有誤,應釋爲"宜陽里户人公乘樊如年六十□苦風病"。

377.☐君子男孫年二歲。(捌·2347)

按:據圖版,"二"應釋爲"六",圖版作"",較清晰。

378.萇妻杞年十九,筭一。(捌·2353)

按:據圖版,"杞"似爲"棋"字,圖版作"",其左側爲"木",右側與"己"相差較大,似爲"其"。

379.□男弟□年十六,苔病。(捌·2379)

按:據圖版,"弟"後之字應釋爲"困",圖版作"",很清晰。

380.吴男弟樹年七歲。(捌·2423)

按:"吴"應釋爲"吴",詳參簡4·169。據圖版,"樹"應釋爲"桓",此字圖版不很清楚,但依稀可分辨出其右側構件爲"亘"而不是"尌"。

381.入民還三年所貸司馬黄升嘉禾元年限米十斛五斗□升。(捌·2817)

按:據圖版,"三"應釋爲"二"字,圖版很清晰,"二"上的一横應是"還"的最末一筆。

382. 其七斛三斗三升新吏黄龍二年限米。(捌·3105)

按:據圖版,"三斗"之"三"應釋爲"二",圖版非常清晰。

383. 給□所領鍛師佐監寒等一百九十六人,嘉禾二年二月直,其卅人,人三斛,五十六人,人二(捌·3233)

按:據圖版,"□"似爲"晫",圖版作"",其左側似爲"日",右側似爲"阜"。

384. 其一百五十三斛嘉禾元年監池鄧邵攻捕米。(捌·3301)

按:據圖版,"三"應釋爲"二",圖版作"",非常清晰。

385. 其七斛五斗黄武七年麥種准米。(捌·3457)

按:據圖版,"麥"釋爲"麦"更好。

386. 高從兄趙轉年七十三,苦風病;妻大女耳年五十一。(捌·3549)

按:據圖版,"五十"後無"一"字,釋文衍。

387. 大男番象年卌九,惷病;妻歸年卅二,象從兄林年五十一。(捌·3605)

按:據圖版,"林"似爲"刾",圖版作"",較清晰。"刾"爲"刺"字的俗寫。

388. 右米家口食□人。(捌·3615)

按:據圖版,"米"似爲"郡"字,圖版作"",較模糊,據其輪廓似爲"郡"而非"米"。

389. 大男唐紫年五十六 ,孫子男斗年十五,孫子女沙年十一。(捌·3621)

按:據圖版"一"應釋爲"三",圖版作"",較模糊,依稀可辨識爲三横劃。

390. 奇男弟告年卅一,腹心腫病;告妻姑年十九。(捌·3649)

按:據圖版,"腫"應釋爲"踵",圖版依稀可見左側偏旁爲"足"。

391. 爲生口,妾年八十五於科不坐,八、冰、營、足别門異居,科文不載,請(捌·4011)

按:據圖版,"冰"釋爲"冰"更好,圖版很清楚,左側爲"冫"。

392. ⧄□年租米卅二斛。☰嘉禾二年十一月廿一日,郟丘男子衛隱關邸閣李嵩付倉吏黄諱史潘慮受。(捌·4057)

按:據圖版,"隱"釋爲"隐"更好,圖版作"",很清晰。

393. 正月廿日受曹遣於溸口典受官鹽到嘉禾二年領受鹽一千四百(捌·4097)

按:此簡圖版有誤,此簡圖版和簡捌·4096圖版完全相同。

394. 案如言:迪倉吏典主官賣公敢斷割飲食姦惡無狀(捌·4158)

按:據圖版,"斷"似可徑釋爲"断",圖版作"",據其輪廓,似爲"断"。

395. 吏許迪以嘉禾二年中賣餘鹽四百廿六斛一斗九升八合四勺,其(捌·4214)

按:據圖版,"迪"後"以"前清晰有一"辭"字,釋文脱。

396. 張起等餘米一百一十二斛六斗九升,迪先散用,飲食不復列(捌·4306)

按:據圖版,"九"應釋爲"八",圖版作"",較清晰。"許迪割米案"是吴簡中的一樁大案,許迪割用官米一百一十二斛六斗八升在《竹簡》[捌]中多次出現,如簡捌·4183、簡捌·4205、簡捌·4223等,故據文意,亦應釋爲"八"。

397. ⊘□斛□斗九升已出二千□百⊘(捌·4554)

按:據圖版,"斛"前之"□"應釋爲"二",圖版作"",圖版稍模糊,依稀可辨爲"二"。

398. ⊘趙野關邸閣付倉吏黄諱潘慮受。(捌·4566)

按:據圖版,"關邸閣"下脱"李嵩"二字,圖版較模糊,但"李"字依稀可辨,李姓關邸閣只有"李嵩"一人,故"李"下當爲"嵩"字。

399. ⊘□斛三斗六升吏帥客黄龍三年限米。(捌·4823)

按:據圖版,"三年"應釋爲"二年","二"字圖版非常清晰。

400. ⊘右中鄉入税米七十五斛三斗。(捌·5283)

按:此簡釋文編號和圖版不符,圖版簡捌·5284對應此簡釋文。

401. ⊘右箬家口食□人。訾 五 十(捌·5284)

按:此簡釋文編號和圖版不符,圖版簡捌·5285對應此簡釋文。

402. ⊘□□□税米□□□⊘(捌·5285)

按:此簡釋文編號和圖版不符,圖版簡捌·5283對應此簡釋文。

403. ⊘□弟朱年十一。(捌·5330)

按:據圖版,"□"應釋爲"男",圖版作""。圖版雖墨迹比較淡,但依稀可分辨爲"男"字。

404.□子女絲年十一☑(捌·5332)

按:據圖版,“□”似爲“偃”字,圖版作“”。圖版墨迹較淡,左側從“亻”,右側較模糊,據其輪廓似爲“偃”字。

405.富貴里户人□□年廿七,□母汝年七十四,男弟□年十。(捌·5515)

按:據圖版,“母”前之“□”似爲“祢”,圖版作“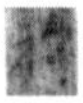”,左側似爲“礻”,右側似爲“尔”。

406.義成里户人公乘張廉年卅六,給郡卒;廉妻大女瞻年廿三,廉弟仕伍易年十二,腫兩足。(捌·5383)

按:據圖版,“腫”應釋爲“踵”,圖版左側從“足”非常清晰。

407.入三州倉運嘉禾二年吏帥客限米九十三斛二斗一升,四月入倉。(捌·5456)

按:據圖版,“一”應釋爲“二”,圖版作“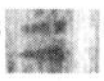”,很清晰。

408.☑嘉禾二年十一月五日沿松陳丘☑(捌·5931)

按:據圖版,“日”後“松”前無“沿”字,釋文衍。

409.領郵卒限米一百斛。(陸·40)

按:據圖版,“百”後“斛”前顯有一“卅”字,釋文脱。另據圖版,“斛”後似有字迹。

410.□民還所貸黄龍三年税米三斛六斗三升。(陸·44)

按:據圖版,“税米”後“三斛”前有“百廿”二字,釋文脱。

411.為簿盡力檢校有遺脱續簿復言連(?)誠惶誠恐叩頭死(陸·142)

按:據圖版,“檢”應釋爲“拘”,圖版作“”,較清晰。“拘校”吴簡多見,如簡伍·7403、簡陸·4559等。

412.其廿五畝卌一步傷敗不收錢,一頃卅四畝□五十五步其廿畝□(陸·180)

按:據圖版,“其廿五畝”前還有兩字,圖版作“”,似爲“九步”,釋文脱。

413.其十三斛民轉折入所食斛加米。(陸·186)

按:據圖版,“三”應釋爲“二”,圖版很清晰;“食”應爲“負”字,簡伍·3109“其四百廿三斛三斗民轉折入所負斛加米”與此簡文意相同,可證。

414.外姪子男陳沓年廿三，沓妻大女還年十五。(陸·254)

按：據圖版，“廿”似爲“十”，圖版似爲一豎劃而非兩豎劃；“還”似可徑釋爲“還”。

415.宜都里户人公乘李宗年廿八。訾　五　十(陸·272)

按：據圖版，“户”和“公”之間無“人”字，釋文衍。

416.糹□(？)男弟客年十三，客男弟望年二歲。(陸·278)

按：據圖版，“糹□(？)”似應釋爲“穆”，圖版作“”，其寫法與簡柒·246“穆”()寫法極相似。

417.右高遷里魁聶禮領吏民五十一户，口食一百七十三人。卯(陸·290)

按：據圖版及《竹簡》[陸]之《凡例》三“人名中的特殊寫法，如禮、逑、機等也盡可能保留原形”[①]，“禮”釋爲“礼”較好。

418.□□里户人公乘黄逑年廿七，妻大女□年廿，逑男弟□年十三。(陸·296)

按：據圖版，“□年廿”之“廿”應釋爲“卅”，圖版作“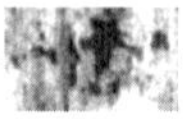”，依稀可辨爲三豎劃。

419.謙男弟鼠年卅五，筭一，踵兩足；□妻大女姑年十八，筭一。(陸·297)

按：據圖版，“八”應釋爲“九”，圖版作“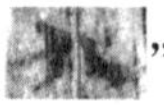”，很清晰。

420.高遷里户人公乘黄倉年五十一，刑隹(衍文)兩足。訾　五　十(陸·301)

按：據圖版及《竹簡》[陸]之《凡例》七，“(衍文)”應在注釋中進行説明。

421.妻大女妾年二十，筭一。(陸·304)

按：據文例，“二十”應釋爲“廿”。據我們統計，吴簡“二十”均寫作“廿”，此“二十”亦當爲“廿”。此字圖版不太清晰，據其殘存的墨迹亦似爲“廿”而非“二十”。

422.高遷里户人公乘□□年五十三，苦音□□。訾　五　十(陸·309)

按：據圖版，“音”後第一個“□”似爲“苔”字，第二個“□”很清楚，爲“病”字。

423.聲母大女尋年□十五，□大女核年廿三，筭一。(陸·380)

按：據圖版，“□十五”之“□”似爲“九”字。

① 走馬樓簡牘整理組編：《長沙走馬樓三國吴簡·竹簡[陸]·凡例》，文物出版社，2013年，第2頁。

424. 妻大女梅年卅二,筭一;□小女□年卅五,筭一。(陸·402)

按:據圖版,"卅二"之"卅"應釋爲"卌",圖版作"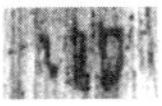",爲四竪劃而非三竪劃。

425. 亥母大女思年八十九,亥妻大女□卅,筭一。(陸·412)

按:據圖版,"卅"前清晰有一"年"字,釋文脱。

426. 其十八户縣吏合一百廿六人。(陸·497)

按:據圖版,"吏"後"合"前有一字,圖版作"",當爲"口",釋文脱。

427. 右倉曹言:部吏五訓、文騰、聶錢,故吏文水□□家屬宗親詭備所負擿□事。閏月十四日書佐烝贇白。(陸·512)

按:據圖版,"白"應釋爲"封",圖版作"",較清晰。

428. 草言府受責定大⋯事⋯尉書掾番棟白。(陸·533)

按:據圖版,"受"應釋爲"收",圖版作""。"收責"一詞,吴簡多見。

429. ⊘□卌萬二千一百卌六義付庫吏及雇桓王(陸·629)

按:據圖版,"吏"後"及"前顯有兩字,"及"前一字清晰爲"有"字,"吏"後一字圖版不很清晰,右下部似爲"田",據其輪廓似爲"潘"字,庫吏潘有,吴簡多見,釋文脱"潘有"二字。

430. 民菍枉年卅九,盲左目。(陸·823)

按:據圖版,"卅"似應爲"卌",圖版似爲四竪劃。

431. 民監麥年卅三。(陸·851)

按:據圖版及《竹簡》[陸]之《凡例》三,"麥"釋爲"麦"更好;據圖版,"卅"似爲"卌"。

432. □惟弟仕伍轉年五歲。(陸·1104)

按:據圖版,"五"應釋爲"三",圖版作"",很清晰。

433. 斳女弟初年七歲。(陸·1485)

按:據圖版,"斳"似應釋爲"勤",圖版右側似爲"力"而非"斤"。

434. 應小妻姑年卅二,筭一。(陸·1512)

按:據圖版,"小"字非常清晰,釋文可徑釋爲"小"。

435.百八十五錢,雜米七百六十三斛六斗,準當錢斛一千七百,為錢一百廿九萬(陸·1909)

按:據圖版及《竹簡》[陸]《凡例》,“準”釋爲“准”更好,圖版很清晰。

436.入□鄉嘉禾二年故吏由匿子弟限米□斛,冑畢。☑嘉禾十二月三日,何丘田□關邸閣董基付三州倉吏鄭黑受。(陸·2033)

按:據圖版,“十二月”前有“二年”二字,圖版很清晰,釋文脱。

437.縣元年領大男董廣臧具錢四千八□收佰錢八百卌七□(陸·2040)

按:據圖版,“廣”似爲“厂”,圖版作“”。

438.入平鄉嘉禾二年税米二斛,冑畢。☑嘉禾二年十二月六日,巾竹丘烝參關邸閣董基付三州倉吏鄭黑受。(陸·2169)

按:據圖版,“參”似釋爲“桑”更好,圖版作“”,下部顯爲“木”。

439.入模鄉嘉禾二年租米十斛一斗四升,冑畢。☑嘉禾二年十二月九日,縣吏區光關邸閣董基付三州倉吏鄭黑受。(陸·2232)

按:據圖版,“一斗”之“一”應釋爲“二”,圖版爲兩横劃,很清晰。

440.入中鄉嘉禾二年貸食嘉禾元年税米還米三斛。☑嘉禾二年十一月十四日,緒中丘大男鄧蔣關邸閣李嵩付倉吏黄諱潘慮(陸·2298)

按:據圖版,“税米”之“米”應釋爲“禾”,圖版作“”,非常清晰。

441.出桑鄉嘉禾元年租禾米十六斛八斗五升其五斛五斗米其十一斛五升。嘉禾二年四月十八日,主簿郭宋付度上丘大男鄧狗守録。(陸·2313)

按:據圖版,“五斗”之“五”應釋爲“八”,圖版較清晰。據租禾米總數與米數和禾數,亦應釋爲“八”。

442.入小武陵鄉嘉禾二年租米五斗,冑畢。☑嘉禾二年十二月二日,新唐丘男子相恕關邸閣董基付三州倉吏鄭黑受。(陸·2384)

按:據圖版,“租”後無“米”字,“五斗”前脱“九斛”二字,圖版非常清晰,釋文衍“米”字,脱“九斛”二字。

443. 其三百斛一升民自入。(陸·2535)

按:據圖版,"百"和"斛"之間還有一字,圖版作"",非常清晰,當爲"三"字,釋文脱。

444. 其六千八百一是一斛一斗七升民自入。(陸·2538)

按:據圖版,"是"應釋爲"十",圖版作"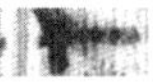",很清晰。疑爲排版録入錯誤。

445. 其卅五斛五斗付吏潘勇張愓給所送牛客五月日粻(陸·2564)

按:據圖版,"卅"應釋爲"卌",圖版作"",非常清晰。

446. 領元年叛士限米九升運集中倉隨三年叛士限米□□□吏黄諱潘慮(陸·3012)

按:據圖版,"三"應釋爲"二",圖版作"",很清晰。

447. 出桑鄉嘉禾元年私學限米廿斛。⿱三乂嘉禾元年四月十六日,鄉吏劉平付露丘男子烝杲守。(陸·3045)

按:據圖版,第二個"元年"應爲"二年",圖版很清晰。

448. 嘉禾五年三月癸卯朔,臨湘侯相君、丞紀叩頭死罪敢言之。(陸·3188)

按:據圖版,"朔"後"臨"前還有一字,圖版作"",較清晰,當爲"日"字,釋文脱。

449. 縣男子竺斗買生口大女張志直錢□萬。(陸·3190)

按:據圖版,"竺"可徑釋爲"竺",圖版很清晰。

450. 其六斛九斗付州中邸閣李嵩倉吏黄諱潘慮領。(陸·3282)

按:據圖版,"潘"釋爲"番"更好,圖版作"",其左側無"氵"旁。

451. 入三州倉運嘉禾二年所貸嘉禾元年吏帥客限米二斛七斗,□月入倉(陸·3338)

按:據圖版,"帥"和"限"之間無"客"字,釋文衍。

452. 入誤爲黄龍二年吏帥客限米十斛二斗,誤爲黄龍二年租米(陸·3345)

按:據圖版,"十"應釋爲"六",圖版作"",其上部顯然爲一點。

453. 大男烝宫年六十五,踵兩足。(陸·3434)

按:據圖版,"踵"應釋爲"腫",圖版左側清晰從"月"。

454.大男烝斷年卅二,盲左目。(陸·3455)

按:據圖版及《竹簡》[陸]之《凡例》三,"斷"釋爲"断"更好。

455.入平鄉嘉禾二年助典佃吏限米二斛二斗,冑畢。叐嘉禾三年四月十七日,盡丘番明關邸閣董基付倉吏鄭黑受。(陸·3546)

按:據圖版,"典"應釋爲"四六",圖版作"",很清晰。吴簡多見"助四六佃吏限米",如簡陸·4090、簡陸·5977等。

456.入廣成鄉嘉禾二年佃吏限米五斛,僦畢。叐嘉禾三年正月廿日,漂丘男子烝禇關邸閣董基付倉吏鄭黑受。(陸·3582)

按:據圖版,"僦"應釋爲"就",圖版很清晰。

457.入東鄉嘉禾二年税米三斛。叐嘉禾三年四年廿八日,區丘郡吏陳冑關邸閣董基付三州倉吏鄭黑受。(陸·3939)

按:據圖版,"四年"之"年"應釋爲"月",圖版很清晰。

458.入平鄉二年所貸嘉禾元年税米三斛。叐嘉禾三年五月三日,莨□丘逢□關邸閣李嵩付倉吏黄諱潘慮。(陸·4094)

按:據圖版,"元"和"税"之間無"年"字,釋文衍。

459.·右中倉起嘉禾二年三月一日訖卅日,受嘉禾二年所貸元年雜米卅二斛四斗。(陸·4107)

按:據圖版,"二年三月"之"二"應釋爲"三",圖版作"",很清晰。

460.入都鄉二年所貸元年税米禾還米十六斛九斗三升。叐嘉禾二年十一月十七日,□下丘大男□□關邸閣李嵩付倉吏黄諱潘慮。(陸·4151)

按:據圖版,"税"與"禾"之間無"米"字,釋文衍;"諱"和"潘"之間還有一"史"字,"慮"後還有一"受"字,釋文脱。

461.入都鄉二年所貸嘉禾元年税禾還米二斛四斗□升。叐嘉禾二年十一月十七日,栗中丘大男區黄關邸閣李嵩付倉吏黄諱史潘慮受。(陸·4154)

按:據圖版,"潘"釋爲"番"更好,圖版作"",其左側無"氵"旁。

462.入中鄉所貸嘉禾税米三斛。叐嘉禾二年十一月十六日,懷田丘大男謝主關邸閣李嵩付倉吏黄諱潘慮受。(陸·4180)

按：據圖版，"嘉禾"和"税米"之間顯有"元年"二字，釋文脱。

463. 入中鄉嘉禾二年貸食嘉禾元年税禾還米四斛五斗。☰嘉禾二年十月廿八日，緒中丘大男鄧蔣關邸閣李嵩付倉吏黄諱潘慮。（陸·4214）

按：據圖版，"食"和"元"之間無"嘉禾"二字，釋文衍；"十"和"月"之間有一"一"字，釋文脱，

464. 妻大女孖年廿五。（陸·4604）

按：據圖版，"孖"似可徑釋爲"平"字，簡陸·4636"平"的寫法與此字相同，可參。

465. ☐簿餘三年蒭錢一千二百卅六錢。（陸·4655）

按：據圖版，"卅"應釋爲"卌"，圖版右側墨迹磨蝕，結合其下"六"的寫法，應爲四豎劃。

466. ☐已書 丞出給民種糧掾烝循潘棟中倉期會掾烝 録事掾谷水校。（陸·4659）

按：據圖版，"糧"應釋爲"粻"，"中倉"應釋爲"如曹"，簡陸·5869與此簡文意相同，可參。

467. 出地僦貝錢七萬五百為行錢□萬二千九百廿三錢，嘉禾二年六月付吏李珠市布（陸·4661）

按：據圖版及文意，"貝"應釋爲"具"，圖版很清晰，吴簡多見"具錢"折合爲"行錢"，不見"貝錢"折合爲行錢。據圖版，"月"後"付"前清晰有"六日"二字，釋文脱。

468. 其四萬六百市麥種廿斛三斗。（陸·4682）

按：據圖版及《竹簡》[陸]之《凡例》三，"麥"釋爲"麦"更好。

469. 入平鄉嘉禾二年税米五斛五斗，胄畢。☰嘉禾二年十二月二日，於上丘侯關邸閣董基付倉吏鄭黑受。（陸·5135）

按：據圖版，"丘"後"侯"前明顯有一字，圖版作""，釋文脱。

470. 丞出給民種糧掾烝循潘换如曹期會掾烝録事掾谷水校。（陸·5869）

按：據圖版，"糧"應釋爲"粻"，"换"似爲"棟"字。

471. 富貴里户人唐車年卅九，妻銀年卅七，子男秃年五歲。（陸·6125）

按：據圖版，"卅九"之"卅"應釋爲"卌"，圖版作""，清晰爲四豎劃而非三豎劃。

472.⍁·䝮(?)妻𡙕年廿五□(伍·256)

按:據圖版,"五"後無字迹,釋文衍"□"。

473.⍁公乘由改年作十二,□左足。(伍·1413)

按:據圖版,"作"應釋爲"八",圖版作"",很清晰。據文例,"年"後應爲具體歲數,亦不應釋爲"作"。

474.入錢畢民自送牒還縣不得持還鄉典田吏及帥。(伍·1590背)

按:據圖版,"得"後"還"前無"持"字,釋文衍。

475.其□准米卅斛稱□區諱□備胡圭所換中倉僦付王勉守視。(伍·1744)

按:據圖版,"倉"後"僦"前清晰有一"米"字,釋文脱。

476.其四百斛九十五升付男子伍成運。(伍·1808)

按:據圖版,"百"後"斛"前清晰有一"四"字,釋文脱;"十"應釋爲"斗"。

477.入錢畢民自送牒還縣不得持還鄉典田吏及帥。(伍·2135背)

按:據圖版,"牒"後"縣"前無"還"字,"吏"後無"及帥"二字,釋文衍。

478.入錢畢民自送牒還縣不得持還鄉典田吏及帥。(伍·2142背)

按:據圖版,"不"後"持"前無"得"字,釋文衍。

479.入平鄉常略丘烝禾布二匹⍁(伍·2224)

按:據圖版,"禾"應釋爲"困",圖版很清晰。

480.·出税限米卅斛付男⍁(伍·2327)

按:據圖版,"卅"應釋爲"卌",圖版作"",較清晰。

481.狢男愴弟年六歲。(伍·2565)

按:據圖版,"愴"後爲"年"字,"弟"應在"男"和"愴"之間。

482.曼溲里户人公乘區逢年五十一,刑左足。(伍·2781)

按:據圖版,"人"後"區"前無"公乘"二字,釋文衍。

483.·其一百六十□男人。(伍·2792)

按:據圖版,"□"應釋爲"口",圖版較清晰。

484.梨下里户人公乘黄興年卌四,給州吏。(伍·2855)

按:據圖版,"户"後"公"前無"人"字,釋文衍。

485.梨下里户人公徐埝年卅六。(伍·2864)

按:據圖版,"公"後"徐"前有一"乘"字,釋文脱。

486. 妻雉廿五,子男魯年六歲。(伍·2930)

按:據圖版,“雉”後“廿”前有一“年”字,釋文脱。

487. 永新故胡君親人所持船二□未雇米十四斛。(伍·3149)

按:據圖版,“□”應釋爲“艘”,圖版較清晰。簡伍·3363“艘”寫法與此簡相同,可參。

488. ·其八百六匹吏潘羜所市布▨(伍·3992)

按:據圖版,“匹”後“吏”前清晰有一“市”字,釋文脱。

489. ▨渚丘男子烝斛丞皐紀付掾孫儀受。(伍·4106)

按:據圖版,“斛”後“丞”前清晰有一“關”字,釋文脱。

490. ▨斛𠄡嘉禾六年二月十二日,園丘王威關主記梅綜付掾孫儀受。(伍·4285)

按:據圖版,“王”應釋爲“五”,圖版作“”,很清晰。

491. 縣吏李平田卅畝□□□(伍·4594)

按:據圖版,“卅”應釋爲“卌”,圖版非常清晰,爲四豎劃而非三豎劃。

492. ▨禾二年十一月栗中丘大男李倉關邸閣李嵩付倉□▨(伍·4728)

按:據圖版,“月”後“栗”前清晰有“十七日”三字,釋文脱。

493. 僮子女何年十五,腫兩▨(伍·4775)

按:據圖版,“腫”應釋爲“踵”,圖版清晰從“足”而非“月”。

494. 入中鄉嘉禾二年税米五斛。𠄡嘉禾二年十一月廿三日▨(伍·5025)

按:據圖版,“嘉”後“二”前無“禾”字,釋文衍。

495. 移(?)寡嫂捎年七十八,捎子男穆年廿六,苦真(顛)狂病。(伍·5086)

按:據圖版,“廿”應釋爲“十”,圖版作“”,較清晰。

496. 明妻與年卅八,隹(截)右足;明子男門年□▨(伍·5327)

按:據圖版,“右”應釋爲“左”,圖版非常清晰。

497. 其八十一斛男子偶龍逋,三年詭課,龍辭:不負,乞與欽校計(伍·5372)

按:據圖版,“其”後“十”前無“八”字,釋文衍;“斛”後“男”前清晰有“七斗”二字,“年”後“詭”前清晰有一“税”字,釋文脱。

498. 其八斛九斗一升會文明所買賊黄勳黄龍三年青賈米。(伍·5970)

按:據圖版,“九”應釋爲“七”,圖版作“”,很清晰。“文”圖版作“”,與簡伍·2736“文”作“”,簡伍·2780“文”作“”寫法差異較大。簡捌·2891、簡捌·

2902所記録内容與此簡唯“支”和“文”的區别,結合圖版,此處“文”亦應釋爲“支”。

499.其四斛五斗郡掾張稂所買賊黄勲黄龍三年絹(?)買米。(伍·5987)

按:據圖版,“稂”應釋爲“秖”,圖版作“”,其左側應是“禾”旁,右側應爲“氏”旁。“絹(?)”可徑釋爲“絹”,圖版作“”,依稀可辨左側爲“糸”旁,右側爲“肙”旁;另吴簡有“絹買米”,如簡柒·2388、簡捌·3764,可參。

500.其廿五斛佃吏鄭脩黄武七年限米少二斛。(伍·6009)

按:據圖版,“斛”後“佃”前清晰有一“州”字,釋文脱。

501.艮運詣侯所其年正月廿二日付書史吴佐柁師州廣向雙屈盖紀南□(伍·6047)

按:據圖版及文意,“侯”應釋爲“集”,“集所”吴簡多見,可參。

502.平陽里户人公乘劉困六十八,妻大女妾年六十三。(伍·6613)

按:據圖版,“困”後“六”前清晰有一“年”字,釋文脱。

503.入平鄉嘉禾三年庠士限米十八斛五斗,胄畢。⿱彡乂嘉□(玖·627)

按:據圖版,“庠”可徑釋爲“斥”,此字又見簡5·242、簡肆·4652等,亦見於東漢《曹全碑》、魏《張君殘碑》等,可參。

504.入西鄉嘉禾二年税米七斛,胄畢。⿱彡乂嘉禾二年十一月廿六日,温丘大男供士關邸閣董□(玖·766)

按:據圖版,“斛”和“胄”之間清晰有“七斗”二字,圖版非常清晰,釋文脱。

505.自首士盧蜄年卌八,出限米卌四斛,已入畢。(玖·1242)

按:據圖版,“蜄”似爲“張”,“自首士盧張”簡文多次出現,可參;另“卌”後“斛”前無“四”字,圖版非常清晰,釋文衍。

506.如姪子士伍駮年七歲。(玖·1252)

按:據圖版,“駮”似爲“騎”,圖版左側清晰爲“馬”,右側似爲“竒”。

507.入東鄉嘉禾二年租米一斛,胄畢。⿱彡乂嘉禾二年十一月一日,縣吏烝組關邸□(玖·1276)

按:據圖版,“一日”之“一”應釋爲“二”,圖版清晰爲兩横劃而非一横劃。

508.凡縣嘉禾二年領自首士七人,見得佃出限米人四斛,合二百八十斛,已入畢。(玖·1305)

按:據圖版,“四”應釋爲“卌”;據文意,自首士七人,限米合二百八十斛,則每人應爲卌斛,亦可證。

509.⧄肯畢。𠄡嘉禾二年十一月廿七日，桑都丘劉惕關邸閣董基付三州倉吏鄭黑受。(玖·1441)

按：據圖版，"三"後"倉"前無"州"字，釋文衍。

510. 自首士劉曼年卅，自首前⧄(玖·2566)

按：據圖版，"曼"應釋爲"寧"，圖版作""，很清晰，其寫法與簡玖·5065"自首士劉寧"之"寧"字寫法相同，可參。

511. 承二月簿領餘吴平斛米千一百卌四斛七斗一升。(玖·3962)

按：據圖版，"米"後"千"前清晰有一"二"字，釋文脱。

512. 其五斛民還二年所貸吏歐光備黄龍元年私學限米。(玖·4104)

按：據圖版，"歐"似爲"區"字，"吏區光"吴簡多見，如簡玖·1948"入民還二年所貸吏區光備黄龍二年吏帥客⧄"，簡玖·3972"其十九斛民還二年所貸吏區光備黄武六年蒭錢准⧄"等，可參。

| 附錄二 |

本書中已發表論文

1.《略談〈長沙走馬樓三國吴簡·竹簡[肆]〉中的新史料及研究價值》,《學行堂文史集刊》2014年第1期,第1—5頁。

2.《試論走馬樓吴簡“關邸閣”之“關”字》,載《繼承與創新:慶祝西南大學漢語言文獻研究所建立三十周年論文集》,西南師範大學出版社,2014年,第78—80頁。

3.《走馬樓吴簡“還民”“新還民”及“步侯還民”的涵義試釋》,載《簡帛語言文字研究》第八輯,巴蜀書社,2016年,第101—108頁。

4.《吴簡嘉禾四年、五年吏民田家莂比較研究》,載《出土文獻綜合研究集刊》第五輯,巴蜀書社,2016年,第47—63頁。

5.《走馬樓吴簡“朱表割米自首案”整理與研究》,《中華文史論叢》2017年第1期,第219—260頁。

6.《走馬樓三國吴簡“傍人”考論》,載《簡帛》第十四輯,上海古籍出版社,2017年,第215—220頁。

7.《論走馬樓吴簡親屬稱謂詞語在辭書編纂上的價值》,載《簡帛研究二〇一七(春夏卷)》,廣西師範大學出版社,2017年,第292—306頁。

8.《走馬樓吴簡“賊黄勳”考論》,載《出土文獻》第十一輯,中西書局,2017年,第392—399頁。

9.《走馬樓吴簡與〈三國志〉及裴注親屬稱謂語比較研究》,載《長沙簡帛研究國際學術研討會論文集》,中西書局,2017年,第408—424頁。

10.《試論走馬樓吴簡“粢田”及相關問題》,載《甘肅省第三届簡牘學國際學術研討會論文集》,上海辭書出版社,2017年,第426—433頁。

11.《論走馬樓吴簡中的親屬稱謂“姪”》,載《簡帛》第十六輯,上海古籍出版社,2018年,第279—296頁。

12.《論走馬樓吴簡詞語的時代性和地域性》,載《出土文獻》第十二輯,中西書局,2018年,第304—313頁。

13.《走馬樓吴簡疾病詞語“刑”拾遺》,載《中國社會歷史評論》第二十卷,天津古籍出版社,2018年,第151—158頁。

參考文獻

一、材料類

長沙市文物考古研究所、中國文物研究所編:《長沙東牌樓東漢簡牘》,文物出版社,2006年。

甘肅省博物館、武威縣文化館編:《武威漢代醫簡》,文物出版社,1975年。

甘肅省文物考古研究所等編:《敦煌漢簡》,中華書局,1991年。

甘肅省文物考古研究所等編:《居延新簡》,文物出版社,1990年。

甘肅省文物考古研究所編:《天水放馬灘秦簡》,中華書局,2009年。

湖北省荆州市周梁玉橋遺址博物館編:《關沮秦漢墓簡牘》,中華書局,2001年。

湖北省文物考古研究所編:《江陵鳳凰山西漢簡牘》,中華書局,2012年。

湖南省博物館、復旦大學出土文獻與古文字研究中心編纂,裘錫圭主編:《長沙馬王堆漢墓簡帛集成(壹—柒)》,中華書局,2014年。

湖南省文物考古研究所編:《里耶秦簡[壹]》,文物出版社,2012年。

睡虎地秦墓竹簡整理小組編:《睡虎地秦墓竹簡》,文物出版社,1990年。

張家山二四七號墓竹簡整理小組編:《張家山漢墓竹簡[二四七號墓]》(釋文修訂本),文物出版社,2006年。

中國社會科學院考古研究所編:《居延漢簡甲乙編》,中華書局,1980年。

走馬樓簡牘整理組編:《長沙走馬樓三國吴簡·嘉禾吏民田家莂》(上、下),文物出版社,1999年。

走馬樓簡牘整理組編:《長沙走馬樓三國吴簡·竹簡[壹]》(上、中、下),文物出版社,2003年。

走馬樓簡牘整理組編:《長沙走馬樓三國吴簡·竹簡[貳]》(上、中、下),文物出版社,2007年。

走馬樓簡牘整理組編:《長沙走馬樓三國吴簡·竹簡[叁]》(上、中、下),文物出版社,2008年。

走馬樓簡牘整理組編:《長沙走馬樓三國吴簡·竹簡[肆]》(上、中、下),文物出版社,2011年。

走馬樓簡牘整理組編:《長沙走馬樓三國吴簡·竹簡[柒]》(上、中、下),文物出版社,2014年。

走馬樓簡牘整理組編:《長沙走馬樓三國吴簡·竹簡[捌]》(上、中、下),文物出版社,2015年。

走馬樓簡牘整理組編:《長沙走馬樓三國吴簡·竹簡[陸]》(上、中、下),文物出版社,2017年。

走馬樓簡牘整理組編:《長沙走馬樓三國吴簡·竹簡[伍]》(上、中、下),文物出版社,2018年。

走馬樓簡牘整理組編:《長沙走馬樓三國吴簡·竹簡[玖]》(上、中、下),文物出版社,2019年。

二、工具書類

[北宋]陳彭年:《廣韻》,中國書店影印澤存堂本,1982年。

[北宋]丁度等編:《集韻》,上海古籍出版社據宋鈔本影印,1985年。

[東漢]劉熙:《釋名》,中華書局,2016年。

[東漢]許慎:《説文解字》,中華書局影印清陳昌治刻本,1963年。

[梁]顧野王:《玉篇》,中國書店影印澤存堂本,1983年。

[遼]釋行均:《龍龕手鏡》,中華書局影印高麗本,1985年。

[明]梅膺祚:《字彙》,上海辭書出版社據康熙二十七年靈隱寺刻本,1991年。

[清]段玉裁:《説文解字注》,上海古籍出版社影印經韻樓藏本,2003年。

[清]郝懿行:《爾雅義疏》,上海古籍出版社影印郝氏家刻本,1983年。

[清]梁章鉅撰,吴道勤、邱運華點校:《稱謂録》,岳麓書社,1991年。

[清]王念孫:《廣雅疏證》,中華書局影印王氏家刻本,1983年。

[清]朱駿聲:《説文通訓定聲》,中華書局影印臨嘯閣刻本,1984年。

鮑海濤、王安節:《親屬稱呼辭典》,吉林教育出版社,1988年。

蔡希芹:《中國稱謂辭典》,北京語言學院出版社,1994年。

郭錫良:《漢字古音手册》(增訂本),商務印書館,2010年。

漢語大詞典編輯委員會編、羅竹風主編:《漢語大詞典》,上海辭書出版社,1986—1994年。

漢語大字典編輯委員會編、徐中舒主編:《漢語大字典》,四川辭書出版社、湖北辭書出版社,1990年。

漢語大字典編輯委員會編:《漢語大字典》第二版,崇文書局、四川辭書出版社,2010年。

漢語大字典字形組編:《秦漢魏晉篆隸字形表》,四川辭書出版社,1985年。

黄征:《敦煌俗字典》,上海教育出版社,2005年。

吉常宏:《漢語稱謂大詞典》,河北教育出版社,2001年。

李經緯、鄧鐵濤等編:《中醫大辭典》,人民衛生出版社,1995年。

李榮主編:《長沙方言詞典》,江蘇教育出版社,1998年。

陸瑛:《簡明稱謂辭典》,廣西民族出版社,1989年。

毛遠明:《漢魏六朝碑刻異體字典》,中華書局,2014年。

商務印書館編輯部編:《辭源》,商務印書館,1979年。

王火、王學元:《漢語稱謂詞典》,遼寧大學出版社,1988年。

王輝:《古文字通假字典》,中華書局,2008年。

吴海林:《中國古今稱謂全書》,黑龍江教育出版社,1991年。

謝觀等編:《中國醫學大辭典》,中國中醫藥出版社,1994年。

楊應芹、諸偉奇:《古今稱謂詞典》,黄山書社,1989年。

宗福邦、陳世鐃、蕭海波主編:《故訓匯纂》,商務印書館,2003年。

三、著作類

[北齊]魏收:《魏書》,中華書局點校本,1974年。

[北宋]歐陽修、宋祁:《新唐書》,中華書局點校本,1975年。

[東漢]班固:《漢書》,中華書局點校本,1962年。

[東漢]張仲景述:《金匱要略方論》,中國中醫藥出版社,2006年。

[東漢]張仲景述:《傷寒論》,中國中醫藥出版社,2006年。

[東晉]葛洪:《肘後備急方》,商務印書館,1955年。

[後晉]劉昫等:《舊唐書》,中華書局點校本,1975年。

[梁]沈約等:《宋書》,中華書局點校本,1974年。

[梁]蕭子顯:《南齊書》,中華書局點校本,1974年。

[劉宋]范曄:《後漢書》,中華書局點校本,1965年。

[隋]巢元方:《諸病源候論》,遼寧科學技術出版社,1997年。

[唐]房玄齡等:《晉書》,中華書局點校本,1977年。

[唐]李延壽:《南史》,中華書局點校本,1975年。

[唐]釋慧琳:《一切經音義》,上海古籍出版社,1986年。

[唐]長孫無忌等:《唐律疏議》,中華書局,1983年。

[西漢]司馬遷:《史記》,中華書局點校本,2014年。

[西晉]陳壽:《三國志》,中華書局點校本,1959年。

[元]脱脱等:《宋史》,中華書局點校本,1977年。

(日)關尾史郎主編,平成20年度日本學術振興會科學研究費補助金·基礎研究(A)研究成果報告書:《長沙吴簡研究報告·2008年度特刊》,東京2009年3月。

(日)關尾史郎主編,平成21年度日本學術振興會科學研究費補助金·基礎研究(A)研究成果報告書:《長沙吴簡研究報告·2009年度特刊》,東京2010年2月。

北京吴簡研討班編:《吴簡研究》第一輯,崇文書局,2004年。

長沙簡牘博物館、北京吴簡研討班編:《吴簡研究》第二輯,崇文書局,2006年。

長沙簡牘博物館、北京大學中國古代史研究中心、北京吴簡研討班編:《吴簡研究》第三輯,中華書局,2011年。

長沙市文物考古研究所編:《長沙三國吴簡暨百年來簡帛發現與研究國際學術研討會論文集》,中華書局,2005年。

陳榮傑:《走馬樓吴簡佃田、賦税詞語研究》,人民出版社,2016年。

陳榮傑:《〈嘉禾吏民田家莂〉校注》,西南師範大學出版社,2018年。

陳增嶽:《隋唐醫用古籍語言研究》,廣東科技出版社,2006年。

戴昭銘:《文化語言學導論》,語文出版社,1996年。

丁宗洲等:《湖北省主要地方病形成環境及分布規律》,中國地質大學出版社,1998年。

董志翹:《漢語史研究叢稿》,上海古籍出版社,2013年。

董志翹:《中古近代漢語探微》,中華書局,2007年。

馮漢驥:《中國親屬稱謂指南》,上海文藝出版社,1989年。

方一新:《東漢魏晉南北朝史書詞語箋釋》,黄山書社,1997年。

方一新:《中古近代漢語詞彙學》,商務印書館,2010年。

高敏:《長沙走馬樓簡牘研究》,廣西師範大學出版社,2008年。

高名凱、石安石:《語言學概論》,中華書局,1963年。

郭在貽:《訓詁學》(修訂本),中華書局,2005年。

侯玉芬、陳柏楠主編:《中醫外科病名釋義》,山東大學出版社,1997年。

胡平生、李天虹:《長江流域出土簡牘與研究》,湖北教育出版社,2004年。

胡士雲:《漢語親屬稱謂研究》,商務印書館,2007年。

賈彦德:《漢語語義學》,北京大學出版社,1999年。

蔣福亞:《走馬樓吴簡經濟文書研究》,國家圖書館出版社,2012年。

江藍生:《魏晉南北朝小説詞語匯釋》,語文出版社,1988年。

蔣禮鴻:《敦煌變文字義通釋》,浙江大學出版社,2016年。

蔣紹愚:《古漢語詞彙綱要》,商務印書館,2005年。

李天虹:《居延漢簡簿籍分類研究》,科學出版社,2003年。

李宗江:《漢語常用詞演變研究》,漢語大詞典出版社,1992年。

凌文超:《走馬樓吴簡采集簿書整理與研究》,廣西師範大學出版社,2015年。

劉更生校注:《靈樞經》,中國中醫藥出版社,2006年。

劉叔新:《漢語描寫詞彙學》,商務印書館,1990年。

馬繼興:《中國出土古醫書考釋與研究》,上海科學技術出版社,2015年。

馬麗:《〈三國志〉稱謂詞研究》,中國社會科學出版社,2010年。

彭衛:《漢代婚姻形態》,中國人民大學出版社,2010年。

沈剛:《長沙走馬樓三國竹簡研究》,社會科學文獻出版社,2013年。

孫常敘:《漢語詞彙》(重排本),商務印書館,2010年。

唐長孺:《魏晉南北朝史論叢》,三聯書社,1955年。

唐長孺:《魏晉南北朝史論拾遺》,中華書局,1983年。

王力:《漢語史稿》,中華書局,2015年。

王琪:《上古漢語稱謂研究》,中華書局,2008年。

汪維輝:《東漢—隋常用詞演變研究》,南京大學出版社,2000年。

王雲路:《中古漢語詞彙史》,商務印書館,2010年。
王雲路、方一新:《中古漢語語詞例釋》,吉林教育出版社,1992年。
王振友主編:《流行病與地方病學》,中國醫藥科技出版社,1993年。
王子今:《秦漢稱謂研究》,中國社會科學出版社,2014年。
吴金華:《古文獻整理與古漢語研究續集》,鳳凰出版社,2007年。
向熹:《簡明漢語史》(修訂本),商務印書館,2010年。
邢福義:《語言學概論》,華中師範大學出版社,2002年。
薛瑞澤:《嬗變中的婚姻:魏晉南北朝婚姻形態研究》,三秦出版社,2000年。
閻愛民:《漢晉家族研究》,上海人民出版社,2005年。
游汝傑:《中國文化語言學引論》(修訂本),上海辭書出版社,2003年。
俞理明:《漢魏六朝佛道文獻語言論叢》,中國社會科學出版社,2016年。
于振波:《走馬樓吴簡初探》,文津出版社,2004年。
于振波:《走馬樓吴簡續探》,文津出版社,2007年。
張綱:《中醫百病名源考》,人民衛生出版社,1997年。
張聯榮:《古漢語詞義論》,北京大學出版社,2000年。
張顯成:《簡帛文獻學通論》,中華書局,2004年。
張顯成:《先秦兩漢醫學用語匯釋》,巴蜀書社,2002年。
張顯成:《先秦兩漢醫學用語研究》,巴蜀書社,2000年。
張涌泉:《敦煌俗字研究導論》,新文豐出版公司,1996年。
張永言:《詞彙學簡論》,華中工學院出版社,1982年。
趙振鐸:《訓詁學史略》,中州古籍出版社,1988年。
周日健、王小莘:《〈顔氏家訓〉詞彙語法研究》,廣東人民出版社,1998年。

四、學位論文類

陳順成:《走馬樓吴簡詞語研究》,北京語言大學博士學位論文,2010年。
付雅麗:《〈釋名〉中的醫學内涵研究》,北京中醫藥大學碩士學位論文,2008年。
鞏鐳:《漢末三國時期疾病研究》,鄭州大學碩士學位論文,2011年。
果娜:《中國古代婚嫁稱謂詞研究》,山東大學博士學位論文,2012年。
何立民:《湖南長沙走馬樓三國吴簡複音詞研究》,復旦大學博士學位論文,2012年。

劉光華:《〈黄帝内經〉病症源流及名實考》,遼寧中醫學院博士學位論文,2005年。

喬鑫:《敦煌醫藉醫學用語研究》,西南大學碩士學位論文,2011年。

王前:《中古醫書語詞研究》,浙江大學博士學位論文,2009年。

王仁磊:《魏晉南北朝家庭關係研究》,鄭州大學博士學位論文,2010年。

邢慎寶:《魏晉南北朝石刻稱謂詞研究》,華東師範大學博士學位論文,2013年。

張巍:《中古漢語同素逆序詞演變研究》,復旦大學博士學位論文,2005年。

趙國華:《〈長沙走馬樓三國吴簡·竹簡〉稱謂語研究》,西南大學碩士學位論文,2009年。

五、單篇論文類

曹旅寧:《長沙走馬樓三國吴簡"刑手""刑足"考釋》,《廣東社會科學》2006年第1期。

車今花、于振波:《走馬樓吴簡研究綜述:職業、社會身份與階層》,《湖南大學學報》2007年第21期。

陳順成:《走馬樓吴簡在中古漢語詞彙史上的語料價值》,《濟源職業技術學院學報》2012年第4期。

陳順成:《走馬樓吴簡親屬稱謂詞語的特點》,《淮海工學院學報》2012年第18期。

陳先樞:《長沙走馬樓吴簡的文獻價值》,《求索》1999年第2期。

陳榮傑、張顯成:《〈嘉禾吏民田家莂〉釋文注釋的數值問題》,《古籍整理研究學刊》2012年第2期。

陳榮傑、張顯成:《吴簡〈嘉禾吏民田家莂〉"旱田""熟田"考辨》,《中國經濟史研究》2013年第2期。

陳榮傑:《走馬樓吴簡"租田"及相關問題》,《中國農史》2013年第2期。

高大倫:《居延漢簡中所見疾病和疾病文書考述》,載《簡牘學研究》第二輯,甘肅人民出版社,1998年。

高凱:《從吴簡蠡測孫吴初期臨湘侯國的疾病人口問題》,《史學月刊》2005年第12期。

高凱:《從走馬樓吴簡看孫吴時期長沙郡的人口性比例問題》,《史學月刊》2003年第8期。

郭聰敏:《對長沙走馬樓三國吴簡所見刑手、刑足、斷足、踵(腫)足、雀(截)手、雀(截)足的思考》,武漢大學簡帛網,http://www.bsm.org.cn/show_article.php? id=2001,2014年3月22日。

韓樹峰:《中古時期的"姪"與"兄子""弟子"》,《歷史研究》2010年第1期。

何茂活:《武威醫簡同源詞例解——兼以〈五十二病方〉爲證》,《甘肅中醫學院學報》2012年第1期。

侯旭東:《長沙走馬樓吴簡"腫足"別解》,載《吴簡研究》第二輯,崇文書局,2006年。

侯旭東:《三國吴簡兩文書初探》,《歷史研究》2001年第4期。

胡平生:《〈長沙走馬樓三國吴簡〉第二卷釋文校證》,載《出土文獻研究》第七輯,上海古籍出版社,2005年。

胡平生:《從走馬樓簡"刑(創)"字的釋讀談到户籍的認定》,《中國歷史文物》2002年第2期。

黄國輝:《商周親屬稱謂的演變及其比較研究》,《中國史研究》2014年第2期。

賈麗英:《從〈長沙走馬樓三國吴簡〉看三國吴的家庭結構》,《中國史研究》2010年第3期。

蔣福亞:《長沙走馬樓三國吴簡中的"客"》,《中國經濟史研究》2006年第3期。

蔣福亞:《長沙走馬樓吴簡所見奴婢雜議》,《首都師範大學學報》(社科版)2006年第6期。

黎明釗:《里耶秦簡:户籍檔案的探討》,《中國史研究》2009年第2期。

黎石生:《從長沙走馬樓簡牘看三國時期孫吴的户籍檢核制度》,《湖南檔案》2002年第2期。

李均明:《張家山漢簡所見規範繼承關係的法律》,《中國歷史文物》2002年第2期。

李均明:《走馬樓吴簡會計用語叢考》,載《出土文獻研究》第七輯,上海古籍出版社,2005年。

劉聰:《吴簡中所見"關邸閣"試析》,《歷史研究》2001年第4期。

劉興均:《"姪從媵"考》,《四川師範大學學報》1995年第2期。

羅新:《吴簡中"督軍糧都尉"簡》,《歷史研究》2001年第4期。

羅新:《走馬樓吴簡中的建安紀年簡問題》,《文物》2002年第10期。

馬麗:《東漢魏晉南北朝親屬稱謂研究》,《浙江教育學院學報》2009年第2期。

孟彦弘:《釋"還民"》,《歷史研究》2001年第4期。

彭衛:《傳世文獻與出土簡牘中的"下妻""偏妻"和"中妻"》,《中國社會科學報》2009年9月10日第5版。

裘錫圭:《居延漢簡中所見疾病名稱和醫藥情况》,《中醫藥文化》2008年第6期。

曲柄睿:《腫足新解——長沙走馬樓吴簡所見的一種病症考述》,載《吴簡研究》第三輯,中華書局,2011年。

宋少華:《堪與殷墟甲骨、敦煌文書媲美——長沙出土吴簡17萬》,《中國國家地理》2001年第9期。

孫東波:《長沙走馬樓三國吴簡及其史料價值》,《華夏文化》2007年第1期。

孫東波:《淺説長沙走馬樓三國吴簡簡牘的文獻價值》,《新西部》2007年第5期。

汪小烜:《吴簡所見"腫足"解》,《歷史研究》2001年第4期。

王素:《長沙走馬樓三國孫吴簡牘三文書新探》,《文物》1999年第9期。

王素:《長沙走馬樓三國吴簡時代特徵新論》,《文物》2015年第12期。

王素:《關於長沙吴簡"刑"字解讀的意見:〈長沙走馬樓三國吴簡〉釋文探討之一》,載《簡帛研究二〇〇六》,廣西師範大學出版社,2008年。

王素:《漢末吴初長沙郡紀年》,載《吴簡研究》第一輯,崇文書局,2004年

王素、宋少華、羅新:《長沙走馬樓簡牘整理的新收穫》,《文物》1999年第5期。

王子今:《論走馬樓簡所見"小妻"——兼説兩漢三國社會的多妻現象》,《學術月刊》2004年第10期。

王子今:《走馬樓簡牘所見"吏"在城鄉聯繫中的特殊作用》,《浙江社會科學》2005年第5期。

謝桂華:《中國出土魏晉以後漢文簡紙文書概述》,載《簡帛研究二〇〇一》,廣西師範大學出版社,2001年。

邢義田:《"雀"手足與"刑"手足——長沙走馬樓三國吴簡讀記》,武漢大學簡帛網,http://www. bsm.org.cn/show_article.php? id=2001,2011年6月9日。

熊焰:《上古漢語親屬稱謂與中國上古婚姻制度》,《暨南學報》1996年第1期。

徐暢:《新刊長沙走馬樓吴簡與許迪割米案司法程序的復原》,《文物》2015年第12期。

徐海榮:《居延漢簡"支滿""丈滿"辨》,《中國史研究》2005年第4期。

徐世虹:《走馬樓三國吴簡户籍所見刑事制裁記録》,載《簡帛研究二〇〇一》,廣西師範大學出版社,2001年。

楊小亮:《走馬樓户籍簡"刑(創)"字性質與成因簡析》,載《出土文獻研究》第七輯,上海古籍出版社,2005年。

楊小亮:《走馬樓吴簡中的"歐"與"歐背"》,載《出土文獻研究》第八輯,上海古籍出版社,2007年。

于振波:《淺析走馬樓吴簡中"刑"的含義》,《船山學刊》2004年第1期。

張光裕、陳偉武:《戰國楚簡所見病名輯證》,《中國文字學報》2006年第1期。

張榮强:《説"罰估"——吴簡所見免役資料試釋》,《文物》2004年第12期。

趙寵亮:《試論走馬樓吴簡所見"中妻"》,載《吴簡研究》第三輯,中華書局,2011年。

趙國華:《從"中妻"管窺三國婚俗》,載《歷史文獻研究》第二十八輯,華東師範大學出版社,2009年。

周祖亮:《長沙走馬樓三國吴簡疾病詞語略考》,《廣西社會科學》2011年第3期。

鄒芙都:《"小子"通釋》,《雲南民族大學學報》2004年第2期。

後記

2013年,我們以"走馬樓吴簡詞彙研究"爲題申報了國家社科基金青年項目,並有幸獲得批准。項目立項後,短暫的喜悦很快被隨之而來的結項壓力所替代。這塊"心中的大石頭"直到2018年項目順利結項纔搬開。在項目完成過程中,我們先寫成一篇篇單篇論文(部分論文已公開發表),在此基礎上匯集成結項成果。

項目結項後,因家中添了二寶,没有時間和精力立即對結項成果進行修改出版,這期間吴簡《竹簡》[陸]、[伍]和[玖]相繼出版。此次修改在删改原項目成果的基礎上吸收了新刊布的資料,新資料對研究結論進行了有益的豐富和補充。此次修改,凡稱學界時賢大名,均省去"先生"二字,祈請諒解。

"兩耳不聞窗外事"的我,申報項目,除了自己需要做的填寫申報書、提交申報材料外,其他的事一概不知。項目能夠獲准立項,除了感謝就是感恩,感謝匿名評審專家和評議專家對後學的鼓勵與提攜!項目結項後,學校社科處反饋回來結項材料及五位匿名評審專家的評審意見。專家們對結項成果多有溢美之詞,並提出了修改意見,此次修改參考了不少匿名評審專家的意見,感謝他們!

自博士論文與吴簡結緣以來,一晃十餘年過去了,我待吴簡仍如"初戀",熱情不減,是吴簡陪伴着我成長。一路走來,唯有感恩!感謝爲吴簡發掘、整理與研究付出過辛勤勞動的所有專家學者!感謝導師張顯成先生、喻遂生先生、已故毛遠明先生及一起"奮戰"的文獻所各位兄弟姐妹!感謝學界給予我諸多幫助的師長、朋友!請原諒我不再一一列舉你們的大名,讓我對你們的感激之情永存心底並化作我繼續前行的動力!

這本小書之所以能夠付梓,離不開我先生的理解與支持,感謝他!感謝兩個懂事的孩子,是他們讓我更深切地體會到什麽是責任與義務,是他們豐富、調劑了我的生活,讓我的生命更完整!感謝西南大學社科處將本書納入"人文社會科學優秀成果文庫"資助出版!友生王亞利、賈利青參與了部分工作,李明曉師兄對書稿校讀了一過,一併致謝!

陳榮傑

2021年1月6日